초보자도 쉽게 배우는

엑셀 2024 길라잡이

김영주 지음

정보문화사

초보자도 쉽게 배우는
엑셀 2024 길라잡이

초판 1쇄 인쇄 | 2025년 9월 5일
초판 1쇄 발행 | 2025년 9월 10일

지 은 이 | 김영주
발 행 인 | 이상만
발 행 처 | 정보문화사

책임편집 | 노미라
편집진행 | 명은별
교정·교열 | 안종군

주　　소 | 서울시 종로구 동숭길 113
전　　화 | (02)3673-0037(편집부) / (02)3673-0114(代)
팩　　스 | (02)3673-0260
등　　록 | 1990년 2월 14일 제1-1013호
홈페이지 | www.infopub.co.kr

I S B N | 979-11-991583-9-9

이 책은 저작권법에 따라 보호받는 저작물이므로 무단 전재와
무단 복제를 금하며, 이 책 내용의 전부 또는 일부를 사용하려면 반드시
저작권자와 정보문화사 발행인의 서면동의를 받아야 합니다.

※ 책값은 뒤표지에 있습니다.
※ 잘못된 책은 구입한 서점에서 바꿔 드립니다.

AI 시대, 엑셀 학습은 여전히 필요한가?

2022년 11월 챗GPT(ChatGPT)가 세상에 등장한 후 사람들은 '엑셀을 굳이 배울 필요가 있을까?'라는 의문을 가지기 시작했습니다. 인공지능이 복잡한 수식을 대신 작성해 주고, 데이터 분석까지 손쉽게 처리하는 시대가 되었으니까요.

하지만 시간이 흐르면서 AI에게 정확한 지시를 내리고 결과를 검증하려면 엑셀 데이터의 구조와 기능, 엑셀 함수의 작동 원리를 이해해야 한다는 것을 깨닫게 되었습니다. 엑셀의 기초가 탄탄해야만 AI와의 협업도 훨씬 효과적이고 정확해진다는 것을 알게 된 것이죠.

더 쉽고, 더 실용적으로

각 장은 '핵심 기능 설명 → 실무 활용 사례'의 흐름으로 구성했습니다. 이론만으로는 부족하고, 사례만으로는 체계가 잡히지 않기 때문입니다. 또한 독자의 학습 편의를 위해 실습 파일을 레슨별로 구성하여 매번 새로운 파일을 여는 번거로움을 최소화했습니다.

실무자를 위한, 실무자에 의한 엑셀 가이드

이 책은 업무 현장에서 엑셀을 활용하시는 분들이 체계적으로 사고하고, 효율적으로 작업할 수 있도록 돕는 실무 길라잡이입니다. 데이터의 이해와 가공부터 편집, 서식, 함수 활용, 차트 작성과 데이터 분석, 파워 쿼리를 통한 데이터 전처리 그리고 생성형 AI를 활용한 매크로에 이르기까지 엑셀로 할 수 있는 거의 모든 것을 실무 중심으로 담았습니다.

모든 버전에서 활용 가능한 범용성

이 책의 제목은 '엑셀 2024'이지만 실제로는 엑셀의 모든 버전에서 활용할 수 있도록 집필했습니다. 따라서 엑셀 버전과 상관 없이 엑셀의 본질적인 활용법을 익힐 수 있습니다.

이 책이 단순한 참고 도서가 아닌 여러분의 업무 효율성을 높이는 든든한 파트너가 되기를 바랍니다. 그리고 AI 시대에도 흔들리지 않는 데이터 활용 역량을 기르시길 응원합니다.

김영주

※ 본문에 사용된 예제 파일과 완성 파일은 정보문화사 홈페이지(infopub.co.kr) 자료실에서 다운로드할 수 있습니다.

엑셀 2024 길라잡이

Theme 01 엑셀 시작하기

- Lesson 01 Excel 2024의 새 기능 ··· 002
- Lesson 02 엑셀 작업 환경 설정 ··· 005

Theme 02 엑셀 기본 작업

- Lesson 01 엑셀 데이터 유형과 입력 방법 ··································· 020
- Lesson 02 효율적인 데이터 입력 ·· 029
- Lesson 03 데이터의 정확도를 높이는 유효성 검사 ························ 034
  - [실무활용 01] 효율적인 데이터 입력 ····································· 036
  - [실무활용 02] 자동 채우기를 활용한 양식 만들기 ··················· 038
  - [실무활용 03] 주문서의 품목과 날짜 입력값 제한하기 ············· 040
- Lesson 04 간단한 계산식 작성 ··· 043
  - [실무활용 04] [상대 참조] 전년 대비 동월/동기 증감률 계산 ········ 050
  - [실무활용 05] [절대 참조] 마진율을 적용하여 판매 단가 계산 ······ 052
  - [실무활용 06] [혼합 참조] 마진율 변화에 따른 판매 단가표 작성 ·· 054
- Lesson 05 범위 선택 옵션과 복사/붙여넣기 ······························· 055
  - [실무활용 07] 빈 셀에 데이터 일괄 입력하기 ························· 060
  - [실무활용 08] 수식 결과를 '값'으로 붙여넣기 ························· 062
  - [실무활용 09] 단가를 일괄 5% 인상하기 ······························ 064
  - [실무활용 10] 열 너비가 다른 표를 하나의 시트에 표시하기 ······· 065

Theme 03 보고서를 효과적으로 작성하기 위한 서식 활용

Lesson 01 셀 서식 설정 ·········· 070
- [실무활용 01] 견적서 작성(금액을 한글로 표시, 맞춤 서식 활용) ·········· 075
- [실무활용 02] 양수, 음수, 0 값에 따라 다른 서식 지정하기 ·········· 080
- [실무활용 03] 금액을 다양한 단위로 표시하기 ·········· 083
- [실무활용 04] 날짜와 시간에 대한 표시 형식 ·········· 085
- [실무활용 05] 한 번에 소계를 계산하고 서식 복사 활용하기 ·········· 088

Lesson 02 조건부 서식의 활용 ·········· 092
- [실무활용 06] 중복된 항목 찾아 행 전체 강조하기 ·········· 094
- [실무활용 07] 치킨은 어느 시간대에 많이 주문할까? ·········· 099
- [실무활용 08] 조건부 서식으로 재고 현황 시각화하기 ·········· 101
- [실무활용 09] 요일별 트래픽 패턴 분석하기 ·········· 106
- [실무활용 10] 일정을 입력하면 자동으로 그려지는 간트 차트 ·········· 111

Lesson 03 화면 제어와 인쇄 ·········· 113
- [실무활용 11] 원하는 영역만 인쇄하기 ·········· 120
- [실무활용 12] 제목 행 반복과 페이지 번호 설정하기 ·········· 123
- [실무활용 13] 회사 로고와 대외비 워터마크 삽입하기 ·········· 127

Theme 04 효율적인 데이터 관리 및 데이터 가공

Lesson 01 정렬과 자동 필터 ·········· 134
- [실무활용 01] 두 개 이상의 기준으로 정렬하기 ·········· 141
- [실무활용 02] 좌우 정렬 옵션으로 열 순서 재배치하기 ·········· 144
- [실무활용 03] 행마다 빈 행 삽입하기 ·········· 146
- [실무활용 04] 다양한 조건으로 필터링하기 ·········· 148

Lesson 02 효율적인 데이터 관리를 위한 '표' ·········· 152
- [실무활용 05] '표'의 주요 기능 다루기 ·········· 157

Lesson 03 실무에서 자주 쓰는 데이터 가공 기법 ·········· 163
- [실무활용 06] 빠른 채우기로 데이터 변환하기 ·········· 167
- [실무활용 07] 유령 문자 제거로 계산 오류 해결하기 ·········· 169
- [실무활용 08] Alt + Enter 로 입력된 데이터를 열로 분리하기 ·········· 171
- [실무활용 09] 'yyyymmdd'→'yyyy-mm-dd' 날짜 형식으로 변환하기 ·········· 173

Lesson 04 파워 쿼리를 활용한 데이터 수집 및 가공·············177
  [실무활용 10] [파워 쿼리] 가로형 데이터를 세로형으로 변환하기···180
  [실무활용 11] [파워 쿼리] 구분 기호를 기준으로 행으로 분리하기···188
  [실무활용 12] [파워 쿼리] 폴더의 모든 엑셀 파일을 하나의 파일로
             취합하기·············195

Theme 05 실무 활용 함수

Lesson 01 함수의 이해와 이름 정의·············202
Lesson 02 실무 계산을 위한 수학 함수·············208
  [실무활용 01] 월별 메뉴별 매출의 합계 계산하기(SUMIF, SUMIFS)·············212
  [실무활용 02] 가중치를 반영한 성적 계산하기(SUMPRODUCT)···215
  [실무활용 03] 거래 금액에서 '원' 단위 절사하기(ROUNDDOWN)···216
  [실무활용 04] 화면에 보이는 행의 값만 집계하기(SUBTOTAL)·············218
Lesson 03 데이터를 요약하는 통계 함수·············220
  [실무활용 05] 조건에 따른 인원수 집계하기(COUNTA, COUNTIF,
             COUNTIFS, SUMPRODUCT)·············224
  [실무활용 06] 특정 조건의 중복 레코드 찾기(COUNTIFS)·············228
  [실무활용 07] 전체 순위와 팀 내 순위 구하기(RANK.EQ,
             SUMPRODUCT)·············231
  [실무활용 08] 이상치를 제외한 평균 계산하기(MIN, MAX, MINIFS,
             AVERAGEIFS)·············233
  [실무활용 09] 연평균 성장률 계산하기(GEOMEAN)·············236
Lesson 04 논리 함수와 정보 함수·············238
  [실무활용 10] 업종에 따라 과세 여부, 공급가액, 부가세 계산하기
             (IF, OR)·············241
  [실무활용 11] 사업자 번호 형식 통일하기(AND, ISTEXT, NOT)···244
  [실무활용 12] 다중 조건 평가하기(IFS, IF)·············249
  [실무활용 13] 인수 목록 중 하나를 반환하는 논리 함수 활용하기
             (SWITCH)·············251
  [실무활용 14] 수식 결과에 에러가 났을 때 대처하기(IFERROR)···253

Lesson 05 데이터를 가공하기 위한 텍스트와 날짜/시간 함수 ······ 255

[실무활용 15] 정보를 결합하여 제품 식별자 만들기(CONCAT, TEXT) ······ 264

[실무활용 16] 고객들의 이메일 주소를 한 셀에 쉼표로 구분하여 정리하기(TEXT) ······ 266

[실무활용 17] 기업명의 '㈜' 위치 통일하기(SUBSTITUTE, LEFT, IF) ······ 267

[실무활용 18] 고객 전화번호 부분적으로 마스킹하기(REPLACE, LEN) ······ 269

[실무활용 19] 취합한 전화번호의 형식 통일하기(SUBSTITUTE, TEXT) ······ 270

[실무활용 20] 근태에서 근무 시간과 연장 시간 계산하기(TIME) ······ 272

[실무활용 21] 렌털 장비의 계약 만료일과 종료일 계산하기(EDATE, EOMONTH) ······ 274

[실무활용 22] 공장 가동일 수 계산하기(NETWORKDAYS, EOMONTH) ······ 276

[실무활용 23] AS 예상 완료일 계산하기(WORKDAY) ······ 279

[실무활용 24] 주민번호 기준으로 성별과 생년월일 계산하기(IF, ISODD, LEFT, RIGHT, MID, DATE, VALUE) ······ 282

[실무활용 25] 나이와 근속 기간 계산하기(DATEDIF, CONCAT, TODAY) ······ 286

Lesson 06 찾기/참조 함수 ······ 289

[실무활용 26] 조건에 일치하는 값 찾기(VLOOKUP) ······ 293

[실무활용 27] 구간에 해당하는 값 찾기(VLOOKUP) ······ 295

[실무활용 28] 조건에 따라 여러 범위에서 값 찾기(INDIRECT, VLOOKUP) ······ 296

[실무활용 29] VLOOKUP의 열 번호를 동적으로 조정하기(VLOOKUP, COLUMN) ······ 299

[실무활용 30] 행과 열을 참조하여 단가 찾기(INDEX, MATCH) ······ 301

[실무활용 31] 선택한 기간별 누적 매출 계산하기(OFFSET, SUM) ······ 303

Lesson 07 새롭게 추가된 동적 배열 함수 ······ 305

[실무활용 32] 유연한 검색을 하는 XLOOKUP 사용하기 ······ 310

[실무활용 33] 함수를 활용하여 조건에 따라 필터링하기(FILTER) ······ 312

[실무활용 34] 판매 내역을 참조하여 고유 제품 목록 만들기(SORT, UNIQUE) ········· 314
[실무활용 35] 구분 기호를 기준으로 텍스트 나누고 합치기 (TEXTSPLIT, TEXTJOIN) ········· 319
[실무활용 36] 파일 경로에서 폴더 경로와 파일명으로 분리하기 (TEXTBEFORE, TEXTAFTER) ········· 321
[실무활용 37] 거래처별 거래 품목 행으로 정리하기(UNIQUE, FILTER, TEXTJOIN) ········· 323

Theme 06 데이터를 시각화하는 차트

Lesson 01 엑셀 차트 작성 및 편집 ········· 328
[실무활용 01] 차트 작성 및 편집 방법 익히기 ········· 332

Lesson 02 실무에서 많이 사용하는 차트 작성 ········· 335
[실무활용 02] 도넛 차트 – 이커머스 시장 점유율 드러내기 ········· 337
[실무활용 03] 누적 막대형 – 건설 수주 현황 시각화(누적 세로 막대에서 합계 값 표시하기) ········· 340
[실무활용 04] 혼합 차트 – 매출과 YoY의 추세 나타내기 ········· 344
[실무활용 05] 온도계 차트 – 목표 대비 달성률 드러내기 ········· 349
[실무활용 06] 지도 차트 – 지도에 도시별 인구수를 히트맵으로 나타내기 ········· 352
[실무활용 07] 계층 구조형 차트 – 대분류/중분류/소분류/제품명의 판매량을 시각화 ········· 354
[실무활용 08] 스파크라인 – 상반기 성과를 추세와 승패로 드러내기 ········· 356

Theme 07 실무에 바로 쓰는 데이터 분석 도구들

Lesson 01 데이터 정리와 요약 ········· 362
[실무활용 01] OR 조건으로 데이터 추출하기 ········· 368
[실무활용 02] 고급 필터 조건에 수식 입력하기 ········· 370
[실무활용 03] 개요 설정으로 매출 데이터 효율적으로 분석하기 ········· 373
[실무활용 04] 부분합으로 거래처별 매출의 합계 계산하기 ········· 378
[실무활용 05] 같은 항목끼리 데이터 통합하기 ········· 381

Lesson 02 피벗 테이블을 활용한 데이터 분석 ····· 383
[실무활용 06] 피벗 테이블 생성과 삭제(채널별·제품별 판매액 집계) ·····
····· 386
[실무활용 07] 출입 로그에서 일자별 출퇴근 시간 분석하기 ····· 390
[실무활용 08] 슬라이서로 매출을 다각도로 분석하기 ····· 397
[실무활용 09] 계산 필드를 활용해 부가세 계산하기 ····· 403
[실무활용 10] 계산 항목을 활용해 재고 계산하기 ····· 406

Lesson 03 엑셀의 가상 분석과 예측 도구 ····· 409
[실무활용 11] 목표값 찾기(목표액 달성을 위한 판매 수량 예측하기) ·····
····· 410
[실무활용 12] 시나리오(마진율 변화에 따른 총 수입 금액 비교) ····· 412
[실무활용 13] 데이터 표(근무일수와 시급에 따른 급여 변화 분석) ····· 415
[실무활용 14] 예측 시트(향후 6개월 매출 예측하기) ····· 417

Theme 08 생성형 AI 활용

Lesson 01 생성형 AI 활용하기 ····· 420
[실무활용 01] 엑셀에서 코파일럿으로 작업하기 ····· 422
[실무활용 02] 생성형 AI로 전화번호 형식 통일하기 ····· 430
[실무활용 03] 생성형 AI로 세 가지 조건을 만족하는 단가 찾기 ····· 432

Lesson 02 생성형 AI를 활용하여 반복되는 업무 자동화하기 ····· 435
[실무활용 04] [매크로] 같은 항목끼리 셀 병합 자동화하기 ····· 438
[실무활용 05] [매크로] 괄호 안의 텍스트만 글꼴 색을 변경하기 ····· 444
[실무활용 06] [매크로] 행 단위 데이터를 열 단위로 정리하기 ····· 448

찾아보기 ····· 452

EXCEL 2024

엑셀은 데이터 입력부터 분석, 시각화에 이르기까지 다양한 기능을 제공하는 강력한 도구입니다. 그러나 엑셀을 처음 시작하는 사람이나 오랜만에 사용하는 사람이라면 인터페이스가 낯설게 느껴질 수 있습니다. 또한 엑셀은 버전마다 기능이 추가되거나 변경되므로 최신 버전의 변화를 이해하는 것도 중요합니다.

이번 테마에서는 Excel 2024의 새로운 기능을 알아보고 엑셀의 기본 구조와 인터페이스를 이해하며 사용자 맞춤 환경 설정 방법을 학습합니다. 이를 통해 보다 효율적인 작업 환경을 구축하고 최신 기능을 활용하여 생산성을 극대화할 수 있습니다.

THEME
01

엑셀
시작하기

LESSON 01 Excel 2024의 새 기능

엑셀은 매 버전마다 새로운 기능이 추가되고 기존 기능이 개선됩니다. 어떤 기능들은 최신 버전에서만 사용할 수 있기 때문에 자신이 사용하는 엑셀 버전을 정확히 파악하는 것이 중요합니다. 이번 레슨에서는 현재 사용 중인 엑셀 버전을 확인하는 방법과 Excel 2024에서 새롭게 선보인 주요 기능들을 알아보겠습니다.

 엑셀 버전 확인하기

현재 사용 중인 엑셀의 버전을 확인하려면 [파일] 탭의 [계정]을 클릭합니다. 여기에서 엑셀의 라이선스 정보, 설치된 버전(예 Microsoft 365, Excel 2021, Excel 2024 등), 업데이트 상태 등을 확인할 수 있습니다. 사용하는 버전에 따라 제공되는 기능이나 인터페이스가 다를 수 있으므로 본인의 엑셀 버전을 정확히 아는 것이 중요합니다.

※ 이 책은 Microsoft 365 버전을 기준으로 작성되었습니다. 따라서 일부 화면이나 기능은 사용하는 엑셀 버전에 따라 다르게 표시될 수 있습니다.

❖ Excel 2024 버전과 Microsoft 365 버전의 차이

■ Excel 2024
- Excel 2019, 2021, 2024 버전은 영구 라이선스로, 한 번 구매하면 해당 버전을 추가 비용 없이 영구적으로 사용할 수 있습니다.
- 특정 기능이 포함된 고정된 소프트웨어 버전으로 제공됩니다.

■ Microsoft 365(구독 기반)
- 매월 또는 매년 구독료를 지불하는 방식입니다.
- 최신 기능과 업데이트를 자동으로 제공받을 수 있습니다.

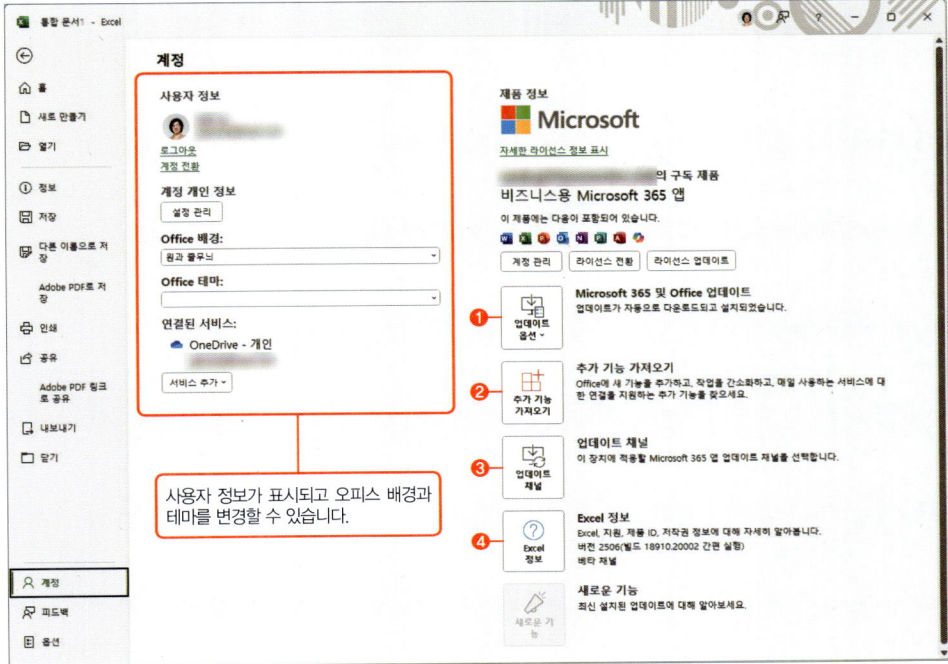

❶ **업데이트 옵션**: Microsoft 365 및 Excel의 업데이트 상태를 확인하고 '지금 업데이트', '업데이트 사용 안 함', '업데이트 보기' 등의 옵션을 선택할 수 있습니다.
❷ **추가 기능 가져오기**: Microsoft Store와 연결하여 엑셀에 유용한 새 기능을 추가할 수 있습니다.
❸ **업데이트 채널**: Microsoft 365의 업데이트 주기(채널)를 선택할 수 있습니다.
❹ **Excel 정보**: 현재 설치된 엑셀의 버전, 빌드 번호, 비트 정보 등을 확인할 수 있습니다.

Excel 2024의 새로운 기능

핵심 기능

∷ 동적 차트 기능 추가

Excel 2024에서는 동적 배열을 활용한 동적 차트 기능이 도입되었습니다. 이를 통해 데이터 범위가 변경될 때마다 차트가 자동으로 업데이트되어 가변적인 데이터 집합을 시각화하는 데 유용합니다.

∷ 새로운 텍스트 및 배열 함수 도입

Excel 2024에는 텍스트 문자열을 추출하거나, 분할하거나, 배열을 결합하거나, 모양을 변경하는 등 다양한 작업을 지원하는 14개의 새로운 함수가 추가되었습니다. 이를 통해 데이터 처리가 더욱 효율적이고 유연해졌습니다.

- **텍스트 관련 함수**
  TEXTSPLIT, TEXTBEFORE, TEXTAFTER

- **배열 관련 함수**
  VSTACK, HSTACK, TOROW, TOCOL, WRAPROWS, WRAPCOLS, TAKE, DROP, EXPAND, CHOOSEROWS, CHOOSECOLS

∷ 이미지 삽입 기능 개선

새로운 IMAGE 함수를 통해 웹 기반 이미지를 셀에 직접 삽입할 수 있으며 삽입된 이미지는 셀의 실제 값으로 취급되어 레이아웃 변경 시에도 데이터와 함께 유지됩니다. 이를 통해 시각적 자료의 통합이 쉬워졌습니다.

∷ 통합 문서 성능 향상

Excel 2024는 통합 문서의 속도와 안정성이 개선되어 독립적인 계산이 포함된 여러 통합 문서를 동시에 열 때 발생하는 지연이나 끊김 현상이 감소했습니다. 이를 통해 대용량 데이터 작업 시의 효율성이 높아졌습니다.

∷ 접근성 기능 강화

Excel 2024에서는 접근성 리본이 추가되어 통합 문서에 보다 쉽게 접근할 수 있게 만드는 데 필요한 모든 도구를 한 곳에서 사용할 수 있습니다. 이를 통해 사용자가 엑셀을 더욱 편리하게 활용할 수 있게 되었습니다.

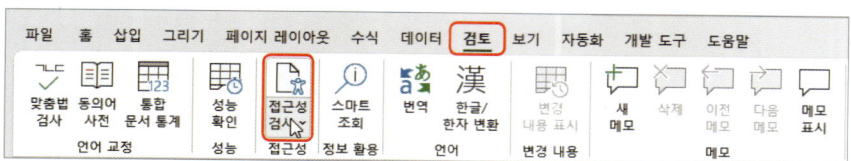

LESSON 02 엑셀 작업 환경 설정

엑셀을 효과적으로 사용하려면 프로그램의 구조를 이해하고 작업 환경을 자신의 필요에 맞게 설정하는 것이 중요합니다. 리본 메뉴와 빠른 실행 도구 모음을 사용자에 맞게 구성하면 작업 속도를 높이고 생산성을 극대화할 수 있습니다.

 엑셀 실행하고 엑셀 구조 파악하기

엑셀을 실행하면 '통합 문서 1'이라는 새 문서가 표시됩니다. 이 통합 문서는 하나의 엑셀 파일을 의미하며 여러 개의 워크시트로 구성할 수 있습니다. 각 워크시트는 수많은 셀로 이루어져 있으며 데이터 입력, 분석, 시각화를 위한 기본 단위가 됩니다.

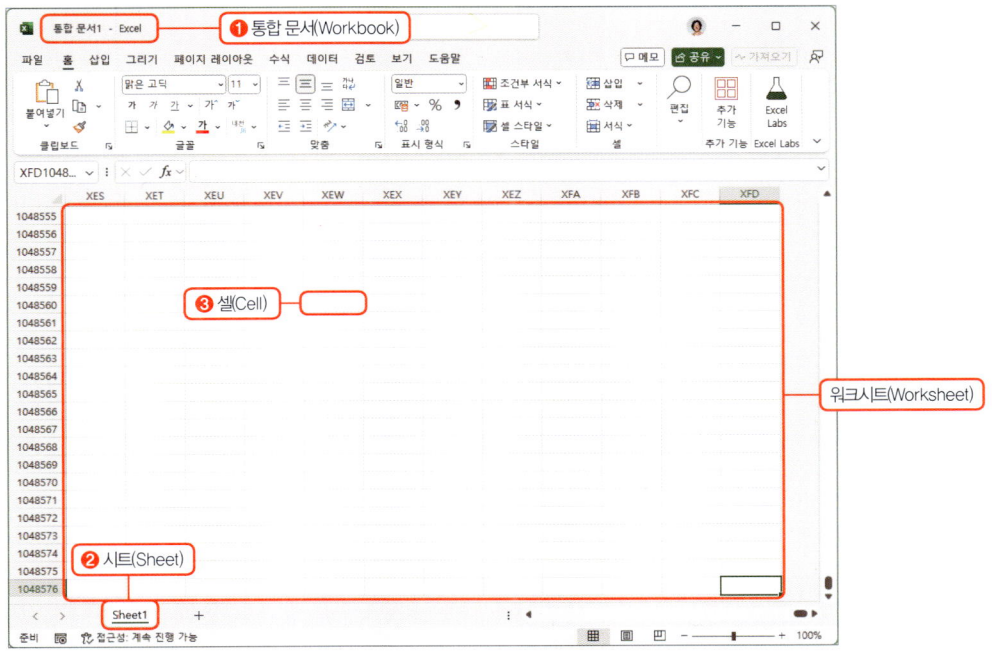

❶ **통합 문서(Workbook)**: 하나의 파일을 의미합니다.
❷ **시트(Sheet)**: 시트의 종류에는 '워크시트', '차트시트', '매크로시트', '대화상자시트'가 있지만 통상 '시트'라고 하면 '워크시트'를 말합니다. 엑셀을 실행하면 한 개의 워크시트가 제공되고 '새 시트'()를 누르면 필요에 따라 원하는 개수를 추가할 수 있습니다.
워크시트 임의의 셀에 Ctrl + ↓, Ctrl + →를 누르면 시트의 크기가 1,048,576행×XFD열(16,384)로 구성되어 있는 것을 확인할 수 있습니다.
❸ **셀(Cell)**: 행과 열이 만나는 지점을 '셀'이라 부르고 각 '셀'마다 고유 주소가 부여됩니다. 가장 처음 셀 포인터가 위치한 곳의 셀 주소는 A1입니다.

> **TIP**
> 엑셀을 실행했을 때 기본 시트 수를 '5'개로 설정하려면 [파일] 탭의 [옵션]을 클릭합니다. [Excel 옵션] 대화상자가 열리면 [일반] 탭에서 '포함할 시트 수'를 '5'로 지정합니다. 설정 후 엑셀을 다시 실행하면 새 통합 문서에 시트가 5개로 생성됩니다.

엑셀 실행하기

엑셀을 실행하면 백스테이지 화면이 표시되고 왼쪽에 [홈], [새로 만들기], [열기]라는 탐색 바가 표시됩니다. 이때 Esc 를 누르거나 [새로 만들기]를 클릭하면 새 통합 문서가 표시됩니다.

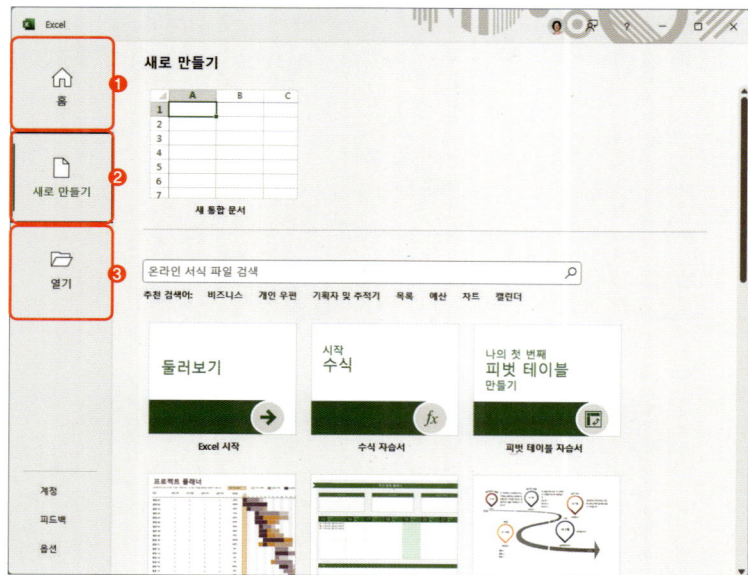

❶ 자주 사용하는 문서를 빠르게 열 수 있도록 최근 사용한 파일과 즐겨찾기(고정)한 파일 목록을 제공합니다.
❷ 새로운 빈 통합 문서를 만들거나 다양한 템플릿 중에서 선택할 수 있습니다.
❸ 기존에 저장된 엑셀 파일을 다양한 경로에서 찾아 열 수 있습니다.

자주 사용하는 파일 고정하여 열기

엑셀을 실행한 후 백스테이지 화면에서 [홈]을 선택하면 [최근 항목], [고정됨], [나와 공유]가 표시됩니다. 이 중 [최근 항목]에는 최근에 열어본 파일 목록이 표시되며 파일 이름 위에 커서를 두면 '이 항목을 목록에 고정' 아이콘이 표시됩니다. 해당 아이콘을 클릭하면 자주 사용하는 파일을 목록에 고정할 수 있습니다.

※ Excel 버전에 따라 [고정됨]은 [즐겨찾기]로, '이 항목을 목록에 고정'은 '즐겨찾기에 추가'로 표시될 수 있습니다.

:: 파일 열기

작성한 파일 또는 공유된 파일을 열 수 있습니다.

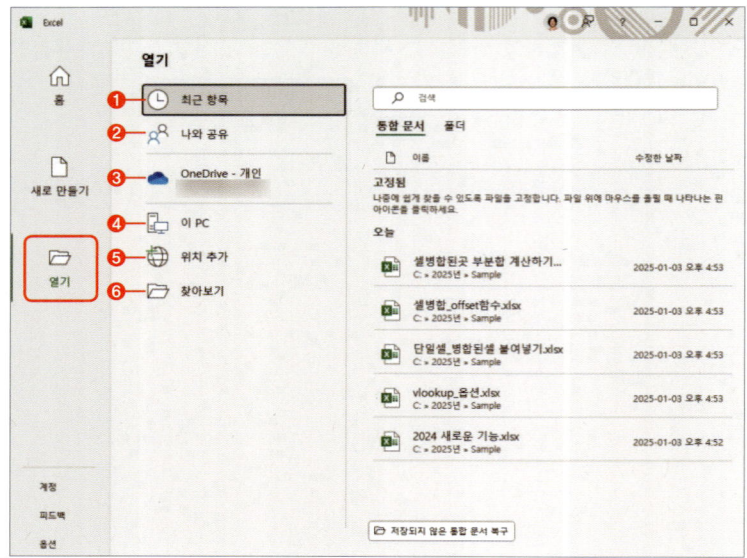

❶ **최근 항목**: 최근에 열었던 파일 목록이 표시되며 빠르게 다시 열 수 있습니다.
❷ **나와 공유**: 다른 사용자가 나와 공유한 파일을 열 수 있습니다.
❸ **OneDrive - 개인**: 개인용 원드라이브(OneDrive)에 저장된 파일을 열 수 있습니다.
❹ **이 PC**: 현재 사용 중인 컴퓨터의 기본 저장 위치를 표시됩니다. 해당 위치는 [파일] 탭의 [옵션]을 클릭한 후 [Excel 옵션] 대화상자의 [저장] 탭에 있는 '기본 로컬 파일 위치' 항목에서 설정할 수 있습니다.
❺ **위치 추가**: 클라우드(OneDrive 또는 비즈니스용 OneDrive) 계정을 엑셀에 등록하여 해당 위치에 저장된 파일을 빠르게 열 수 있도록 합니다.
❻ **찾아보기**: 로컬 컴퓨터의 경로를 탐색하여 원하는 파일을 열 수 있습니다.

:: 엑셀 실행 시 빈 통합 문서로 시작하기

일반적으로 엑셀을 실행하여 빈 통합 문서에서 바로 작업하는 경우, 시작 백스테이지 화면 없이 빈 문서가 열리도록 설정하면 편리합니다.

1 [파일] 탭의 [옵션]을 클릭합니다.
2 [Excel 옵션] 대화상자가 열리면 [일반] 탭에서 '이 응용 프로그램을 시작할 때 시작 화면 표시' 옵션의 체크를 해제한 후 [확인] 버튼을 클릭합니다.
3 Alt + F4 를 눌러 엑셀을 종료한 후 다시 엑셀을 실행하면 시작 백스테이지 화면 없이 빈 통합 문서가 자동으로 열립니다.

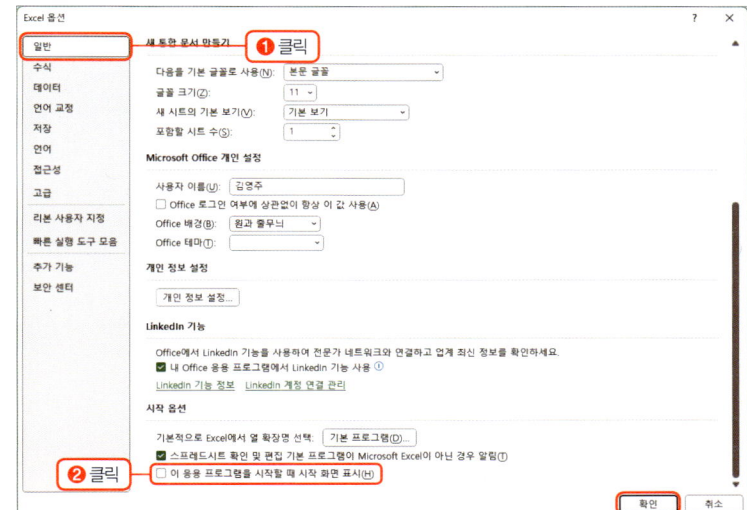

핵심기능 워크시트 자유롭게 다루기

여러 개의 시트가 있는 통합 문서에서 원하는 시트를 빠르게 선택하거나 특정 시트를 복사, 이동, 삭제하는 방법을 알아보겠습니다.

:: 특정 시트 선택하기

많은 시트 중 특정 시트를 빠르게 선택하려면 < > 위에 마우스 오른쪽 버튼을 클릭합니다. 표시되는 [활성화] 대화상자에서 원하는 시트를 선택한 후 [확인] 버튼을 클릭합니다.

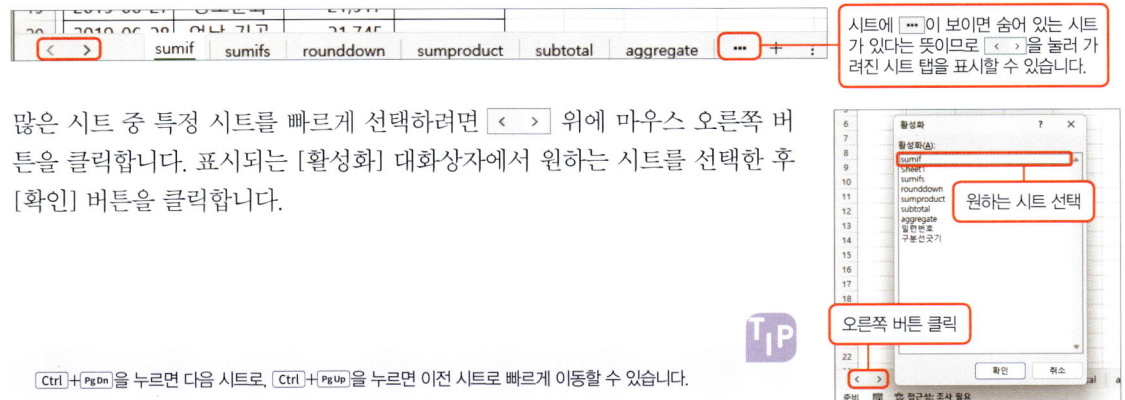

Ctrl + PgDn 을 누르면 다음 시트로, Ctrl + PgUp 을 누르면 이전 시트로 빠르게 이동할 수 있습니다.

:: 워크시트 다중 선택 및 해제하기

여러 워크시트를 동시에 선택하면 선택된 모든 시트에 동일한 작업을 한 번에 적용할 수 있어 편리합니다. 예를 들어, 여러 시트의 동일한 셀에 같은 내용을 입력하거나 서식을 변경하거나 계산 작업을 일괄 적용할 수 있습니다.

인접한 시트 선택하기

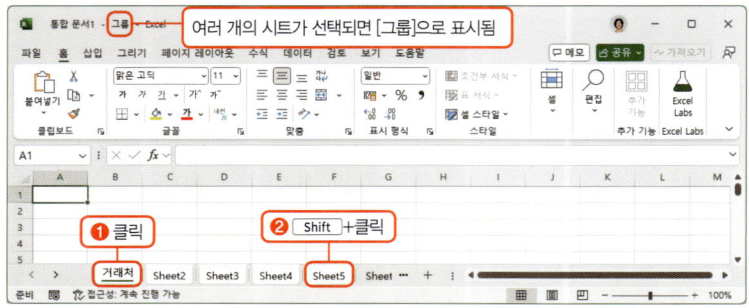

떨어진 시트 선택하기

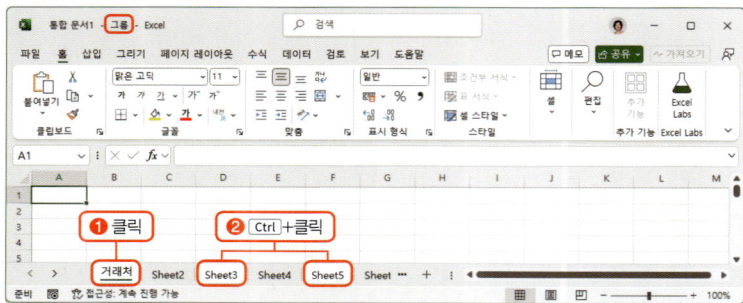

선택한 시트 해제하기

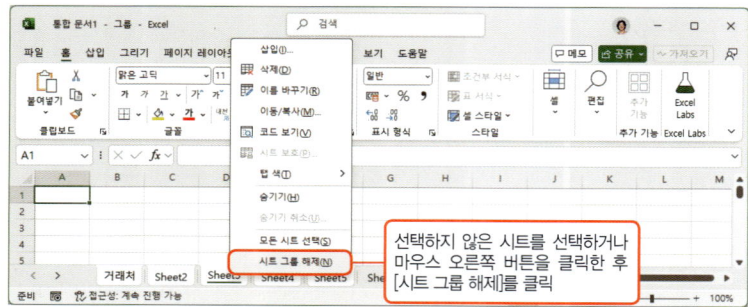

:: 시트 이동 및 복사하기

통합 문서 내에서 시트를 '이동'하려면 원하는 위치로 드래그합니다.

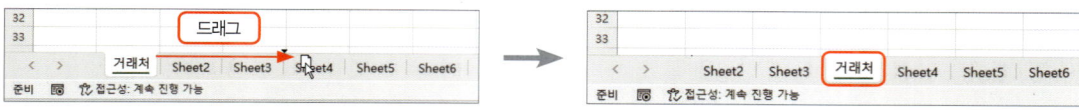

통합 문서 내에서 시트를 복사하려면 원하는 위치로 Ctrl+드래그합니다.

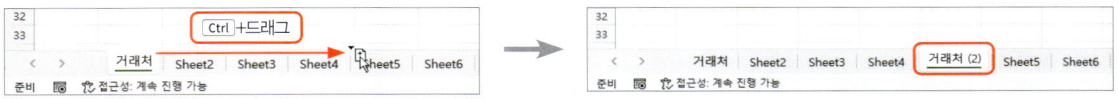

다른 통합 문서로 이동하거나 복사하려면 해당 시트 위에서 마우스 오른쪽 버튼을 클릭한 후 [이동/복사] 명령을 선택합니다. [이동/복사] 대화상자에서 대상 통합 문서를 선택한 후 시트의 위치를 선택하고 [확인] 버튼을 클릭합니다.

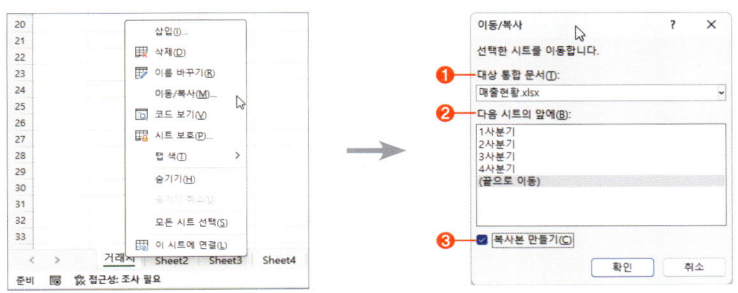

❶ **대상 통합 문서**: 이동하거나 복사할 통합 문서를 선택합니다.
❷ **다음 시트의 앞에**: 이동하거나 복사할 시트의 위치를 선택합니다.
❸ **복사본 만들기**: 체크를 하면 해당 위치로 복사되고, 체크를 해제하면 이동합니다.

시트 이름 변경하기

시트의 이름을 변경하고 싶은 곳에서 더블클릭하여 새로운 이름을 입력합니다.

다양한 시트 설정하기

시트 탭 위에 마우스 오른쪽 버튼을 클릭하면 시트와 관련된 설정을 할 수 있는 다양한 메뉴가 표시됩니다.

❶ **삽입**: 새로운 시트를 현재 시트의 앞쪽에 추가합니다.
❷ **삭제**: 선택한 시트를 삭제합니다. 삭제한 시트는 복구할 수 없으므로 주의해야 합니다.
❸ **이름 바꾸기**: 선택한 시트의 이름을 변경합니다.
❹ **이동/복사**: 선택한 시트를 다른 위치로 이동하거나 복사본을 생성하여 다른 워크북 또는 동일한 워크북 내에 배치할 수 있습니다.
❺ **코드 보기**: VBA 코드를 작성할 수 있는 [Visual Basic for Applications] 편집 창이 열립니다.
❻ **시트 보호**: 선택한 시트에 암호를 설정하여 잠긴 셀이나 시트를 수정하지 못하도록 보호합니다.
❼ **탭 색**: 시트 탭의 색상을 변경합니다.
❽ **숨기기**: 선택한 시트를 숨깁니다.
❾ **숨기기 취소**: 숨어 있던 시트 목록이 표시되면 원하는 시트를 선택해 숨기기를 취소할 수 있습니다.
❿ **모든 시트 선택**: 현재 통합 문서의 모든 시트를 선택합니다.
⓫ **이 시트에 연결**: 문서를 다른 사람과 연결할 수 있습니다.

리본 메뉴와 빠른 실행 도구 모음 편집하기

엑셀에서 원하는 기능을 빠르게 실행하려면 리본 메뉴와 빠른 실행 도구 모음을 자신에게 맞게 설정하는 것이 좋습니다. 리본 메뉴는 주요 기능을 범주별로 정리한 도구 모음이며 빠른 실행 도구 모음은 자주 사용하는 명령을 모아 둔 공간입니다.

자주 사용하는 명령을 빠른 실행 도구 모음에 추가하거나 리본 메뉴를 직접 구성하면 원하는 기능에 좀 더 빠르게 접근할 수 있습니다. 이렇게 하면 불필요한 클릭을 줄이고 작업 효율을 높일 수 있습니다.

∷ 리본 메뉴 편집하기

리본 메뉴 임의의 위치에서 마우스 오른쪽 버튼을 클릭하면 리본 메뉴와 관련된 옵션을 설정할 수 있습니다.

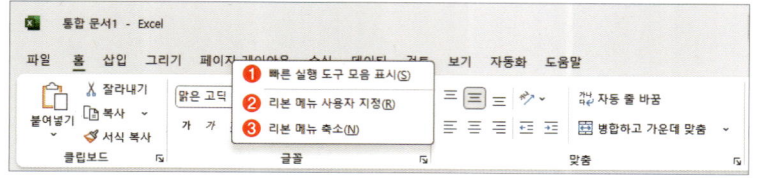

❶ **빠른 실행 도구 모음 표시**: 빠른 실행 도구 모음을 표시합니다.
❷ **리본 메뉴 사용자 지정**: 리본 메뉴를 편집하는 대화상자를 표시합니다.
❸ **리본 메뉴 축소**: 리본 메뉴를 축소하여 숨깁니다. 다시 표시되게 하려면 마우스 오른쪽 버튼을 클릭한 후 [리본 메뉴 축소]의 체크를 해제하거나 Ctrl + F1 을 누르거나 리본 메뉴 임의의 탭을 더블클릭합니다.

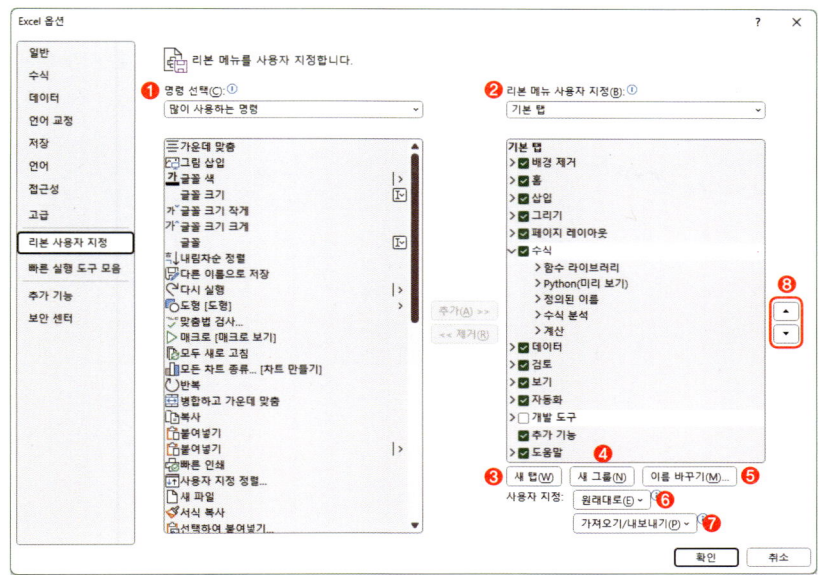

❶ **명령 선택**: 엑셀에서 사용할 수 있는 모든 명령이 기능별로 분류되어 있습니다. 원하는 명령을 선택하여 리본 메뉴에 추가할 수 있습니다.

❷ **리본 메뉴 사용자 지정**: 현재 리본 메뉴에 표시된 탭과 그룹을 사용자 필요에 맞게 수정하거나 새롭게 구성할 수 있습니다.

❸ **새 탭**: 새로운 탭을 생성하여 원하는 명령을 그룹으로 묶어 구성할 수 있습니다.

❹ **새 그룹**: 리본 메뉴에 새로운 사용자 지정 그룹을 생성합니다.

❺ **이름 바꾸기**: 생성한 탭 또는 그룹의 이름을 변경할 수 있습니다.

❻ **원래대로**: 사용자가 설정한 리본 메뉴 및 빠른 실행 도구 모음을 초기 상태로 되돌립니다.

❼ **가져오기/내보내기**: 설정한 리본 메뉴를 다른 기기에서 사용하기 위해 내보내거나 가져옵니다.

❽ **화살표 위/아래 버튼**: 리본 메뉴 내 명령이나 그룹의 순서를 조정합니다.

빠른 실행 도구 모음 편집하기

빠른 실행 도구 모음은 리본 메뉴 위 또는 아래에 배치하여 엑셀 명령을 좀 더 빠르게 실행할 수 있도록 합니다. 빠른 실행 도구 모음을 표시하려면 리본 메뉴 임의의 위치에서 마우스 오른쪽 버튼을 클릭한 후 [빠른 실행 도구 모음 표시]를 선택합니다.

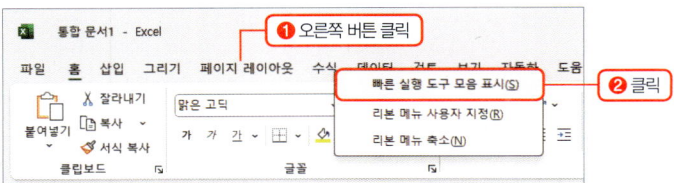

빠른 실행 도구 모음의 위치를 리본 메뉴 아래로 이동하려면 '빠른 실행 도구 모음 사용자 지정' 버튼 을 클릭한 후 [리본 메뉴 아래에 표시]를 선택합니다. 또한 자주 사용하는 명령에 체크하여 빠른 실행 도구 모음에 추가할 수 있습니다.

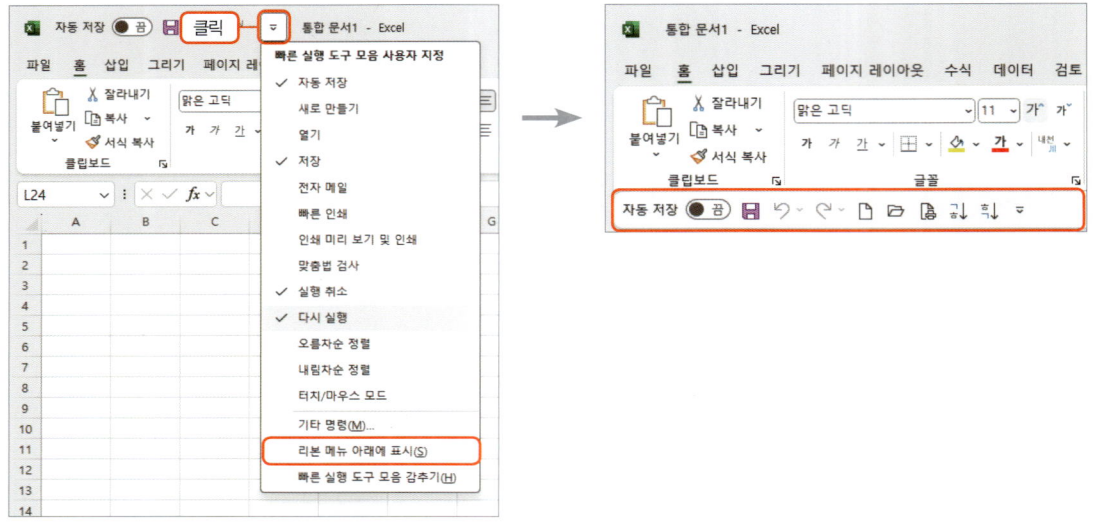

업무에서 자주 사용하는 '모두 지우기', '필터' 명령을 '빠른 실행 도구 모음'에 추가하기 위해 [홈] 탭의 [편집] – [지우기]를 클릭합니다. '모두 지우기' 명령 위에서 마우스 오른쪽 버튼을 클릭한 후 [빠른 실행 도구 모음에 추가]를 클릭합니다.

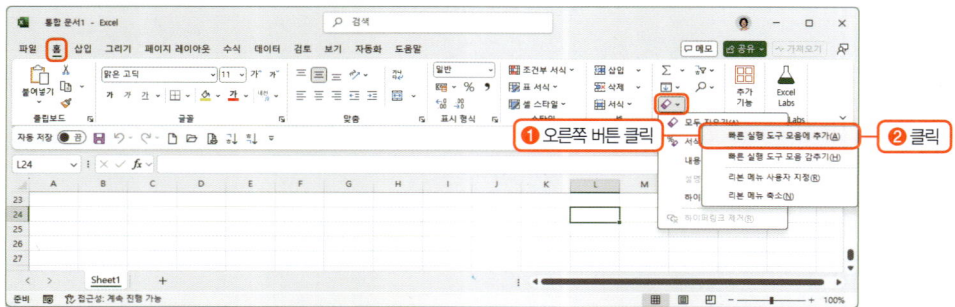

이어서 [데이터] 탭의 [정렬 및 필터] – [필터]에서 마우스 오른쪽 버튼을 클릭하여 [빠른 실행 도구 모음에 추가]를 클릭하여 '필터' 명령도 추가합니다.

자주 사용하는 명령을 빠른 실행 도구 모음에 추가해 두면 해당 명령이 필요할 때 빠르게 접근할 수 있습니다.

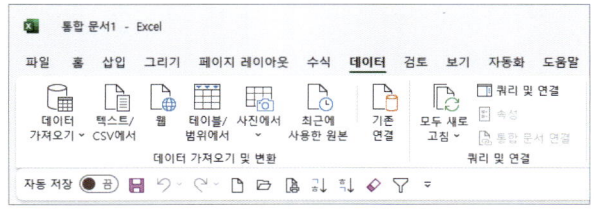

 [자동 고침] 옵션으로 작업 환경 쾌적하게 만들기

엑셀의 [자동 고침] 옵션은 데이터를 입력할 때 실수를 줄이고 효율성을 높이는 데 유용합니다. 하지만 때로는 의도치 않은 수정이 이루어져 불편할 수 있습니다. 예를 들어, 이메일 주소나 URL 입력 시 자동으로 생성되는 하이퍼링크나 한/영 [자동 고침] 옵션이 작업에 방해가 될 때도 있습니다. 이러한 [자동 고침] 옵션을 조정하여 좀 더 쾌적한 작업 환경을 만드는 방법에 대해 알아보겠습니다.

이미 설정된 하이퍼링크 제거 및 해제하기

URL이나 이메일 주소 등 자동으로 설정된 하이퍼링크를 제거하려면 [홈] 탭의 [편집] - [지우기] - [하이퍼링크 제거]를 클릭합니다.

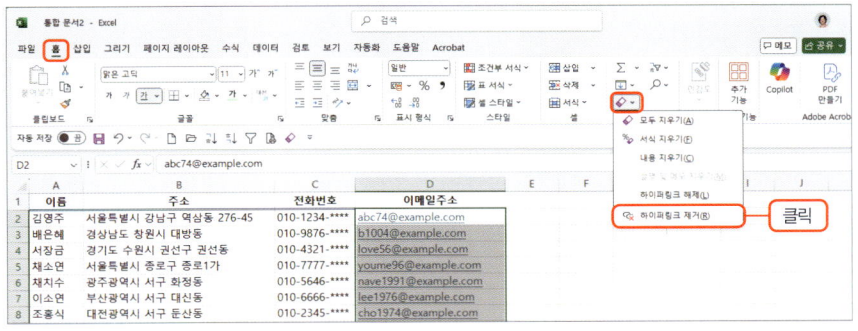

'하이퍼링크 해제'는 하이퍼링크를 해제하지만 서식은 유지합니다.

하이퍼링크 자동 설정 방지하기

URL이나 이메일 주소 입력 시 하이퍼링크가 자동으로 설정되지 않도록 하려면 설정을 변경합니다.

1 [파일] 탭의 [옵션]을 클릭합니다.
2 [Excel 옵션] 대화상자에서 [언어 교정] 탭을 클릭한 후 [자동 고침 옵션] 버튼을 클릭합니다.
3 [자동 고침] 대화상자에서 [입력할 때 자동 서식] 탭을 클릭합니다.
4 '인터넷과 네트워크 경로를 하이퍼링크로 설정' 옵션의 체크를 해제한 후 [확인] 버튼을 클릭합니다.

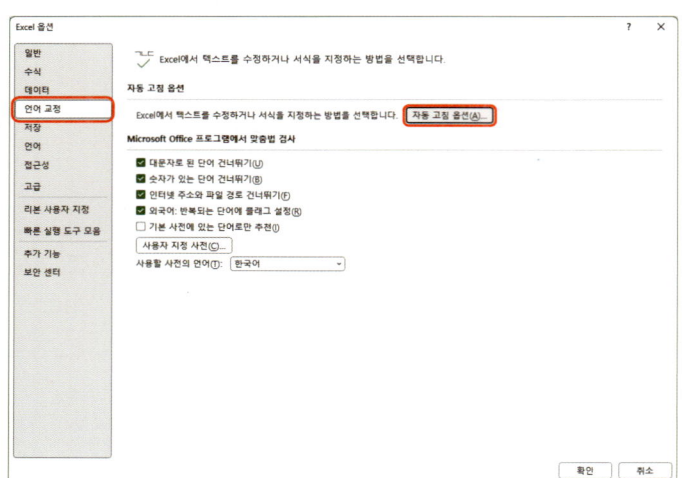
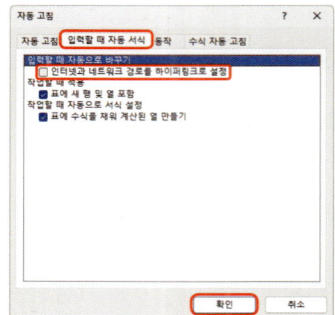

한/영 자동 고침 예외 항목 설정하기

엑셀에서 한글과 영어를 혼용하여 입력할 때 약어나 고유 명사가 자동으로 변경되어 작업 효율이 저하될 수 있습니다. 이를 방지하기 위해 한/영 자동 고침의 예외 항목을 설정할 수 있습니다.

1 [파일] 탭의 [옵션]을 클릭합니다.
2 [Excel 옵션] 대화상자에서 [언어 교정] 탭을 클릭한 후 [자동 고침 옵션] 버튼을 클릭합니다.
3 [자동 고침] 대화상자에서 [자동 고침] 탭을 클릭한 후 [예외 항목] 버튼을 클릭합니다.
4 [자동 고침 예외] 대화상자에서 [한/영 자동 고정] 탭을 클릭한 후 '고치지 않을 단어'란에 「sk」를 입력하고 [추가] 버튼을 클릭하여 등록합니다.

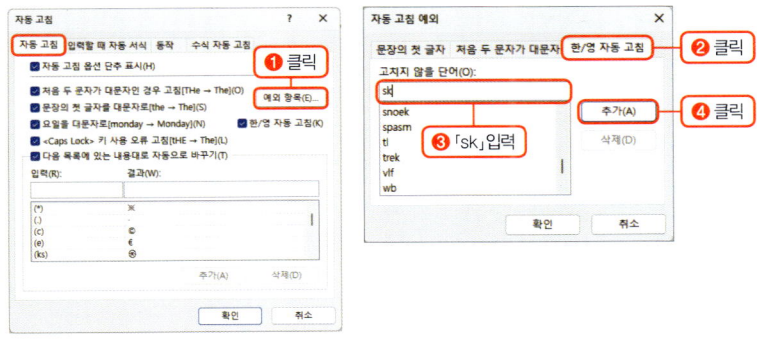

자주 쓰는 기호를 자동 고침에 등록하여 사용하기

엑셀에서 자주 사용하는 글자나 기호를 자동 고침에 등록하여 사용하면 작업 효율을 크게 높일 수 있습니다. 이 기능을 활용하면 입력하기가 불편한 특수 기호나 긴 텍스트를 간단한 약어로 대체할 수 있어 편리합니다. 예를 들어, 업무 중 자주 사용하는 '내수·수출'에서 가운데 점(·)을 입력하는 과정이 번거로울 수 있습니다. 이를 해결하기 위해「..」을 입력하면 자동으로「·」으로 고쳐지도록 설정하는 방법에 대해 알아보겠습니다.

1 [파일] 탭의 [옵션]을 클릭합니다.
2 [Excel 옵션] 대화상자에서 [언어 교정] 탭을 클릭한 후 [자동 고침 옵션] 버튼을 클릭합니다.
3 [자동 고침] 대화상자가 열리면 [자동 고침] 탭의 입력란에「..」을 입력합니다.
4 '결과'란에「ㄱ」입력 → [한자] 누름 → 가운데 점(·)을 선택합니다.
5 [추가] 버튼을 누른 후 [확인] 버튼을 클릭하여 등록합니다.

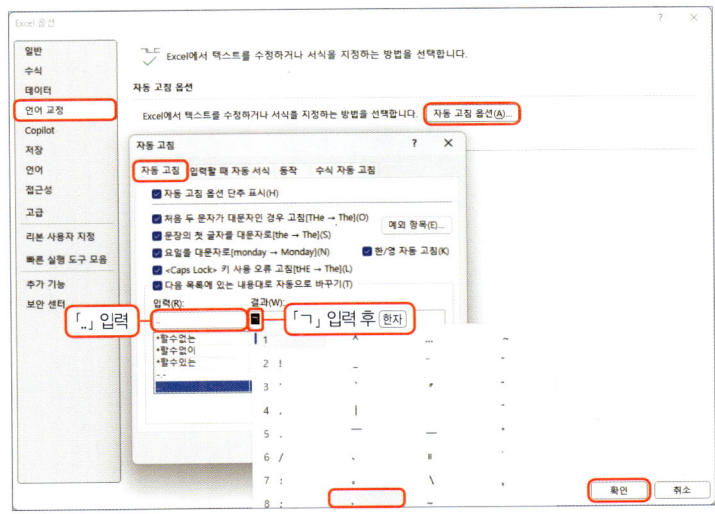

EXCEL 2024

엑셀에서 데이터를 효과적으로 활용하려면 데이터의 종류와 특성을 이해하고 정확하게 입력하는 것이 중요합니다. 특히 입력 방식에 따라 계산이나 분석 결과가 달라질 수 있기 때문에 체계적인 입력이 필요합니다.

이번 테마에서는 엑셀에서 사용되는 데이터의 유형과 입력 방식, 효율적인 데이터 입력 방법, 수식을 입력하는 방법을 알아보겠습니다.

THEME 02

엑셀 기본 작업

LESSON 01 엑셀 데이터 유형과 입력 방법

엑셀은 데이터 유형에 따라 입력 방식이 다릅니다. 올바르게 입력하지 않으면 계산 오류가 발생하거나 의도한 결과를 얻을 수 없기 때문에 정확한 입력 방법을 숙지하는 것이 중요합니다. 이번 레슨에서는 데이터를 입력, 수정, 삭제하는 기본 조작 방법과 텍스트, 숫자, 날짜 등 주요 데이터 유형의 특성에 맞는 입력 방법을 알아보겠습니다.

핵심기능 데이터 입력과 수정

:: 데이터 입력하기

엑셀의 데이터는 기본적으로 하나의 셀에 한 줄씩 입력됩니다. 입력한 내용이 길어지면 인접한 셀 영역까지 확장되어 보일 수 있지만, 실제 데이터는 입력한 셀에만 저장됩니다. 예를 들어, [A2], [A3], [A4] 셀에 긴 텍스트를 입력하면 [B], [C], [D] 열까지 걸쳐 보일 수 있지만, 이는 셀 너비에 따른 시각적 현상일 뿐이며 실제로 다른 셀에는 영향을 주지 않습니다. 데이터가 입력된 셀을 정확히 확인하려면 해당 셀을 선택한 후 수식 입력 줄을 확인하면 됩니다. 예를 들어, [A2] 셀을 클릭하면 수식 입력 줄에 실제 입력된 전체 내용이 표시됩니다.

입력된 데이터 길이에 맞게 셀 너비를 자동 조정하려면 열 머리글의 경계선에 커서를 두고 더블클릭하면 됩니다.

입력 시 사용하는 조합키

데이터 입력 시 자주 사용하는 조합키는 Alt + Enter 와 Ctrl + Enter 가 있습니다.
한 셀에 여러 줄을 입력하려면 줄을 바꾸고 싶은 위치에서 Alt + Enter 를 누릅니다.

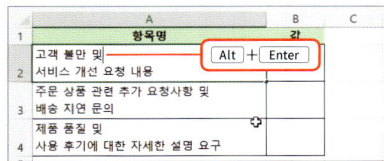

선택한 범위에 동일 데이터를 입력하려면 입력할 범위를 선택한 후 원하는 데이터를 입력하고 Ctrl + Enter 를 누릅니다.

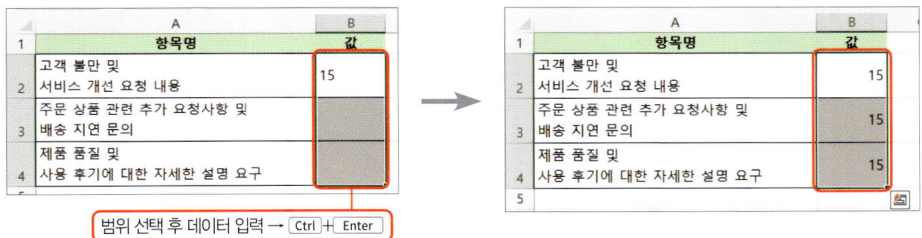

데이터 수정하기

엑셀에서 입력한 데이터를 수정하는 데는 여러 가지 방법이 있으며 작업 방식에 따라 가장 편리한 방법을 선택할 수 있습니다. 데이터를 수정하려면 다음 세 가지 방법 중 하나를 사용하면 됩니다.

방법 1] 셀을 더블클릭하여 수정합니다.
방법 2] 수식 입력 줄을 클릭하여 수정합니다.
방법 3] 셀을 선택한 후 F2 를 눌러 편집 모드로 전환합니다.

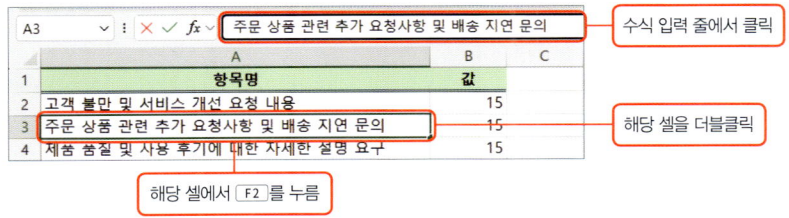

:: 데이터 삭제하기

입력한 데이터를 삭제하려면 범위를 선택한 후 Delete 를 누릅니다. 만약, 데이터가 입력된 셀에 서식이 지정되어 있거나, 메모가 삽입되어 있거나, 하이퍼링크가 설정되어 있다면 [홈] 탭의 [편집] - [지우기]를 이용하여 지웁니다.

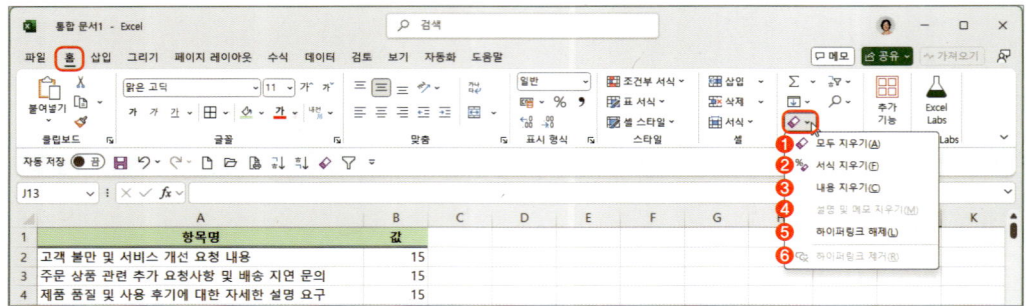

① **모두 지우기**: 데이터, 서식, 메모, 하이퍼링크를 모두 지웁니다.
② **서식 지우기**: 셀에 지정된 서식을 지웁니다.
③ **내용 지우기**: 셀에 입력된 내용을 지웁니다. Delete 를 누르는 것과 같습니다.
④ **설명 및 메모 지우기**: 선택한 셀에 연결된 설명과 메모를 지웁니다.
⑤ **하이퍼링크 해제**: 설정된 하이퍼링크를 해제합니다. 하이퍼링크 서식은 지우지 않습니다.
⑥ **하이퍼링크 제거**: 설정된 하이퍼링크를 해제하고 하이퍼링크 서식을 지웁니다.

 데이터 유형에 따른 입력과 처리 방식

엑셀에서 사용되는 데이터는 크게 문자와 숫자로 나눌 수 있으며 각 데이터는 입력 방식과 처리 방식이 다릅니다. 숫자는 계산이 가능한 데이터이고 문자는 계산이 불가능한 데이터입니다. 숫자는 다시 일반 숫자, 날짜, 시간으로 나뉩니다.

:: 숫자 데이터의 특징

엑셀에서 숫자를 입력하면 셀의 오른쪽에 자동으로 정렬됩니다. 이는 엑셀이 해당 값을 숫자로 인식하여 계산 가능한 데이터로 처리한다는 의미입니다. 엑셀은 숫자를 최대 15자리까지 정확하게 처리할 수 있으며 16자리 이상부터는 마지막 자리가 0으로 변경되어 정확하게 표시되지 않습니다. 예를 들어, 「1234567890123456」을 입력하면 '1234567890123450'으로 자동으로 바뀝니다.

따라서 신용카드 번호, 계좌번호, 바코드처럼 16자리 이상의 숫자 데이터는 반드시 텍스트 형식으로 입력해야 합니다. 이를 위해 입력 전에 셀 서식을 '텍스트'로 변경하거나 숫자 앞에 아포스트로피(Apostrophe, ')를 붙여 입력합니다(예 '1234567890123456).

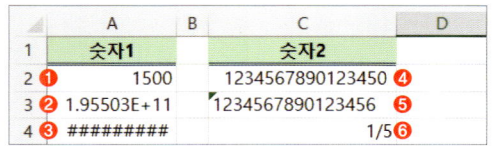

❶ 숫자를 입력하면 셀에 오른쪽 맞춤됩니다.
❷ 열 너비보다 긴 숫자를 입력하거나 12자리 이상 입력하면 지수 서식으로 표시됩니다. 정수형으로 표시하려면 표시 형식을 '숫자'로 지정합니다.
❸ 서식이 지정된 셀에 긴 숫자를 입력하면 '###'으로 표시됩니다. 이때 열 머리글 경계선을 더블클릭하여 열 너비를 늘리면 숫자가 제대로 표시됩니다.
❹ 숫자는 15자리까지만 유효하므로 16번째 숫자가 '0'으로 변경됩니다.
❺ 숫자를 텍스트로 입력하기 위해 아포스트로피(')를 입력한 후 숫자를 입력합니다.
❻ 분수(1/5)를 입력하려면 「0」을 입력한 후 한 칸 띄고 「1/5」을 입력합니다. 즉, 「0 1/5」을 입력합니다.

날짜 데이터와 시간 데이터

엑셀은 날짜와 시간을 특정 형식의 숫자 값으로 처리하며 이를 적절히 입력하고 처리하는 방법을 이해하면 업무의 효율성을 높일 수 있습니다.

날짜

날짜는 연, 월, 일을 하이픈(-)이나 슬래시(/)로 구분하여 입력해야 엑셀이 날짜로 인식합니다. 엑셀에서 날짜를 입력하면 내부적으로는 숫자(일련번호)로 저장됩니다. 엑셀의 기준 날짜는 1900-1-1이며 이 날짜는 숫자 1로 저장됩니다. 그 이후의 모든 날짜는 기준일로부터 경과한 일수만큼의 숫자로 계산되어 저장됩니다. 예를 들어, 2025-8-1은 45870이라는 숫자로 저장됩니다.

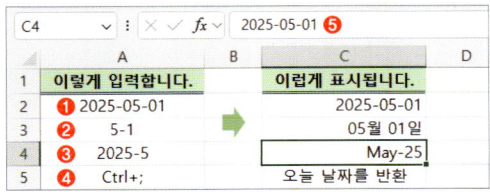

❶ 날짜는 yyyy-mm-dd, mm/dd/yyyy 형식으로 입력합니다.
❷ 연도를 생략하여 입력하면 '○월 ○일'로 표시되고 올해 연도가 자동으로 입력됩니다.
❸ 일을 생략하여 입력하면 월 표시 형식이 영문으로 표시되고 1일로 입력됩니다.
❹ Ctrl+;을 누르면 오늘 날짜가 자동으로 입력됩니다.
❺ 수식 입력 줄을 확인하면 실제 입력된 값을 확인할 수 있습니다.

> TIP
> 오늘 날짜를 빠르게 입력하려면 Ctrl+;을 누릅니다.

시간

시간은 시, 분, 초를 콜론(:)으로 구분하여 입력해야 엑셀이 시간 데이터로 인식합니다. 시간은 1일(24시간)을 기준으로 한 소수값으로 저장됩니다. 예를 들어, 오전 6시는 0.25, 오후 6시는 0.75로 저장됩니다. 또한 날짜와 시간이 결합된 값으로도 저장되며 예를 들어, 2025-8-1 18:00는 45870.75로 저장됩니다.

	A	B	C	D	E
1	이렇게 입력합니다.		이렇게 표시됩니다.		실제 처리되는 값
❶ 2	12:00		12:00		0.50
❷ 3	18:00		18:00		0.75
❸ 4	10:50 AM		10:50 AM		0.45
❹ 5	3:30 PM		3:30 PM		0.65
❺ 6	2025-5-1 12:00		2025-05-01 12:00		45778.50
❻ 7	<Ctrl>+<Shift>+;		11:37 AM		0.48

❶ 시간은 hh:mm:ss 형식으로 입력합니다.
❷ 오후 6시는 「6:00 PM」 또는 「18:00」로 입력합니다.
❸ 「10:50 AM」 입력
❹ 「3:30 PM」 입력
❺ 날짜와 시간을 동시에 입력할 때는 공백으로 구분합니다.
❻ Ctrl + Shift + ; 을 누르면 현재 시간이 자동으로 입력됩니다.

> **TIP**
> 현재 시간을 빠르게 입력하려면 Ctrl + Shift + ; 을 누릅니다.

❖ 한자 입력하기

한자를 글자 단위로 변환하려면 한글을 입력한 후 한자를 누릅니다. 단어 단위로 변환하려면 단어 전체를 범위 지정한 후 한자를 누릅니다.

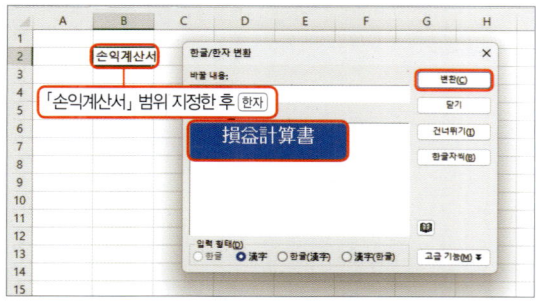

① 입력된 텍스트를 편집 모드에서 전체 글자를 드래그하여 선택합니다.
② 한자를 누릅니다.
③ 단어 단위로 추천되는 한자 중 해당되는 한자를 선택하여 변환합니다.

만약, 여러 범위에 입력된 단어를 동시에 한자로 변환하려면 데이터가 입력된 셀을 선택한 후 [검토] 탭의 [언어] - [한글/한자 변환]을 클릭합니다.

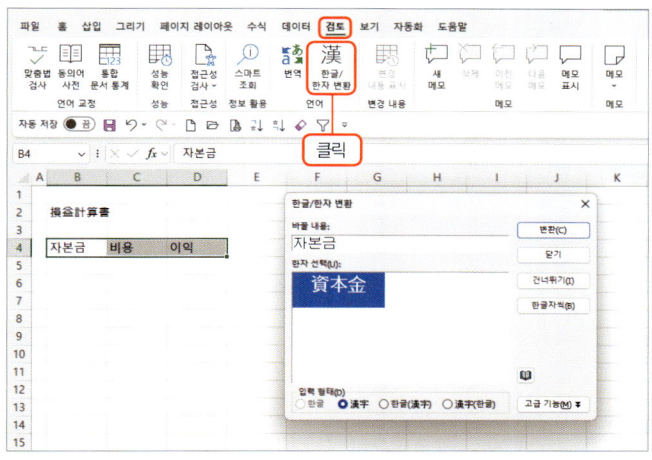

:: 특수 문자 입력하기

엑셀에서 특수 문자를 입력하는 방법은 다음 세 가지가 있습니다.

방법 1] [삽입] 탭의 [기호] - [기호]를 클릭하면 표시되는 대화상자에서 삽입하는 방법

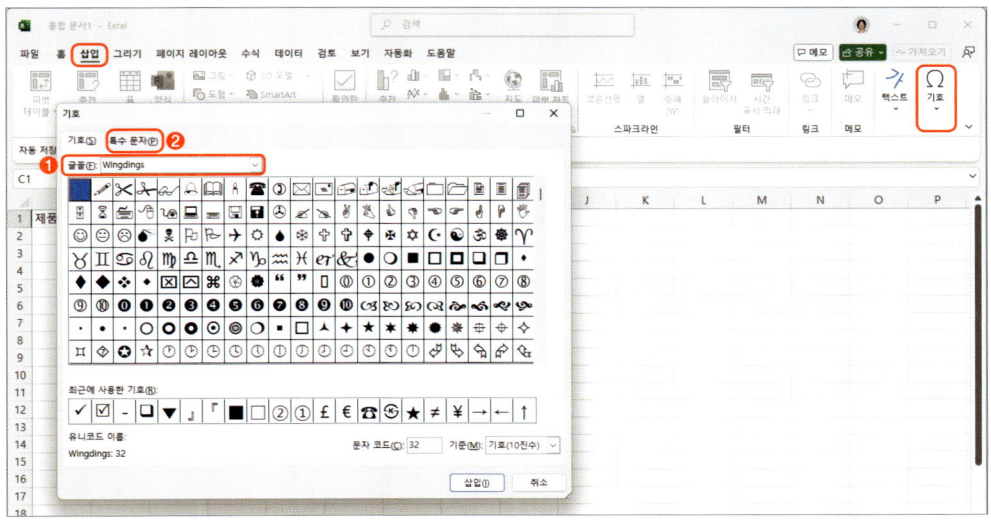

❶ **글꼴**: 글꼴의 종류에 따라 제공되는 기호의 종류가 다릅니다.
❷ **특수 문자**: 저작권(ⓒ) 등의 특수 문자를 입력할 수 있습니다.

방법 2) 자음을 입력한 후 한자를 누르는 방법

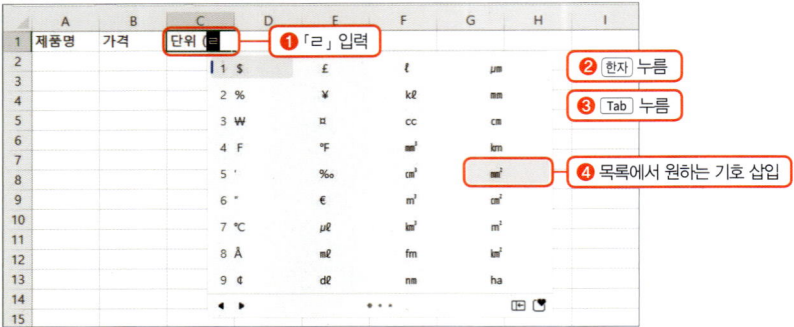

방법 3) windows 10 이상의 운영체제에서 ⊞+. 를 눌러 특수 문자를 입력하는 방법

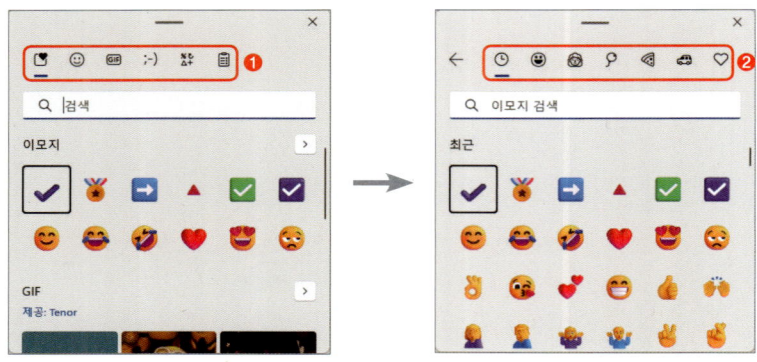

❶ 최근에 사용한 항목, 이모지, GIF 등의 큰 카테고리를 선택합니다.
❷ 만약, 이모지를 선택했다면 다시 여러 카테고리 중에서 선택하여 특수 문자를 입력합니다.

핵심기능 ▶ 스레드형 메모와 노트형 메모 삽입

엑셀에서는 셀에 대한 추가 설명이나 의견을 기록하기 위해 메모 기능을 사용할 수 있습니다. Microsoft 365 및 최신 버전의 엑셀에서는 두 가지 유형의 메모가 제공됩니다.

- **스레드형 메모**: 여러 사용자가 함께 작성하고 댓글을 주고받을 수 있는 공동 작업용 메모입니다. 말풍선 형태로 표시되며 대화식으로 의견을 남길 수 있습니다.
- **노트형 메모**: 예전부터 사용되어 온 개인용 주석 형태의 메모로, 간단한 설명이나 참고 사항을 기록할 때 사용됩니다. 이전 버전에서는 단순히 '메모'라고 불렸습니다.

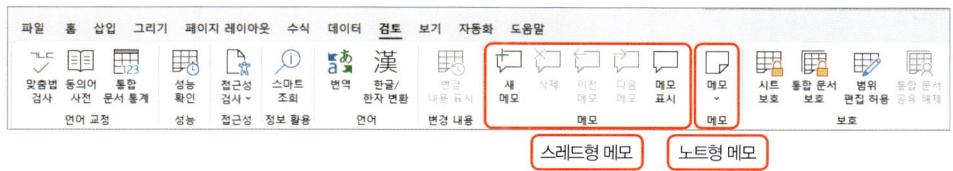

스레드형 메모

스레드형은 파일을 원드라이브에 저장한 후 파일을 공유하여 다른 작업자와 소통할 수 있는 메모입니다.

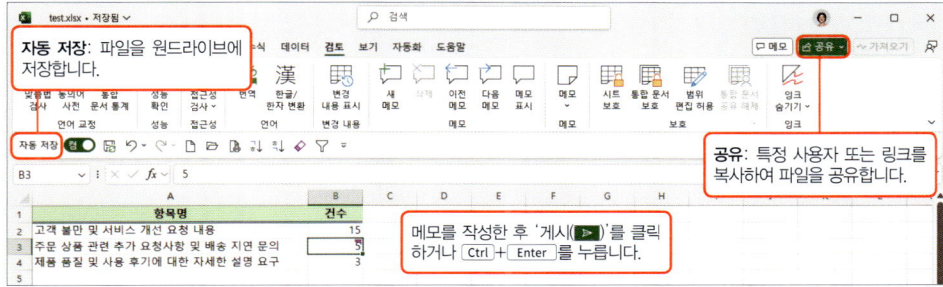

다른 사용자가 접속해 메모 내용을 확인하고 답변을 달면서 소통할 수 있습니다.

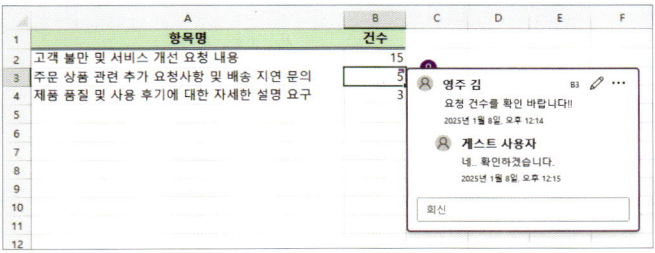

노트형 메모

노트형 메모는 이전 버전부터 계속 사용해 왔던 기능으로, 특정 셀에 주석 형태로 메모를 답니다. [검토] 탭의 [메모] 그룹을 사용하거나 마우스 오른쪽 버튼을 클릭한 후 [새 노트]를 클릭합니다.

Shift + F2 를 눌러 노트형 메모를 삽입할 수도 있습니다.

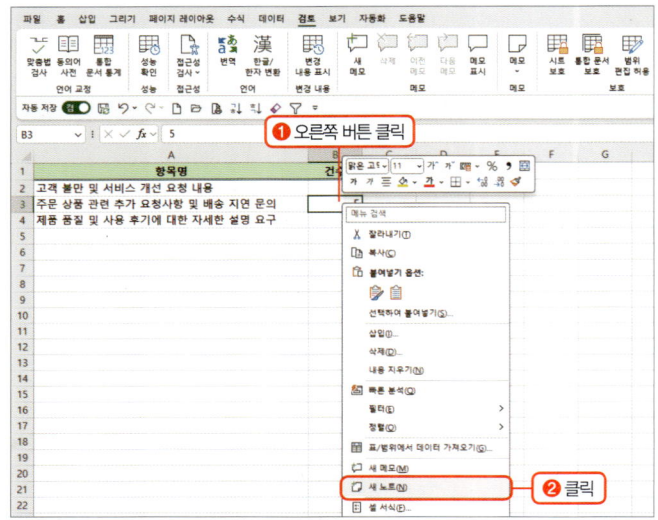

노란색 바탕에 노트 형태의 메모가 삽입되면 필요한 내용을 입력한 후 상자의 바깥쪽을 클릭합니다. 메모 표시를 숨기거나 편집하려면 [검토] 탭의 [메모] 그룹에서 선택하거나 마우스 오른쪽 버튼을 클릭합니다.

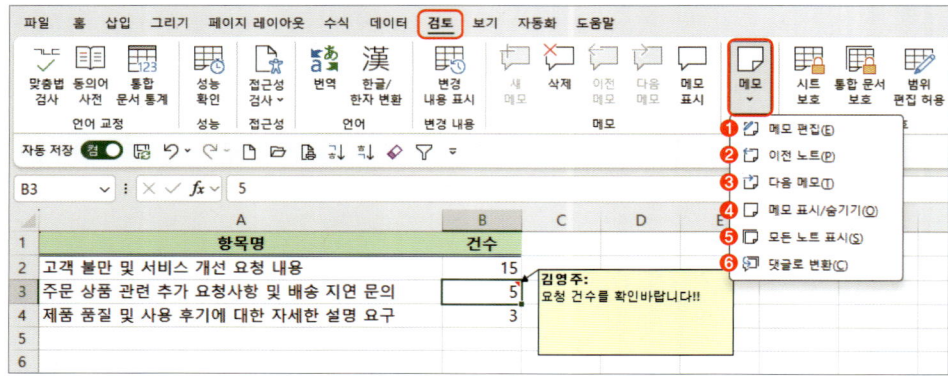

❶ **메모 편집**: 메모를 편집합니다.
❷ **이전 노트**: 메모가 여러 개 삽입되어 있을 경우, 이전 메모로 이동합니다.
❸ **다음 메모**: 메모가 여러 개 삽입되어 있을 경우, 다음 메모로 이동합니다.
❹ **메모 표시/숨기기**: 메모를 표시하거나 숨깁니다.
❺ **모든 노트 표시**: 여러 개의 메모를 한꺼번에 표시합니다.
❻ **댓글로 변환**: 노트형 메모를 스레드형 메모로 변환합니다.

LESSON

02 효율적인 데이터 입력

엑셀의 자동 채우기와 자동 완성 기능을 활용하면 데이터 입력 시간을 크게 단축할 수 있습니다. '자동 채우기'는 규칙적으로 반복되는 데이터를 빠르게 입력할 수 있게 해 주며 '자동 완성'은 같은 열에 이미 입력된 값들을 기반으로 추천 값을 제시하여 불필요한 타이핑을 줄여 줍니다.

패턴과 규칙으로 데이터 자동 채우기

자동 채우기는 사용자가 입력한 데이터의 패턴이나 규칙을 분석하여 나머지 값을 자동으로 입력해 주는 기능입니다. 예를 들어, 자동 채우기를 활용하면 일정한 간격으로 증가하거나 감소하는 숫자, 날짜, 시간 데이터를 손쉽게 입력할 수 있습니다.

:: 숫자 패턴 자동 채우기

숫자 데이터를 자동으로 채우려면 초깃값을 입력한 후 채우기 핸들을 드래그합니다. 이때 엑셀은 숫자의 증가 또는 감소 패턴을 인식하여 1씩 증가하거나 사용자가 지정한 간격대로 값을 채웁니다.

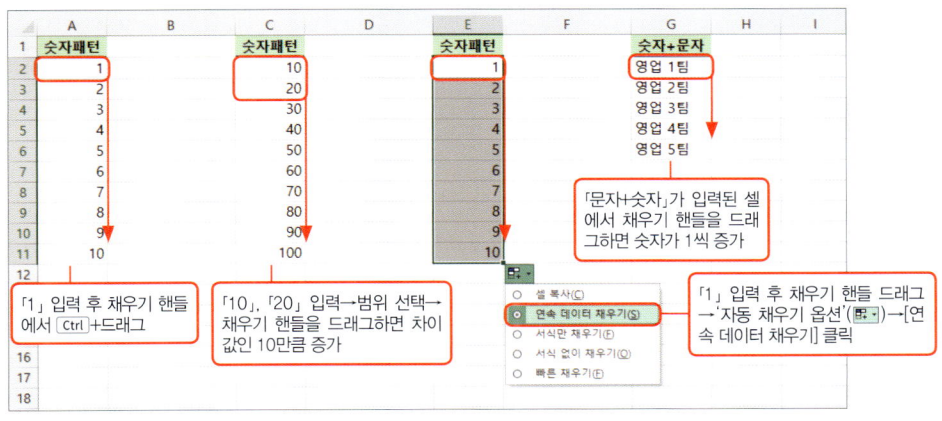

날짜, 시간 자동 채우기

날짜나 시간 입력 후 채우기 핸들을 드래그하면 연속된 날짜나 시간을 자동으로 채울 수 있습니다. 또한 일 단위, 주 단위, 월 단위 등 다양한 주기로 설정하여 입력할 수 있습니다.

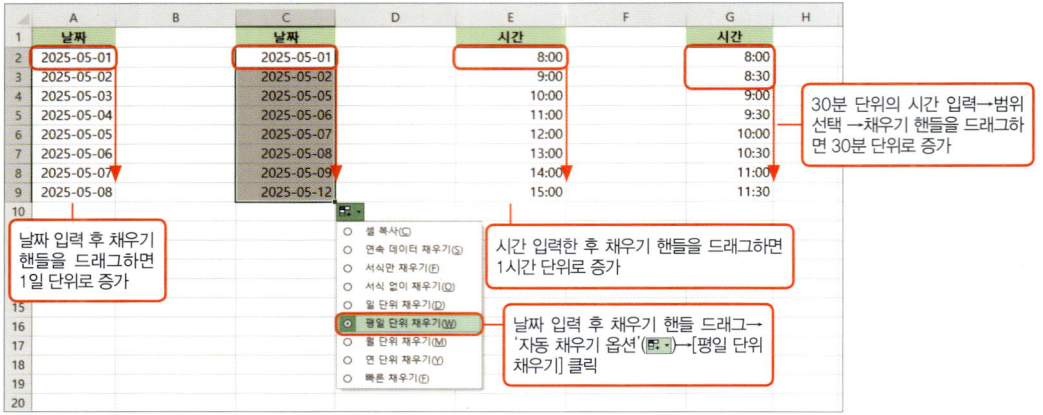

큰 값 자동 채우기

1부터 1,000까지와 같은 큰 범위의 연속 숫자를 입력할 때는 자동 채우기 핸들을 드래그하는 방식이 비효율적일 수 있습니다. 이런 경우에는 [홈] 탭의 [편집]-[채우기]-[계열]을 사용하여 시작 값, 끝 값, 증가 단위를 지정해 빠르고 정확하게 데이터를 채울 수 있습니다.

1 [A2] 셀에 초깃값 「1」을 입력한 후 [A2] 셀을 선택합니다.
2 [홈] 탭의 [편집] - [채우기] - [계열]을 클릭합니다.

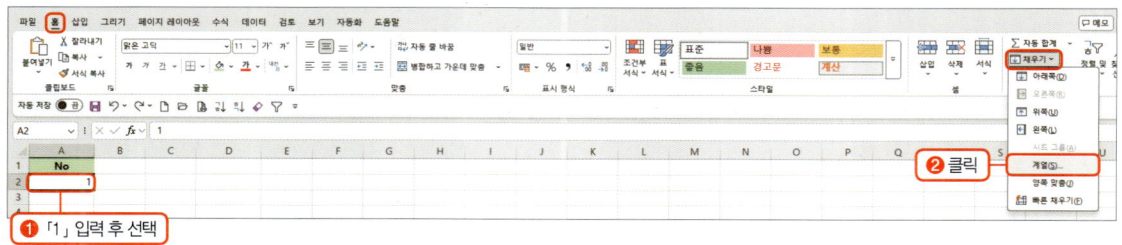

3 방향은 '열', 유형은 '선형'을 선택한 후 종료 값에 「1000」을 입력하고 [확인] 버튼을 클릭합니다.

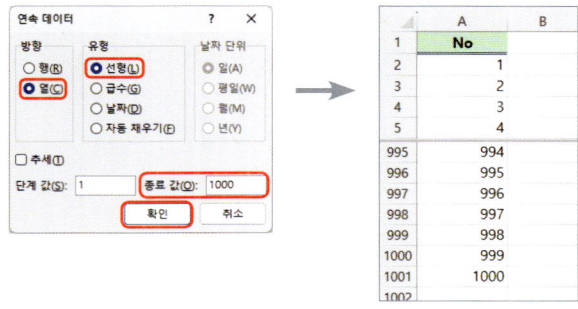

:: 사용자 지정 목록 자동 채우기

반복적으로 자주 사용하는 목록을 사용자 지정 목록으로 등록하면 업무 효율을 높일 수 있습니다. 예를 들어, 자주 사용하는 상품 목록을 등록해 두면 판매 보고서 작성 시 해당 목록을 빠르게 입력할 수 있습니다. 등록한 사용자 지정 목록은 자동 채우기뿐만 아니라 정렬이나 피벗 테이블 등 다양한 기능에서도 유용하게 활용할 수 있습니다.

1 [파일] 탭의 [옵션]을 클릭합니다.
2 [Excel 옵션] 대화상자가 열리면 [고급] 탭을 클릭한 후 스크롤바를 아래쪽으로 내려 [사용자 지정 목록 편집] 버튼을 클릭합니다.

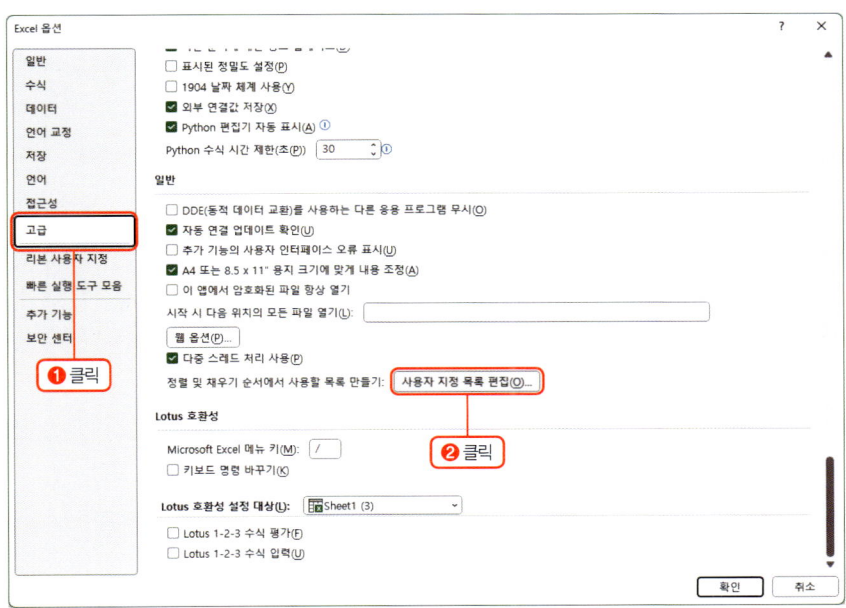

3 [옵션] 대화상자에 자주 사용할 만한 목록 열네 가지가 기본으로 등록되어 있습니다. '목록 항목'에 원하는 목록을 직접 입력하거나 셀에 이미 입력된 목록을 [가져오기] 버튼을 클릭하여 목록을 가져옵니다. [추가]와 [확인] 버튼을 클릭하여 목록을 등록합니다.

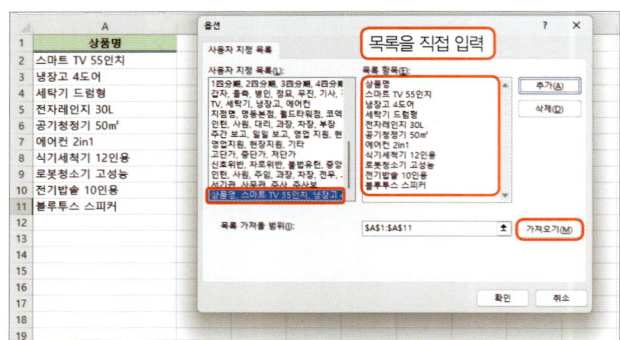

목록을 직접 입력할 경우에는 글자 수에 제한(255자)이 있지만 [가져오기] 기능을 사용할 경우에는 글자 수 제한이 없습니다.

4 임의의 셀에 「상품명」을 입력한 후 채우기 핸들을 드래그하면 등록된 상품의 순서대로 자동 채우기됩니다.

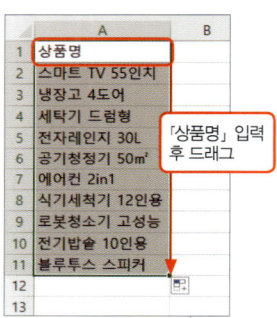

자동 완성 기능 활용하기

자동 완성은 동일한 열에 이미 입력된 데이터를 기반으로 입력값을 추천해 주는 기능입니다. 첫 글자를 입력하면 기존 데이터를 기반으로 나머지 내용을 자동으로 완성해 줍니다. 이 기능은 '셀 내용을 자동 완성' 옵션이 활성화되어 있을 때 사용할 수 있습니다.

1 [파일] 탭의 [옵션]을 클릭합니다.
2 [Excel 옵션] 대화상자가 열리면 [고급] 탭을 클릭한 후 '셀 내용을 자동 완성'에 체크를 합니다.

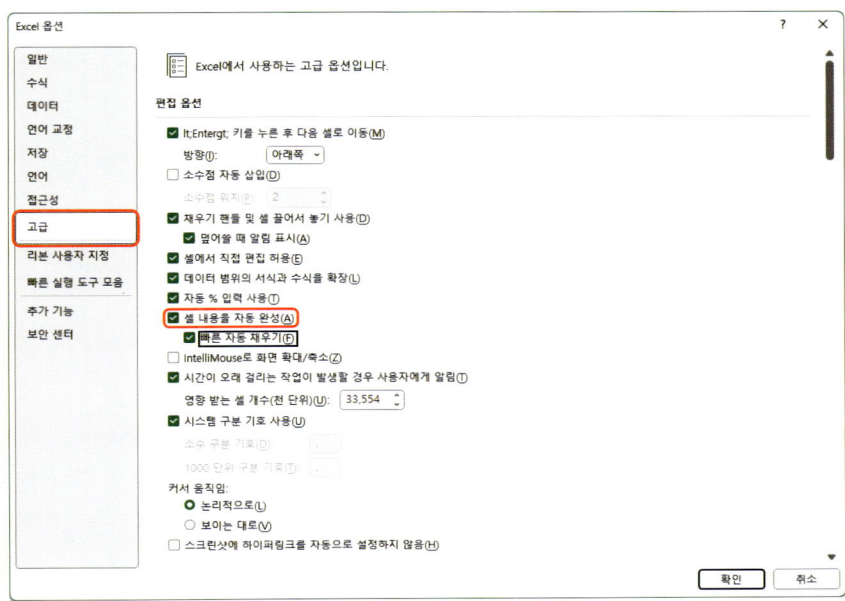

자동 완성 기능은 연속된 영역에 데이터를 입력할 때만 작동하며 빈 셀이 표시된 이후에는 실행되지 않습니다. 예를 들어, [B5] 셀에 「교」를 입력하면 '교육팀'이 자동으로 완성됩니다. 자동 완성된 값을 입력하려면 Enter 를 누르고, 무시하려면 원하는 글자를 계속 입력하면 됩니다.

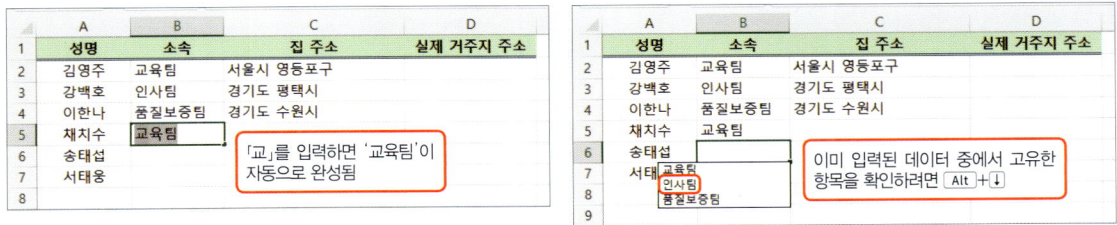

또한 인접한 셀의 데이터를 단축키로 복사할 수도 있습니다. 바로 위쪽 셀의 값을 복사하려면 Ctrl + D 를, 왼쪽 셀의 값을 복사하려면 Ctrl + R 을 누르면 됩니다.

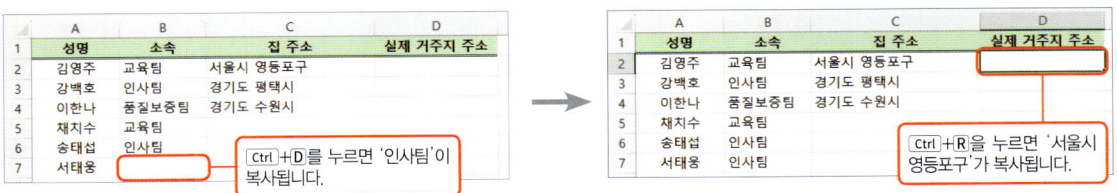

LESSON 03 데이터의 정확도를 높이는 유효성 검사

엑셀의 유효성 검사(Data Validation)는 셀에 입력할 수 있는 데이터를 미리 정해진 규칙으로 제한하는 기능입니다. 사용자가 셀에 잘못된 값을 입력하지 않도록 사전에 방지할 수 있어 데이터 정확성을 높이고 자료의 일관성을 유지하는 데 효과적입니다.

유효성 검사 설정 및 삭제하기

유효성 검사 설정은 [데이터] 탭의 [데이터 도구] - [데이터 유효성 검사]를 클릭하여 설정합니다.

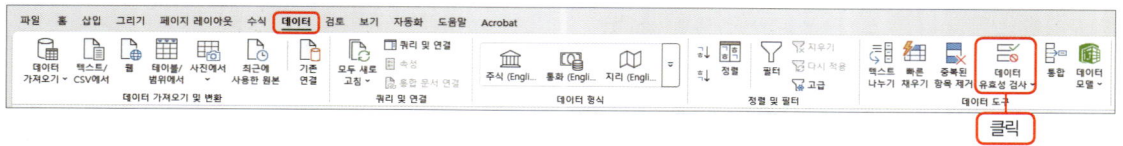

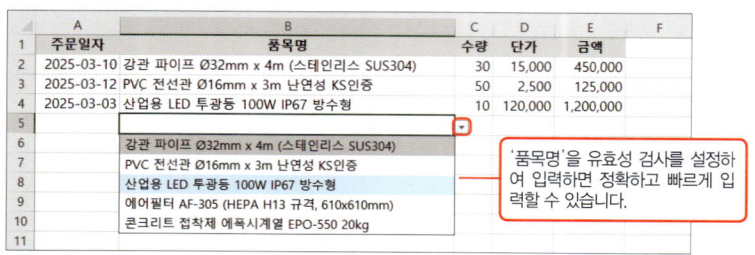

'품목명'을 유효성 검사를 설정하여 입력하면 정확하고 빠르게 입력할 수 있습니다.

[데이터 유효성] 대화상자에서 입력 조건, 입력 메시지, 오류 메시지 등을 설정할 수 있습니다. 이를 통해 사용자가 지정한 조건에 맞는 데이터만 입력되도록 제한할 수 있습니다. 단, 복사해서 붙여넣을 경우에는 제한이 적용되지 않으므로 주의가 필요합니다. 또한 대화상자 하단의 [모두 지우기] 버튼을 클릭하면 선택한 범위에 적용된 모든 데이터 유효성 규칙이 삭제됩니다.

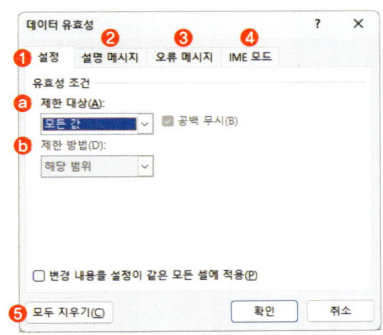 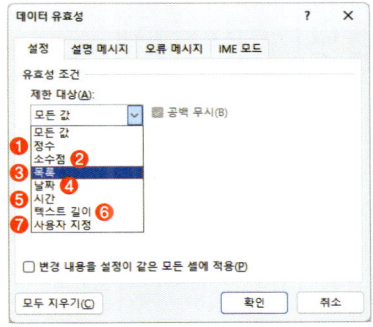

❶ **설정**: 데이터 입력을 제한하는 다양한 유효성 규칙을 설정할 수 있습니다.
  ⓐ **제한 대상**: 정수, 소수점, 목록, 날짜, 시간, 텍스트 길이, 사용자 지정 중에서 선택할 수 있습니다.
  ⓑ **제한 방법**: 선택한 제한 대상에 따라 세부적인 설정 방법과 옵션이 달라집니다.
❷ **설명 메시지**: 유효성 검사가 설정된 셀을 선택하면 입력 시 참고할 수 있는 설명 메시지가 표시됩니다.
❸ **오류 메시지**: 설정된 조건과 맞지 않는 데이터를 입력할 경우, 오류 메시지가 표시돼 잘못된 입력을 안내합니다.
❹ **IME 모드**: 입력 시 사용할 문자 입력 모드(영문, 한글, 전자 등)를 설정할 수 있습니다.
❺ **모두 지우기**: 선택한 범위에 설정된 모든 데이터 유효성 검사 규칙을 삭제합니다.

설정할 수 있는 유효성 검사 규칙의 종류는 다음과 같습니다.
❶ **정수**: 입력 가능한 숫자 범위를 정수로 제한합니다.
❷ **소수점**: 소수점 이하 자릿수를 포함한 숫자의 범위를 제한합니다.
❸ **목록**: 미리 지정한 목록 중 하나만 입력할 수 있도록 제한합니다.
❹ **날짜**: 입력 가능한 날짜의 범위를 지정하여 제한합니다.
❺ **시간**: 입력 가능한 시간의 범위를 제한합니다.
❻ **텍스트 길이**: 입력 가능한 문자의 길이를 제한합니다.
❼ **사용자 지정**: 사용자가 지정한 특정 조건(수식)을 만족하는 데이터만 입력할 수 있도록 제한합니다.

데이터 유효성 검사로 잘못 입력된 데이터 찾기

이미 입력된 데이터 중 유효성 검사 규칙에 맞지 않는 데이터를 찾으려면 유효성 검사 규칙을 설정한 후 [데이터] 탭의 [데이터 도구]-[데이터 유효성 검사]-[잘못된 데이터]를 클릭합니다.

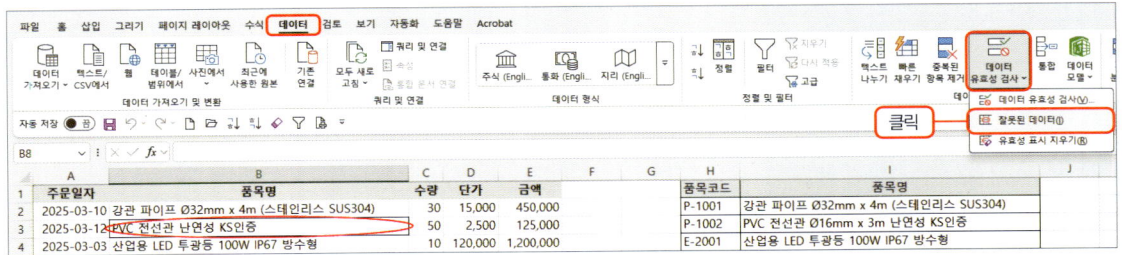

효율적인 데이터 입력

예제 파일 Sample\T02_데이터 입력.xlsx
완성 파일 Sample\T02_데이터 입력_완성.xlsx

키 워 드 데이터 입력
길라잡이 [데이터 입력] 시트를 선택한 후 실습을 진행합니다.
날짜, 일련번호, 특수 문자 그리고 입력 시 사용하는 Alt + Enter 와 Ctrl + Enter 를 적절하게 활용하는 방법에 대해 알아보겠습니다.

01 날짜 입력과 한 셀 내에서 두 줄 이상 입력하기

날짜 입력: [C4] 셀에 Ctrl + ; 을 눌러 오늘 날짜를 입력합니다.
제품 분류 입력: ❶ [C7] 셀에 「제품」 입력 ❷ Alt + Enter 를 누름 ❸ 「분류」 입력 ❹ Enter 를 누름
제품 코드 입력: ❶ [D7] 셀에 「제품」 입력 ❷ Alt + Enter 를 누름 ❸ 「코드」 입력 ❺ Enter 를 누름

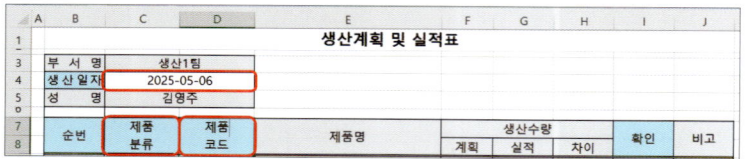

02 일련번호 매기기

[B9] 셀에 「1」을 입력한 후 Ctrl 을 누른 채 채우기 핸들을 [B28] 셀까지 드래그합니다. 또는 자동 채우기 핸들을 드래그한 후 ❶ [자동 채우기 옵션 📑▼] 버튼을 클릭하고 ❷ [연속 데이터 채우기]를 선택할 수도 있습니다.

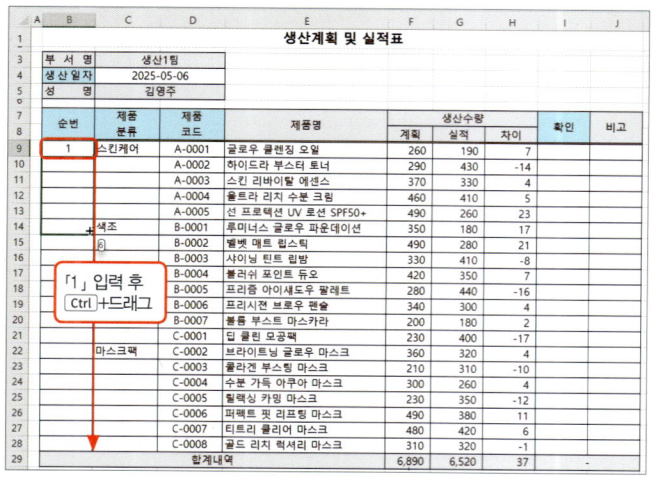

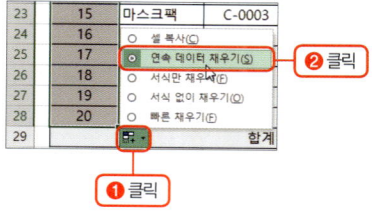

03 같은 항목 한꺼번에 채우기

❶ [C9:C13] 영역을 선택한 후 F2 를 눌러 편집 모드로 전환합니다. ❷ Ctrl + Enter 를 누르면 해당 범위에 모두 '스킨케어'라는 값이 입력됩니다.

04 같은 항목 한꺼번에 채우기

03번을 참조하여 '색조' 영역([C14:C21])과 '마스크팩' 영역([C22:C28])도 같은 방법으로 데이터를 채웁니다.

05 특수 문자 입력하기(Windows 10 이상)

❶ [I10] 셀에서 ⊞+. 를 눌러 특수 문자 표가 표시되면 ❷ 검색란에 「체크」를 입력하고 검색 결과 중 ❸ 원하는 특수 문자를 선택하여 입력합니다.

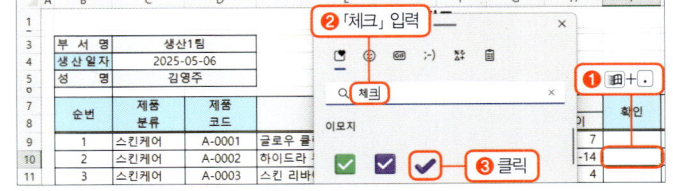

06 특수 문자 입력하기(Windows 10 미만)

[I11] 셀에 자음 ❶ 「ㄷ」을 입력하고 ❷ 한자 를 누른 후 ❸ Tab 을 눌러 ❹ 목록에서 원하는 기호를 선택하여 입력합니다.

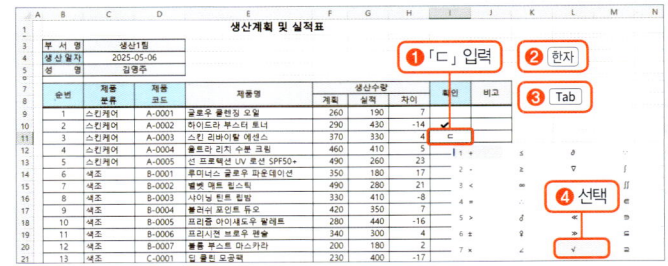

Lesson 03 _ 데이터의 정확도를 높이는 유효성 검사 **037**

자동 채우기를 활용한 양식 만들기

예제 파일 Sample\T02_데이터 입력.xlsx
완성 파일 Sample\T02_데이터 입력_완성.xlsx

키 워 드 자동 채우기
길라잡이 [자동 채우기] 시트를 선택한 후 실습을 진행합니다.
생산 계획/실적 현황표 양식을 만들며 자동 채우기의 효율성을 확인하고 추가 설명이 필요한 셀에는 노트형 메모를 삽입하는 방법에 대해 알아보겠습니다.

01 노트형 메모 삽입하기

❶ [B3] 셀에 원하는 날짜를 입력합니다. 날짜를 입력하면 제목과 달력의 날짜가 자동으로 갱신되도록 수식과 서식을 미리 설정해 두었습니다. ❷ [B3] 셀에서 마우스 오른쪽 버튼을 클릭한 후 ❸ [새 노트]를 클릭합니다.

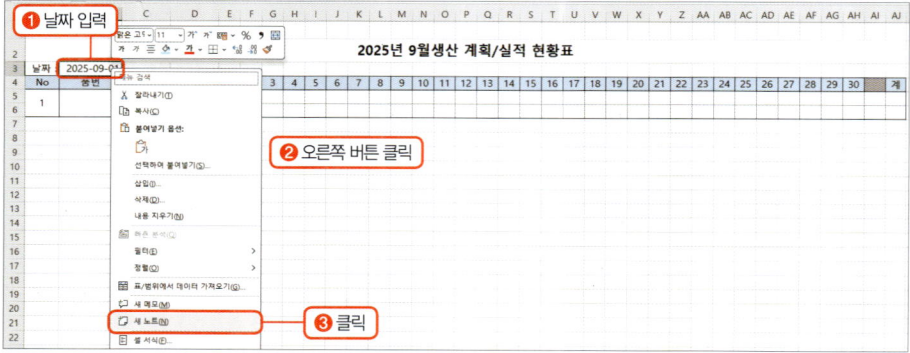

02 주석 입력하기

노란색 메모지에 필요한 주석을 입력합니다. 여기서는 「기준 날짜를 입력하면 제목과 달력이 자동으로 완성되도록 수식과 서식을 설정하였습니다.」를 입력합니다.

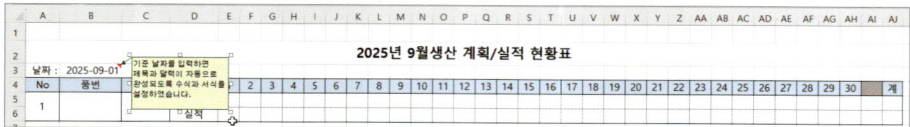

03 메모 항상 표시하기

셀에 메모를 입력하면 빨간색 표시기가 표시되며 해당 셀에 메모가 있음을 알 수 있습니다. 메모를 항상 표시하려면 ❶ 해당 셀에서 마우스 오른쪽 버튼을 클릭한 후 ❷ [메모 표시/숨기기]를 선택합니다.

04 자동 채우기

[A5:AJ6]에는 이미 필요한 내용이 입력되어 있으며 서식 설정도 완료되었습니다. [A5:AJ6]을 선택한 후 채우기 핸들을 [AJ28] 셀까지 드래그합니다.

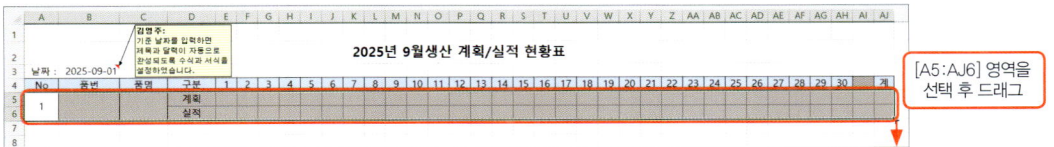

05 완성하기

다음과 같이 내용과 서식이 양식에 맞게 자동 채워진 것을 확인할 수 있습니다.

주문서의 품목과 날짜 입력값 제한하기

예제 파일 Sample\T03_데이터 입력.xlsx
완성 파일 Sample\T03_데이터 입력_완성.xlsx

키 워 드 데이터 유효성 검사
길라잡이 [유효성 검사], [참조] 시트를 선택한 후 실습을 진행합니다.
유효성 검사 기능을 활용하여 주문서 작성 시 품목명은 지정된 목록에서 선택하도록 제한하고 주문 일자는 올해 날짜만 입력되도록 설정하는 방법을 알아보겠습니다.

01 품목명에 데이터 유효성 검사 설정하기

❶ [B2] 셀을 선택한 후 Ctrl + Shift + ↓을 두 번 눌러 [B] 열의 끝까지 범위를 선택합니다. ❷ [데이터] 탭의 [데이터 도구] - [데이터 유효성 검사]를 클릭합니다.

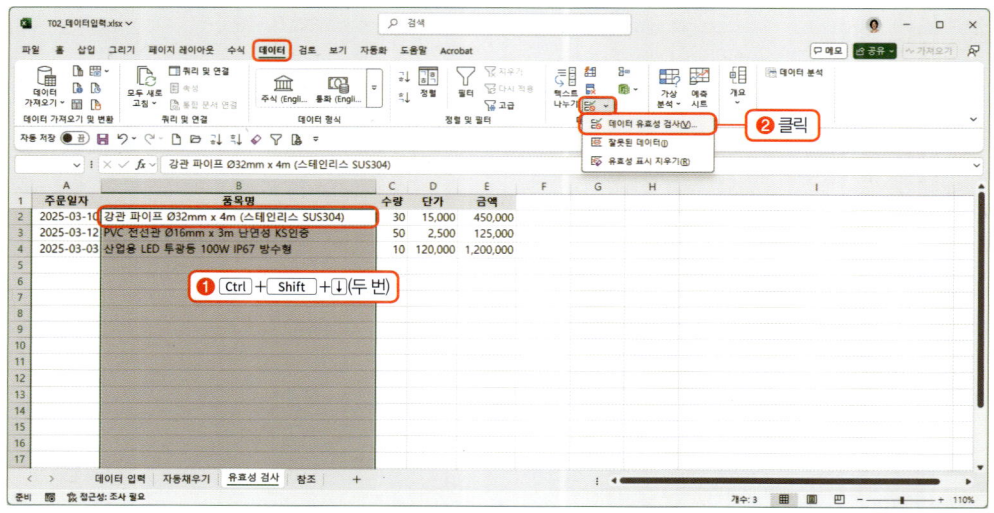

02 품목명을 [참조] 시트의 '품목명'으로 제한하기

[데이터 유효성] 대화상자가 열리면 [설정] 탭에서 ❶ 다음과 같이 지정한 후 ❷ [확인] 버튼을 클릭합니다.

제한 대상: 목록
원본: 클릭하여 커서를 둔 후 [참조] 시트의 [B2:B6] 범위를 선택합니다.

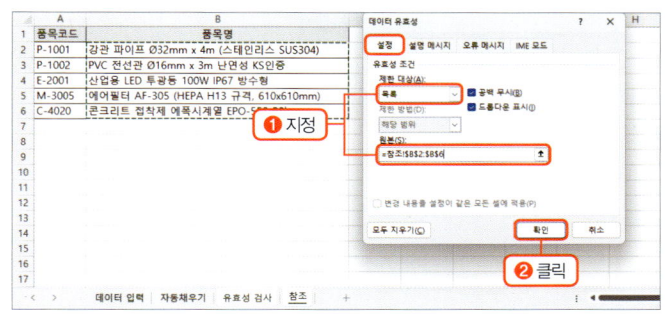

03 유효성 검사 설정 결과 확인하기

❶ [B5] 셀을 선택하면 표시되는 드롭다운(▼) 버튼을 클릭하면 품목명이 목록으로 펼쳐집니다. ❷ 목록에서 원하는 품목명을 마우스로 클릭하면 쉽고 정확하게 입력할 수 있습니다.

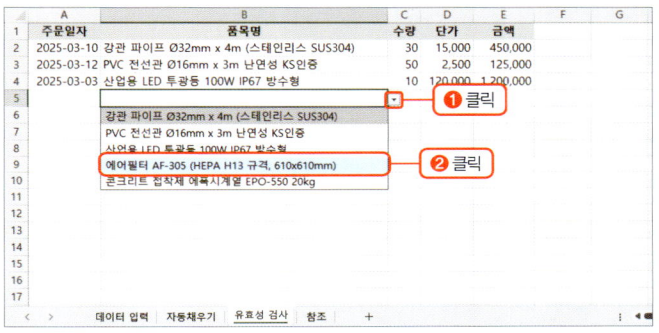

04 주문 일자에 데이터 유효성 검사 설정하기

❶ [A2] 셀을 선택한 후 Ctrl + Shift + ↓을 두 번 눌러 [A] 열 끝까지 범위를 선택합니다. ❷ [데이터] 탭의 [데이터 도구] - [데이터 유효성 검사]를 클릭합니다.

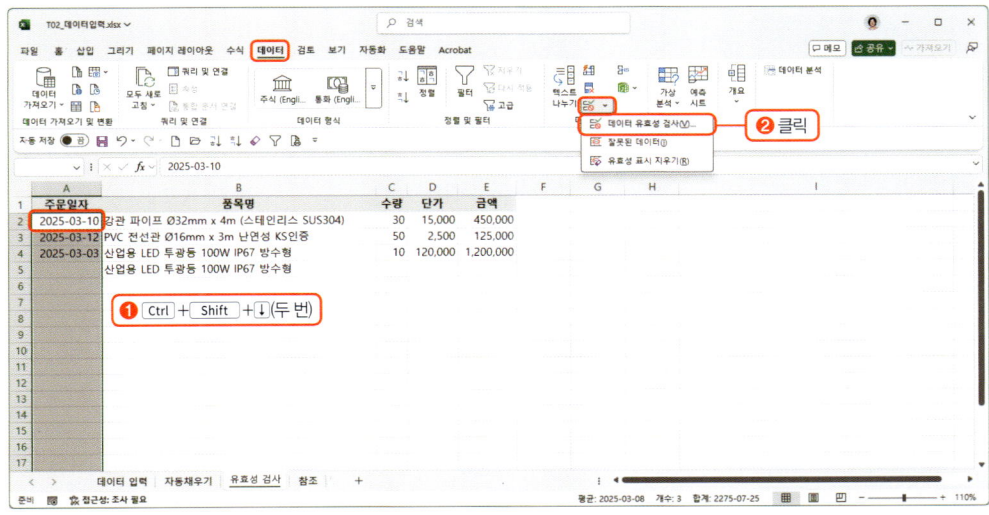

Lesson 03 _ 데이터의 정확도를 높이는 유효성 검사 **041**

05 주문 일자의 입력 범위 제한하기

[데이터 유효성] 대화상자가 열리면 [설정] 탭에서 다음과 같이 지정한 후 [확인] 버튼을 클릭합니다.

제한 대상: 날짜
제한 방법: 해당 범위
시작 날짜: 2025-01-01 ☞ 실습 연도의 1월 1일 입력
끝 날짜: =TODAY() ☞ 오늘 날짜를 반환하는 함수

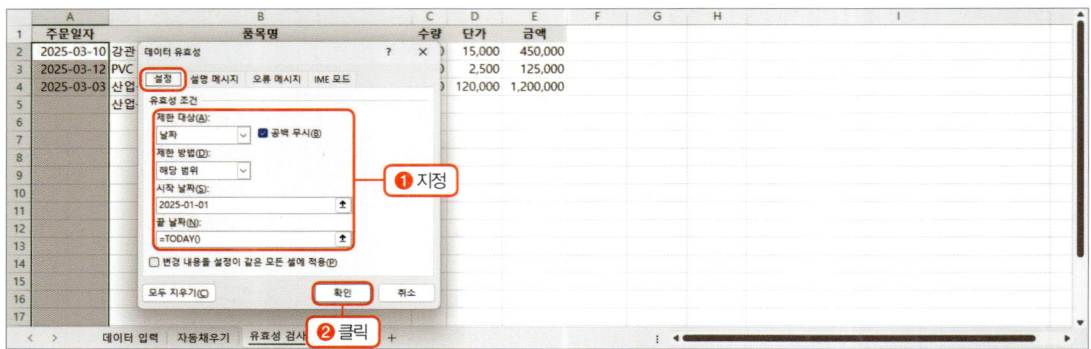

06 유효성 검사 설정 결과 확인하기

주문 일자에 설정된 유효 범위를 벗어난 날짜를 입력하면 오류 메시지가 표시됩니다. [다시 시도] 버튼을 클릭한 후 유효한 범위 내의 날짜를 다시 입력합니다.

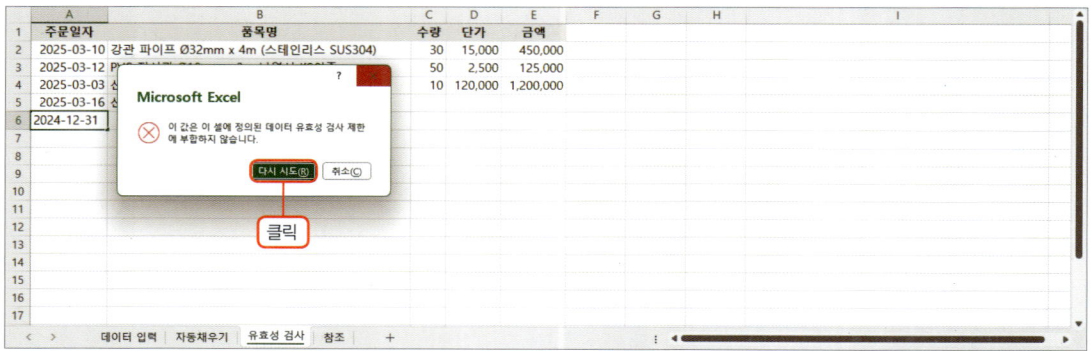

LESSON 04 간단한 계산식 작성

엑셀에서 수식은 데이터를 계산하고 분석하기 위한 핵심 도구입니다. 수식은 특정한 결괏값을 얻기 위해 셀에 입력하는 계산식으로, 다양한 연산자를 조합하여 원하는 결과를 도출할 수 있습니다.

핵심기능  수식의 이해

엑셀의 수식은 항상 '='로 시작하며 이를 통해 엑셀은 해당 셀에 입력된 내용을 계산식으로 인식합니다. 수식이 입력된 셀에는 계산 결과가 표시되고 수식 입력 줄에는 입력한 수식이 그대로 보입니다.

:: 수식 구조와 주요 연산자

수식은 「= 피연산자 연산자 피연산자」의 구조로 작성하며 피연산자는 숫자, 텍스트 또는 셀 주소를 참조하여 작성할 수 있습니다.

숫자로 수식 작성	텍스트가 수식에 사용됨	셀 주소를 참조한 수식
=(5+10)*2	=5*100&"원"	=A1*B1

Lesson 04 _ 간단한 계산식 작성 **043**

수식을 작성할 때 사용하는 주요 연산자의 종류와 기능은 다음과 같습니다.

구분	연산자	기능	예	결과
산술 연산자	+	덧셈	=3+2	5
	−	뺄셈	=3−2	1
	*	곱셈	=3*2	6
	/	나눗셈	=8/2	4
	^	거듭제곱	=2^3	8
	%	백분율	=50%	0.5
텍스트 연산자	&	문자열 연결	=5&"등"	5등
비교 연산자	=	같음	=7=8	false
	<>	같지 않음	=7<>8	true
	>	보다 큼	=7>5	true
	<	작음	=7<8	true
	>=	크거나 같음	=5>=7	false
	<=	작거나 같음	=7<=8	true
참조 연산자	콜론(:)	연속된 셀 범위를 참조	=SUM(A1:A5)	A1:A5 범위의 값을 더함
	콤마(,)	떨어진 셀 범위를 참조	=SUM(A1,A5)	A1, A5 셀의 값을 더함
	공백( )	두 참조 영역에서 교집합 셀을 참조	=A2:E2 C1:C6	C2 셀의 값을 반환

엑셀에서 수식이 계산되는 연산자 우선순위는 다음과 같습니다. 만약, 우선순위를 변경하려면 괄호( )를 이용합니다.

우선순위	기능	연산자
1	거듭제곱	^
2	곱셈 및 나눗셈	*, /
3	덧셈 및 뺄셈	+, −
4	문자열 연결	&
5	비교 연산자	=, <>, <, >, <=, >=

셀 참조 계산 방식 이해하기

:: 셀 참조 방식이란?

엑셀에서 수식을 작성할 때는 셀 참조 방식을 사용합니다. 예를 들어, 100과 200을 더하는 계산을 할 때 「=100+200」처럼 직접 숫자를 입력하기보다 각각의 값이 입력된 셀을 참조하여 「=A1+B1」처럼 수식을 작성합니다. 이렇게 셀을 참조하면 원본 데이터가 바뀌더라도 수식을 다시 작성할 필요 없이 결과가 자동으로 업데이트됩니다.

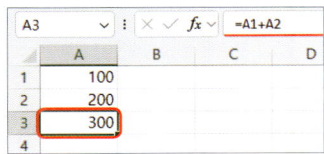

또한 수식을 다른 셀에 복사해서 사용할 경우, 참조하는 셀 주소가 어떻게 바뀌느냐에 따라 상대 참조, 절대 참조, 혼합 참조의 세 가지 방식으로 나뉩니다.

:: 상대 참조

엑셀에서 수식을 작성하면 기본적으로 상대 참조가 적용됩니다. 상대 참조란, 수식을 다른 위치로 복사할 때 참조하는 셀 주소가 복사한 위치에 따라 상대적으로 바뀌는 것을 말합니다. 예를 들어, 수식을 아래로 복사하면 행 번호가, 오른쪽으로 복사하면 열 번호가 상대적으로 변경됩니다.

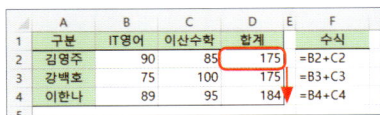 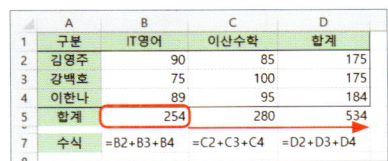

:: 절대 참조

수식을 복사할 때 특정 셀을 고정해서 참조하고 싶다면 절대 참조를 사용합니다. 절대 참조는 달러 기호('$')를 이용해 셀 주소를 고정하며 '$B$6'과 같은 형태로 작성합니다. 이렇게 설정하면 수식을 어디로 복사하더라도 항상 B6 셀만 참조하게 됩니다.

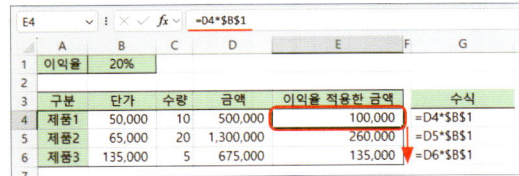

혼합 참조

수식을 복사할 때 행 또는 열 중 하나만 고정하고 싶다면 혼합 참조를 사용합니다. 예를 들어, 'B$6'처럼 작성하면 6행은 고정되고 B열은 상대적으로 변경됩니다. 반대로 '$B6'처럼 작성하면 B열은 고정되고 6행은 상대적으로 변경됩니다. 수식을 아래쪽과 오른쪽 방향으로 동시에 복사해야 할 경우, 상황에 따라 다음 네 가지 참조 방식 중 적절한 것을 선택하여 사용합니다.

B6: 행과 열 모두 이동(상대 참조)
$B$6: 행과 열 모두 고정(절대 참조)
B$6: 행만 고정(혼합 참조)
$B6: 열만 고정(혼합 참조)

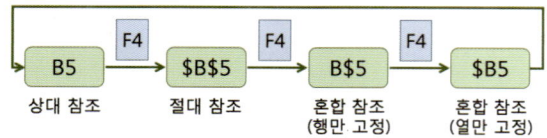

셀 참조 유형 변경하기

수식을 입력하는 중에 셀 참조 유형을 변경하려면 참조하고 있는 셀 주소에서 F4 를 누릅니다. F4 를 반복해서 누르면 다음 순서대로 참조 방식이 순환하며 변경됩니다.

B5 (상대 참조) → F4 → $B$5 (절대 참조) → F4 → B$5 (혼합 참조, 행만 고정) → F4 → $B5 (혼합 참조, 열만 고정)

 # 수식 오류 및 셀 오류

수식 오류와 해결 방안

엑셀에서 수식을 작성할 때는 다양한 원인으로 인해 오류가 발생할 수 있습니다. 다음은 오류의 종류, 원인 그리고 해결 방안을 정리한 표입니다.

오류	원인	해결 방안
#DIV/0	0 또는 빈 셀로 나누었을 때	0이나 빈 셀로 나누지 않도록 수정합니다.
#####	수식의 결괏값보다 셀 너비가 좁은 경우	셀의 너비를 넓힙니다.
1E+11	1,000억 이상의 큰 숫자가 입력되어 지수 형식으로 표시될 때	셀 서식에서 표시 형식을 '숫자'로 변경합니다.
#VALUE	연산에 문자 또는 공백이 포함된 경우	연산에 문자 또는 공백이 포함되지 않도록 수정합니다.
#NUM	지원되지 않는 형식을 함수 인수로 사용하거나, 계산 결괏값이 너무 크거나 작을 때	인수를 올바르게 지정하거나 값을 확인하여 적절히 수정합니다.

오류	원인	해결 방안
#NAME?	함수의 이름 또는 정의한 이름을 잘못 입력했을 때	함수 이름 또는 정의한 이름을 정확히 입력합니다.
#N/A	찾기/참조 함수에서 찾는 값이 참조 범위 안에 없을 때	참조한 영역이 삭제되었거나 이동되었는지 확인한 후 수정합니다.
#REF!	참조한 셀이 삭제되었거나 유효하지 않은 경우	참조한 영역이 삭제되었거나 이동되었는지 확인합니다.
#NULL!	지정한 범위에 교차 지점이 없을 때	공백 연산자를 사용할 경우, 교차 지점이 존재하도록 범위를 수정합니다.
#SPILL!	※ Excel 2021 이후 버전인 M365에서 발생 동적 배열 수식 결과가 반환될 범위에 값이 이미 존재할 때	반환 범위 내의 기존 값을 삭제하여 수식을 재작성합니다.
#CALC!	※ Excel 2021 이후 버전인 M365에서 발생 함수에 사용된 인수가 잘못되었거나 배열 구조가 비정상적인 경우	함수와 인수 배열이 올바르게 입력되었는지 확인하고 수정합니다.

셀 오류 발생 원인 및 해결 방안

셀 오류는 데이터 입력 또는 수식 계산 과정에서 발생할 수 있는 문제를 사전에 인지하고 방지할 수 있도록 도와주는 기능입니다. [Excel 옵션]에는 총 12개의 '오류 검사 규칙'이 있으며 이 규칙을 위반하면 오류가 표시되어 데이터의 무결성과 계산의 정확성을 높이는 데 도움을 줍니다. 상황에 따라 셀 오류는 무시하거나 데이터를 수정하거나 오류 검사 옵션을 해제하여 처리할 수 있습니다.

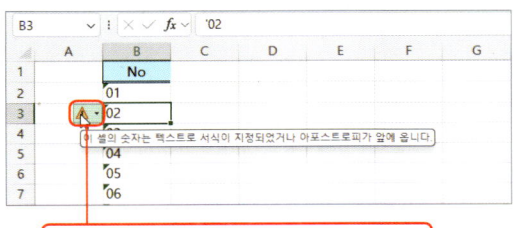 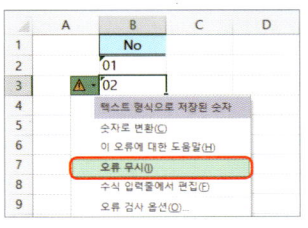

숫자 앞에 아포스트로피(')를 입력하여 숫자가 텍스트로 입력되었음을 알려 주는 셀 오류
⚠️▼를 눌러 오류를 무시하거나 숫자로 변환할 수 있음

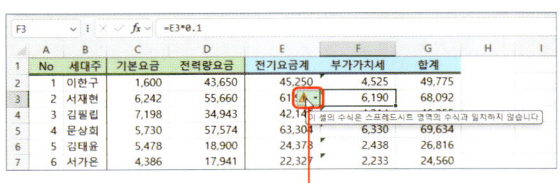 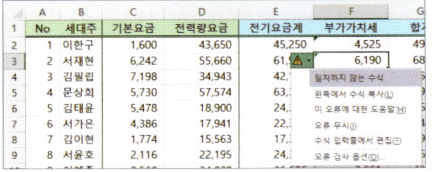

[F] 열은 곱셈 수식, [F] 열의 좌우는 덧셈 수식이 입력되어 있음
인접한 수식과 다른 패턴의 수식이 입력되어 발생하는 셀 오류
⚠️▼를 눌러 오류를 무시하거나 수식을 수정할 수 있음

이러한 셀 오류가 반복적으로 발생해 번거롭다면 '오류 검사 규칙' 옵션을 설정하거나 해제할 수 있습니다.

① [파일] 탭의 [옵션]을 클릭합니다.
② [Excel 옵션] 대화상자가 열리면 [수식] 탭을 클릭합니다.
③ '오류 검사 규칙'의 옵션을 체크하거나 해제합니다.

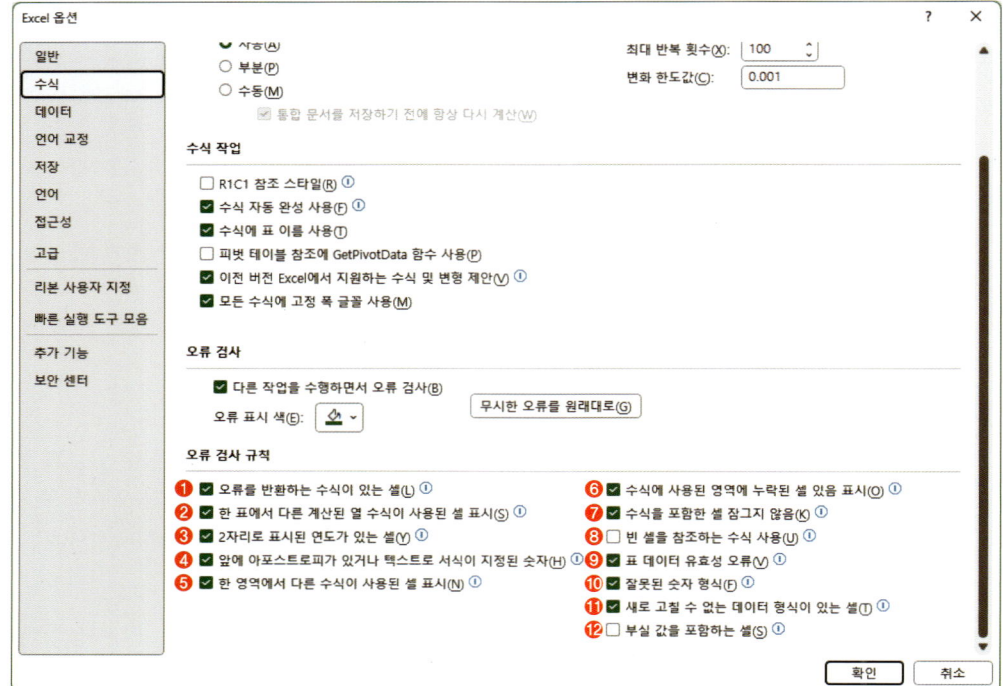

❶ **오류를 반환하는 수식이 있는 셀**: #DIV/0!, #VALUE!, #REF! 등과 같은 오류 값을 반환하는 수식이 포함된 셀을 감지하는 옵션

❷ **한 표에서 다른 계산된 열 수식이 사용된 셀 표시**: 표 내에서 동일한 열의 다른 셀들과 다른 수식이 사용된 경우를 감지하는 옵션

❸ **2자리로 표시된 연도가 있는 셀**: 연도를 '25'와 같이 두 자리로 표현한 경우를 감지하여 오해의 소지를 예방하는 옵션

❹ **앞에 아포스트로피가 있거나 텍스트로 서식이 지정된 숫자**: 숫자가 텍스트 형식으로 저장된 경우를 감지하여 계산 오류를 예방하는 옵션

❺ **한 영역에서 다른 수식이 사용된 셀 표시**: 인접한 셀들과 다른 패턴의 수식이 사용된 경우를 감지하여 수식을 확인하기 위한 옵션

❻ **수식에 사용된 영역에 누락된 셀 있음 표시**: 수식에서 연속적으로 입력된 데이터 범위의 일부 셀을 누락하여 참조할 경우 이를 감지하는 옵션(예 [A1:A100] 범위에 데이터가 있는데 =SUM(A1:A98) 수식을 작성하는 경우 셀 오류 발생)

❼ **수식을 포함한 셀 잠그지 않음**: 중요한 수식이 포함된 셀이 보호되지 않은 상태를 감지하는 옵션
❽ **빈 셀을 참조하는 수식 사용**: 수식이 빈 셀을 참조하는 경우를 감지하는 옵션(예 =Average(A1:A4) 수식을 작성했는데 [A3] 셀이 비어 있을 경우 오류를 발생시킴)
❾ **표 데이터 유효성 오류**: 표(Table) 내에서 데이터 유효성 검사 규칙을 위반한 셀을 감지하는 옵션
❿ **잘못된 숫자 형식**: 숫자 서식이 적용된 셀을 참조할 때 발생할 수 있는 옵션(예 통화 형식으로 지정된 [A1] 셀을 [B1] 셀에서 수식「=A1」으로 참조한 후 [B1] 셀의 서식을 날짜 서식으로 변경하면 서식 오류를 감지하는 옵션)
⓫ **새로 고칠 수 없는 데이터 형식이 있는 셀**: 외부 데이터 연결 시 새로 고침이 불가능한 데이터가 있는 경우를 감지하는 옵션
⓬ **부실 값을 포함하는 셀**: 부분 또는 수동 계산 모드에서 계산되지 않은 수식이 있는 셀에 부실 값을 감지하는 옵션

[상대 참조] 전년 대비 동월/동기 증감률 계산

예제 파일 Sample\T02_수식 입력.xlsx
완성 파일 Sample\T02_수식 입력_완성.xlsx

키 워 드 상대 참조
길라잡이 [상대 참조] 시트를 선택한 후 실습을 진행합니다.
판매현황 데이터에서 채널별 전년 대비 동월 및 동기 증감률을 계산하는 과정을 통해 상대 참조의 활용 방법을 익혀 보겠습니다.

01 전년 대비 동월 증감률 계산하기

[G4] 셀에 수식 「=(D4-C4)/C4」를 입력한 후 Enter 를 누릅니다.

02 전년 대비 동기 증감률 계산하기

[H4] 셀에 수식 「=(F4-E4)/E4」를 입력한 후 Enter 를 누릅니다.

03 테두리 서식 깨지지 않게 수식 복사하기

❶ [G4:H4] 영역을 선택한 후 채우기 핸들을 [G9:H9] 영역까지 드래그합니다. 드래그한 후 표시되는 ❷ [자동 채우기] 옵션(📋▼)을 클릭하여 ❸ [서식 없이 채우기]를 선택합니다. 이렇게 하면 수식만 복사되고 기존의 테두리 서식은 유지됩니다.

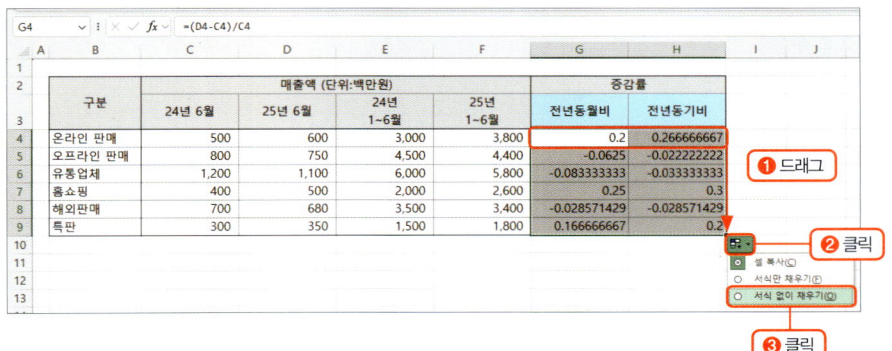

04 백분율과 소수 자릿수 지정하기

[G4:H9] 영역이 선택된 상태에서 ❶ [홈] 탭의 [표시 형식] - [백분율 스타일]을 클릭합니다. 그런 다음 ❷ [자릿수 늘림], [자릿수 줄임] 버튼을 사용해 소수 첫째 자리까지 표시되도록 서식을 설정합니다.

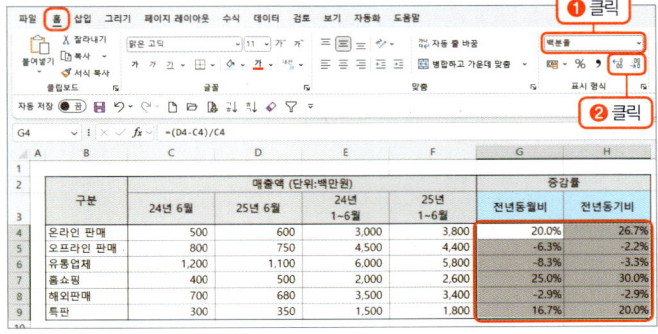

[절대 참조] 마진율을 적용하여 판매 단가 계산

예제 파일 Sample\T02_수식 입력.xlsx
완성 파일 Sample\T02_수식 입력_완성.xlsx

키 워 드 절대 참조, 문자열 연결 연산자
길라잡이 [절대 참조] 시트를 선택한 후 실습을 진행합니다.
수식에 문자열을 직접 입력하는 방법과 문자열 연결 연산자(&)를 활용하는 사례를 실습합니다. 또한 절대 참조를 이용하여 제품 원가에 마진율[D1]을 적용한 판매 단가를 계산하는 방법도 함께 알아보겠습니다.

01 '제품명(규격)' 형태로 새로운 열 구성하기

이미 입력된 '제품명'과 '규격'을 활용하여 '제품명(규격)' 형태로 새로운 열을 구성하겠습니다.
[E4] 셀에 수식 「=C4&" ("&D4&")"」을 입력한 후 Enter 를 누릅니다.

02 수식 복사하기

[E4] 셀에서 채우기 핸들을 더블클릭하여 수식을 복사합니다.

복사하려는 [E] 열의 왼쪽인 [D] 열이 빈 셀 없이 데이터로 채워져 있으면 [E4] 셀의 채우기 핸들을 더블클릭하는 것만으로 데이터가 입력된 마지막 셀까지 자동으로 수식이 복사됩니다.

03 판매 단가 계산하기

[G4] 셀에 수식 「=F4+(1+$D$1)」을 입력한 후 Enter 를 누릅니다. 절대 참조($D$1)는 F4 를 눌러 변환합니다.

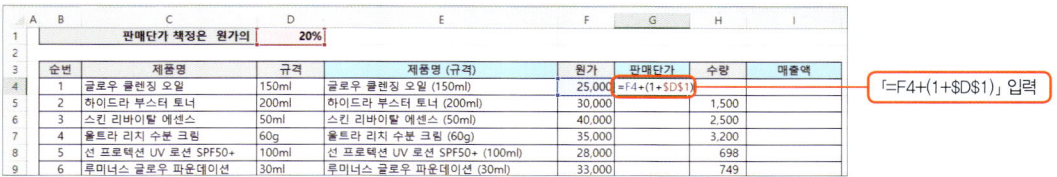

04 수식 복사하기

[G4] 셀의 채우기 핸들을 더블클릭합니다.

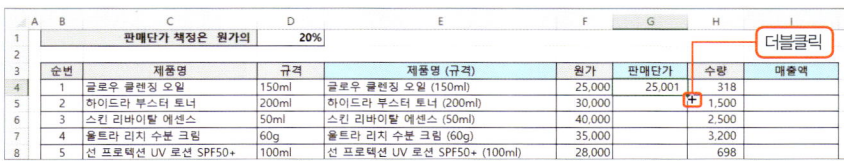

05 매출액 계산하기

[I4] 셀에 수식 「=G4*H4」를 입력한 후 Enter 를 누릅니다.

06 수식 복사하기

[I4] 셀의 채우기 핸들을 더블클릭합니다.

[혼합 참조] 마진율 변화에 따른 판매 단가표 작성

예제 파일 Sample\T02_수식 입력.xlsx
완성 파일 Sample\T02_수식 입력_완성.xlsx

키 워 드 혼합 참조
길라잡이 [혼합 참조] 시트를 선택한 후 실습을 진행합니다.
원가에 마진율의 변화를 반영하여 판매 단가의 변화를 확인할 수 있는 단가표를 작성합니다. 이 과정을 통해 혼합 참조의 개념과 활용법을 실습합니다.

01 혼합 참조로 판매 금액 계산하기

[F3] 셀에 수식 「=($E3*(1+F$2))」를 입력한 후 Enter 를 누릅니다.

수식 설명
수식 입력 중 F4 를 눌러 참조 유형을 변경합니다.
- $E3 ← 수식을 복사하면 [E] 열을 고정하며 행은 상대 참조합니다.
- F$2 ← 수식을 복사하면 2행을 고정하며 열은 상대 참조합니다.

02 수식 오른쪽으로 복사하기

[F3] 셀의 채우기 핸들을 오른쪽으로 드래그합니다.

03 수식 아래쪽으로 복사하기

[F3:I3]의 채우기 핸들을 더블클릭하거나 드래그하여 수식을 복사합니다.

LESSON 05 범위 선택 옵션과 복사/붙여넣기

엑셀에서 대부분의 작업은 셀을 선택하거나 범위를 선택한 후에 수행됩니다. 데이터양이 적을 때는 마우스로 드래그하여 쉽게 범위를 선택할 수 있지만, 데이터가 많은 경우에는 전체 데이터를 한 번에 지정하기가 어렵습니다. 이럴 때 유용하게 사용할 수 있는 단축키와 범위 선택 옵션을 알아보겠습니다.

핵심기능 │ 단축키로 셀 및 범위 선택하기

단축키로 범위 선택하기

방법 1] Shift 를 누른 채 방향키(→, ←, ↑, ↓)를 누릅니다.
방법 2] F8 을 누른 후 방향키(→, ←, ↑, ↓)를 누릅니다.
방법 3] 범위를 선택할 시작 위치를 선택한 후 Shift 를 누른 채 마지막 셀을 클릭합니다.

떨어진 영역 범위 선택 및 취소하기

첫 범위를 선택한 후 추가 범위를 선택하려면 Ctrl 을 누른 채 범위를 추가합니다. 또한 지정된 범위의 일부분을 취소하려면 Ctrl 을 누른 채 이미 지정된 범위를 드래그합니다. 단, 범위 취소는 Excel 2019 이후 버전만 가능합니다.

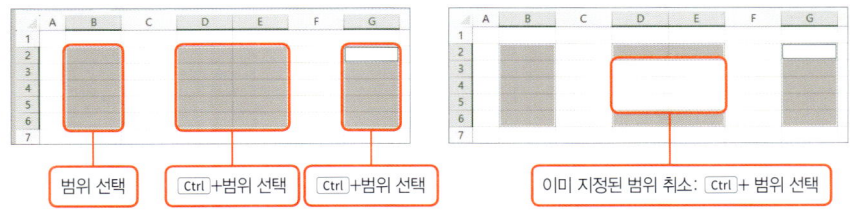

셀을 선택하거나 범위 선택하는 단축키

특정 셀을 선택하거나 이동하거나 데이터가 입력된 영역을 선택할 때는 단축키를 활용하면 편리합니다. 자주 사용하는 단축키와 그 기능은 다음과 같습니다.

구분	단축키	기능
셀 이동	Tab	오른쪽으로 한 셀씩 이동
	Shift + Tab	왼쪽으로 한 셀씩 이동
	Enter	아래쪽으로 한 셀씩 이동
	Shift + Enter	위쪽으로 한 셀씩 이동
	Ctrl + ↓	데이터가 없는 경우: 시트의 마지막 아래쪽 셀로 이동 데이터가 입력된 경우: 데이터의 마지막 아래쪽 셀로 이동
	Ctrl + →	데이터가 없는 경우: 시트의 마지막 오른쪽 셀로 이동 데이터가 입력된 경우: 데이터의 마지막 오른쪽 셀로 이동
	Ctrl + ↑	데이터가 없는 경우: 시트의 데이터의 마지막 위쪽 셀로 이동 데이터가 입력된 경우: 데이터의 마지막 위쪽 셀로 이동
	Ctrl + ←	데이터가 없는 경우: 시트의 마지막 왼쪽 셀로 이동 데이터가 입력된 경우: 데이터의 마지막 왼쪽 셀로 이동
	Ctrl + Home	항상 첫 번째 셀([A1])로 이동
	Ctrl + End	데이터가 입력된 마지막 셀로 이동
범위 선택	Ctrl + A	빈 셀에서 사용: 시트 전체 선택 데이터가 입력된 경우: 데이터 영역 전체 선택
	Ctrl + Shift + ↓	현재 셀부터 데이터가 입력된 마지막 아래쪽 셀까지 선택
	Ctrl + Shift + →	현재 셀부터 데이터가 입력된 마지막 오른쪽 셀까지 선택
	Ctrl + Shift + ↑	현재 셀부터 데이터가 입력된 마지막 위쪽 셀까지 선택
	Ctrl + Shift + ←	현재 셀부터 데이터가 입력된 마지막 왼쪽 셀까지 선택
	Ctrl + Space Bar	선택된 셀이 속한 열 전체 선택
	Shift + Space Bar	선택된 셀이 속한 행 전체 선택
범위 확인	Ctrl + .	지정된 범위를 확인하기 위해 사용 예 ❶ Ctrl + A 를 눌러 데이터 영역 전체를 범위로 선택합니다. ❷ Ctrl + . 를 누르면 지정된 범위의 모서리로 순환하며 이동합니다(왼쪽 위 → 오른쪽 위 → 오른쪽 아래 → 왼쪽 아래).

 ## 이름 상자를 활용한 셀과 범위 선택하기

데이터 사이에 빈 셀이 많이 있는 경우, Ctrl + Shift +방향키로 범위를 선택하기 어렵습니다. 이 경우, 이름 상자를 활용하면 더 효율적으로 범위를 선택할 수 있습니다.

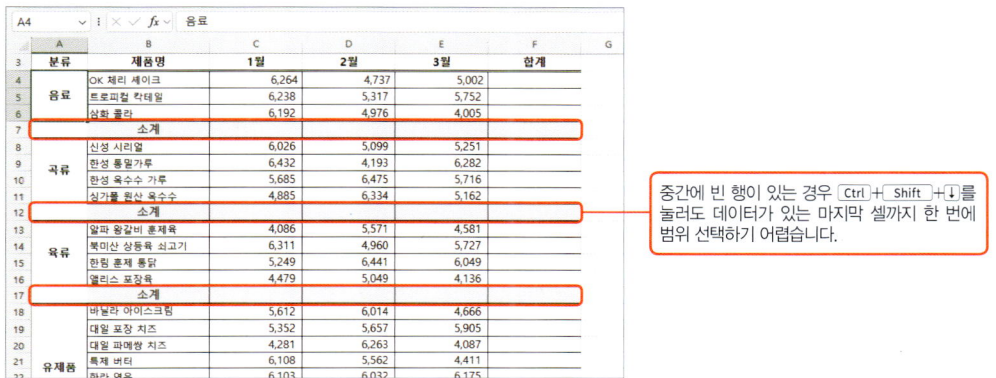

중간에 빈 행이 있는 경우 Ctrl + Shift + ↓ 를 눌러도 데이터가 있는 마지막 셀까지 한 번에 범위 선택하기 어렵습니다.

이름 상자에 셀 주소를 입력한 후 Enter 를 누르면 해당 셀로 이동합니다.
또한 시작 셀을 선택한 후 이름 상자에 셀 주소를 입력하고 Shift + Enter 를 누르면 시작 셀부터 해당 셀까지가 선택됩니다.

이름 상자를 활용한 셀 선택

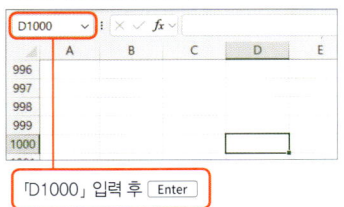

「D1000」 입력 후 Enter

이름 상자를 활용한 범위 선택

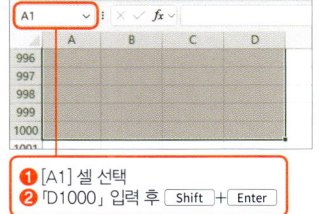

❶ [A1] 셀 선택
❷ 「D1000」 입력 후 Shift + Enter

 ## '이동' 옵션으로 범위 선택하기

[홈] 탭의 [편집] - [찾기 및 선택] - [이동 옵션]을 클릭하면 [이동 옵션] 대화상자가 열립니다. [이동 옵션] 대화상자에서 빈 셀, 수식이 있는 셀, 숫자가 있는 셀, 텍스트가 있는 셀 등 특정 유형의 셀들을 빠르게 찾아 선택할 수 있습니다. 또한 서식이 지정된 셀이나 메모가 있는 셀도 쉽게 찾을 수 있으므로 대용량 데이터를 다룰 때 특히 유용합니다.

❶ **메모**: 노트형 메모가 삽입된 모든 셀을 선택합니다.
❷ **상수**: 수식을 제외한 고정된 데이터(텍스트, 숫자 등)가 입력된 모든 셀을 선택합니다.
❸ **수식**: 수식이 입력된 모든 셀을 선택합니다.
❹ **빈 셀**: 빈 셀을 모두 선택합니다.
❺ **현재 셀이 있는 영역**: 선택한 셀이 포함된 인접한 데이터 영역을 선택합니다.
❻ **현재 셀이 있는 배열**: 배열 수식으로 묶인 셀 하나를 선택한 후 해당 옵션을 실행하면 배열로 묶인 모든 셀을 선택합니다.
❼ **개체**: 모든 개체(도형, 차트, 이미지 등)를 선택합니다.
❽ **동일 행에서 값이 다른 셀**: 선택한 행 범위 내에서 값이 다른 셀을 선택합니다. 두 개 이상의 행을 선택한 경우, 각 행에서 값을 비교합니다.
❾ **동일 열에서 값이 다른 셀**: 선택한 열 범위 내에서 값이 다른 셀을 선택합니다. 두 개 이상의 열을 선택한 경우, 각 열에서 값을 비교합니다.
❿ **참조되는 셀**: 지정한 범위 내에서 수식에 의해 참조되는 셀을 선택합니다.
⓫ **참조하는 셀**: 지정한 범위 내에서 수식을 포함하는 셀을 선택합니다.
⓬ **마지막 데이터 셀**: 워크시트에서 마지막으로 데이터가 입력된 셀을 선택합니다.
⓭ **화면에 보이는 셀만**: 지정한 범위 내에서 숨겨진 셀을 제외하고 화면에 보이는 셀만 선택합니다.
⓮ **조건부 서식**: 조건부 서식이 지정된 모든 셀을 선택합니다.
⓯ **데이터 유효성**: 유효성 검사가 지정된 모든 셀을 선택합니다.

> **TIP**
> [이동 옵션] 대화상자는 F5 를 누르면 열리는 [이동] 대화상자에서 [옵션] 버튼을 클릭해도 됩니다.

핵심기능 '선택하여 붙여넣기' 옵션 활용하기

복사/붙여넣기는 엑셀에서 데이터를 편집하고 관리하는 데 필수적인 기능입니다. 엑셀은 다양한 붙여넣기 옵션을 제공하므로 사용자는 작업 목적에 따라 필요한 방식으로 데이터를 선택적으로 붙여넣을 수 있습니다. 붙여넣기 옵션의 특징을 이해하고 상황에 맞게 활용합니다.

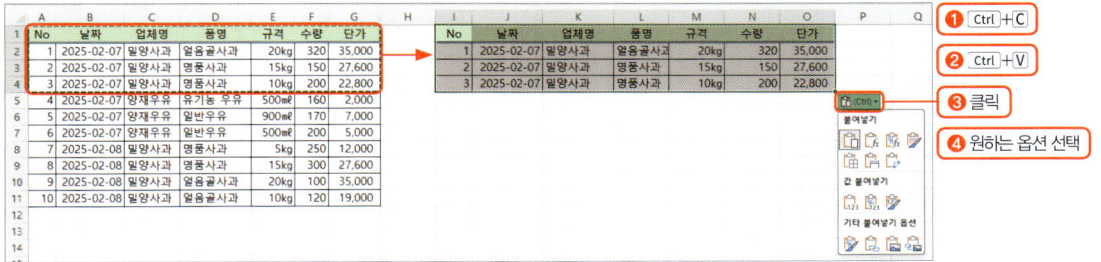

[선택하여 붙여넣기] 대화상자 살펴보기

복사할 범위를 선택한 후 Ctrl+C를 누르고 Ctrl+Alt+V를 누르면 [선택하여 붙여넣기] 대화상자가 열립니다.

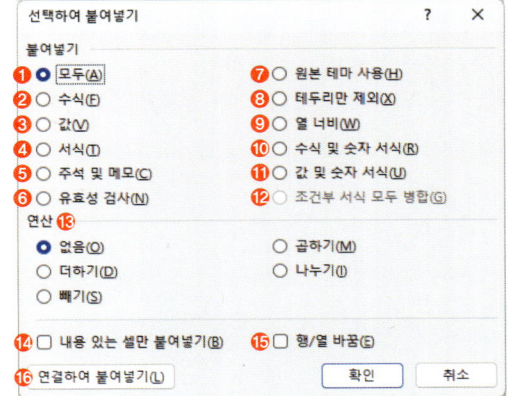

① **모두**: 복사한 데이터의 서식, 수식 등을 모두 붙여넣습니다.
② **수식**: 복사한 데이터의 수식만 붙여넣습니다.
③ **값**: 복사한 데이터의 수식 결과(값)를 붙여넣습니다.
④ **서식**: 복사한 영역의 셀 서식만 붙여넣습니다.
⑤ **주석 및 메모**: 복사한 영역의 셀 메모(주석)를 붙여넣습니다.
⑥ **유효성 검사**: 복사한 영역의 데이터 유효성 검사 설정을 붙여넣습니다.
⑦ **원본 테마 사용**: 복사한 영역의 모든 내용과 원본 서식을 포함하여 붙여넣습니다.
⑧ **테두리만 제외**: 복사한 영역에서 테두리 서식을 제외하고 붙여넣습니다.
⑨ **열 너비**: 복사한 영역의 열 너비를 붙여넣습니다.
⑩ **수식 및 숫자 서식**: 복사한 영역의 수식과 숫자 서식을 붙여넣습니다.
⑪ **값 및 숫자 서식**: 복사한 영역의 값과 숫자 서식만 붙여넣습니다.
⑫ **조건부 서식 모두 병합**: 복사한 영역의 조건부 서식과 붙여넣기 대상 영역의 조건부 서식을 병합하여 붙여넣습니다.
⑬ **연산**: 복사한 데이터의 값을 연산(더하기, 빼기, 곱하기, 나누기)하여 붙여넣습니다.
⑭ **내용 있는 셀만 붙여넣기**: 복사한 영역의 빈 셀은 제외하고 내용이 있는 셀만 붙여넣습니다.
⑮ **행/열 바꿈**: 복사한 데이터의 행과 열을 바꿔 붙여넣습니다.
⑯ **연결하여 붙여넣기**: 복사한 영역을 수식으로 연결하여 붙여넣습니다.

빈 셀에 데이터 일괄 입력하기

예제 파일 Sample\T02_이동 옵션_복사.xlsx
완성 파일 Sample\T02_이동 옵션_복사_완성.xlsx

키 워 드 이동 옵션
길라잡이 [0채우기] 시트를 선택한 후 실습을 진행합니다.

데이터에 빈 셀이 포함되어 있으면 수식 계산은 물론 정렬이나 필터 작업에도 의도하지 않은 영향을 미칠 수 있습니다. 현재 데이터는 AVERAGE 함수를 사용해 평균을 계산하고 있는데 이 함수는 빈 셀을 제외하고 계산하므로 실제보다 평균이 높게 나올 수 있습니다. 이러한 문제를 해결하기 위해 빈 셀에 0을 일괄적으로 입력하는 방법을 알아보겠습니다.

01 [이동] 옵션 메뉴 실행하기

❶ [B4:N28] 영역을 선택한 후 ❷ [홈] 탭의 [편집] - [찾기 및 선택] - [이동 옵션]을 클릭합니다.

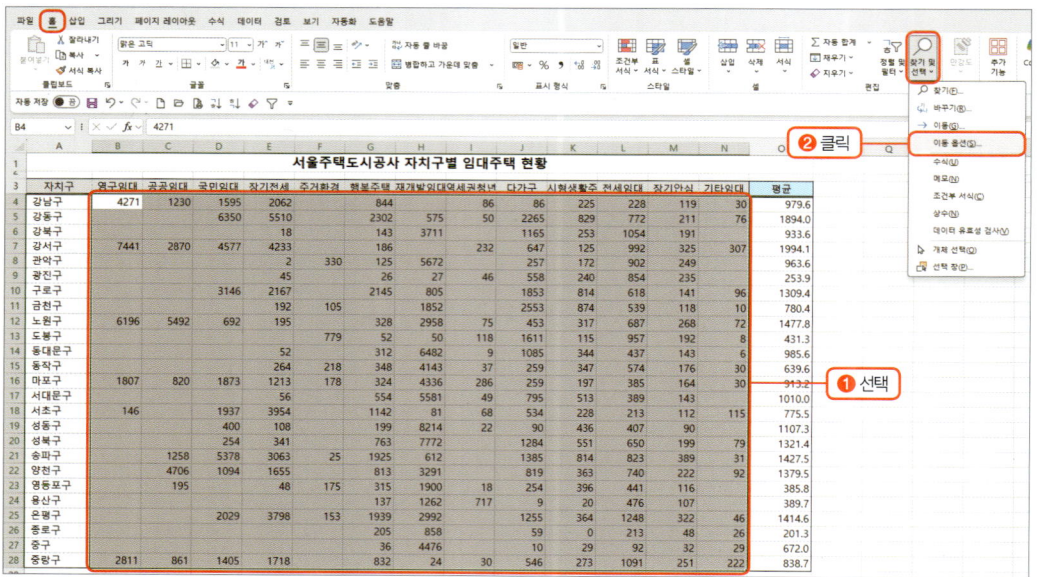

060 Theme 02 _ 엑셀 기본 작업

02 [이동 옵션] 대화상자가 열리면 ❶ '빈 셀' 옵션을 선택한 후 ❷ [확인] 버튼을 클릭합니다.

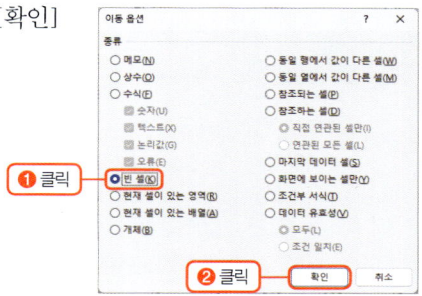

03 빈 셀만 선택된 것을 확인한 후 ❶ 「0」을 입력하고 ❷ Ctrl + Enter 를 누릅니다.

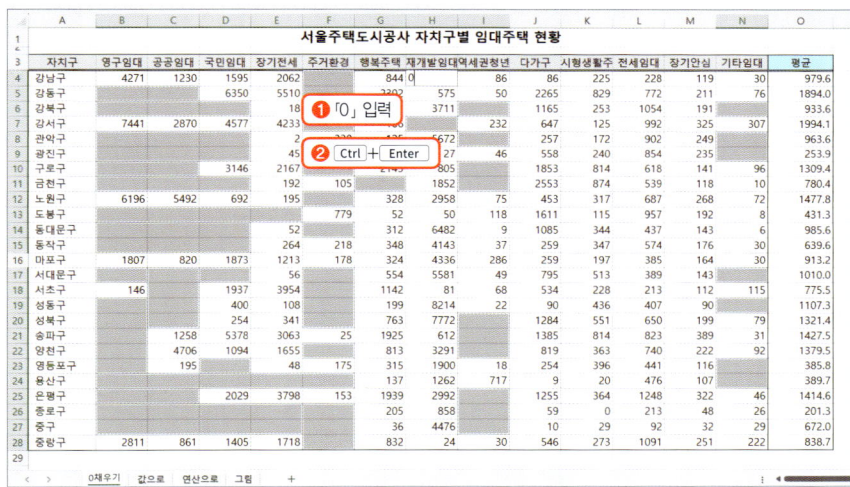

04 다음과 같이 빈 셀에 일괄적으로 '0'이 입력되었고 평균이 다시 계산된 것을 알 수 있습니다.

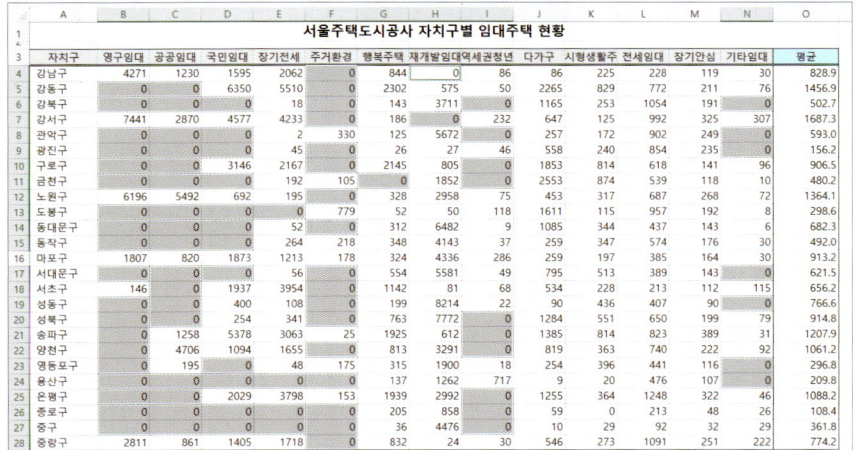

Lesson 05 _ 범위 선택 옵션과 복사/붙여넣기 **061**

 ## 수식 결과를 '값'으로 붙여넣기

예제 파일 Sample\T02_이동 옵션_복사.xlsx
완성 파일 Sample\T02_이동 옵션_복사_완성.xlsx

키 워 드 값으로 붙여넣기
길라잡이 [값] 시트를 선택한 후 실습을 진행합니다.
수식을 작성한 후 수식에서 참조한 셀을 삭제하거나 이동하면 수식에 오류가 발생합니다. 또한 작성한 수식을 다른 위치로 복사하여 가져간 경우에도 오류가 발생할 수 있습니다. 이러한 문제를 방지하기 위해 '값'으로 붙여넣기하는 방법을 알아보겠습니다.

01 '소재지' 수식 확인하기
[G3] 셀을 선택한 후 수식 입력 줄을 보면 TEXTJOIN 함수가 작성되어 있습니다. [C], [D], [E] 열을 조인하여 '소재지'를 한 개의 셀에 표시한 수식입니다.

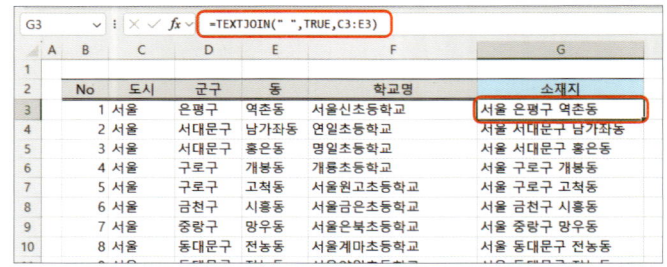

02 불필요한 열 삭제하기
[G] 열에 '소재지'를 작성하였으므로 [C], [D], [E] 열은 더 이상 필요하지 않습니다. ❶ 이 열들의 머리글을 드래그하여 선택한 후 ❷ Ctrl+−를 눌러 삭제합니다.

03 수식 오류 확인하기
'소재지' 수식은 [C], [D], [E] 열을 참조하고 있었는데 참조하던 셀이 삭제되면서 #REF! 에러가 발생합니다. 열 삭제 작업을 취소하기 위해 Ctrl+Z를 누릅니다.

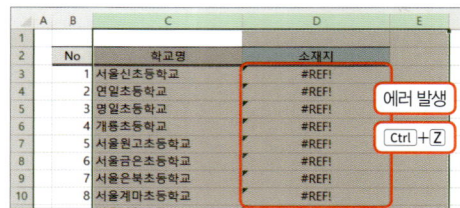

04 복사하고 '값'으로 붙여넣기

❶ [G3] 셀에서 Ctrl + Shift + ↓ 를 눌러 데이터 마지막 셀까지 범위를 선택합니다. ❷ Ctrl + C 를 눌러 복사한 후 ❸ 마우스 오른쪽 버튼을 클릭하여 ❹ '값'( )을 선택합니다.

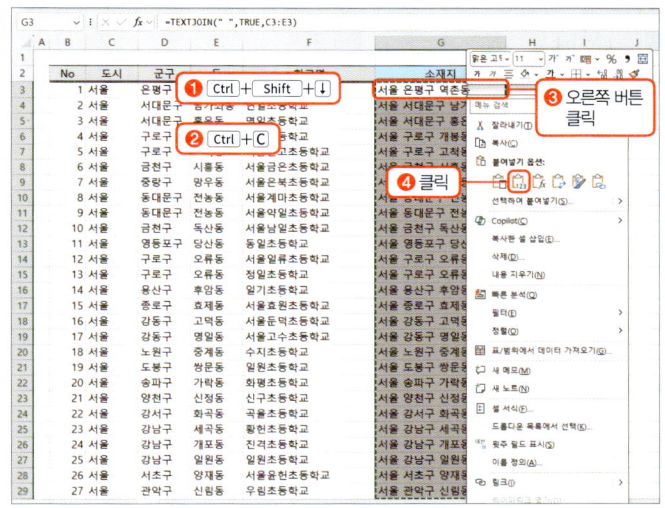

05 불필요한 열 삭제하기

수식 입력 줄을 확인하면 수식 결과가 보입니다. [C], [D], [E] 열이 더 이상 필요하지 않으므로 ❶ 이 열들의 머리글을 드래그하여 선택한 후 ❷ Ctrl + - 를 눌러 삭제합니다.

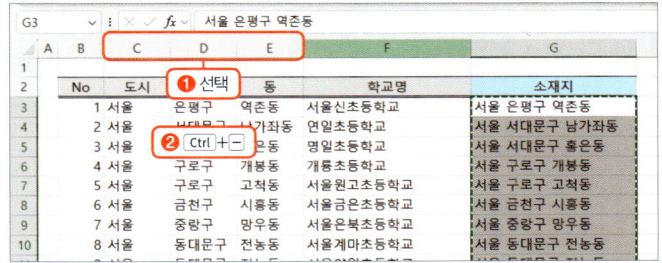

06 불필요한 열 삭제하기

오른쪽과 같이 도시/군구/동을 삭제하더라도 '소재지'에 에러가 발생하지 않습니다.

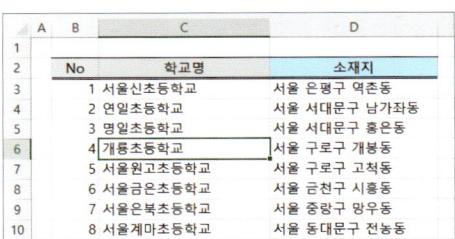

단가를 일괄 5% 인상하기

예제 파일 Sample\T02_이동 옵션_복사.xlsx
완성 파일 Sample\T02_이동 옵션_복사_완성.xlsx

키 워 드 연산으로 붙여넣기
길라잡이 [연산] 시트를 선택한 후 실습을 진행합니다.
모든 제품의 단가를 5% 인상하기 위해 이미 입력된 각각의 단가에 5%를 일괄 인상하려고 합니다. 이럴 때는 붙여넣기 옵션의 '연산' 기능을 활용하면 간편하게 처리할 수 있습니다.

01 단가 5% 입력하고 복사하기

❶ 임의의 셀에 「1.05」를 입력한 후 ❷ Ctrl+C를 눌러 복사합니다. 그런 다음 ❸ [F9:F28] 영역을 선택하고 ❹ Ctrl+Alt+V를 누릅니다.

02 연산으로 붙여넣기

[선택하여 붙여넣기] 대화상자가 열리면 ❶ '값'과 ❷ '곱하기'를 선택한 후 ❸ [확인] 버튼을 클릭합니다.

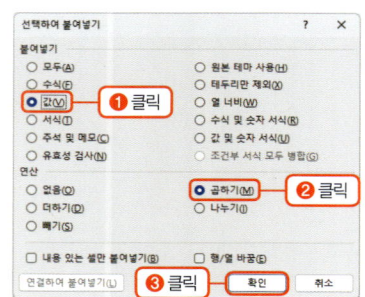

03 결과 확인하기

원래 단가에서 5% 인상된 단가를 확인할 수 있습니다.

> **TIP**
> 반짝이는 클립보드 영역(복사 영역)을 해제하려면 Esc를 누릅니다.

열 너비가 다른 표를 하나의 시트에 표시하기

예제 파일 Sample\T02_이동 옵션_복사.xlsx
완성 파일 Sample\T02_이동 옵션_복사_완성.xlsx

키 워 드 그림으로 붙여넣기
길라잡이 [연산] 시트와 [그림] 시트를 사용하여 실습을 진행합니다.
서식이 완성된 표 위나 아래에 열 너비가 서로 다른 표를 작성해야 하는 경우가 있습니다. 이때는 다른 시트에서 새로운 표를 만든 후에 메인 표가 있는 위치로 그림으로 붙여넣거나 연결된 그림으로 붙여넣는 방법을 사용할 수 있습니다.

01 [연산] 시트와 [그림] 시트에 있는 표 확인하기

[연산] 시트에는 '제품별 단가 인상현황' 표가 있고 [그림] 시트에는 '공급자' 표가 있습니다. '공급자' 표를 '제품별 단가 인상현황' 표 위에 배치하기 위해 '그림으로 붙여넣기'를 활용해 보겠습니다.

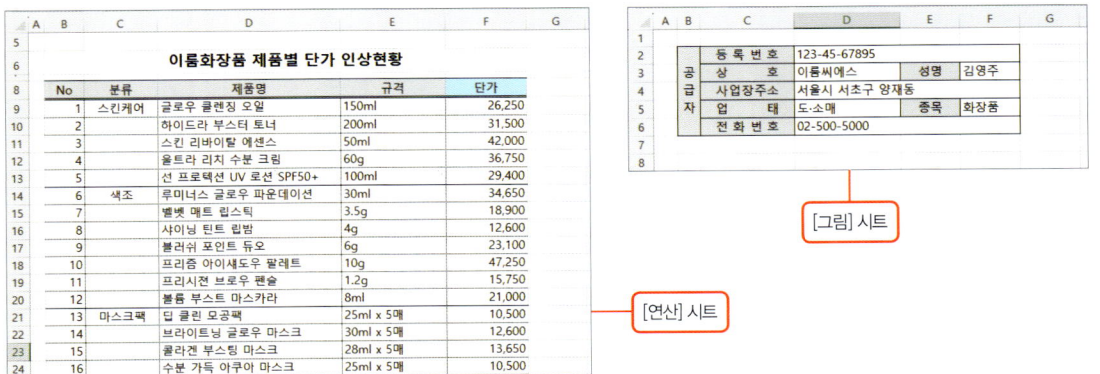

02 눈금선 없애기

그림을 배치하면 눈금선이 그림을 방해할 수도 있기 때문에 먼저, 눈금선을 없애겠습니다. 메인 표가 있는 [연산] 시트를 선택한 후 [보기] 탭의 [표시] - [눈금선]을 클릭하여 체크를 해제합니다.

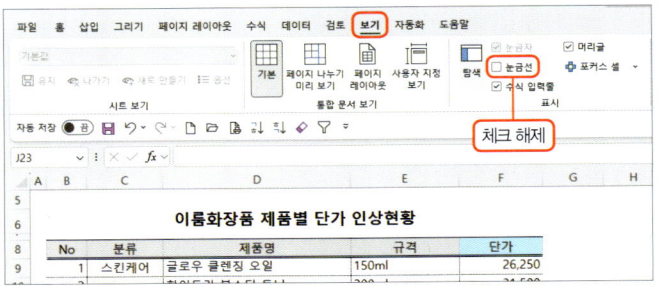

03 복사하기

[그림] 시트에서 ❶ 공급자에 해당하는 표를 선택한 후 ❷ Ctrl + C 를 누릅니다.

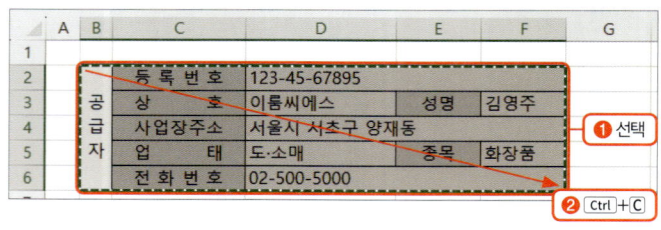

04 그림으로 붙여넣기

[연산] 시트를 선택한 후 ❶ 임의의 셀에서 마우스 오른쪽 버튼을 클릭합니다. ❷ [선택하여 붙여넣기] - [그림]을 선택합니다.

▶ **그림**: 원본과 단절된 그림으로 붙여넣습니다.
▶ **연결된 그림**: 원본과 연결되어 원본을 수정하면 해당 그림도 수정됩니다.

05 그림 위치 이동하기

그림을 드래그하여 메인 표와 조화롭게 배치되도록 조정합니다.

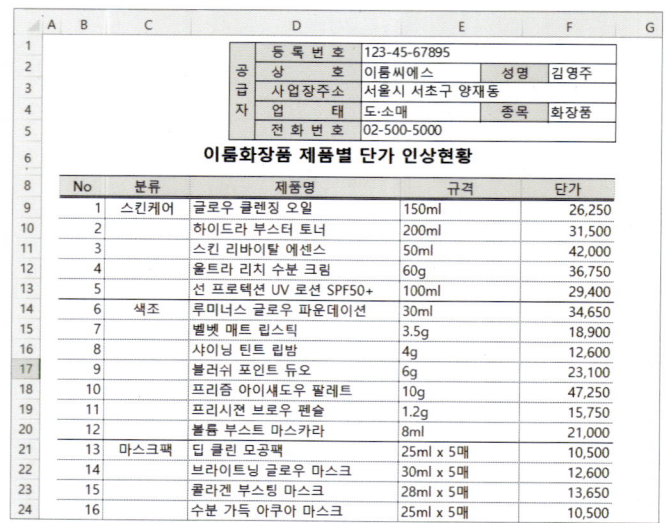

메모하세요

EXCEL 2024

이번 테마에서는 보고서의 가독성을 높이기 위한 서식 활용과 인쇄 설정 방법을 살펴보겠습니다. 텍스트, 숫자, 날짜 등 데이터 유형에 맞는 셀 서식 설정 방법과 데이터의 변화나 중요도에 따라 자동으로 서식이 적용되는 조건부 서식 기능을 함께 알아보겠습니다. 또한 데이터를 손쉽게 비교·분석할 수 있는 화면 분할 기능과 인쇄 시 유용한 다양한 인쇄 옵션에 대해서도 살펴보겠습니다.

THEME 03

보고서를 효과적으로 작성하기 위한 서식 활용

LESSON 01 셀 서식 설정

셀 서식은 셀에 입력된 데이터의 표시 형식, 스타일, 맞춤, 색상 등을 조정하여 데이터를 효과적으로 보여 줄 수 있도록 하는 기능입니다. 셀 서식을 적절히 사용하면 데이터의 가독성이 높아지고 특정 데이터를 강조하거나 시각적으로 구분할 수 있습니다.

 입력한 데이터 vs. 보이는 데이터

셀 서식 중에서 가장 자주 사용되는 기능 중 하나는 표시 형식 서식입니다. 이는 엑셀이 셀에 입력된 실제 값과 화면에 표시되는 값을 다르게 처리할 수 있기 때문입니다. 예를 들어, 날짜, 통화, 백분율 등은 표시 형식에 따라 입력값과 다르게 보일 수 있습니다. 따라서 데이터를 정확하고 명확하게 전달하려면 적절한 표시 형식을 설정하는 것이 중요합니다.

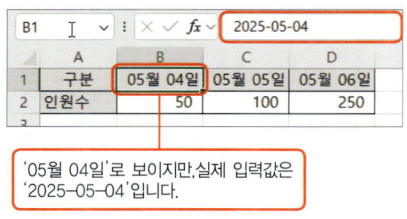

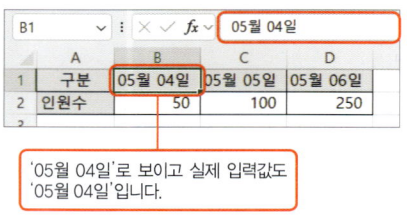

표시 형식은 [홈] 탭의 [표시 형식] 그룹에서 설정할 수 있습니다.

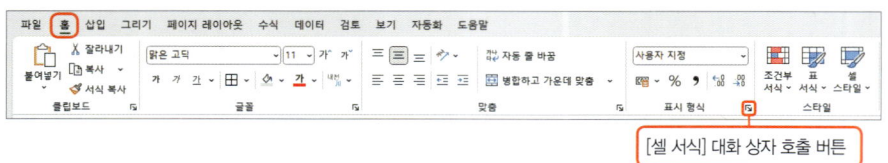

더 다양한 표시 형식을 설정하려면 [셀 서식] 대화상자를 열어 상세한 표시 형식을 지정할 수 있습니다. [셀 서식] 대화상자를 여는 데는 세 가지 방법이 있습니다.

방법 1] [홈] 탭의 [표시 형식] 그룹에 있는 ⬜를 클릭합니다.
방법 2] Ctrl + 1 을 누릅니다.
방법 3] 마우스 오른쪽 버튼을 클릭한 후 [셀 서식] 명령을 선택합니다.

① **일반**: 특정한 표시 형식을 지정하지 않습니다. 입력된 데이터를 있는 그대로 표시합니다.
② **숫자**: 소수 자릿수, 음수 표시 형식, 천 단위 구분 기호 사용 여부를 설정합니다.
③ **통화**: 원화, 달러, 유로 등 통화 기호를 지정하며 금액 형식으로 표시합니다.
④ **회계**: 원화, 달러, 유로 등의 통화 기호를 지정하며 통화 기호가 열의 왼쪽에 정렬됩니다.
⑤ **날짜**: 날짜 데이터에 대해 다양한 표시 형식을 지정합니다(예 "YYYY-MM-DD", "MM/DD/YYYY").
⑥ **시간**: 시간 데이터에 대해 다양한 표시 형식을 지정합니다(예 "HH:MM", "HH:MM:SS AM/PM").
⑦ **백분율**: 셀 값에 100을 곱한 후 '%' 기호를 붙여 표시합니다.

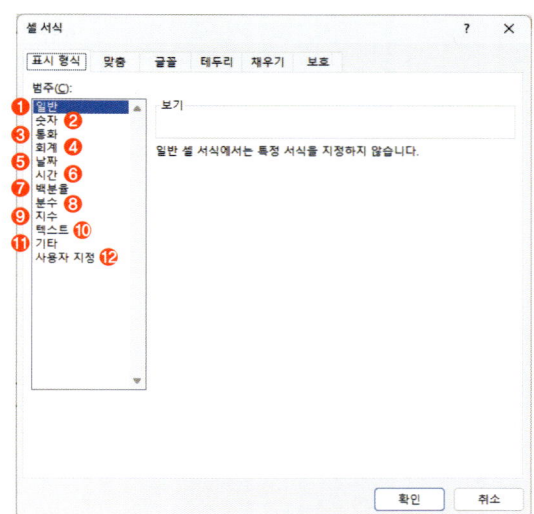

⑧ **분수**: 소수를 지정된 분수 형식으로 변환하여 표시합니다(예 0.75→3/4).
⑨ **지수**: 숫자를 지수 표기법(예 "E+n" 형식)으로 표시합니다. 큰 수나 작은 수를 간략히 표현할 때 유용합니다.
⑩ **텍스트**: 입력된 데이터를 텍스트로 처리합니다.
⑪ **기타**: 데이터를 특정 형식(우편번호, 전화번호, 주민 등록 번호 등)으로 표시합니다.
⑫ **사용자 지정**: 사용자가 원하는 표시 형식을 직접 정의하고 설정할 수 있습니다.

핵심기능 사용자 지정 표시 형식 코드 이해하기

엑셀에서 기본으로 제공되는 표시 형식만으로는 원하는 형태로 데이터를 표현하기 어려운 경우가 있습니다. 이런 경우에는 사용자 지정 표시 형식 코드를 활용하여 데이터를 원하는 대로 표시할 수 있습니다. 사용자 지정 표시 형식은 데이터의 가독성을 높이고 사용자 요구에 맞는 고유한 형식을 구현할 수 있습니다.

다음은 사용자 지정 표시 형식 코드의 종류와 주요 기능을 정리한 것입니다.

구분	코드	기능	예시
숫자	#	숫자를 표시하며 유효한 값만 표시 (예 값이 0이면 표시되지 않음)	입력값 23000 / 표시형식 #,### / 적용결과 23,000 입력값 0 / 표시형식 #,### / 적용결과 (빈칸) 입력값 0 / 표시형식 #,##0 / 적용결과 0
숫자	0	모든 숫자를 표시하며 자릿수를 맞춤	입력값 9 / 표시형식 00 / 적용결과 09 입력값 0 / 표시형식 00 / 적용결과 00 입력값 10 / 표시형식 00 / 적용결과 10
숫자	?	소수점의 위치를 맞출 때 사용하며 0 대신 공백을 넣어 자릿수를 맞춤	입력값 45.123 / 표시형식 ????.??? / 적용결과 45.123 입력값 0.2 / 표시형식 ????.??? / 적용결과 .2 입력값 1230.45 / 표시형식 ????.??? / 적용결과 1230.45
문자	@	텍스트를 표시	입력값 이예준 / 표시형식 @" 귀하" / 적용결과 이예준 귀하 입력값 박다니엘 / 표시형식 @" 귀하" / 적용결과 박다니엘 귀하 입력값 송단 / 표시형식 @" 귀하" / 적용결과 송단 귀하
날짜	y	연도를 표시	입력값 2025-05-13 / 표시형식 yyyy.mm.dd / 적용결과 2025.05.13 입력값 2025-05-13 / 표시형식 mmmm-dd / 적용결과 May-13 입력값 2025-05-13 / 표시형식 m/d (aaa) / 적용결과 5/13 (화)
날짜	m	월을 표시	
날짜	d	일을 표시	
날짜	ddd	요일을 영문 약어(세 글자)로 표시(예 Mon, Tue)	
날짜	dddd	요일을 영문 전체 이름(Full Name)으로 표시 (예 Monday, Tuesday)	
날짜	aaa	요일을 한글 약어로 표시(예 월, 화)	
날짜	aaaa	요일을 한글 전체 이름으로 표시(예 월요일, 화요일)	
시간	h	시간을 0~23 사이의 숫자로 표시	입력값 14:50 / 표시형식 h:m am/pm / 적용결과 2:50 pm 입력값 25:30 / 표시형식 h:m / 적용결과 1:30 입력값 25:30 / 표시형식 [h]:m / 적용결과 25:30
시간	m	분을 0~59 사이의 숫자로 표시	
시간	s	초를 0~59 사이의 숫자로 표시	
시간	[h]	24시간 이상을 누적하여 표시 (예 25시간인 경우 1일 1시간으로 분리되지 않고 25로 표시)	
시간	[m]	60분 이상을 누적하여 표시	
시간	[s]	60초 이상을 누적하여 표시	
시간	AM/PM	AM/PM과 함께 12시간제로 표시	

기타	[ ]	조건이나 색상을 지정할 때 사용 • 색상은 빨강, 녹색, 흰색, 파랑, 노랑, 자홍, 녹청, 검정 • 이외 색상은 [색n]으로 지정(n=1~56 사이의 값)
	_(언더바)	특정 위치에 간격을 줄 때 사용
	*	* 뒤에 입력한 문자를 셀 너비만큼 반복
	;	• 항목을 구분하는 데 사용 •「양수;음수;0;텍스트」를 각각 다른 형식으로 지정할 때 사용
	G/표준	별도 표시 형식을 지정하지 않은 상태

입력값	표시형식	적용결과
5000	[파랑]#,##0	5,000
12600	[색7]#,##0	12,600
2500	₩* #,##0	₩ 2,500
-25000	#,##0;[빨강]△#,##0	△25,000
0	#,##0;[빨강]△#,##0;"-"	-

맞춤 서식으로 가독성 높이기

맞춤 서식을 적용하면 데이터를 정돈된 형태로 표현할 수 있어 가독성을 높이는 데 효과적입니다. 이 서식은 [홈] 탭의 [맞춤] 그룹에서 설정할 수 있으며 텍스트의 정렬 방식, 들여쓰기, 방향 등을 조정할 수 있습니다.

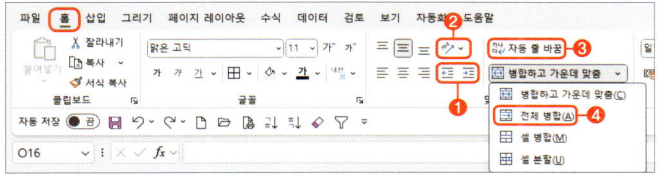

❶ **들여쓰기 및 내어쓰기**: 셀 안의 내용을 오른쪽으로 이동시켜 계층 구조를 표현함으로써 글의 위계를 명확하게 드러낼 수 있습니다.

❷ **방향**: 텍스트를 대각선 또는 세로 방향으로 회전합니다.

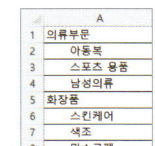

❸ **자동 줄 바꿈**: 길이가 긴 텍스트를 여러 줄로 줄 바꿈 처리하여 모든 내용이 표시되도록 합니다.

❹ **전체 병합**: 범위를 선택한 후 [전체 병합]을 클릭하면 지정한 범위 내에서 셀을 행 단위로 병합합니다.

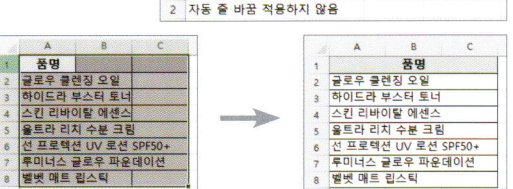

보다 상세한 옵션은 [셀 서식] 대화상자를 통해 확인할 수 있습니다.

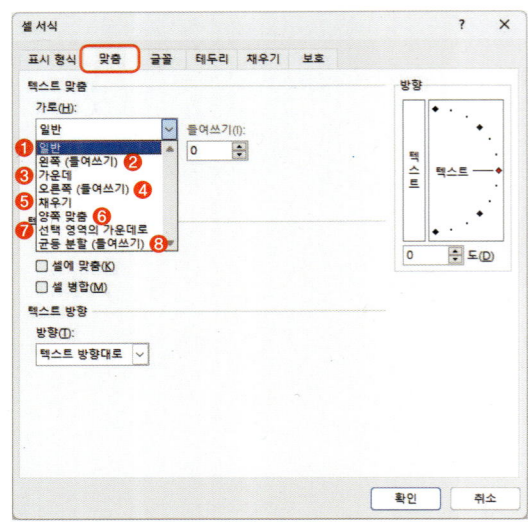

텍스트 가로 맞춤	적용 결과
① 일반	엑셀길라잡이
② 왼쪽 (들여쓰기)	엑셀길라잡이
③ 가운데	엑셀길라잡이
④ 오른쪽 (들여쓰기)	엑셀길라잡이
⑤ 채우기	엑셀길라잡이엑셀길라잡이
⑥ 양쪽맞춤	엑셀길라잡이
⑦ 선택 영역의 가운데로	엑셀길라잡이
⑧ 균등분할 (들여쓰기)	엑 셀 길 라 잡 이

① **일반**: 데이터 유형에 따라 기본 정렬 방식이 적용됨(예 숫자는 오른쪽 맞춤)
② **왼쪽(들여쓰기)**: 셀 안에서 내용을 왼쪽 정렬하며 필요할 때 들여쓰기를 추가로 설정할 수 있음
③ **가운데**: 셀 안에서 데이터를 수평 중앙에 정렬함
④ **오른쪽(들여쓰기)**: 셀 안에서 내용을 오른쪽 정렬하며 필요할 때 들여쓰기를 추가로 설정할 수 있음
⑤ **채우기**: 셀 내용이 셀의 너비를 초과하지 않을 때 내용이 셀 내부를 가득 채우도록 복제됨
⑥ **양쪽 맞춤**: 셀 내용의 양쪽(왼쪽과 오른쪽)을 동시에 맞추어 정렬됨(긴 텍스트나 문장을 셀 너비에 맞춰 고르게 배치할 때 유용)
⑦ **선택 영역의 가운데로**: 선택한 셀 범위의 가운데 위치에 데이터를 정렬(여러 셀에 걸친 텍스트를 가운데로 배치할 때 유용)
⑧ **균등 분할(들여쓰기)**: 셀 너비에 따라 셀 내용의 문자 간격을 균등하게 분배(내용이 셀 내에서 고르게 퍼져 보이도록 정렬)

견적서 작성
(금액을 한글로 표시, 맞춤 서식 활용)

예제 파일 Sample\T03_셀 서식.xlsx
완성 파일 Sample\T03_셀 서식_완성.xlsx

키 워 드 균등 분할, 전체 병합, 숫자를 한글로 표시
길라잡이 [견적서] 시트를 사용하여 실습을 진행합니다.
여러 종류의 맞춤 서식을 적용하고 같은 기능을 반복 실행하는 방법을 통하여 견적서 양식을 빠르게 만들고 견적서 금액의 합계를 한글로 표시하는 방법을 알아보겠습니다.

[완성 예제 미리 보기]

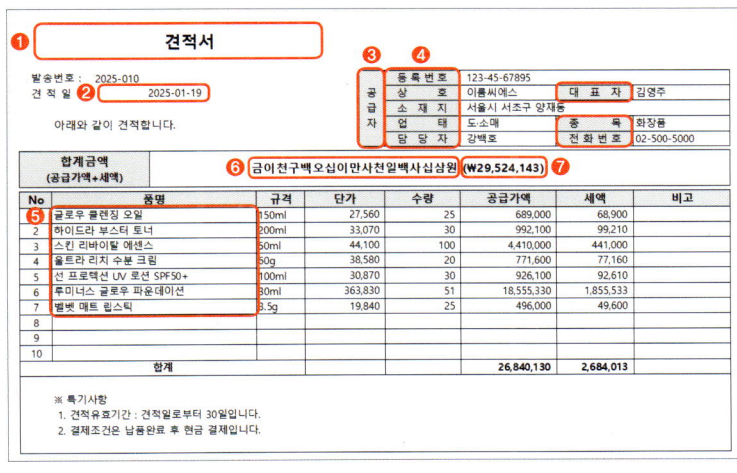

❶ 병합하고 가운데 맞춤
❷ TODAY 함수로 오늘 날짜 입력
❸ 세로 쓰기
❹ 균등 분할(들여쓰기)
❺ 전체 병합
❻ 숫자를 한글로 표시하기
❼ (₩#,##0) 표시 형식 지정

01 병합하고 가운데 맞춤 설정하기

❶ [B1:G1] 영역을 선택한 후 ❷ [홈] 탭의 [맞춤] – [병합하고 가운데 맞춤]을 클릭합니다.

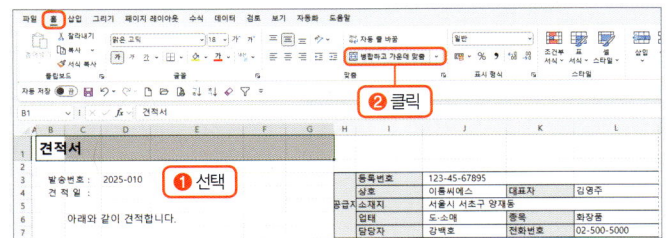

Lesson 01 _ 셀 서식 설정 **075**

02 견적일 입력하기

[D4] 셀에 수식 「=TODAY()」를 입력한 후 Enter 를 누릅니다.

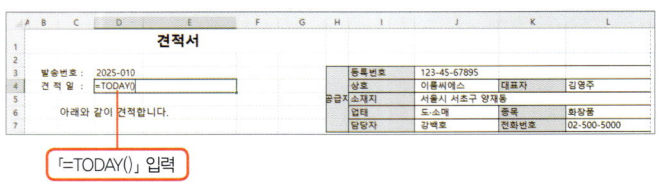

> TODAY() 함수는 문서를 여는 시점의 날짜로 갱신합니다. 만약, 갱신되지 않는 오늘 날짜를 입력하려면 Ctrl + ; 을 누릅니다.

03 세로 쓰기 지정하기

❶ [H3] 셀을 선택한 후 ❷ [홈] 탭의 [맞춤] – [방향] – [세로 쓰기]를 클릭합니다.

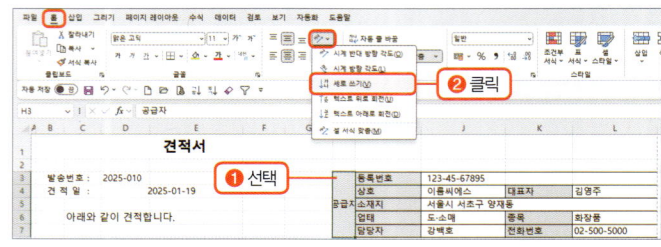

04 균등 분할 설정하기

❶ [I3:I7] 영역을 선택, ❷ Ctrl 을 누른 채 [K4], [K5:K6] 영역을 선택합니다. ❸ Ctrl + 1 을 눌러 [셀 서식] 대화상자가 열리면 [맞춤] 탭에서 ❹ '균등 분할 (들여쓰기)'를 선택하고 ❺ 들여쓰기 값 「1」을 지정한 후 ❻ [확인] 버튼을 클릭합니다.

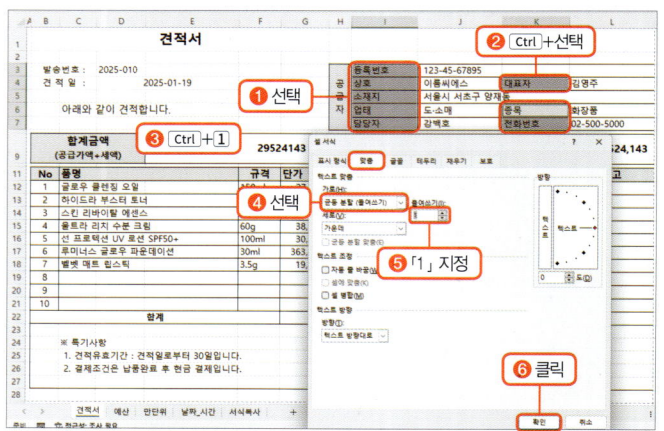

05 행 단위 병합하기

❶ [C11:E21] 영역을 선택한 후 ❷ [홈] 탭의 [맞춤] - [병합하고 가운데 맞춤] - [전체 병합]을 클릭합니다.

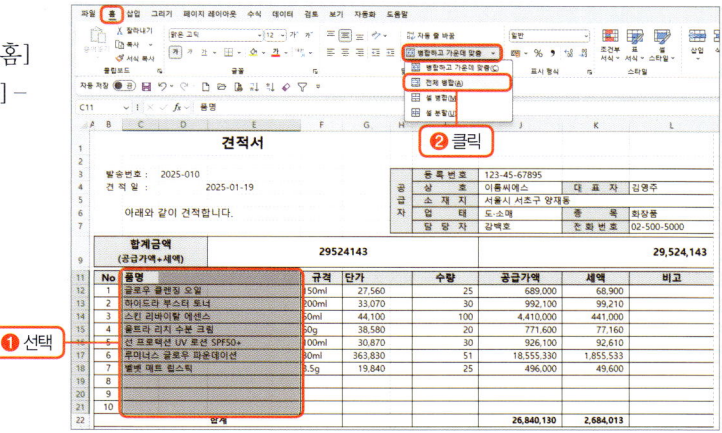

06 같은 기능 반복 실행하기

❶ [G11:H21] 영역을 선택한 후 ❷ F4 를 누릅니다. F4 는 방금 설정했던 '전체 병합' 기능을 재실행합니다.

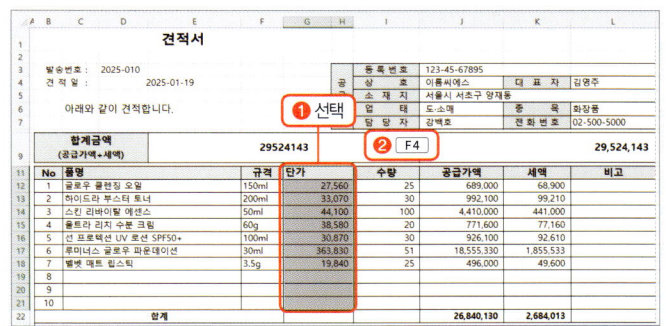

07 가운데 맞춤 설정하기

❶ [C11:H11] 영역을 선택한 후 ❷ [홈] 탭의 [맞춤] - [가운데 맞춤]을 클릭합니다.

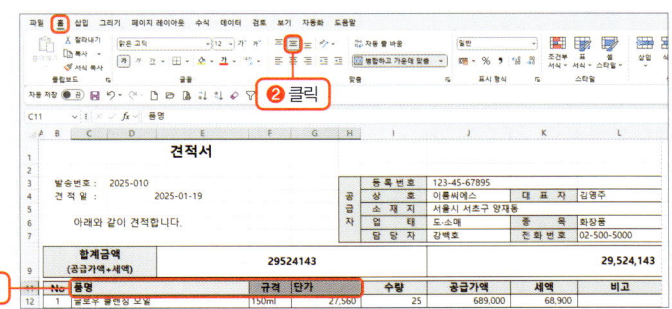

08 금액을 숫자로 표시하기 1

❶ [E9] 셀을 선택한 후 Ctrl+1을 누릅니다. [셀 서식] 대화상자가 열리면 ❷ [표시 형식] 탭에서 '기타'를 클릭하고 ❸ '숫자(한글)'를 선택합니다.

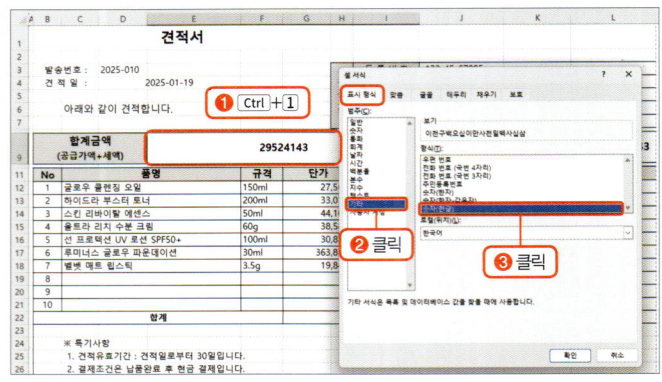

09 금액을 숫자로 표시하기 2

❶ 이어서 '사용자 지정'을 클릭한 후 ❷ '형식' 입력란의 앞과 뒤에 「금」, 「원」을 추가하고 ❸ [확인] 버튼을 클릭합니다.

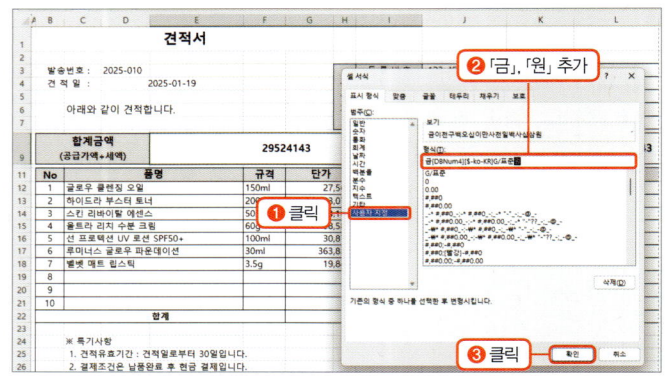

10 금액을 (₩#,##0) 형식으로 표시하기

❶ [J9] 셀을 선택한 후 Ctrl+1을 누릅니다. [셀 서식] 대화상자가 열리면 ❷ [표시 형식] 탭에서 '사용자 지정'을 클릭합니다. ❸ '형식' 입력란에 「(₩#,##0)」을 입력하고 ❹ [확인] 버튼을 클릭합니다.

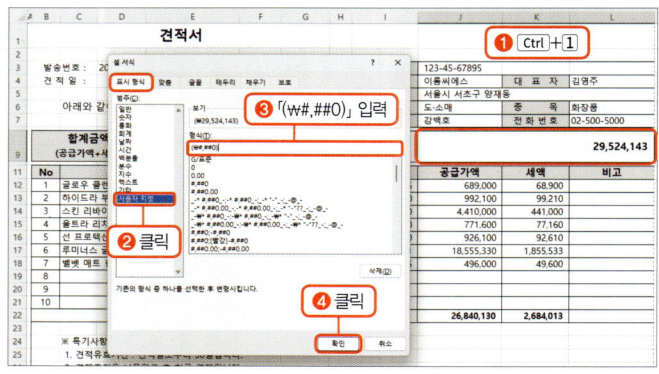

11 맞춤 서식 적용하기

❶ [E9] 셀을 선택한 후 ❷ [홈] 탭의 [맞춤] - [오른쪽 맞춤]을 클릭합니다.
❸ [J9] 셀을 선택한 후 ❹ [홈] 탭의 [맞춤] - [왼쪽 맞춤]을 클릭합니다.

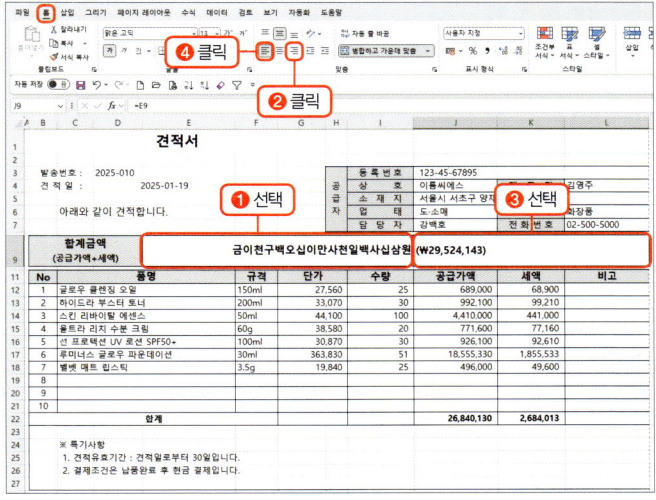

12 눈금선 없애고 완성하기

[보기] 탭의 [표시] - [눈금선]을 클릭하여 체크를 해제합니다.

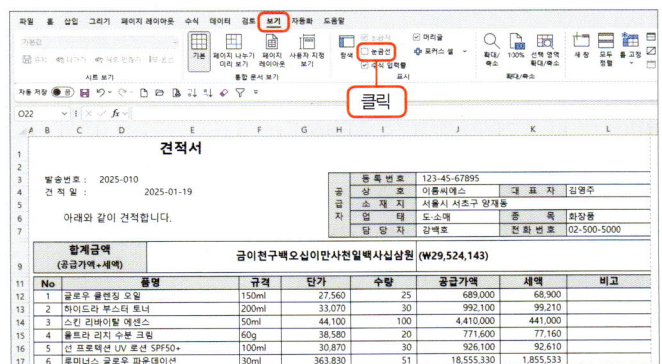

Lesson 01 _ 셀 서식 설정   **079**

양수, 음수, 0 값에 따라 다른 서식 지정하기

예제 파일 Sample\T03_셀 서식.xlsx
완성 파일 Sample\T03_셀 서식_완성.xlsx

키 워 드 선택 영역의 가운데로, 값(양수, 음수, 0)에 따라 다른 서식 지정, 들여쓰기
길라잡이 [예산] 시트를 사용하여 실습을 진행합니다.
셀 병합은 가독성을 높이기 위해 사용되기도 하지만 정렬, 필터, 표 기능 등과 충돌을 일으킬 수 있으므로 가능한 한 피하는 것이 좋습니다. 따라서 셀 병합 대신 '선택 영역의 가운데로' 서식을 적용하는 방법을 알아보겠습니다. 아울러 글의 위계를 표현할 수 있는 '들여쓰기' 서식과 예산 및 결산 보고서에서 자주 사용하는 양수, 음수, 0 값에 따라 다른 서식을 지정하는 방법도 함께 실습해 보겠습니다.

[완성 예제 미리 보기]

❶ '선택 영역의 가운데로' 서식 지정
❷ '들여쓰기' 지정
❸ 「양수;음수;0」에 따라 다른 서식 지정

01 병합하지 않고 선택 영역의 가운데로 지정하기

❶ [B1:F1] 영역을 선택한 후 Ctrl+1을 누릅니다. [셀 서식] 대화상자가 열리면 ❷ [맞춤] 탭에서 '선택 영역의 가운데로'를 선택한 후 ❸ [확인] 버튼을 클릭합니다.

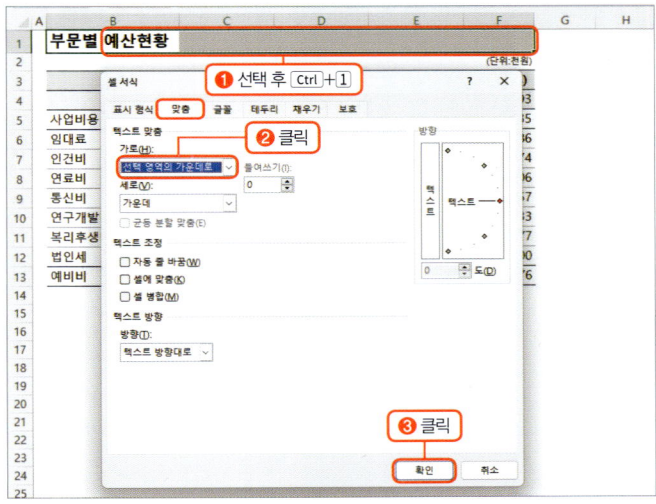

02 들여쓰기로 글의 위계 드러내기

❶ [B6:B11] 영역을 선택한 후 ❷ [홈] 탭의 [맞춤] - [들여쓰기]를 두 번 클릭합니다.

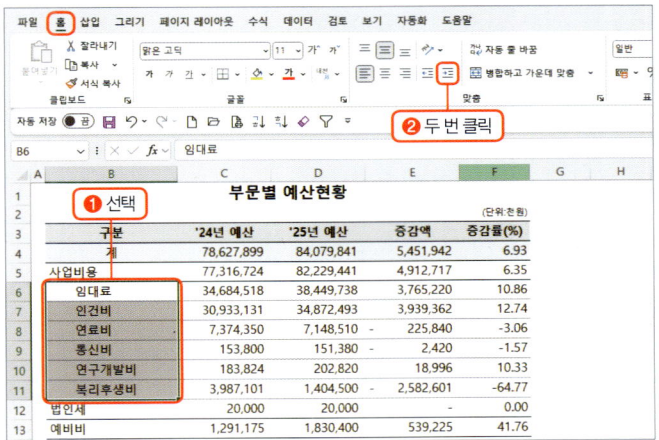

03 양수, 음수, 0에 따라 서식을 다르게 지정하기

❶ [E4:E13] 영역을 선택한 후 Ctrl+1 을 누릅니다. [셀 서식] 대화상자가 열리면 ❷ [표시 형식] 탭에서 '사용자 지정'을 클릭합니다. ❸ '형식' 입력란에 「#,##0;[빨강]▲#,##0;"-"」을 입력한 후 ❹ [확인] 버튼을 누릅니다.

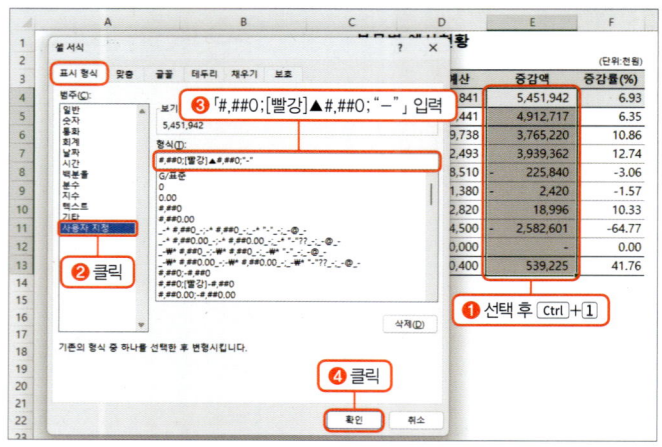

04 양수, 음수, 0에 따라 서식을 다르게 지정하여 완성하기

❶ [F4:F13] 영역을 선택한 후 Ctrl+1 을 누릅니다. [셀 서식] 대화상자가 열리면 ❷ [표시 형식] 탭에서 '사용자 지정'을 클릭합니다. ❸ '형식' 입력란에 「0.0;[빨강]▲0.0;"-"」을 입력한 후 ❹ [확인] 버튼을 누릅니다.

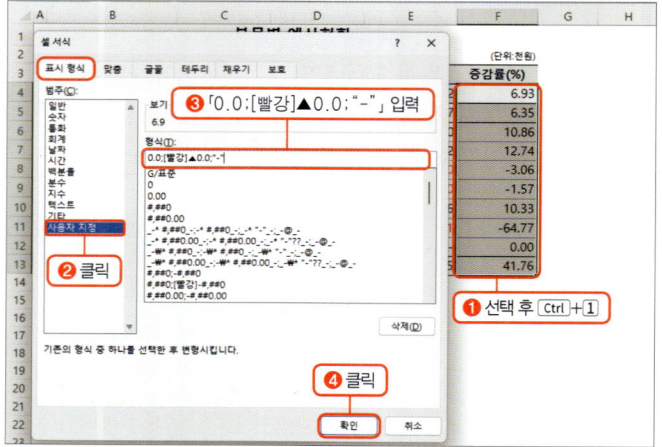

금액을 다양한 단위로 표시하기

예제 파일 Sample\T03_셀 서식.xlsx
완성 파일 Sample\T03_셀 서식_완성.xlsx

키 워 드 천 원, 만 원, 백만 원 단위로 표시하기
길라잡이 [만 단위] 시트를 사용하여 실습을 진행합니다.
금액이 입력된 셀의 실제 데이터를 변경하지 않고 사용자 지정 표시 형식을 활용해 천 원, 만 원, 백만 원 단위로 표시하는 방법을 알아보겠습니다.

[완성 예제 미리 보기]

사업부문	매출액(원)	매출액(천원)	매출액(백만원)	매출액(만원)
의류 사업	5,629,345,660	5,629,346	5,629	562,934.6
스포츠 용품	325,400,320	325,400	325	32,540.0
화장품 사업	625,480,652	625,481	625	62,548.1
아동복 사업	83,526,400	83,526	84	8,352.6
홈퍼니싱 사업	4,254,623,500	4,254,624	4,255	425,462.4

01 세 자리마다 쉼표 스타일 지정하기

❶ [C4:C8] 영역을 선택한 후 Ctrl+1을 누릅니다. [셀 서식] 대화상자가 열리면 ❷ [표시 형식] 탭에서 '사용자 지정'을 클릭합니다. ❸ '형식' 입력란에 「#,##0」을 입력한 후 ❹ [확인] 버튼을 클릭합니다.

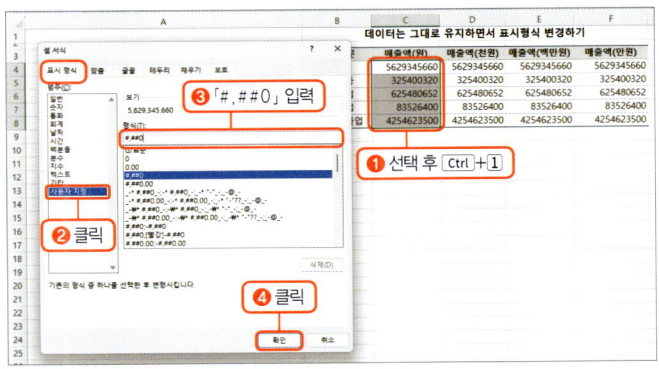

02 천 원 단위로 표시하기

❶ [D4:D8] 영역을 선택한 후 Ctrl + 1 을 누릅니다. [셀 서식] 대화상자가 열리면 ❷ [표시 형식] 탭에서 '사용자 지정'을 클릭합니다. ❸ '형식' 입력란에 「#,##0,」을 입력한 후 ❹ [확인] 버튼을 클릭합니다.

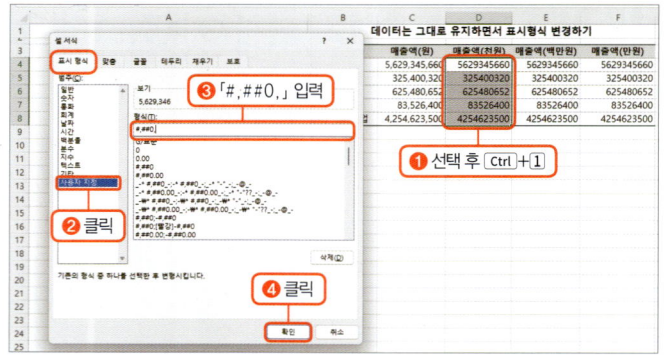

03 백만 원 단위로 표시하기

❶ [E4:E8] 영역을 선택한 후 Ctrl + 1 을 누릅니다. [셀 서식] 대화상자가 열리면 ❷ [표시 형식] 탭에서 '사용자 지정'을 클릭합니다. ❸ '형식' 입력란에 「#,##0,,」을 입력한 후 ❹ [확인] 버튼을 클릭합니다.

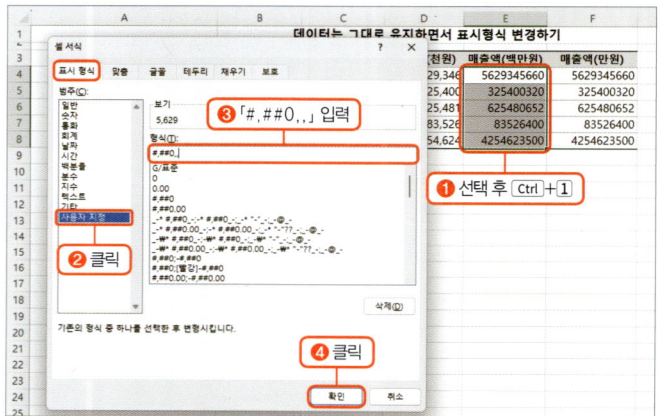

04 만 단위로 표시하기

❶ [F4:F8] 영역을 선택한 후 Ctrl + 1 을 누릅니다. [셀 서식] 대화상자가 열리면 ❷ [표시 형식] 탭에서 '사용자 지정'을 클릭합니다. ❸ '형식' 입력란에 「#","##0"."#,」을 입력한 후 ❹ [확인] 버튼을 클릭합니다.

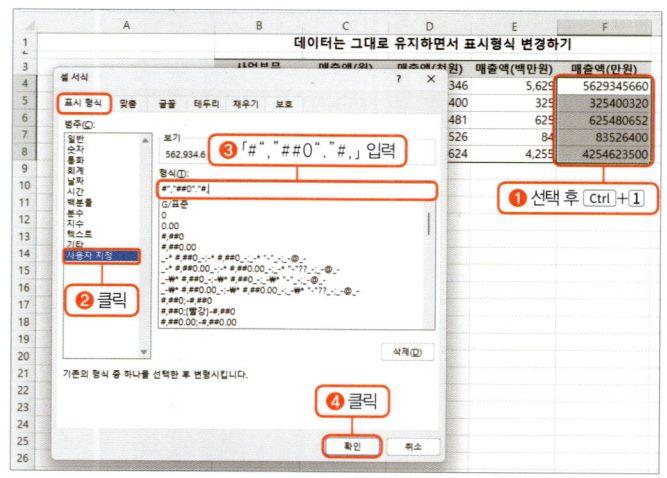

날짜와 시간에 대한 표시 형식

예제 파일 Sample\T03_셀 서식.xlsx
완성 파일 Sample\T03_셀 서식_완성.xlsx

키 워 드 날짜 표시 형식, 시간 표시 형식
길라잡이 [날짜_시간] 시트를 사용하여 실습을 진행합니다.
날짜가 입력된 셀에 요일을 표시하고 시간을 'h:mm' 형식으로 표시하는 방법을 알아보겠습니다. 또한 계산된 시간이 24시간을 넘는 경우의 표시 형식을 지정하는 법도 함께 알아보겠습니다.

[완성 예제 미리 보기]

❶ 요일 표시하기
❷ 시간 계산 및 「h:mm」 형식으로 표시하기
❸ 시간 계산 및 누적 시간 「[h]:mm」 형식으로 표시하기

01 요일 표시하기

❶ [A2:A19] 영역을 선택한 후 Ctrl + 1 을 누릅니다. [셀 서식] 대화상자가 열리면 ❷ [표시 형식] 탭에서 '사용자 지정'을 클릭합니다. ❸ '형식' 입력란에 「yyyy-mm-dd (aaa)」를 입력한 후 ❹ [확인] 버튼을 클릭합니다.

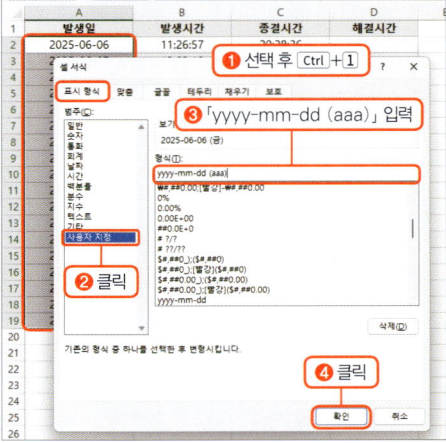

Lesson 01 _ 셀 서식 설정 **085**

02 시간 계산하기

[D2] 셀에 수식 「=C2-B2」를 입력한 후 Enter 를 누릅니다.

03 수식 복사하기

[D2] 셀의 채우기 핸들을 더블클릭하여 수식을 복사합니다.

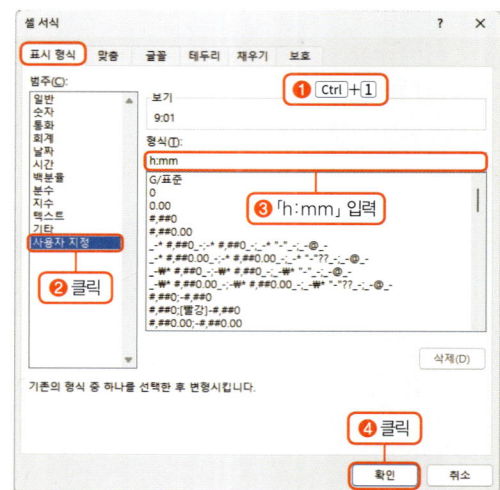

04 시간을 시간과 분으로 표시하기

❶ 범위가 지정된 상태에서 Ctrl + 1 을 누릅니다. [셀 서식] 대화상자가 열리면 ❷ [표시 형식] 탭에서 '사용자 지정'을 클릭합니다. ❸ '형식' 입력란에 「h:mm」을 입력한 후 ❹ [확인] 버튼을 클릭합니다.

05 시간 계산하기

[I2] 셀에 수식 「=H2-G2」를 입력한 후 Enter 를 누릅니다.

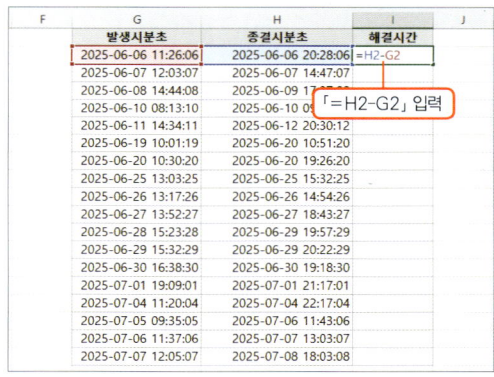

06 수식 복사하기

[I2] 셀의 채우기 핸들을 더블클릭하여 수식을 복사합니다.

07 24시간 이상 누적된 시간으로 표시하기

❶ 범위가 지정된 상태에서 Ctrl + 1 을 누릅니다. [셀 서식] 대화상자가 열리면 ❷ [표시 형식] 탭에서 '사용자 지정'을 클릭합니다. ❸ '형식' 입력란에 「[h]:mm」을 입력한 후 ❹ [확인] 버튼을 클릭합니다.

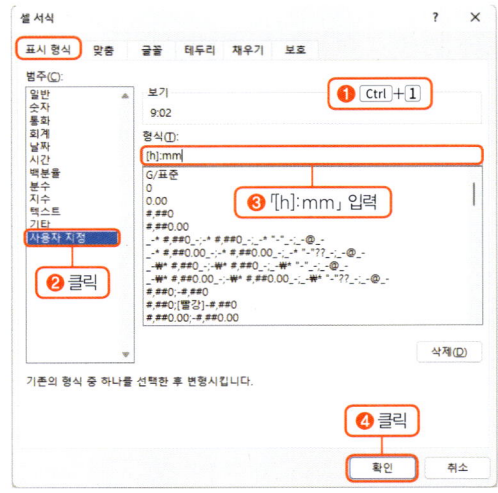

한 번에 소계를 계산하고 서식 복사 활용하기

예제 파일 Sample\T03_셀 서식.xlsx
완성 파일 Sample\T03_셀 서식_완성.xlsx

키 워 드 서식 복사, 빈 셀 선택, 소계 계산
길라잡이 [서식 복사] 시트를 사용하여 실습을 진행합니다.
이미 지정된 서식을 다른 영역에 복사하는 '서식 복사' 기능과 중간중간에 있는 빈 셀에 소계를 한 번에 계산한 후 전체 합계를 구하는 방법을 알아보겠습니다.

[완성 예제 미리 보기]

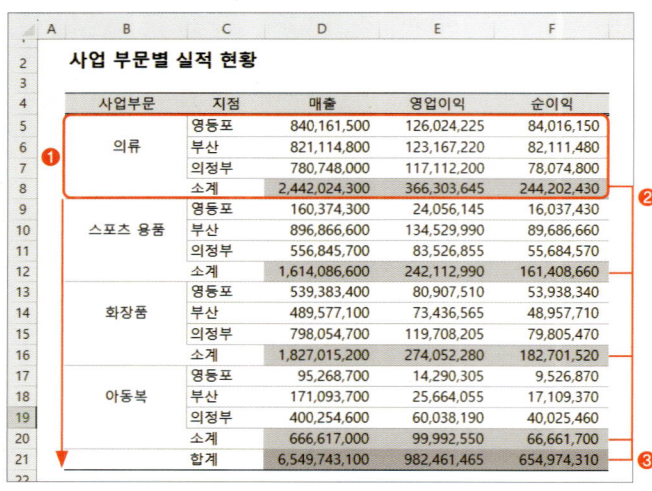

❶ 서식 복사
❷ 소계 한 번에 계산
❸ 합계 계산

01 서식 복사하기

서식이 설정된 [B5:F8] 영역을 선택한 후 [홈] 탭의 [클립보드] - [서식 복사]를 클릭합니다.

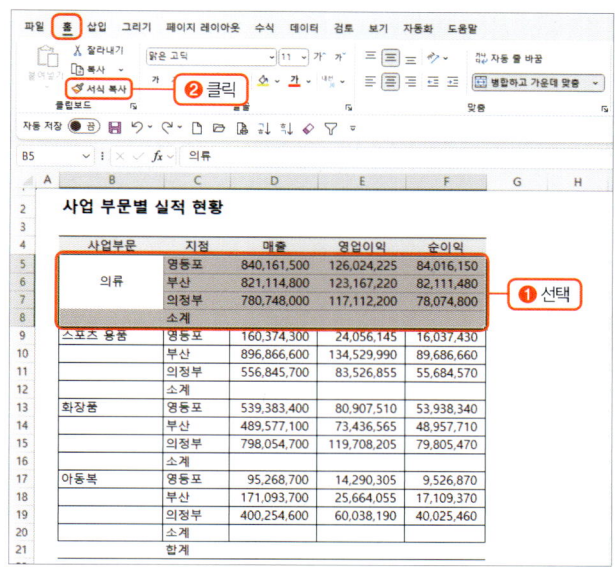

02 서식 붙여넣기

[B9] 셀에서 [F20] 셀까지 드래그하여 서식을 붙여넣습니다.

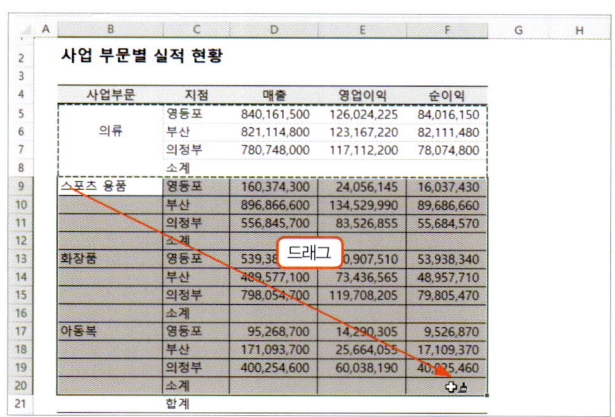

03 [이동 옵션] 명령 선택하기

❶ [D5:F20] 영역을 선택한 후 ❷ [홈] 탭의 [편집] – [찾기 및 선택] – [이동 옵션]을 클릭합니다.

F5 를 눌러 [이동] 대화상자를 연 후 대화상자에서 [옵션] 버튼을 클릭해도 됩니다.

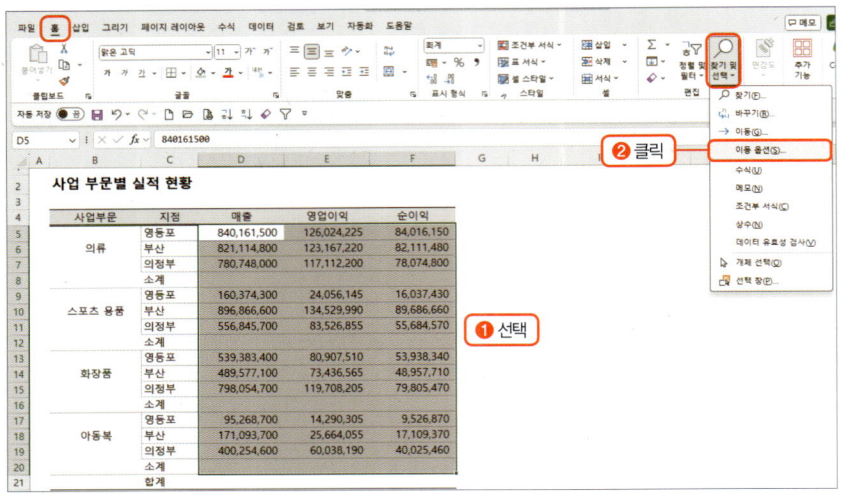

04 빈 셀 선택하기

[이동 옵션] 대화상자가 열리면 '빈 셀'을 선택한 후 [확인] 버튼을 클릭합니다.

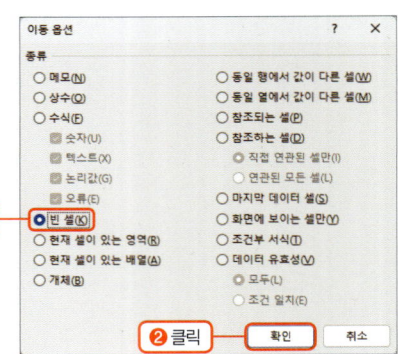

05 소계를 계산하고 배경색 채우기

빈 셀이 선택된 채 ❶ [홈] 탭의 [편집] - [자동 합계]를 클릭합니다. 그런 다음 ❷ [홈] 탭의 [글꼴] - [채우기 색]을 클릭하여 회색 계열의 색상을 선택합니다.

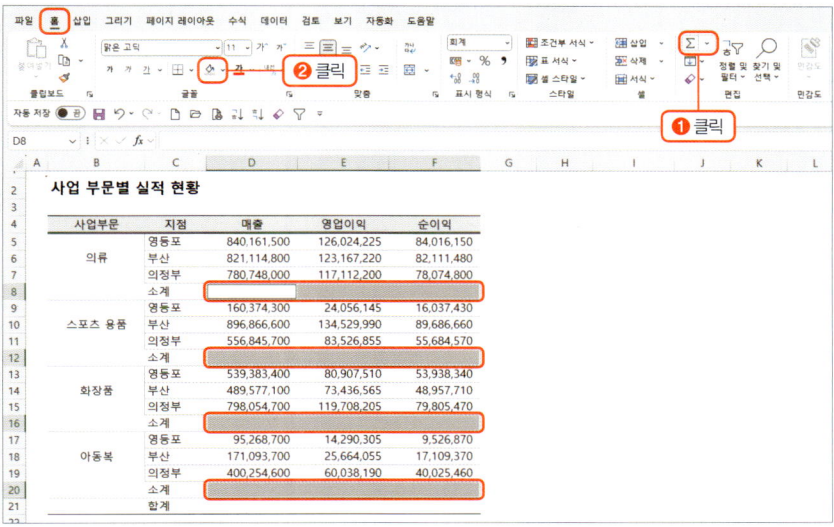

06 합계 계산하기

❶ [D21:F21] 영역을 선택한 후 ❷ [홈] 탭의 [편집] - [자동 합계]를 클릭합니다.

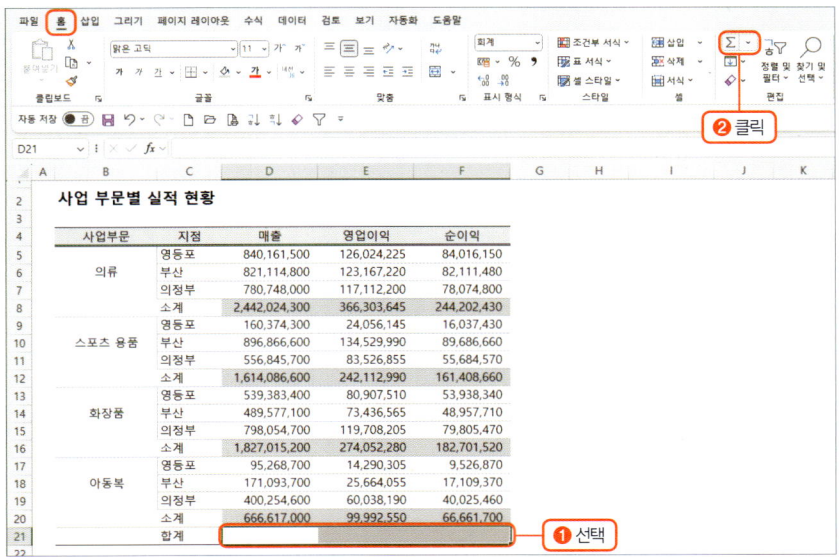

LESSON 02 조건부 서식의 활용

조건부 서식은 특정 조건을 만족하는 곳에 서식을 적용하여 데이터를 보다 직관적이고 가독성 있게 나타내는 기능입니다. 이를 통해 중요한 정보나 이상값을 빠르게 식별할 수 있으며 데이터 분석 및 시각화의 효율성을 높일 수 있습니다. 예를 들어, 값의 크기에 따라 색상이 다르게 표시되거나 특정 조건에 맞는 셀에 강조 표시를 적용하는 등 다양한 활용이 가능합니다.

 조건부 서식 설정, 편집, 삭제

:: 조건부 서식 설정하기

조건부 서식은 지정한 조건에 따라 셀의 서식을 변경해 데이터를 효과적으로 탐색하고 분석할 수 있도록 합니다. 서식을 적용할 범위를 선택한 후 [홈] 탭의 [스타일] 그룹에서 [조건부 서식]을 클릭하여 원하는 조건을 설정합니다.

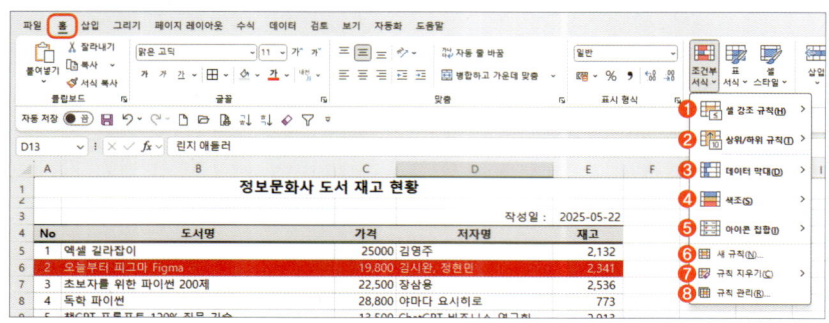

❶ **셀 강조 규칙**: 비교 연산자를 기준으로 조건을 만족하는 곳에 서식을 지정합니다.
❷ **상위/하위 규칙**: 선택된 범위 내에서 상위 값 또는 하위 값을 찾아 서식을 지정합니다.
❸ **데이터 막대**: 셀의 값을 시각적으로 표현하기 위해 데이터 막대를 적용합니다.
❹ **색조**: 색의 음영과 색조를 사용하여 데이터의 분포와 변화를 표시합니다.

❺ **아이콘 집합**: 데이터를 임곗값에 따라 그룹으로 나누고 아이콘으로 구분합니다.
❻ **새 규칙**: 기본 규칙(셀 강조 규칙, 상위/하위 규칙) 외에 사용자 정의 규칙을 생성합니다.
❼ **규칙 지우기**: 설정된 조건부 서식 규칙을 삭제합니다.
❽ **규칙 관리**: 기존 규칙을 편집하거나 삭제할 수 있습니다.

조건부 서식 편집 및 삭제하기

이미 작성한 조건부 서식은 [홈] 탭의 [스타일 – 규칙 관리]를 클릭하여 표시되는 [조건부 서식 규칙 관리자]를 통해 편집하거나 삭제할 수 있습니다. 이 관리자에서 새로운 규칙을 만들거나 기존 규칙을 편집·삭제하고 순서를 변경하는 등의 작업을 할 수 있습니다.

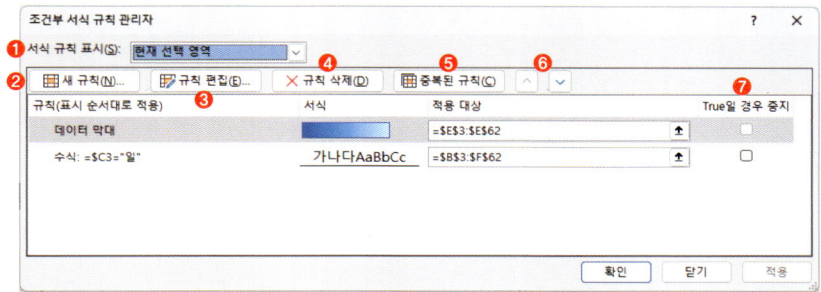

❶ **서식 규칙 표시**: 통합 문서 내 모든 조건부 서식 규칙을 관리할 수 있습니다. '현재 선택 영역', '현재 워크시트', '시트:시트명' 중 하나를 선택하여 원하는 범위의 규칙을 확인합니다.
❷ **새 규칙**: 새로운 조건부 서식 규칙을 만듭니다.
❸ **규칙 편집**: 선택한 규칙을 수정합니다.
❹ **규칙 삭제**: 선택한 규칙을 삭제합니다.
❺ **중복된 규칙**: 기존 조건부 서식 규칙을 복제합니다.
❻ ⬆ ⬇ : 규칙의 적용 순서를 변경하여 우선순위를 조정합니다.
❼ **True일 경우 중지**: Excel 2007 이전 버전과의 호환성을 위한 기능으로, 조건부 서식 규칙이 세 개까지만 지원되던 환경을 시뮬레이션합니다. 이 확인란을 선택하면 이전 버전의 조건부 서식 적용 결과를 확인할 수 있습니다.

중복된 항목 찾아 행 전체 강조하기

예제 파일 Sample\T03_조건부 서식.xlsx
완성 파일 Sample\T03_조건부 서식_완성.xlsx

키 워 드 조건부 서식

길라잡이 [중복 행 강조] 시트를 사용하여 실습을 진행합니다.
조건부 서식을 활용하여 재고 현황 데이터에서 중복된 도서를 찾아 강조하는 방법을 알아보겠습니다. 먼저 중복된 도서가 입력된 셀을 강조하는 방법을 살펴보고 이어서 중복된 도서가 포함된 행 전체를 강조하는 방법도 알아보겠습니다.

[완성 예제 미리 보기]

01 중복된 도서가 있는 셀 강조하기

❶ [B5:B26] 영역을 선택한 후 ❷ [홈] 탭의 [스타일] - [조건부 서식] - [셀 강조 규칙] - [중복 값]을 클릭합니다.

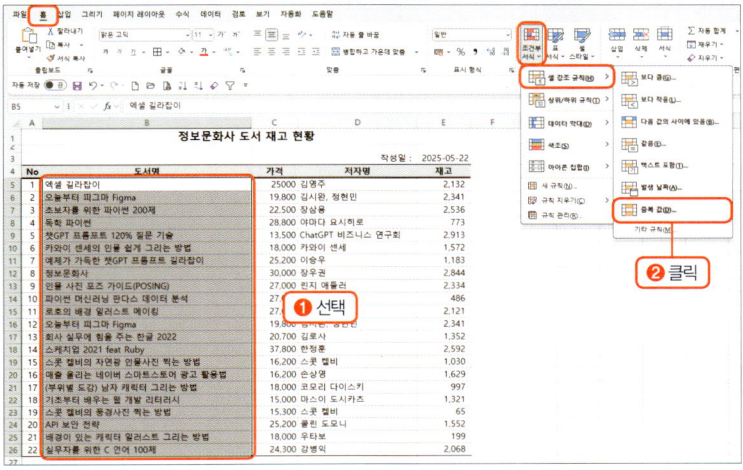

02 중복 값에 지정할 서식 선택하기

[중복 값] 대화상자가 열리면 적용할 서식을 선택한 후 [확인] 버튼을 클릭합니다.

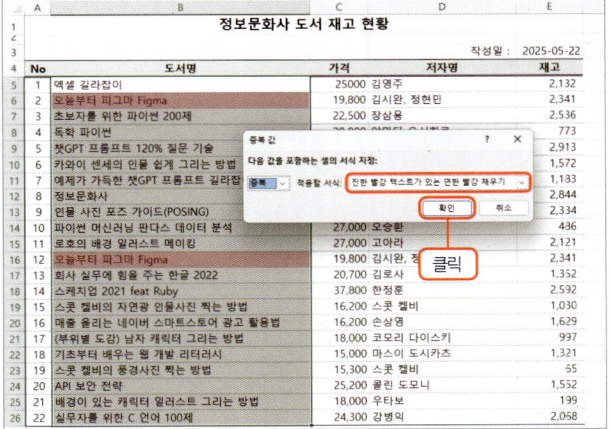

03 조건부 서식 규칙 삭제하기

중복된 도서가 강조됩니다. 이제 중복된 도서가 포함된 행 전체를 강조하는 방법을 실습하기 위해 현재 규칙을 삭제하겠습니다. ❶ [B5:B26] 영역을 선택한 후 ❷ [홈] 탭의 [스타일] - [조건부 서식] - [규칙 지우기] - [선택한 셀의 규칙 지우기]를 클릭합니다.

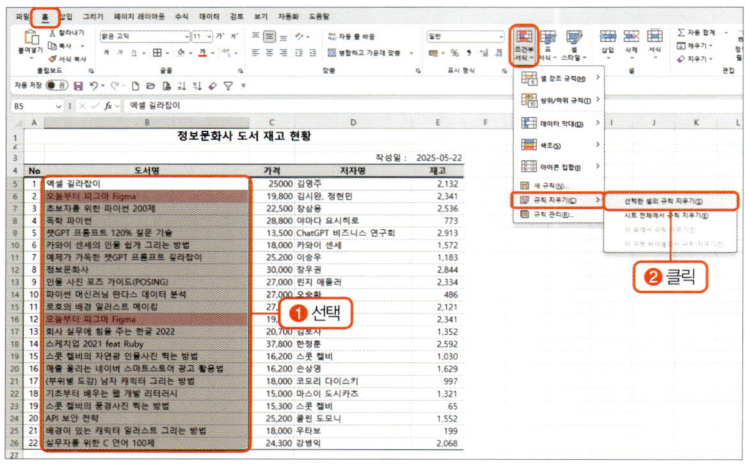

04 중복된 도서가 있는 행 전체 강조하기

❶ [A5:E26] 영역을 선택한 후 ❷ [홈] 탭의 [스타일] - [조건부 서식] - [새 규칙]을 클릭합니다.

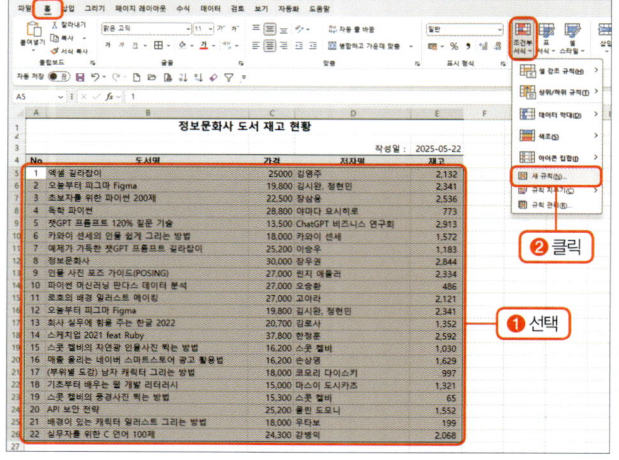

05 규칙 작성하기

[새 서식 규칙] 대화상자가 열리면 ❶ '수식을 사용하여 서식을 지정할 셀 결정'을 선택합니다. '규칙 설명 편집' 입력란에 ❷ 수식 「=COUNTIF($B$5:$B$26,$B5)>=2」를 입력하고 ❸ [서식] 버튼을 클릭합니다.

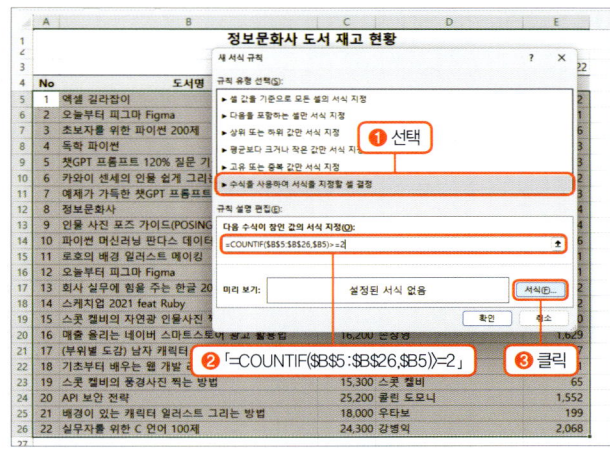

COUNTIF는 조건에 만족하는 개수를 세는 함수입니다. 수식 「=COUNTIF($B$5:$B$26,$B5)>=2」는 $B$5:$B$26 영역에서 $B5의 값이 두 번 이상 나타날 경우, 해당 조건에 맞는 행 전체에 서식을 적용합니다.

06 채우기 서식 지정하기

[셀 서식] 대화상자가 열리면 [채우기] 탭에서 '빨간색'을 지정하고 [확인] 버튼을 클릭합니다.

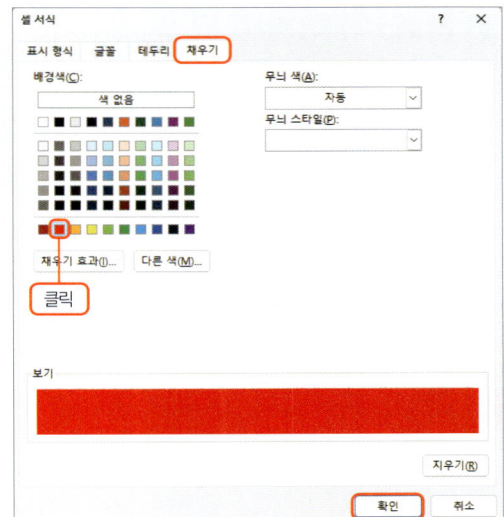

07 글꼴 색 지정하기

이어서 ❶ [글꼴] 탭을 클릭한 후 ❷ '흰색'을 지정하고 [확인] 버튼을 클릭합니다.

08 수식과 서식 확인하기

[새 서식 규칙] 대화상자로 돌아오면 수식과 서식을 확인한 후 [확인] 버튼을 클릭합니다.

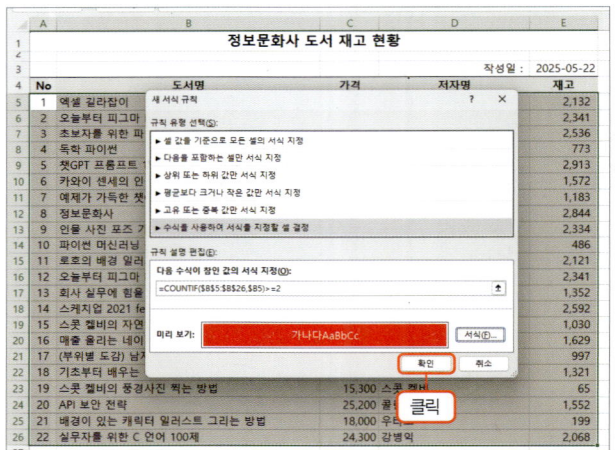

09 완성하기

다음과 같이 중복된 도서가 포함된 행 전체를 강조합니다.

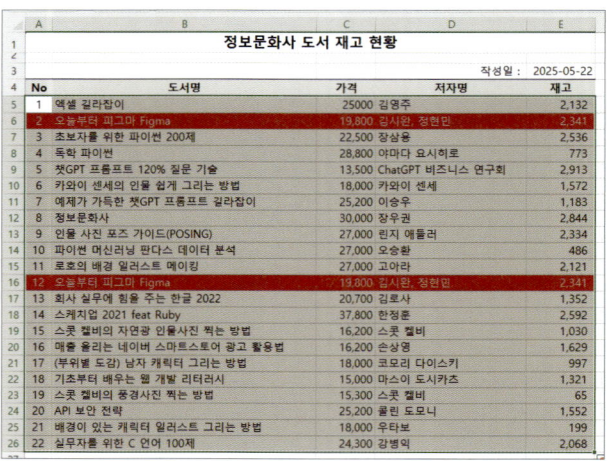

 # 치킨은 어느 시간대에 많이 주문할까?

예제 파일 Sample\T03_조건부 서식.xlsx
완성 파일 Sample\T03_조건부 서식_완성.xlsx

키 워 드 색조, 데이터 막대
길라잡이 [콜 수] 시트를 사용하여 실습을 진행합니다.
시간대별로 배달 음식의 주문 콜 수가 입력된 데이터가 있습니다. 숫자만으로는 특정 패턴을 파악하기 어렵지만, 조건부 서식을 적용하면 시간대별 인기 메뉴를 한눈에 파악할 수 있습니다. 데이터에 색조와 데이터 막대를 적용하여 시각적으로 패턴을 분석하는 방법에 대해 알아보겠습니다.

[완성 예제 미리 보기]

시간대	족발/보쌈전문	중국음식	치킨	피자	총합계
00시	1,707	3,545	9,410	846	15,508
01시	1,028	3,164	4,470	493	9,155
02시	605	2,695	2,336	275	5,911
03시	432	2,355	1,178	210	4,175
04시	245	2,111	782	105	3,243
05시	195	1,820	400	135	2,550
06시	175	1,610	225	75	2,085
07시	186	1,608	200	55	2,049
08시	274	2,422	275	95	3,066
09시	985	5,695	565	475	7,720
10시	2,522	14,804	2,080	2,832	22,238
11시	4,198	45,845	5,578	8,054	63,675
12시	4,234	57,325	9,962	10,171	81,692
13시	3,847	42,938	10,207	9,683	66,675
14시	3,976	29,400	10,603	9,476	53,455
15시	4,633	22,372	13,160	9,624	49,789
16시	5,906	22,645	19,536	11,495	59,582
17시	9,071	33,718	37,698	16,066	96,553
18시	11,804	44,921	60,610	21,416	138,751
19시	10,132	35,116	59,366	20,054	124,668
20시	7,320	17,795	49,732	15,725	90,572
21시	5,786	7,054	48,511	13,979	75,330
22시	4,492	4,585	41,128	9,094	59,299
23시	2,785	3,903	21,976	2,962	31,626
총합계	86,538	409,446	409,988	163,395	1,069,367

❶ 중국 음식은 주로 점심과 저녁 식사로 배달시키는 것을 알 수 있음
❷ 치킨은 주로 저녁과 야식으로 배달시키는 것을 알 수 있음
❸ 배달 음식은 주로 저녁 시간대에 집중되어 있음

01 색조로 시각화하기

❶ [B4:E27] 영역을 선택한 후 ❷ [홈] 탭의 [스타일] - [조건부 서식] - [색조] - [녹색 - 흰색 색조]를 클릭합니다.

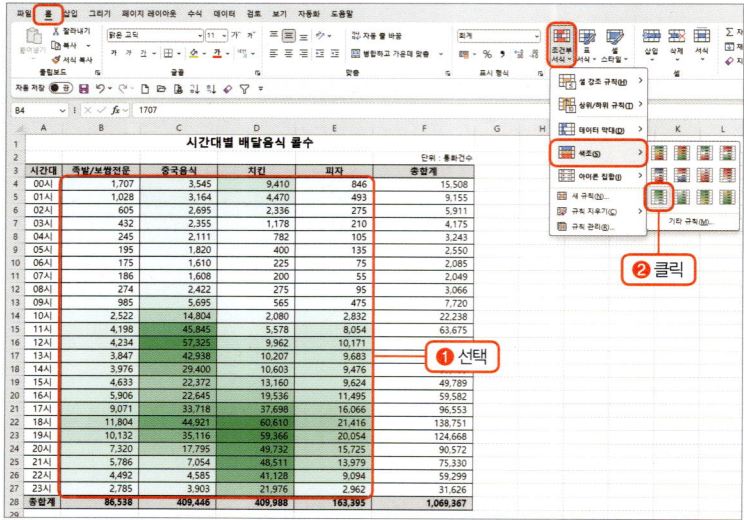

02 데이터 막대로 시각화하기

❶ [F4:F27] 영역을 선택한 후 ❷ [홈] 탭의 [스타일] - [조건부 서식] - [데이터 막대] - [연한 파랑 데이터 막대]를 클릭합니다.

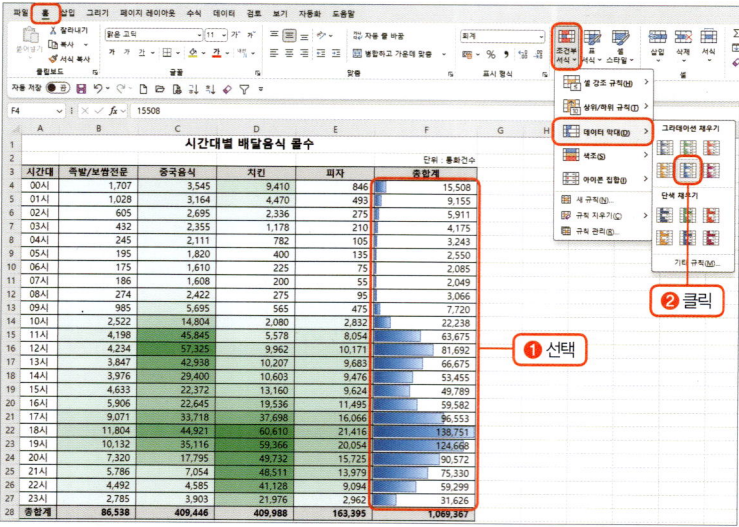

조건부 서식으로 재고 현황 시각화하기

예제 파일 Sample\T03_조건부 서식.xlsx
완성 파일 Sample\T03_조건부 서식_완성.xlsx

키 워 드 셀 강조, 아이콘 집합

길라잡이 [재고] 시트를 사용하여 실습을 진행합니다.
재고 현황을 한눈에 파악할 수 있도록 재고 수량 구간에 따라 세 가지 아이콘이 표시되도록 하는 조건부 서식을 적용해 보겠습니다.

- 아이콘 1: 2,000권 이상
- 아이콘 2: 1,000권 이상 2,000권 미만
- 아이콘 3: 1,000권 미만

또한 도서의 재고가 기준 재고 이하로 떨어졌을 경우, 도서명을 셀 강조하여 빠르게 확인할 수 있도록 하겠습니다.

[완성 예제 미리 보기]

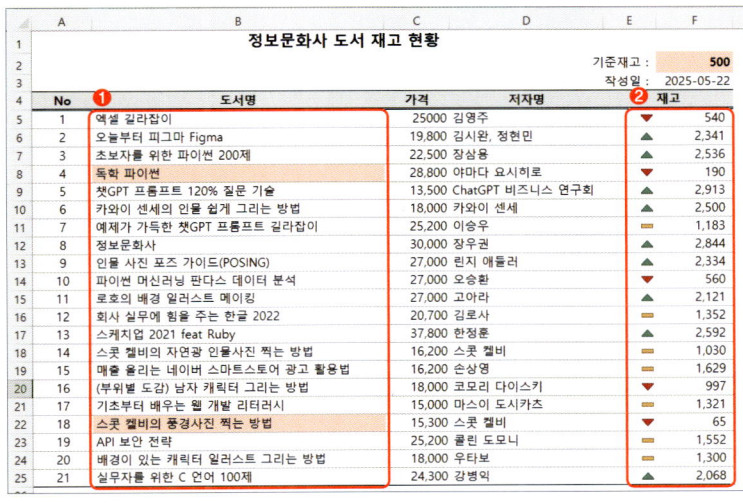

❶ 기준 재고 이하인 경우, 셀 강조하기
❷ 재고 수량 구간에 따라 아이콘으로 시각화하기

01 재고에 아이콘 표시하기

❶ [E5:E25] 영역을 선택한 후 ❷ [홈] 탭의 [스타일] - [조건부 서식] - [아이콘 집합]에서 임의의 아이콘 집합을 클릭합니다.

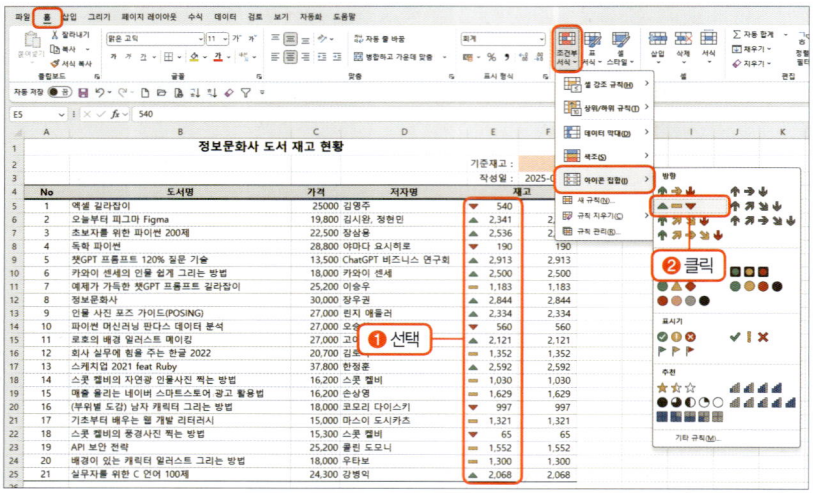

02 [규칙 관리] 대화상자 열기

[E5:E25] 영역이 선택된 상태에서 [홈] 탭의 [스타일] - [조건부 서식] - [규칙 관리]를 클릭합니다.

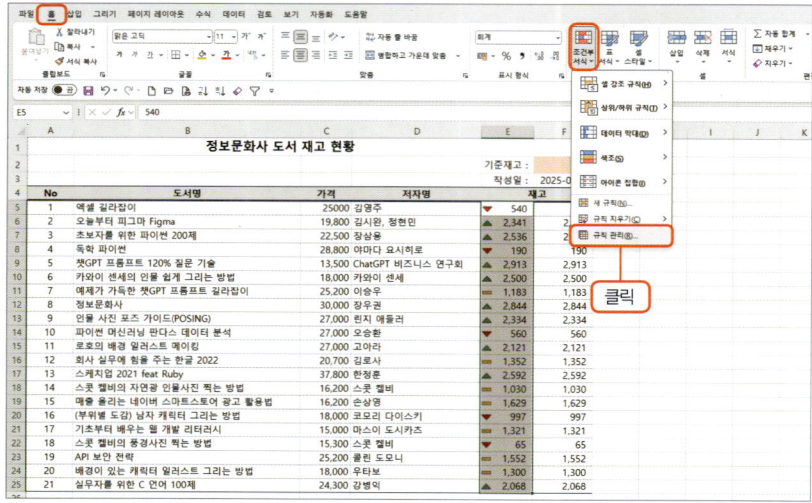

03 규칙 편집하기

[조건부 서식 규칙 관리자] 대화상자가 열리면 [규칙 편집] 버튼을 클릭합니다.

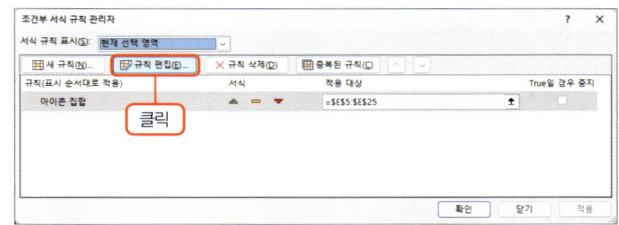

04 서식 규칙 편집하기

[서식 규칙 편집] 대화상자가 열리면 ❶ '아이콘만 표시'에 체크를 하고 ❷ '종류'를 숫자로 변경합니다. 그런 다음 ❸ 값에 「2000」, 「1000」을 입력하고 ❹ [확인] 버튼을 클릭합니다.

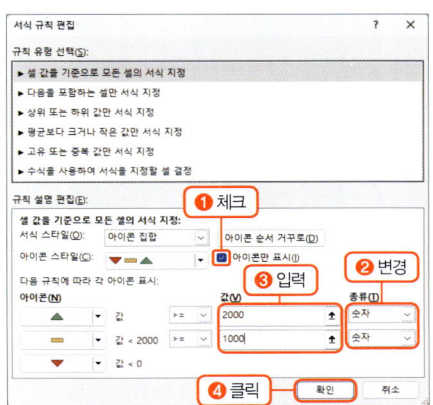

재고 수량에 따라 아이콘이 다르게 표시되도록 조건부 서식을 설정합니다.
- 2,000권 이상: 첫 번째 아이콘
- 1,000권 이상 2,000권 미만: 두 번째 아이콘
- 1,000권 미만: 세 번째 아이콘

05 재고가 기준 재고 이하이면 도서명 셀 강조하기

[B5:B25] 영역을 선택한 후 [홈] 탭의 [스타일] – [조건부 서식] – [새 규칙]을 클릭합니다.

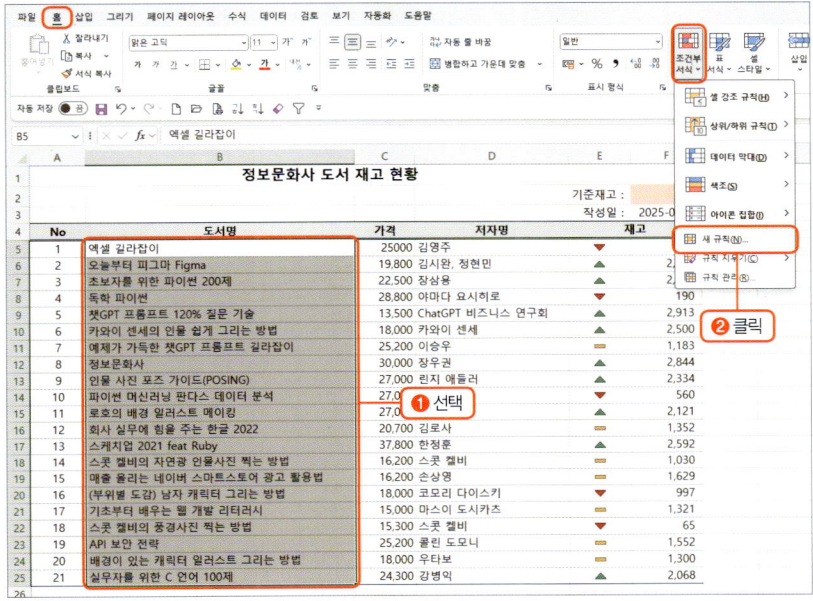

06 규칙 입력하기

[새 서식 규칙] 대화상자가 열리면 ❶ '수식을 사용하여 서식을 지정할 셀 결정'을 선택합니다. ❷ '규칙 설명 편집' 입력란에 수식 「=$F5<=$F$2」를 입력한 후 ❸ [서식] 버튼을 클릭합니다.

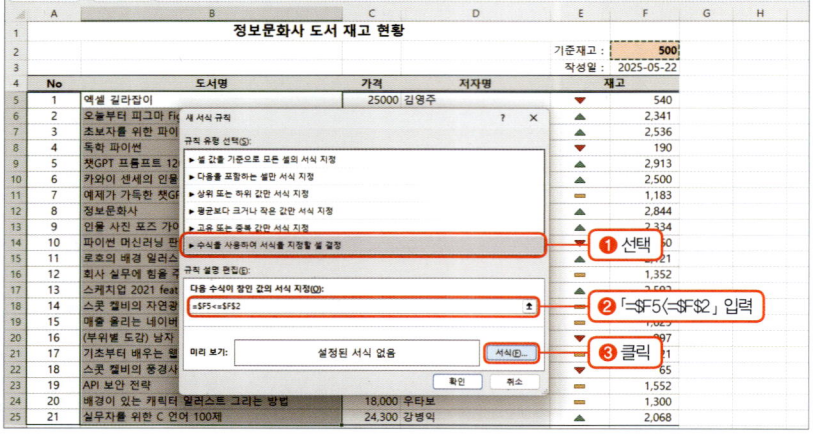

07 채우기 서식 지정하기

[셀 서식] 대화상자가 열리면 ❶ [채우기] 탭에서 붉은 계열의 색상을 지정하고 ❷ [확인] 버튼을 클릭합니다.

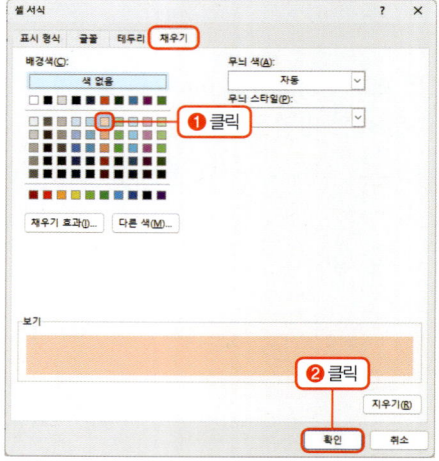

08 수식과 서식 확인하기

다시 [새 서식 규칙] 대화상자로 돌아오면 수식과 서식을 확인한 후 [확인] 버튼을 클릭합니다.

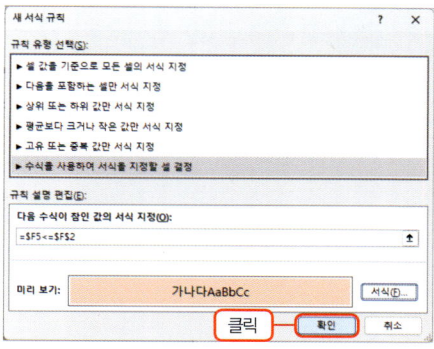

09 눈금선 없애기

[보기] 탭의 [표시]-[눈금선]의 체크를 해제하면 눈금선이 사라져 깔끔한 표를 확인할 수 있습니다.

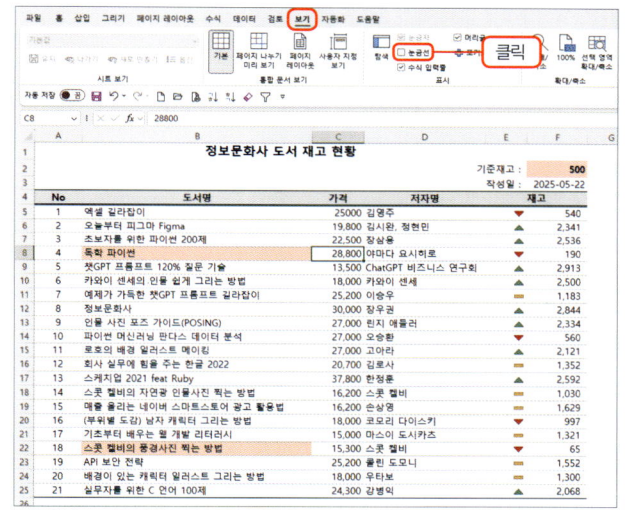

요일별 트래픽 패턴 분석하기

예제 파일 Sample\T03_조건부 서식.xlsx
완성 파일 Sample\T03_조건부 서식_완성.xlsx

키 워 드 행 강조, 데이터 막대
길라잡이 [트래픽] 시트를 사용하여 실습을 진행합니다.
일별 방문자 수가 입력된 데이터에서 일주일 단위로 테두리를 설정하여 가독성을 높이고 방문자 수에 데이터 막대를 적용해 요일별 트래픽 패턴을 시각화하는 방법을 알아보겠습니다.

[완성 예제 미리 보기]

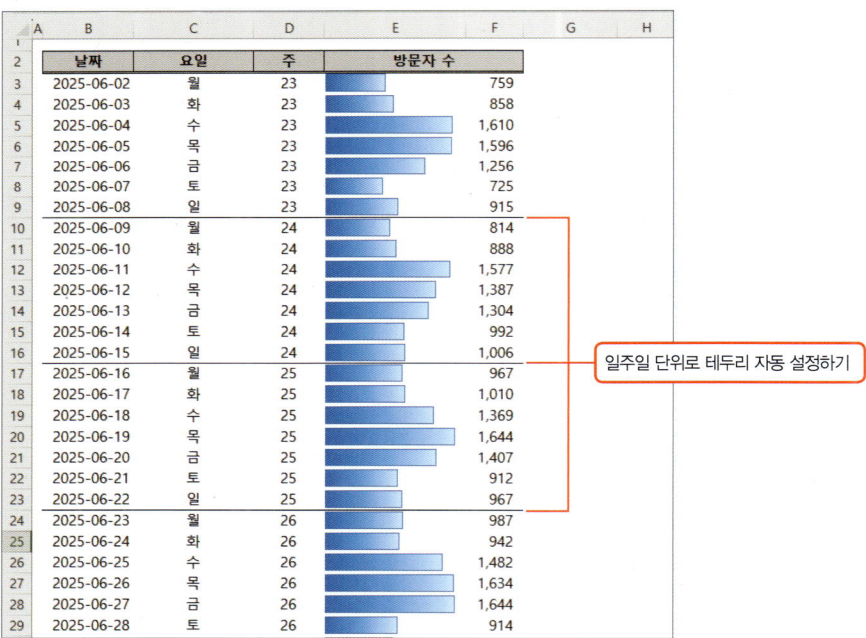

일주일 단위로 테두리 자동 설정하기

01 일주일 단위로 테두리 설정하기

❶ [B3:F62] 영역을 선택한 후 ❷ [홈] 탭의 [스타일] - [조건부 서식] - [새 규칙]을 클릭합니다.

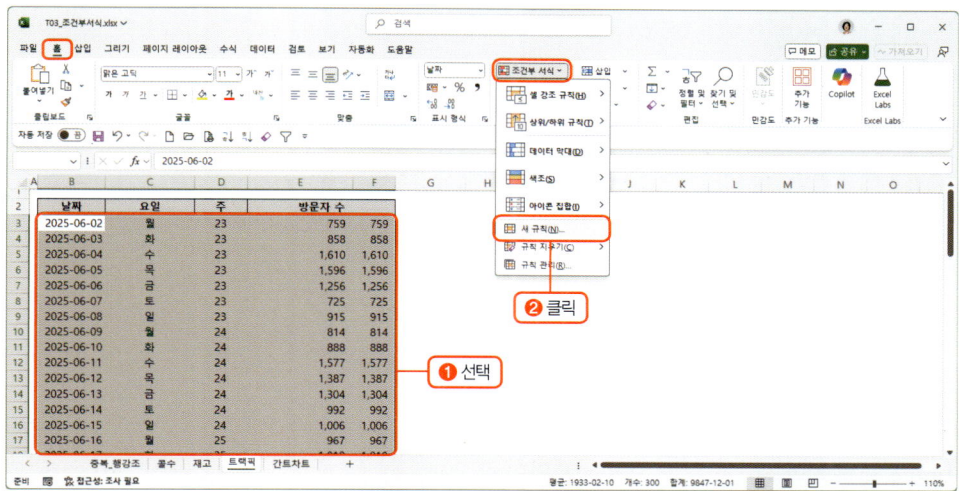

데이터의 양이 많을 경우 키보드 조합을 사용해 범위를 선택하는 것이 좀 더 편리합니다. Ctrl + Shift 를 누른 채 ↓, → 를 눌러 범위를 선택합니다.

02 규칙 입력하기

[새 서식 규칙] 대화상자가 열리면 ❶ '수식을 사용하여 서식을 지정할 셀 결정'을 선택합니다. ❷ '규칙 설명 편집'란에 수식 「=$C3="일"」을 입력하고 ❸ [서식] 버튼을 클릭합니다.

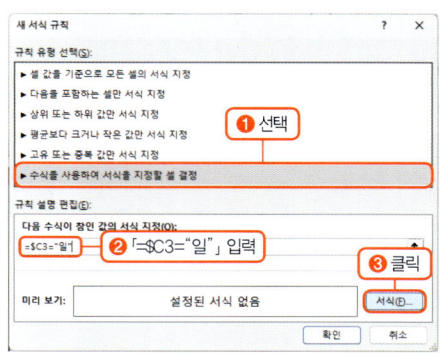

03 테두리 서식 지정하기

[셀 서식] 대화상자가 열리면 ❶ [테두리] 탭에서 선 스타일을 고르고 ❷ '아래쪽 테두리'를 선택한 후 ❸ [확인] 버튼을 클릭합니다.

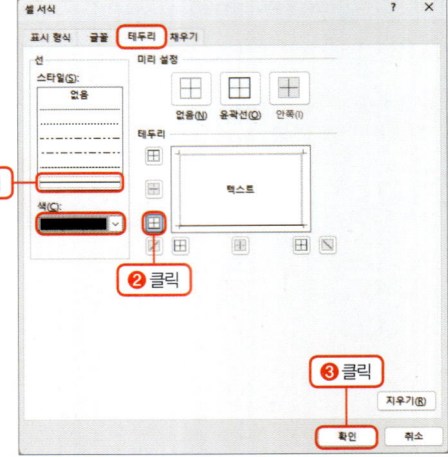

04 수식과 서식 확인하기

[새 서식 규칙] 대화상자로 돌아오면 수식과 서식을 확인한 후에 [확인] 버튼을 클릭합니다.

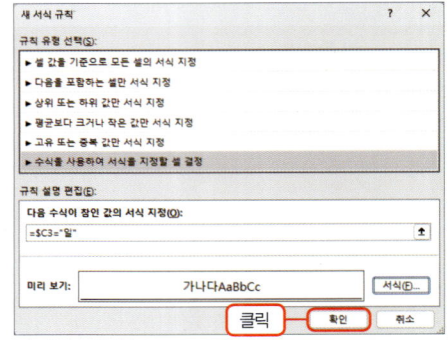

05 방문자 수에 데이터 막대 설정하기

❶ [E3:E62] 영역을 선택한 후 ❷ [홈] 탭의 [스타일] - [조건부 서식] - [데이터 막대] - [연한 파랑 데이터 막대]를 클릭합니다.

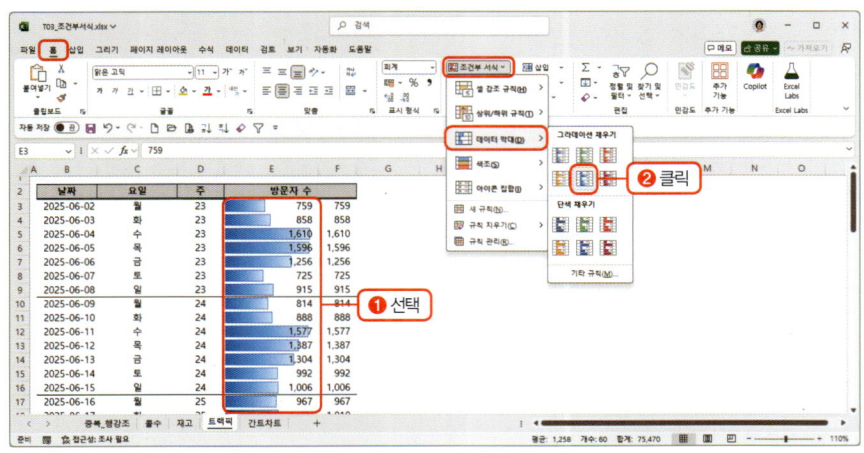

06 규칙 편집하기

❶ [E3:E62] 영역이 선택된 상태에서 ❷ [홈] 탭의 [스타일] – [조건부 서식] – [규칙 관리]를 클릭합니다.

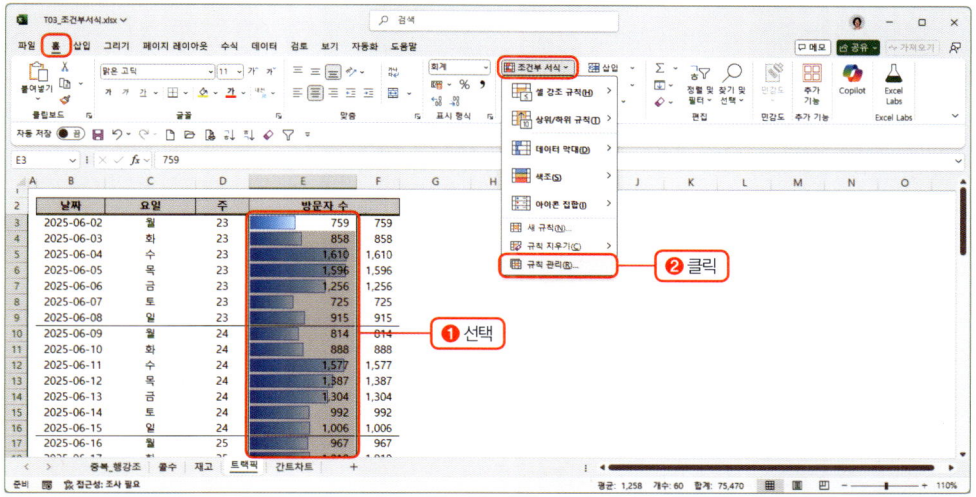

07 규칙 편집하기

[조건부 서식 규칙 관리자] 대화상자가 열리면 ❶ '데이터 막대' 규칙을 선택한 후 ❷ [규칙 편집] 버튼을 클릭합니다.

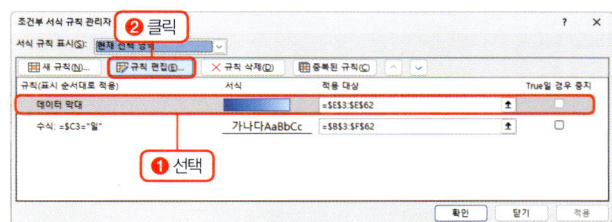

08 데이터 막대만 표시하기

[서식 규칙 편집] 대화상자가 열리면 ❶ '막대만 표시'에 체크를 한 후 ❷ [확인] 버튼을 클릭합니다. 이는 [E] 열에 입력된 방문자 수를 표시되지 않고 데이터 막대만 나타내기 위한 것입니다.

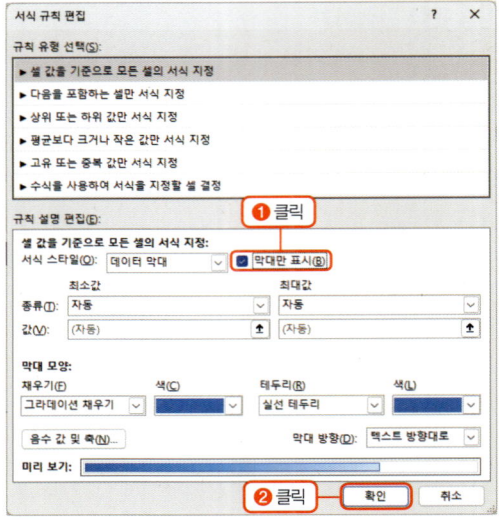

09 완성하기

다시 [조건부 서식 규칙 관리자] 대화상자로 돌아오면 [확인] 버튼을 클릭하여 설정을 완료합니다.

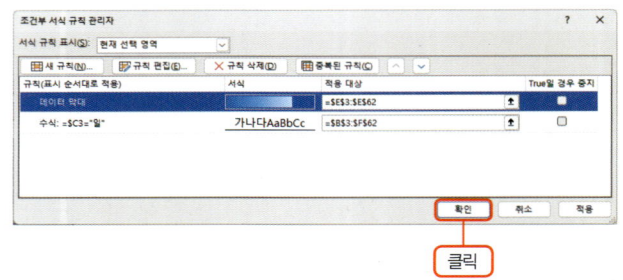

일정을 입력하면 자동으로 그려지는 간트 차트

예제 파일 Sample\T03_조건부 서식.xlsx
완성 파일 Sample\T03_조건부 서식_완성.xlsx

키 워 드 조건부 서식, 간트 차트
길라잡이 [간트 차트] 시트를 사용하여 실습을 진행합니다.
시작일과 소요일을 입력하면 배경색이 자동으로 채워지도록 조건부 서식을 설정하는 방법에 대해 알아보겠습니다.
이를 통해 간트 차트를 만드는 효과를 구현할 수 있습니다.

[완성 예제 미리 보기]

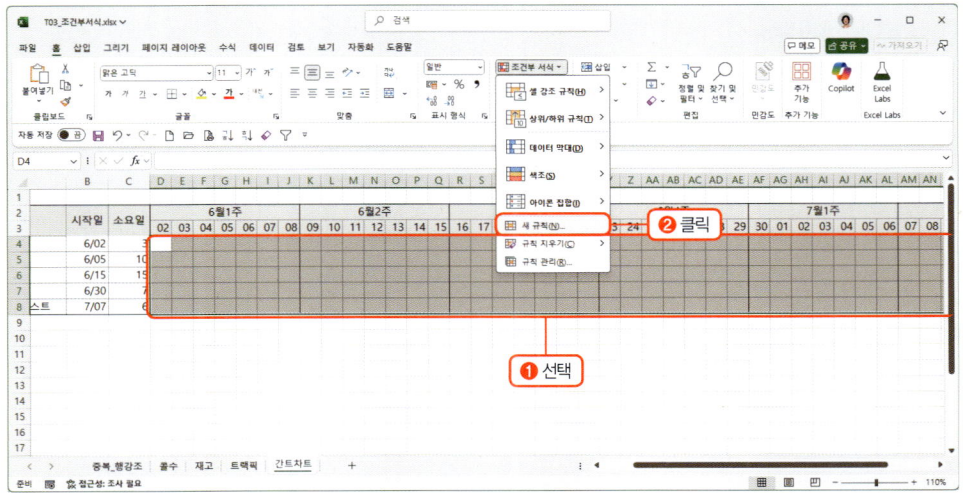

01 새 규칙 설정하기

❶ [D4:AS8] 영역을 선택한 후 ❷ [홈] 탭의 [스타일] - [조건부 서식] - [새 규칙]을 클릭합니다.

Lesson 02 _ 조건부 서식의 활용 **111**

02 수식 작성하기

[새 서식 규칙] 대화상자가 열리면 ❶ '수식을 사용하여 서식을 지정할 셀 결정'을 선택한 후 ❷ 수식 「=AND(D$3>=$B4, D$3<=$B4+$C4-1)」을 입력하고 ❸ [서식] 버튼을 클릭합니다.

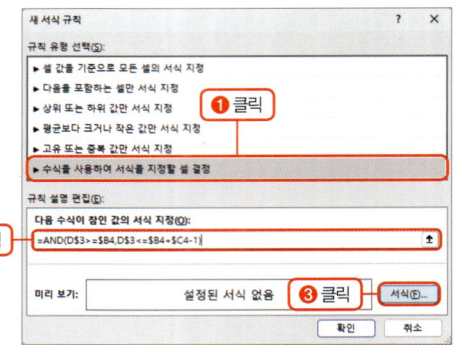

❷ 「=AND(D$3>=$B4,D$3<=$B4+$C4-1)」 입력

03 채우기 색 설정하기

[셀 서식] 대화상자가 열리면 ❶ [채우기] 탭에서 연한 파란색을 선택하고 ❷ [확인] 버튼을 클릭합니다.

04 수식과 서식 확인한 후 완성하기

[새 서식 규칙] 대화상자로 돌아오면 수식과 서식을 확인한 후 [확인] 버튼을 클릭하여 설정을 완료합니다.

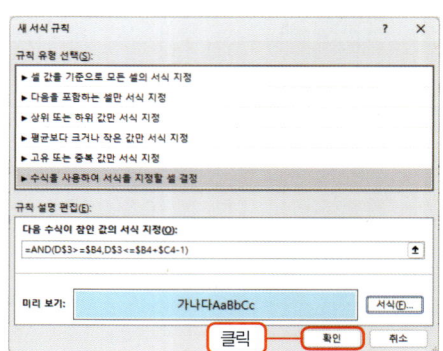

LESSON

03 화면 제어와 인쇄

 **대규모 데이터 작업을 위한 화면 관리**

대규모 데이터나 여러 파일의 데이터를 다룰 때 데이터 간 비교나 참조 작업을 위해 틀 고정, 창 정렬, 창 나누기와 같은 기능을 활용하면 작업 효율성을 크게 높일 수 있습니다.

주요 항목을 항상 표시하는 틀 고정하기

틀 고정은 대규모 데이터를 다룰 때 수평 또는 수직으로 스크롤하더라도 특정 행이나 열이 화면에 항상 표시되도록 고정하는 기능입니다.
이 기능은 [보기] 탭의 [창] 그룹 – [틀 고정] 명령을 통해 설정할 수 있으며 고정을 해제하려면 동일한 위치에서 [틀 고정 취소] 명령을 클릭합니다.

▶ 제목 [1:2] 행을 고정하려면 [3] 행 머리글을 선택한 후 [틀 고정]을 실행합니다.
▶ [A] 열을 고정하려면 [B] 열 머리글을 선택한 후 [틀 고정]을 실행합니다.
▶ 행과 열을 동시에 고정하려면 [B3] 셀을 선택한 후 [틀 고정]을 실행합니다.

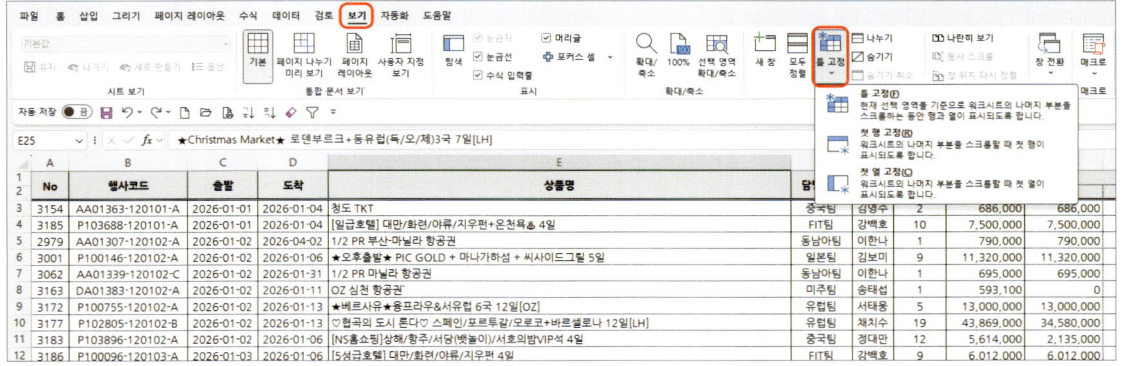

데이터를 여러 화면으로 분할하는 창 나누기

창 나누기는 시트 화면을 두 개 이상의 창으로 나누어 한 번에 여러 부분을 동시에 볼 수 있도록 해 주는 기능입니다. 대량의 데이터를 처리하거나 특정 부분을 고정하여 비교 작업을 수행할 때 매우 유용합니다. 이 기능은 [보기] 탭의 [창] - [나누기]를 실행하여 사용할 수 있습니다. 창 나누기를 해제하려면 다시 한번 [나누기]를 클릭하면 됩니다.

- ▶ [10] 행부터 가로로 나누기: [10] 행을 선택한 후 [나누기] 명령을 클릭
- ▶ [C] 열부터 세로로 나누기: [C] 열을 선택한 후 [나누기] 명령을 클릭
- ▶ [B10] 셀부터 가로와 세로를 동시에 나누기: [B10] 셀을 선택한 후 [나누기]를 실행

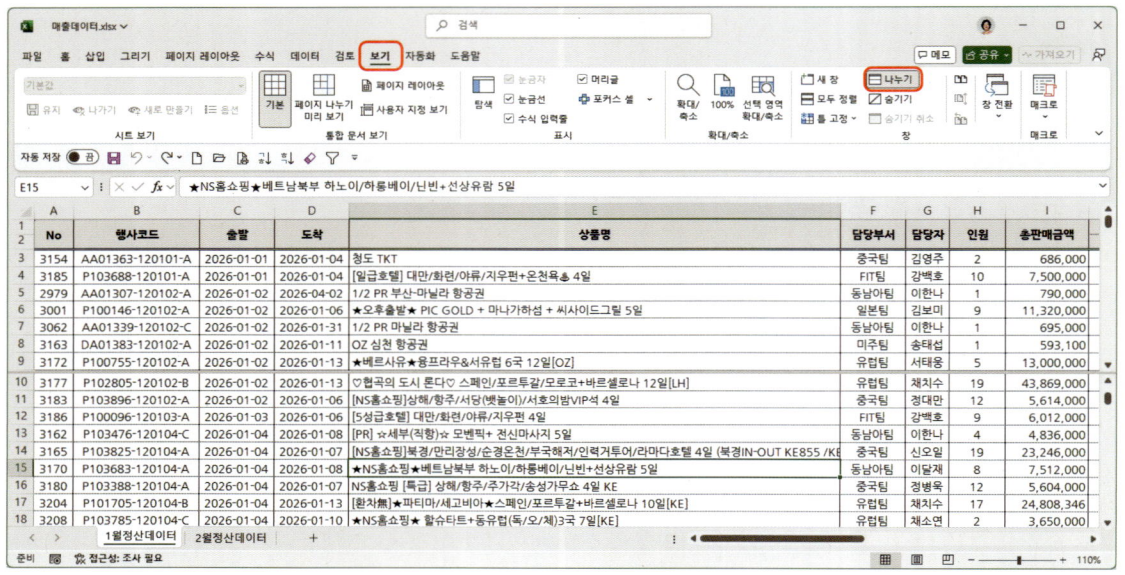

두 개 이상의 워크시트를 동시에 비교하는 창 정렬하기

창 정렬 기능은 열려 있는 창을 한 화면에 나란히 배치하여 여러 워크시트나 파일의 문서를 동시에 비교하거나 작업할 수 있도록 도와줍니다. 즉, 두 개 이상의 워크시트를 동시에 비교하거나 다른 파일의 문서를 동시에 비교할 수 있습니다. 한 문서 내에서 두 워크시트를 동시에 보려면 다음 단계를 따릅니다.

❶ [보기] 탭의 [창] - [새 창]을 클릭합니다.
❷ [보기] 탭의 [창] - [모두 정렬]을 클릭한 후 원하는 정렬 방식을 선택합니다.

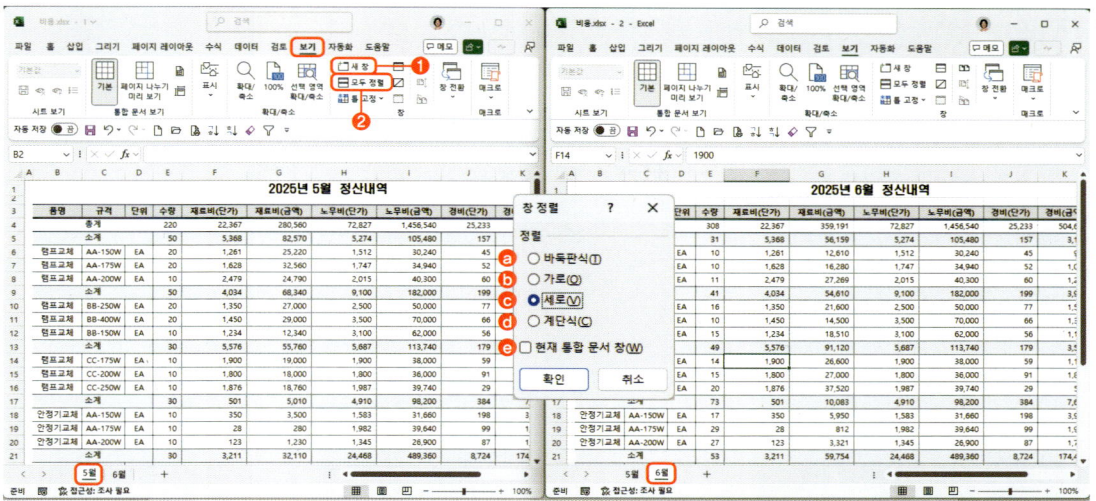

- ⓐ **바둑판식**: 창을 격자 형태로 정렬합니다.
- ⓑ **가로**: 창을 위아래로 나란히 배치합니다.
- ⓒ **세로**: 창을 좌우로 나란히 배치합니다.
- ⓓ **계단식**: 창을 겹치듯이 계단 형태로 정렬합니다.
- ⓔ **현재 통합 문서 창**: 다른 파일은 제외하고 현재 통합 문서의 창만 정렬합니다.

핵심 기능 ▶ 인쇄 페이지 디자인(인쇄 옵션과 머리글/바닥글)

보고서나 문서 작성을 완료한 후 전자 결재로 공유하기도 하지만 종이로 출력하는 경우도 많습니다. 이때 인쇄 옵션과 머리글/바닥글을 적절히 설정하면 문서를 보다 깔끔하고 전문적으로 인쇄할 수 있습니다. 문서를 인쇄할 때 유용한 설정 방법들을 알아보겠습니다.

∷ 인쇄 미리 보기

[파일] 탭의 [인쇄]를 클릭하거나 Ctrl + P 를 눌러 인쇄 백스테이지 화면을 표시합니다. 인쇄 백스테이지 화면은 인쇄 옵션을 설정하는 영역과 인쇄 미리 보기 영역으로 나뉩니다. 간단한 인쇄 옵션은 이 화면에서 설정할 수 있으며 보다 구체적인 옵션은 [페이지 레이아웃] 탭에서 설정합니다. 인쇄 백스테이지 화면을 종료하려면 Esc 를 누르거나 왼쪽 상단의 를 클릭합니다.

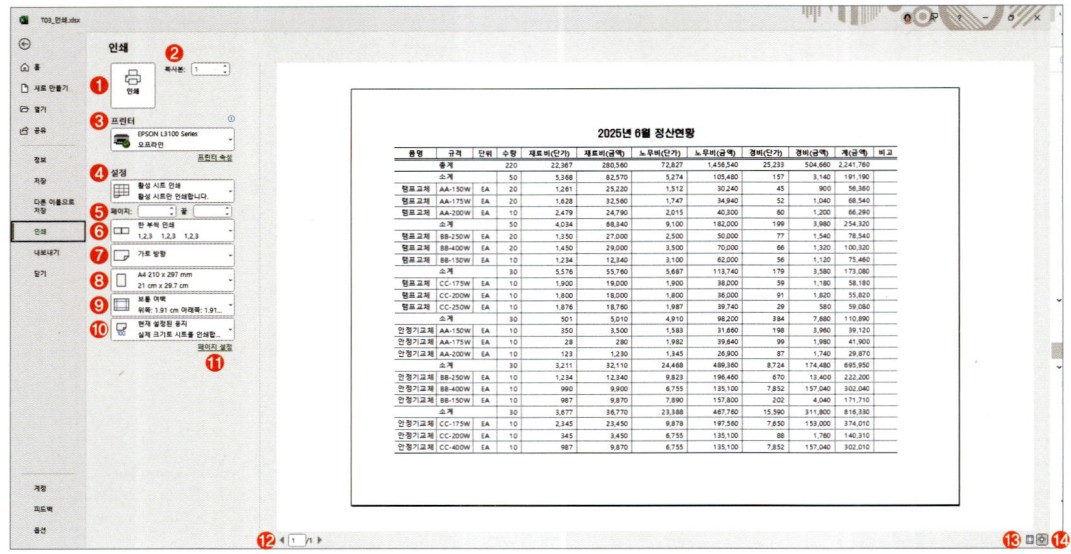

❶ **인쇄**: 실제 인쇄를 시작합니다.
❷ **복사본**: 인쇄할 매수를 선택합니다.
❸ **프린터**: 인쇄할 프린터 종류를 선택합니다.
❹ **설정**: 인쇄 대상을 선택합니다. 다음 중 하나를 선택할 수 있습니다.
- 활성 시트 인쇄
- 전체 통합 문서 인쇄
- 선택 영역 인쇄
- 인쇄 영역 무시

❺ 페이지의 일부분만 인쇄하려면 '시작' 페이지와 '끝' 페이지 번호를 입력합니다.
❻ 한 부씩 인쇄할 것인지 여부를 설정합니다.
❼ 용지의 방향(세로 또는 가로)을 선택합니다.
❽ 용지의 크기를 선택합니다.
❾ 용지의 여백을 선택합니다.
❿ 인쇄 확대/축소 배율을 설정합니다.
- ▶ **현재 설정된 용지**: 실제 크기(100%)로 인쇄합니다.
- ▶ **한 페이지에 시트 맞추기**: 모든 내용을 한 장에 인쇄하도록 축소합니다.
- ▶ **한 페이지에 모든 열 맞추기**: 문서의 모든 열이 한 장에 들어오도록 축소 인쇄합니다.
- ▶ **한 페이지에 모든 행 맞추기**: 문서의 모든 행이 한 장에 들어오도록 축소 인쇄합니다.

⓫ **페이지 설정**: 보다 상세한 옵션을 설정하려면 [페이지 설정] 대화상자를 엽니다.
⓬ 현재 페이지를 확인하고 이전 페이지와 다음 페이지로 이동합니다.
⓭ 화면에 여백을 표시합니다.
⓮ 미리 보기 화면을 확대하거나 축소합니다.

[인쇄 미리 보기 및 인쇄] 명령을 빠른 실행 도구에 추가하기

[인쇄 미리 보기 및 인쇄] 명령은 자주 사용하는 기능이므로 빠른 실행 도구 모음에 추가한 후 사용하면 편리합니다.
[인쇄 미리 보기 및 인쇄] 명령을 빠른 실행 도구 모음에 추가하려면 다음과 같은 순서로 진행합니다.

❶ [빠른 실행 도구 모음 사용자 지정]을 클릭
❷ '인쇄 미리 보기 및 인쇄' 클릭

※ [인쇄 미리 보기 및 인쇄] 명령을 실행하는 단축키는 Ctrl + P 입니다.

:: [페이지 레이아웃] 탭에서 인쇄 옵션 설정하기

문서를 출력할 때 좀 더 세부적인 [인쇄] 옵션을 설정하려면 [페이지 레이아웃] 탭의 [페이지 설정], [크기 조정], [시트 옵션] 그룹을 활용하면 됩니다. 각 그룹에서 ⏷을 클릭하면 표시되는 [페이지 설정] 대화상자에서 보다 다양한 옵션을 설정할 수 있습니다.

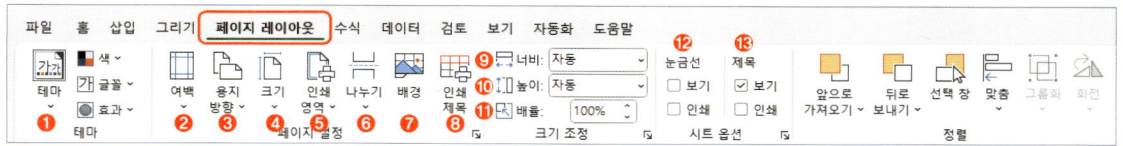

❶ **테마**: 문서의 전체적인 디자인 스타일을 설정하거나 변경할 수 있도록 돕는 기능을 제공합니다. 색상, 글꼴, 효과를 조정하여 문서의 일관성을 유지하고 전문적인 외형을 만드는 데 유용합니다.

❷ **여백**: '기본', '넓게', '좁게' 중 하나를 선택하거나 '사용자 지정 여백'을 클릭하여 원하는 여백을 직접 설정합니다.

❸ **용지 방향**: '가로' 또는 '세로' 중 하나를 선택합니다.

❹ **크기**: 기본값으로 A4 용지가 선택되며 목록에 없는 용지는 '기타 용지 크기'를 선택하여 지정할 수 있습니다.

❺ **인쇄 영역**: 선택한 시트의 전체 내용이 아닌 특정 부분만 인쇄하려면 범위를 선택한 후 '인쇄 영역 설정'을 클릭합니다. 설정한 인쇄 영역을 해제하려면 '인쇄 영역 해제'를 클릭합니다.

❻ **나누기**: 페이지를 나누고 싶은 곳의 셀을 선택한 후 [페이지 나누기 삽입]을 클릭합니다. [보기] 탭의 [통합 문서 보기] - [페이지 나누기 미리 보기]를 클릭하여 설정하는 방법과 동일합니다.

❼ **배경**: 배경으로 표시할 그림을 지정하여 사용자 취향에 맞는 워크시트를 만들 수 있습니다. 단, 지정한 배경은 화면에만 표시되며 실제로 인쇄되지는 않습니다.

❽ **인쇄 제목**: 매 페이지마다 반복 인쇄할 행이나 열을 선택하여 설정합니다.

❾ **너비**: 인쇄물의 열 너비를 원하는 페이지 수에 맞게 축소합니다.

❿ **높이**: 인쇄물의 행 높이를 원하는 페이지 수에 맞게 축소합니다.

⓫ **배율**: 인쇄물의 확대/축소 배율을 조정합니다.
⓬ **눈금선**: [보기]에 체크를 하면 화면에 눈금선이 표시되며 [인쇄]에 체크를 하면 눈금선이 종이에 인쇄됩니다.
⓭ **제목**: [보기]에 체크를 하면 행 머리글과 열 머리글이 화면에 표시되고 [인쇄]에 체크를 하면 행 머리글과 열 머리글이 종이에 인쇄됩니다.

페이지 머리글과 바닥글 설정하기

머리글과 바닥글은 문서 상단이나 하단에 반복적으로 표시되는 정보로, 문서 제목, 회사 로고 페이지 번호, 작성 날짜 등을 포함할 수 있습니다. 머리글과 바닥글을 설정하려면 [삽입] 탭의 [텍스트] - [머리글/바닥글]을 클릭합니다.

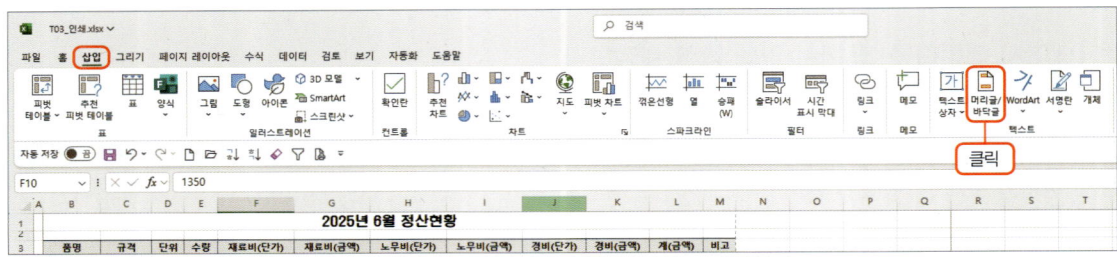

그러면 엑셀의 보기 상태가 페이지 레이아웃 보기 상태로 전환되면서 [머리글/바닥글] 상황 메뉴가 표시됩니다. 이 메뉴에는 [머리글/바닥글], [머리글/바닥글 요소], [탐색], [옵션] 그룹이 포함되어 있으며 이를 활용하여 머리글과 바닥글을 설정할 수 있습니다.

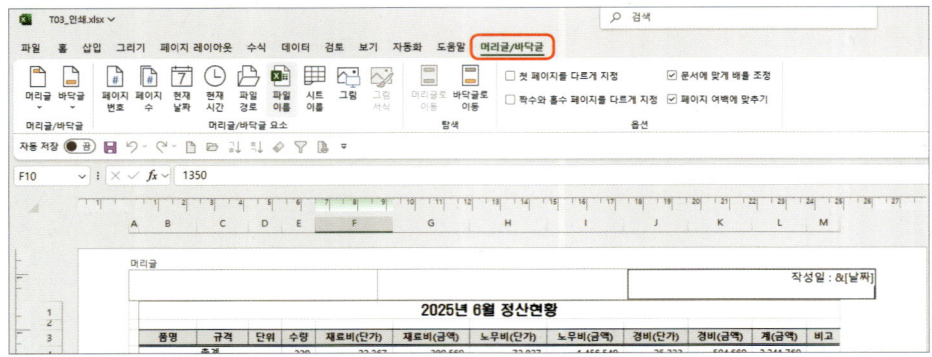

통합 문서 보기 전환하기

통합 문서의 보기 방식을 변경하면 데이터의 가독성을 높일 수 있으며 인쇄 설정 등 특정 작업을 보다 효율적으로 수행할 수 있습니다. [보기] 탭의 [통합 문서 보기] 그룹에서 설정하거나 화면 하단의 보기 상태 모드를 선택하여 전환할 수 있습니다.

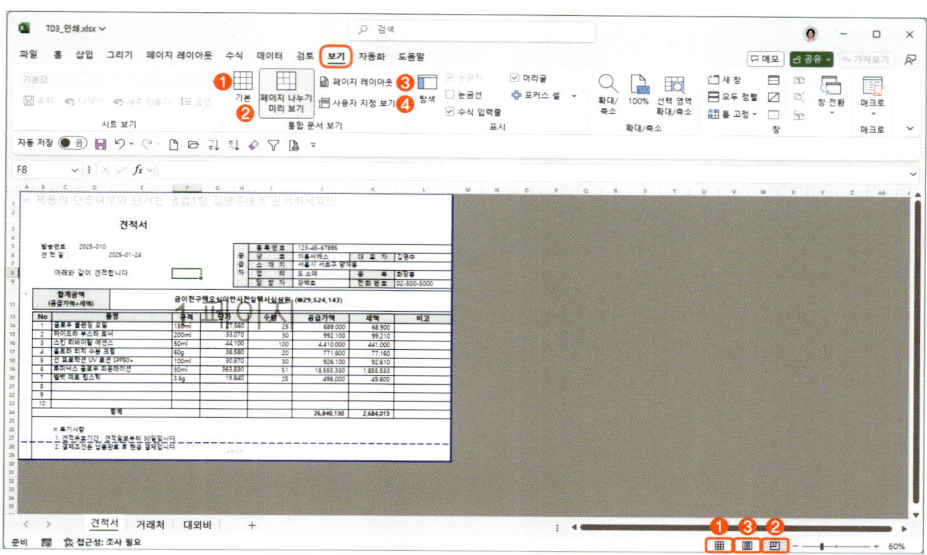

❶ **기본**: 엑셀의 기본 설정 모드입니다.
❷ **페이지 나누기 미리 보기**: 인쇄 페이지 구성을 확인하고 페이지 나눔을 조정할 수 있는 보기 모드입니다.
❸ **페이지 레이아웃**: 머리글, 바닥글, 여백, 용지 방향 등을 화면에 표시하여 데이터의 실제 인쇄 모습을 확인할 수 있는 보기 모드입니다.
❹ **사용자 지정 보기**: 특정 워크시트에서 필터, 정렬, 행/열 숨김 등의 상태를 저장하여 필요할 때마다 이를 빠르게 불러와 사용할 수 있도록 해 주는 기능입니다.

 ## 원하는 영역만 인쇄하기

예제 파일 Sample\T03_인쇄.xlsx
완성 파일 Sample\T03_인쇄_완성.xlsx

> **키 워 드** 인쇄 영역 설정
> **길라잡이** [재직증명서] 시트를 사용하여 실습을 진행합니다.
> 작성된 재직증명서의 주변에 참조 데이터가 입력되어 있습니다. 참조 데이터를 제외한 재직증명서를 A4 용지의 가운데에 출력할 수 있도록 '인쇄 영역 설정'과 '페이지 가운데 맞춤' 기능을 설정하는 방법에 대해 알아보겠습니다.

01 인쇄 영역 설정하기

❶ [B3:F22] 영역을 선택한 후 ❷ [페이지 레이아웃] 탭의 [페이지 설정]-[인쇄 영역]-[인쇄 영역 설정]을 클릭합니다.

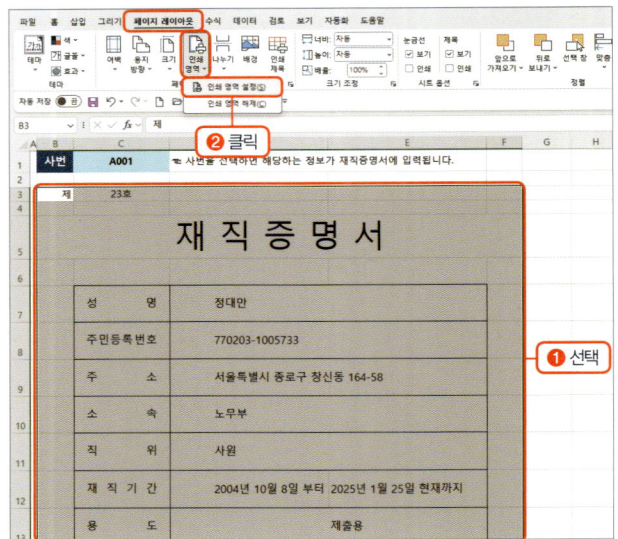

02 [페이지 설정] 대화상자 열기

[페이지 레이아웃] 탭의 [페이지 설정] 그룹에서 ⌐를 클릭합니다.

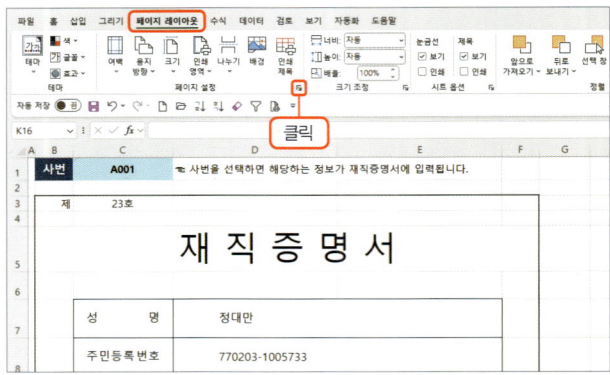

03 페이지 가운데 맞춤 설정하기

[페이지 설정] 대화상자가 열리면 ❶ [여백] 탭을 클릭합니다. '페이지 가운데 맞춤' 항목의 ❷ '가로'에 체크를 한 후 ❸ [인쇄 미리 보기] 버튼을 클릭합니다.

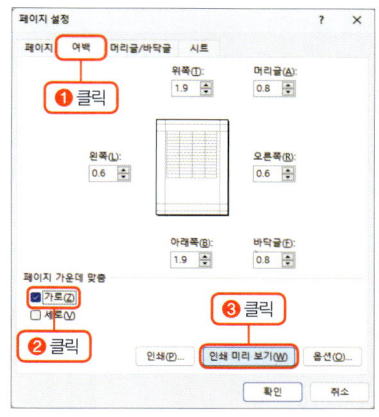

04 인쇄 미리 보기로 확인하기

인쇄 백스테이지가 표시되면서 재직증명서 양식이 미리 보기됩니다. 불필요한 내용은 제외되고 양식은 A4 용지 중앙에 정렬됩니다. Esc 를 눌러 인쇄 백스테이지를 빠져나옵니다.

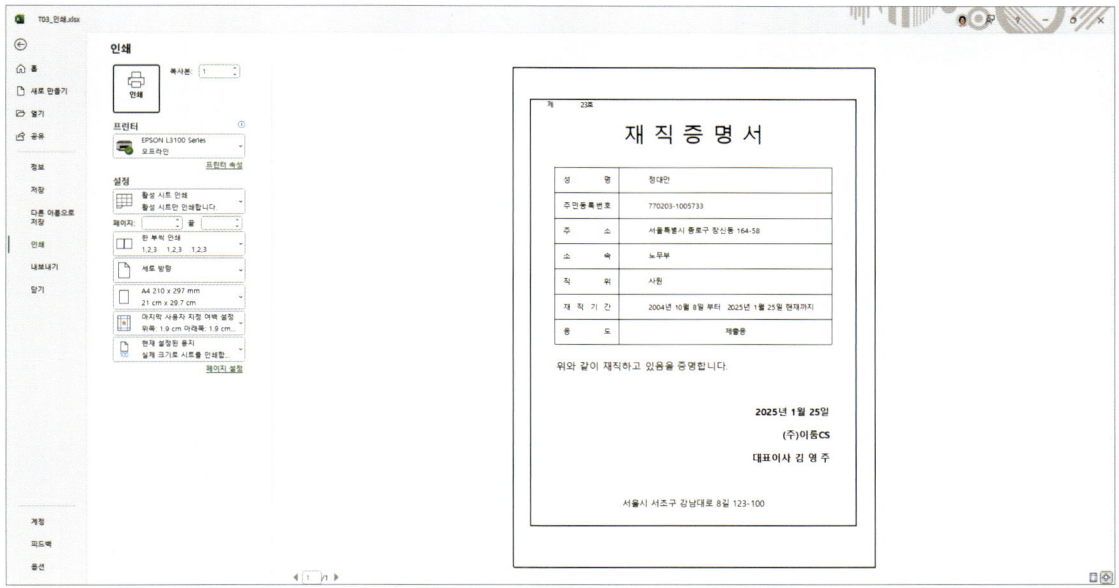

05 페이지 나누기 미리 보기로 확인하기

[보기] 탭의 [통합 문서 보기] - [페이지 나누기 미리 보기]를 클릭하거나 화면 하단의 [페이지 나누기 미리 보기] 모드를 선택합니다. 이를 통해 인쇄 영역과 인쇄되지 않는 영역을 명확히 확인할 수 있습니다.

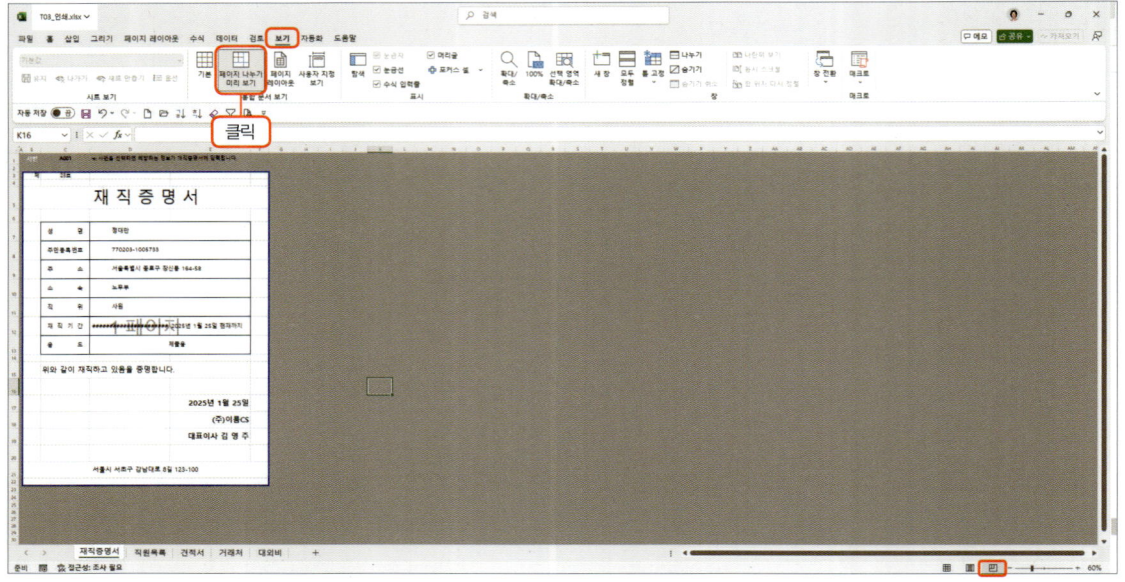

제목 행 반복과 페이지 번호 설정하기

예제 파일 Sample\T03_인쇄.xlsx
완성 파일 Sample\T03_인쇄_완성.xlsx

키 워 드 제목 행 반복 출력, 한 페이지에 열 맞추기, 페이지 번호 매기기
길라잡이 [거래처] 시트를 사용하여 실습을 진행합니다.
보고서나 문서를 인쇄했을 때 내용이 A4 용지를 벗어나는 경우, 모든 열이 한 페이지에 출력되도록 인쇄 배율을 조정하는 방법을 알아보겠습니다.
또한 여러 페이지에 걸쳐 인쇄될 때 2페이지 이후에도 제목 행이 반복되도록 설정하는 방법과 머리글과 바닥글을 활용해 페이지 번호를 삽입하는 방법도 함께 살펴보겠습니다.

01 인쇄 미리 보기

Ctrl + P 를 누르거나 빠른 실행 도구 모음에서 [인쇄 미리 보기 및 인쇄] 버튼을 클릭합니다.

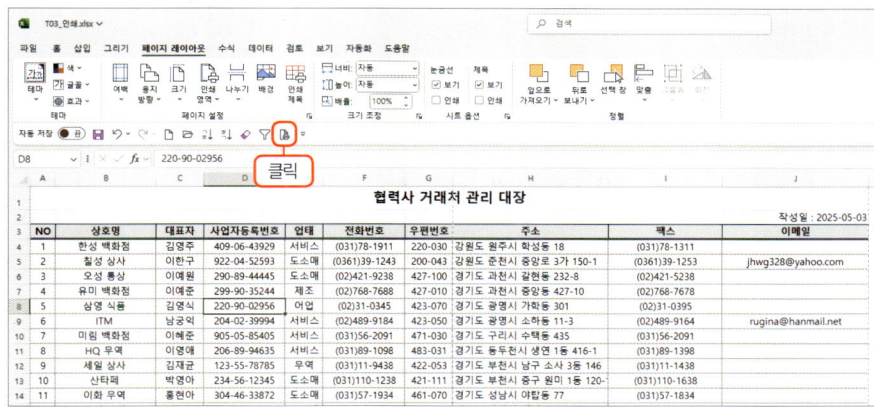

02 인쇄 상태 확인하고 여백 조정하기

인쇄 백스테이지로 전환되면 ❶ 화면 하단의 페이지 이동 버튼( ) 에서 '다음 페이지'를 클릭하여 5페이지로 이동합니다. 이때 3개의 열이 잘린 것을 확인할 수 있습니다. '설정' 부분에서 ❷ '보통 여백'을 ❸ '좁게'로 변경합니다.

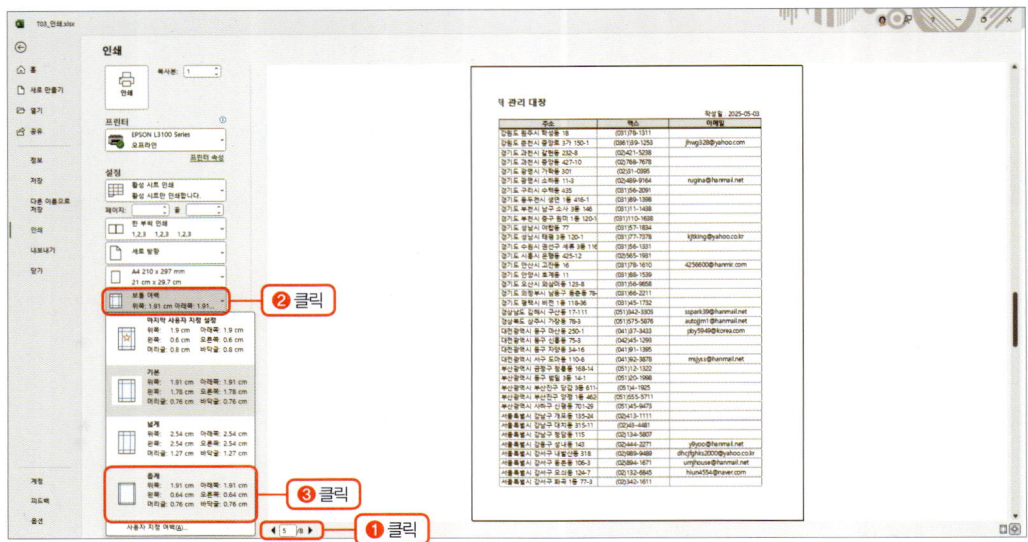

03 한 페이지에 모든 열 맞추기

잘린 부분이 한 페이지에 모두 인쇄되도록 ❶ '현재 설정된 용지'를 클릭한 후 ❷ '한 페이지에 모든 열 맞추기'로 변경합니다. 화면 하단에서 전체 페이지 수가 8에서 5로 변경된 것을 확인할 수 있습니다. Esc 를 눌러 인쇄 백스테이지를 빠져나옵니다.

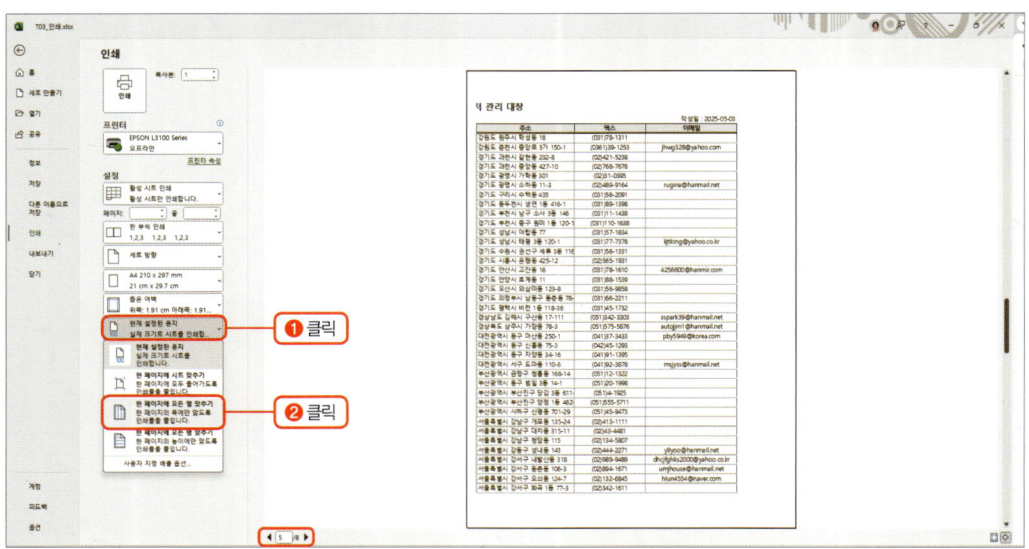

04 제목 행 반복 출력하기

[페이지 레이아웃] 탭의 [페이지 설정] – [인쇄 제목]을 클릭합니다.

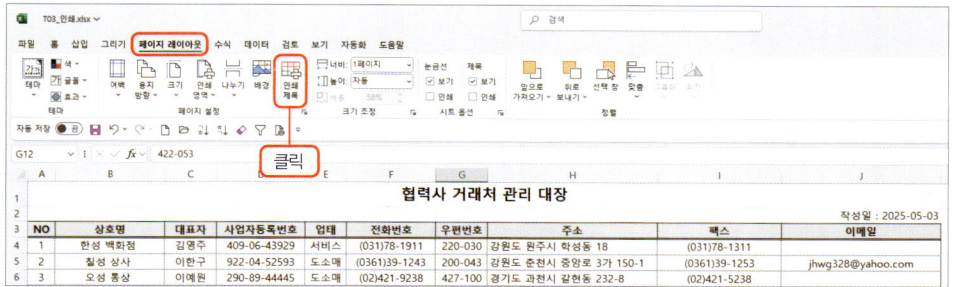

05 반복할 행 지정하기

[페이지 설정] 대화상자가 열리면 ❶ '반복할 행'을 클릭하여 커서를 두고 워크시트의 [3] 행을 클릭한 후 ❷ [확인] 버튼을 클릭합니다.

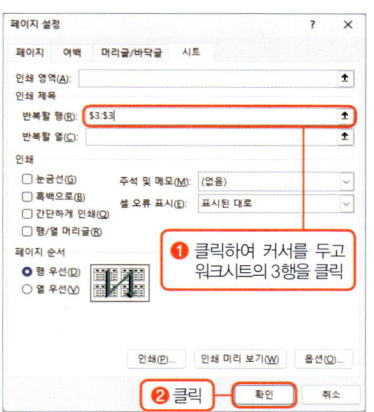

06 머리글/바닥글 설정하기

[삽입] 탭의 [텍스트] – [머리글/바닥글]을 클릭합니다.

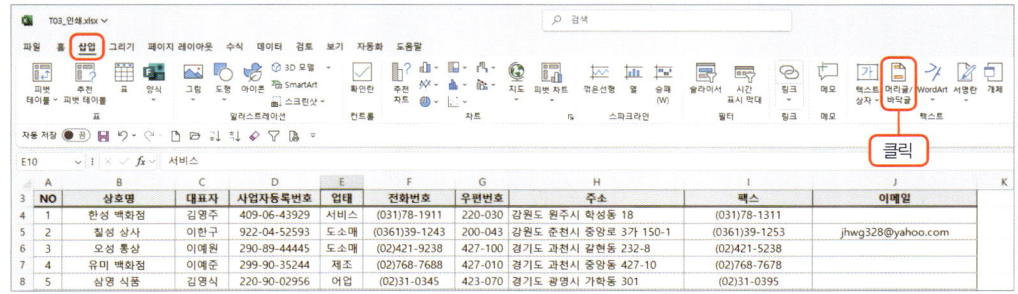

07 바닥글에 페이지 번호 삽입하기

페이지 레이아웃 보기 모드로 전환되면 스크롤바를 아래로 이동하여 ❶ 바닥글의 가운데 영역을 클릭합니다. ❷ [머리글/바닥글] 탭에서 [머리글/바닥글 요소] – [페이지 번호]를 클릭하여 페이지 번호를 입력합니다. 현재 페이지 번호가 코드로 입력되면서 바닥글에 '&[페이지 번호]'가 표시됩니다.

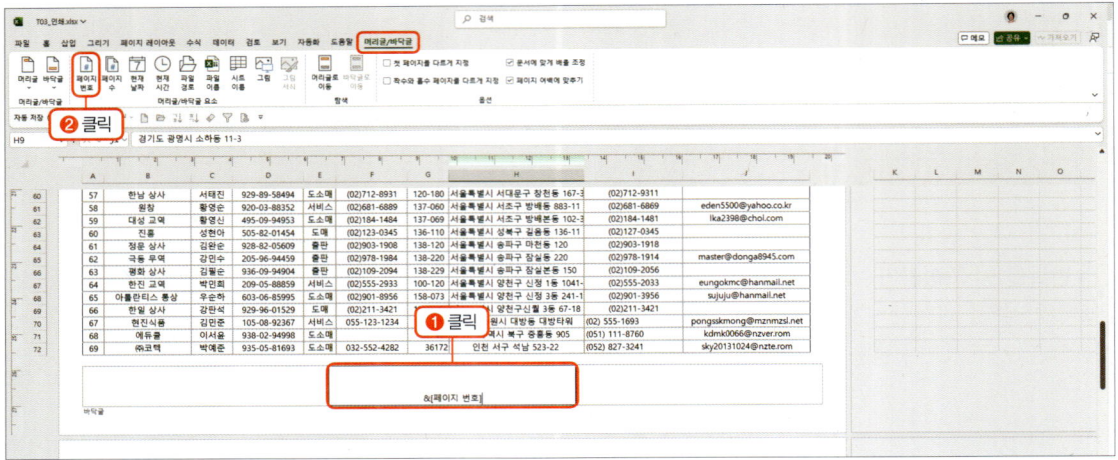

08 확인하기

워크시트의 임의의 셀을 클릭하면 바닥글에 페이지 번호가 1, 2,....로 매겨져 있고 2 페이지 이후에도 제목 행이 반복 출력된 것을 확인할 수 있습니다.

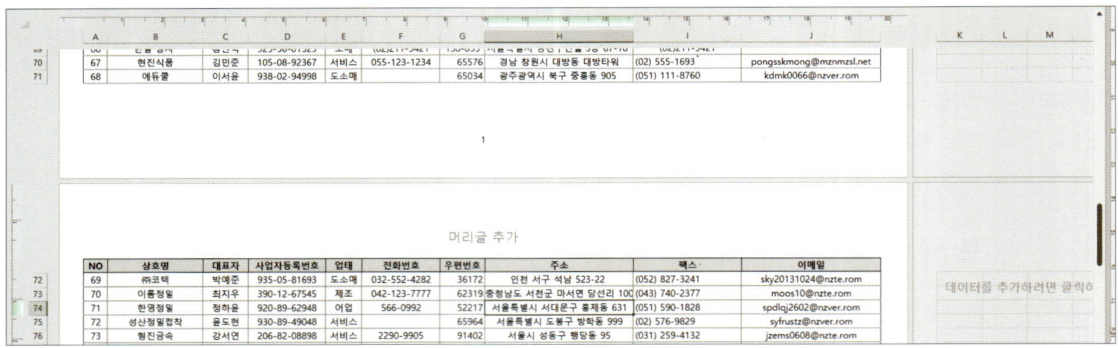

회사 로고와 대외비 워터마크 삽입하기

예제 파일 Sample\T03_인쇄.xlsx
완성 파일 Sample\T03_인쇄_완성.xlsx

키 워 드 머리글/바닥글
길라잡이 [대외비] 시트를 사용하여 실습을 진행합니다.
용지의 머리글 영역에 회사 로고와 문서 작성일을 삽입하고 문서 배경에 대외비 이미지를 워터마크 형태로 표시하는 방법에 대해 알아보겠습니다.

01 가로 방향으로 설정하기

용지의 방향을 가로로 설정하기 위해 [페이지 레이아웃] 탭의 [페이지 설정] - [용지 방향] - [가로]를 클릭합니다.

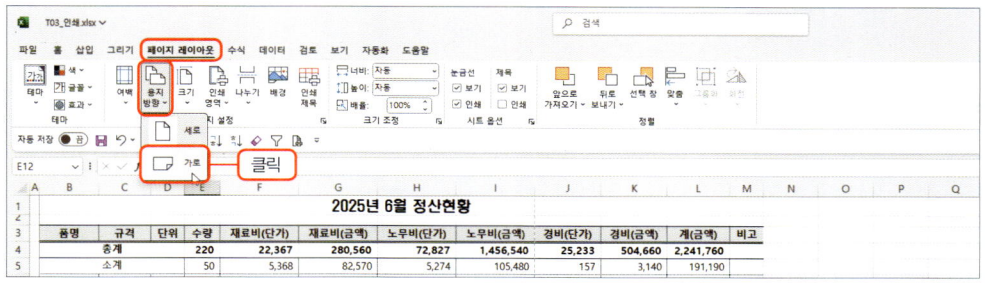

02 머리글/바닥글 클릭하기

[삽입] 탭의 [텍스트] - [머리글/바닥글]을 클릭합니다. 그러면 페이지 레이아웃 보기 모드로 전환되면서 머리글/바닥글 영역이 표시됩니다.

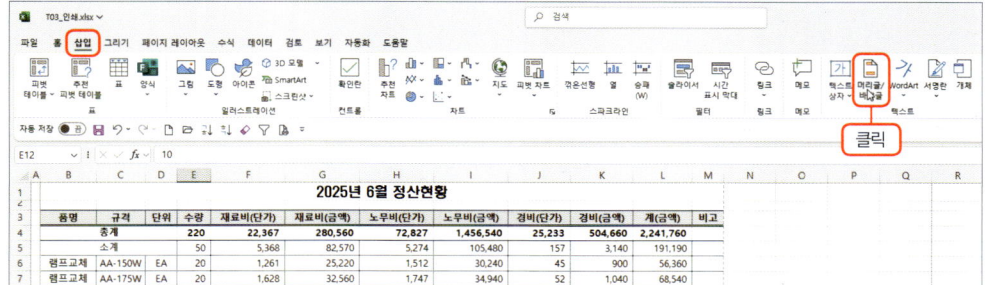

03 문서 작성일과 로고 삽입하기

❶ 머리글 오른쪽 영역에「작성일:」을 입력한 후 ❷ [머리글/바닥글] 탭의 [머리글/바닥글 요소] - [현재 날짜]를 클릭합니다. ❸ 머리글 왼쪽 영역을 클릭한 후 ❹ [머리글/바닥글] 탭의 [머리글/바닥글 요소] - [그림]을 클릭합니다.

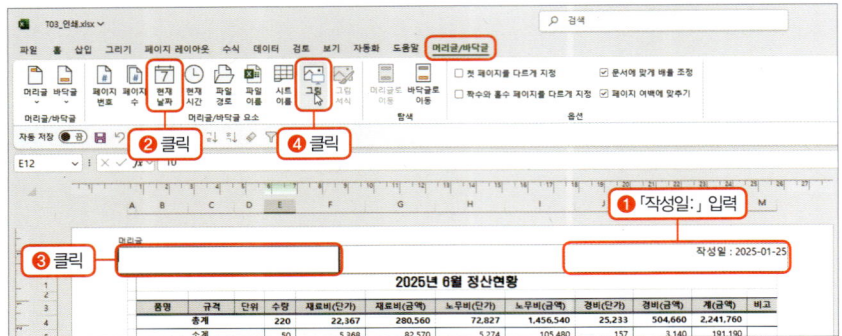

04 로고 파일이 있는 위치 선택하기

[그림 삽입] 대화상자가 열리면 '파일에서'를 선택합니다.

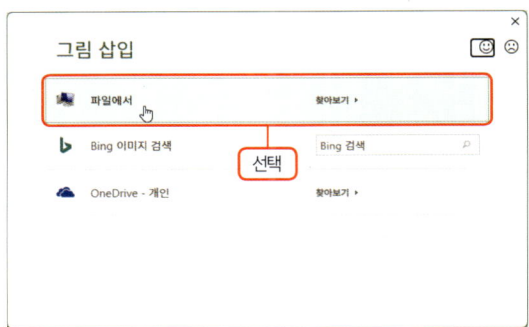

05 로고 파일 선택하기

❶ 로고 파일을 선택한 후 ❷ [삽입] 버튼을 클릭합니다.

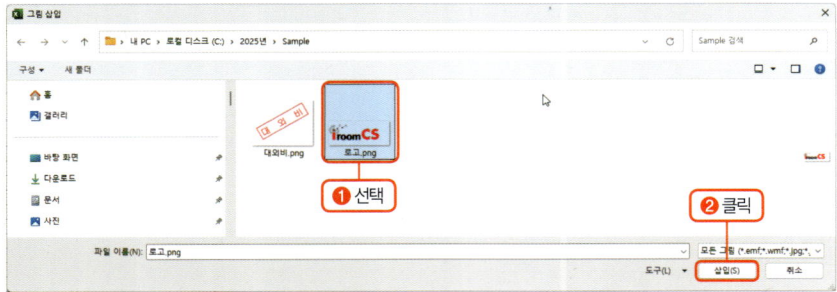

06 머리글의 위쪽 여백 조정하기

임의의 셀을 클릭하면 머리글에 회사 로고와 작성일이 표시됩니다. 로고가 잘 보이도록 머리글의 높이를 조정하려면 화면 왼쪽 눈금자 위에 커서를 둡니다. 마우스 포인터가 양방향 화살표로 바뀌면 드래그하여 위쪽 여백을 원하는 만큼 늘려줍니다.

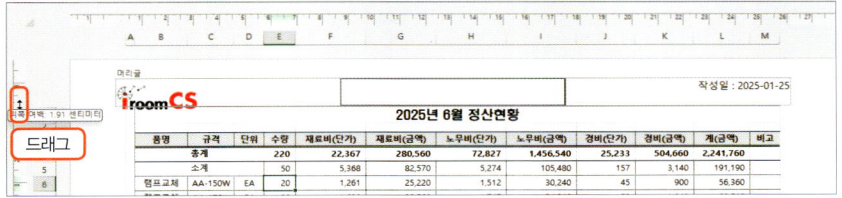

07 대외비 이미지 삽입하기

❶ 머리글 가운데 영역을 클릭한 후 ❷ [머리글/바닥글] 탭의 [머리글/바닥글 요소] - [그림]을 클릭합니다. ❸ [그림 삽입] 대화상자가 열리면 [찾아보기] 버튼을 클릭하여 '대외비.png' 파일을 삽입합니다. 대외비 이미지를 문서 배경으로 보내기 위해 6~8회 Enter 를 누릅니다. 단, 이미지 크기에 따라 Enter 를 누르는 횟수는 달라질 수 있습니다.

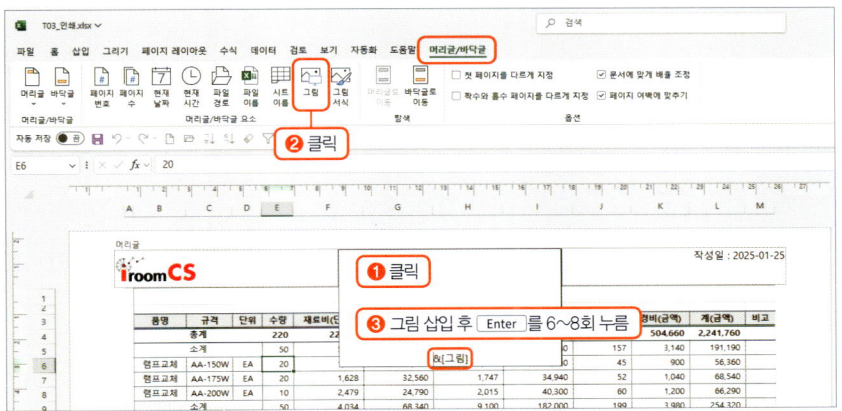

08 확인하기

임의의 셀을 클릭하여 대외비 이미지를 확인합니다. 대외비 이미지가 다소 진하게 표시된 것 같습니다.

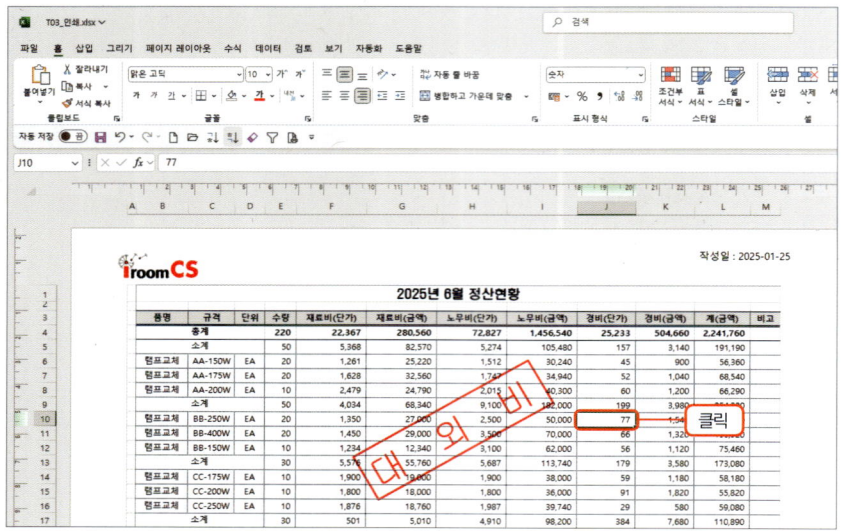

09 이미지 워터마크 처리하기

머리글 가운데 영역에 추가된 ❶ 「&그림」 부분을 클릭한 후 ❷ [머리글/바닥글] 탭의 [머리글/바닥글 요소] - [그림 서식]을 클릭합니다.

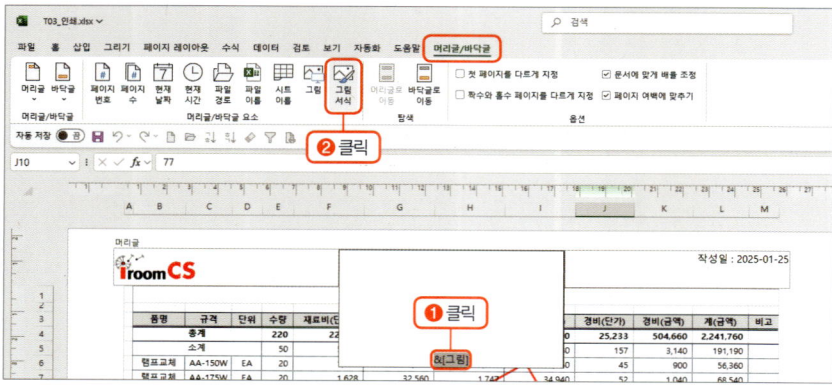

10 이미지의 밝기와 대비 조절하기

[그림 서식] 대화상자가 열리면 [그림] 탭에서 ❶ '밝기'와 '대비'를 조절하고 ❷ [확인] 버튼을 클릭합니다.

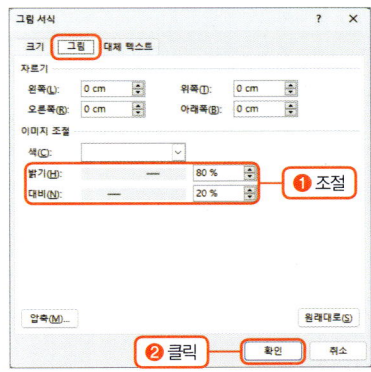

11 인쇄 미리 보기에서 확인하기

임의의 셀을 클릭하여 머리글 편집 모드에서 빠져나옵니다. Ctrl + P 를 눌러 인쇄 미리 보기 화면에서 확인합니다.

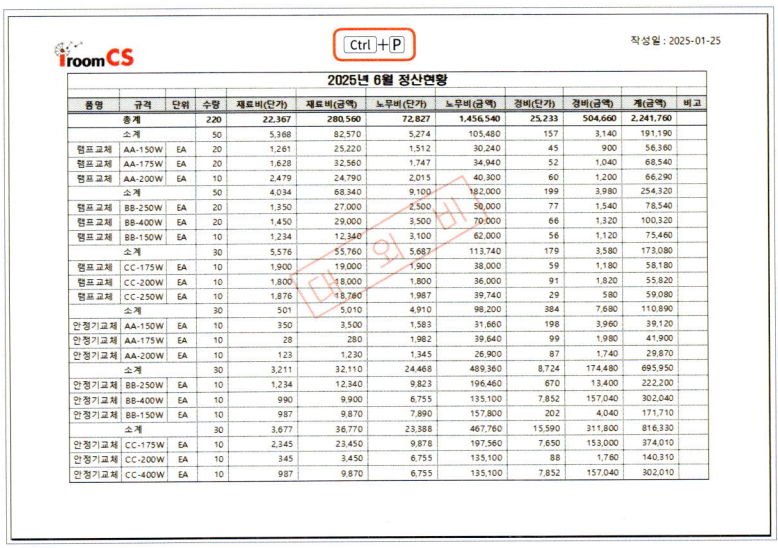

EXCEL 2024

기업 환경에서 다루는 엑셀 데이터는 주로 그룹웨어나 ERP 시스템에서 추출된 정보입니다. 이러한 원시 데이터를 의미 있는 정보로 전환하기 위해서는 체계적인 데이터 클리닝과 선별 과정이 필수입니다. 이번 테마에서는 데이터 정리의 기본이 되는 정렬, 필터링, 표 기능의 활용법을 알아보겠습니다. 이와 더불어 엑셀의 기본 기능을 활용한 데이터 가공 방법과 보다 강력한 도구인 파워 쿼리를 통한 고급 데이터 처리 방법을 실제 사례와 함께 알아보겠습니다.

THEME 04

효율적인 데이터 관리 및 데이터 가공

LESSON 01 정렬과 자동 필터

엑셀에서 가장 많이 사용되는 기능 중 하나가 '정렬'과 '필터'입니다. 이를 효과적으로 활용하려면 먼저 데이터셋 구성이 올바르게 되어 있어야 합니다. 이번 레슨에서는 분석 가능한 데이터셋을 구성하는 방법을 알아보고 정렬과 필터 기능을 자세히 살펴본 후 실무에 적용할 수 있는 다양한 활용법을 소개하겠습니다.

 데이터셋 구성 원칙

엑셀에서 정렬, 필터, 부분합, 피벗 테이블 등을 효과적으로 활용하려면 데이터셋을 일정한 원칙에 따라 구성해야 합니다.

1. 첫 행을 반드시 헤더(열 제목)로 사용합니다.
   첫 번째 행에는 각 열의 데이터를 설명하는 제목을 입력해야 하며 중복되거나 비어 있지 않아야 합니다.
2. 열 방향으로 동일한 데이터 유형을 유지합니다.
   한 열에는 동일한 유형(예: 숫자, 날짜, 텍스트)의 데이터만 입력해야 합니다. 예를 들어, '판매 금액' 열에는 숫자만 입력해야 하며 텍스트가 섞이지 않도록 해야 합니다.
3. 빈 행이나 빈 열 없이 연속된 데이터로 구성합니다.
   피벗 테이블이나 자동 필터를 사용할 때 데이터가 끊어지지 않도록 해야 합니다. 빈 행이나 빈 열이 있으면 엑셀이 데이터 범위를 올바르게 인식하지 못할 수 있습니다.
4. 병합된 셀을 사용하지 않습니다.
   병합된 셀은 정렬, 필터, 피벗을 사용하지 못할 수 있습니다.
5. 같은 성질의 값은 하나의 열에 작성합니다.
   동일한 성질의 데이터를 여러 열에 나누어 입력하면 분석이 어려워질 수 있습니다. 하나의 열에 일관되게 입력하는 것이 좋습니다.

직 원 현 황

NO	성명	소속	직급	생년월일	남	여	입사일	근속년수	급여내역		
									기본급	수당	총액
1	권두철	인사팀	차장	751005-1	○		2008-07-01	16	3,829,200	1,333,700	5,162,916
2	김기나	서비스개발팀	사원	920301-2		○	2018-07-01	6	1,391,200	514,100	1,905,306
3	김민진	전산팀	인턴	910329-2		○	2018-04-11	6	1,226,400	514,900	1,741,306
4	김민회	경영관리팀	과장	841102-2		○	2009-03-30	15	퇴사	퇴사	퇴사
5	김수곤	서울경기센터	인턴	900403-1	○		2019-04-11	5	1,122,800	885,800	2,008,605
6	김수광	재무팀	과장	891028-1	○		2010-10-06	14	2,879,600	893,100	3,772,714
7	김영우	문화사업팀	인턴	950502-1	○		2019-04-11	5	968,800	1,423,200	2,392,005
8	김온주	정보시스템팀	과장	820507-2		○	2011-05-11	13	3,184,900	925,000	4,109,913
9	김재관	인사팀	인턴	890901-1	○		2019-05-30	5	987,200	1,288,000	2,275,205
10	김재운	부산센터	인턴	900721-1	○		2019-04-11	5	793,800	976,500	1,770,305
11	김재협	서비스개발팀	과장	791108-1	○		2009-11-22	15	퇴사	퇴사	퇴사
12	김정길	경영관리팀	사원	920126-1	○		2017-06-14	7	1,214,900	927,000	2,141,907
13	김주훈	서비스개발팀	차장	750212-1	○		2006-10-09	18	3,247,400	891,500	4,138,918

열 제목이 병합되어 있습니다.

'금액' 열에 '텍스트'가 입력되어 있습니다.

빈 행이 삽입되어 있습니다.

같은 성질의 값이 두 개의 열에 입력되어 있습니다.

↓

직 원 현 황

NO	성명	소속	직급	생년월일	성별	입사일	근속년수	기본급	수당	총액	재직여부
1	권두철	인사팀	차장	751005-1	남	2008-07-01	16	3,829,200	1,333,700	5,162,916	재직
2	김기나	서비스개발팀	사원	920301-2	여	2018-07-01	6	1,391,200	514,100	1,905,306	재직
3	김민진	전산팀	인턴	910329-2	여	2018-04-11	6	1,226,400	514,900	1,741,306	재직
4	김민회	경영관리팀	과장	841102-2	여	2009-03-30	15	0	0	0	퇴사
5	김수곤	서울경기센터	인턴	900403-1	남	2019-04-11	5	1,122,800	885,800	2,008,605	재직
6	김수광	재무팀	과장	891028-1	남	2010-10-06	14	2,879,600	893,100	3,772,714	재직
7	김영우	문화사업팀	인턴	950502-1	남	2019-04-11	5	968,800	1,423,200	2,392,005	재직
8	김온주	정보시스템팀	과장	820507-2	여	2011-05-11	13	3,184,900	925,000	4,109,913	재직
9	김재관	인사팀	인턴	890901-1	남	2019-05-30	5	987,200	1,288,000	2,275,205	재직
10	김재운	부산센터	인턴	900721-1	남	2019-04-11	5	793,800	976,500	1,770,305	재직
11	김재협	서비스개발팀	과장	791108-1	남	2009-11-22	15	0	0	0	퇴사
12	김정길	경영관리팀	사원	920126-1	남	2017-06-14	7	1,214,900	927,000	2,141,907	재직
13	김주훈	서비스개발팀	차장	750212-1	남	2006-10-09	18	3,247,400	891,500	4,138,918	재직

핵심 기능 데이터에서 중복된 값 제거하기

데이터에 중복된 값이 존재하면 분석 결과가 왜곡되거나 불필요한 리소스가 낭비될 수 있습니다. 따라서 데이터를 확보한 후 먼저 중복된 항목을 제거하는 것이 좋습니다. 엑셀에서 중복된 값을 제거하는 가장 간단한 방법은 [데이터] 탭의 [데이터 도구] – [중복된 항목 제거] 명령을 이용하는 것입니다.

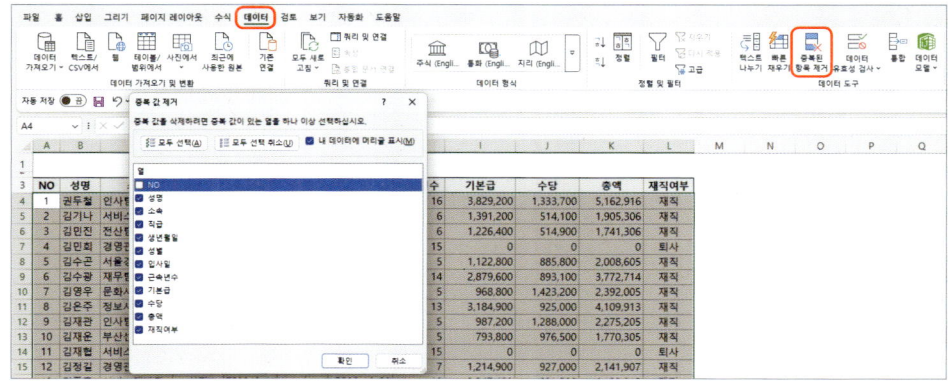

[중복된 항목 제거] 기능은 날짜 또는 시간 데이터의 표시 형식 서식이 다를 경우, 이를 중복된 값으로 인식하지 않습니다. 따라서 중복 제거를 정확하게 수행하려면 데이터에 포함된 날짜 또는 시간 데이터의 표시 형식 서식을 먼저 하나로 통일한 후 [중복된 항목 제거] 명령을 실행해야 합니다.

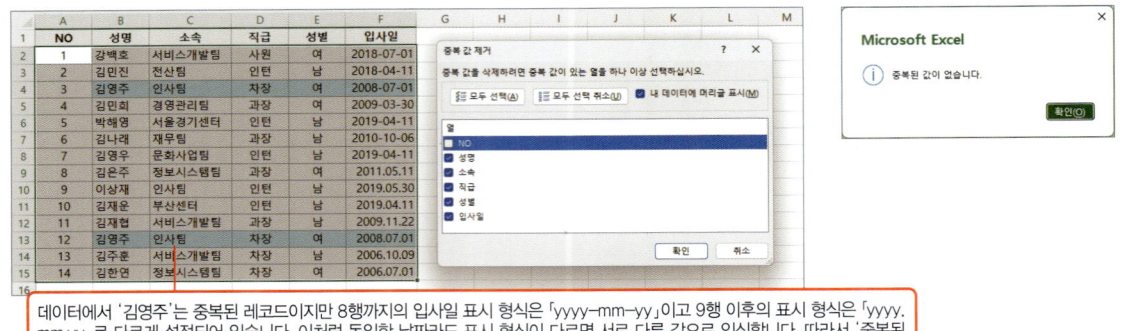

데이터에서 '김영주'는 중복된 레코드이지만 8행까지의 입사일 표시 형식은 「yyyy-mm-yy」이고 9행 이후의 표시 형식은 「yyyy.mm.yy」로 다르게 설정되어 있습니다. 이처럼 동일한 날짜라도 표시 형식이 다르면 서로 다른 값으로 인식합니다. 따라서 '중복된 항목 제거' 명령을 실행해도 "중복된 값이 없습니다."라는 메시지가 표시됩니다. 따라서 중복 제거를 정확하게 수행하려면 먼저 날짜 형식을 통일한 후 명령을 실행해야 합니다. 날짜 표시 형식 서식 설정과 관련된 내용은 72쪽을 참고하기 바랍니다.

데이터 정렬의 모든 것

데이터 정렬은 스프레드시트의 정보를 체계적으로 구성하고 원하는 데이터를 빠르게 찾을 수 있도록 도와주는 기능입니다. 정렬 기능을 사용하면 데이터를 특정 기준에 따라 오름차순 또는 내림차순으로 정렬할 수 있으며 단일 열뿐만 아니라 여러 열을 기준으로 정렬할 수도 있습니다. 단순히 텍스트나 숫자를 정렬하는 것뿐만 아니라 날짜, 시간, 색상, 아이콘 등을 기준으로도 정렬할 수 있습니다. 정렬은 [데이터] 탭의 [정렬 및 필터] 그룹에서 적용할 수 있습니다.

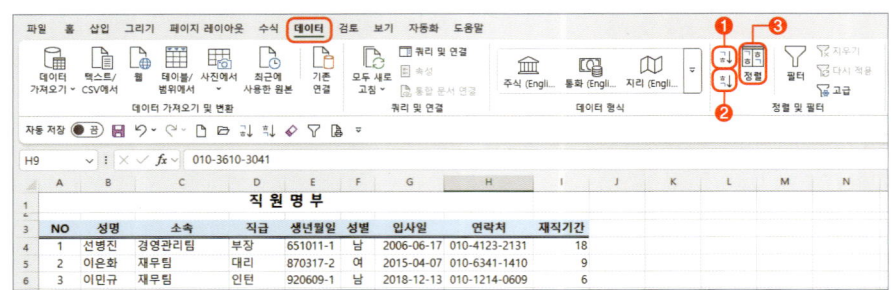

❶ **오름차순 정렬**: 데이터를 작은 값에서 큰 값 또는 A에서 Z 순서로 정렬합니다.
❷ **내림차순 정렬**: 데이터를 큰 값에서 작은 값 또는 Z에서 A 순서로 정렬합니다
❸ **정렬**: 정렬의 기준을 추가하거나 다양한 옵션을 설정합니다.

[데이터] 탭의 [정렬 및 필터] - [정렬]을 클릭하면 표시되는 [정렬] 대화상자에서 정렬의 다양한 옵션을 설정할 수 있습니다.

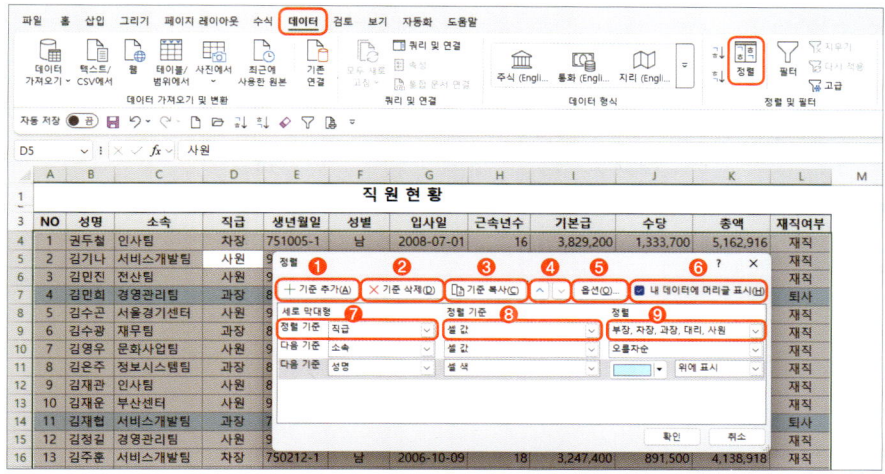

❶ **기준 추가**: 정렬 기준을 추가합니다.
❷ **기준 삭제**: 선택한 정렬 기준을 삭제합니다.
❸ **기준 복사**: 선택한 기준을 복사합니다.
❹ ︿﹀ : 추가한 정렬 기준의 순서를 변경합니다.
❺ **옵션**: 대소 문자 구분 여부와 정렬 방향(위/아래, 좌/우)을 선택합니다.
❻ **내 데이터에 머리글 표시**: 체크를 해제하면 필드명(제목 열) 대신, 열 A, 열 B, 열 C, … 로 표시됩니다.
❼ **정렬 기준**: 정렬할 필드명(제목 열)을 선택합니다.
❽ **정렬 기준**: 정렬 유형(셀 값, 셀 색, 글꼴 색, 조건부 서식 아이콘)을 선택합니다.
❾ **정렬**: 오름차순, 내림차순, 사용자 지정 정렬 방식을 선택합니다.

∷ 정렬할 때 주의해야 할 사항

▶ 오름차순이나 내림차순으로 정렬할 경우, 기준 열에 포함된 빈 셀은 일반적으로 마지막에 정렬됩니다.
▶ 정렬 후 원래 상태로 되돌리는 명령은 제공되지 않으므로 정렬하기 전에 일련번호 열을 추가한 후 정렬하는 것이 좋습니다.
▶ 정렬된 데이터에 수식이 포함되어 있으면 워크시트가 다시 계산될 때 수식의 결괏값이 변경될 수 있습니다. 따라서 최신 결과를 반영하려면 정렬을 다시 적용해야 합니다.
▶ 숨겨진 행이나 열은 정렬 시 함께 이동되지 않으므로 정렬하기 전에 숨겨진 행과 열이 있다면 숨기기를 취소합니다.
▶ 정렬 순서는 로캘(locale) 설정에 따라 다를 수 있으므로 컴퓨터의 [제어판]-[국가 또는 지역] 설정에서 언어 및 형식 옵션을 확인합니다.

사용자 지정으로 정렬하기

사용자가 정의한 순서로 데이터를 정렬하고자 할 때는 기본적인 AZ 또는 ㄱㅎ 순서가 아닌, '사용자 지정 목록' 기능을 활용합니다. [정렬] 대화상자에서 '사용자 지정 목록'을 선택하면 별도의 [사용자 지정 목록] 대화상자가 열리며 여기에서 원하는 항목 순서를 직접 입력하거나 기존 목록을 불러올 수 있습니다.

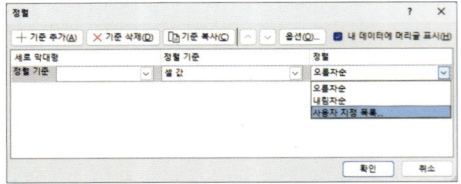
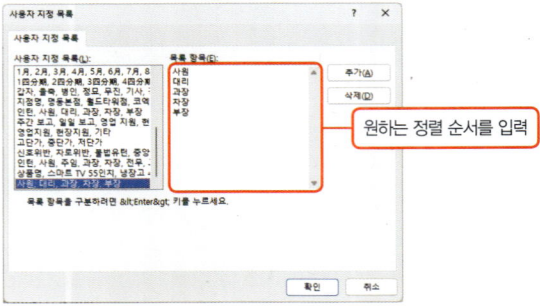

원하는 정렬 순서를 입력

'자동 필터'로 데이터 추출하기

자동 필터는 대량의 데이터에서 원하는 정보를 빠르고 효율적으로 추출하는 기능으로, 피벗 테이블과 함께 데이터 분석 및 관리에서 가장 많이 사용되는 기능 중 하나입니다. 만약 더욱 복잡한 조건을 적용하거나 다른 위치에 결과를 표시해야 한다면 고급 필터를 사용하는 것이 좋습니다. 고급 필터에 대한 자세한 내용은 360쪽을 참고하세요.

자동 필터를 적용하려면 [데이터] 탭의 [정렬 및 필터] - [필터]를 클릭하거나 Ctrl + Shift + L 을 누릅니다. 필터는 토글 기능이므로 해제할 때도 이와 동일한 방법을 사용합니다.

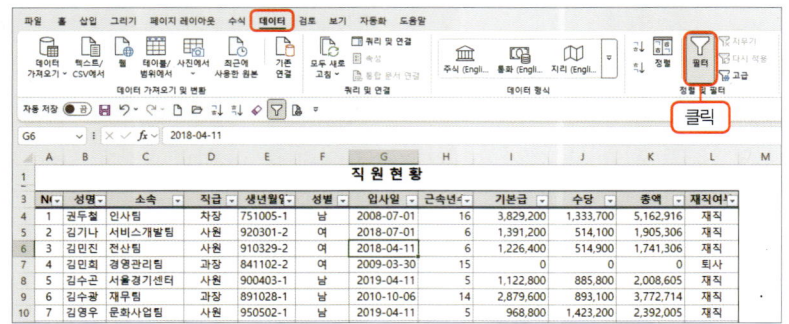

∷ 자동 필터로 데이터 추출하기

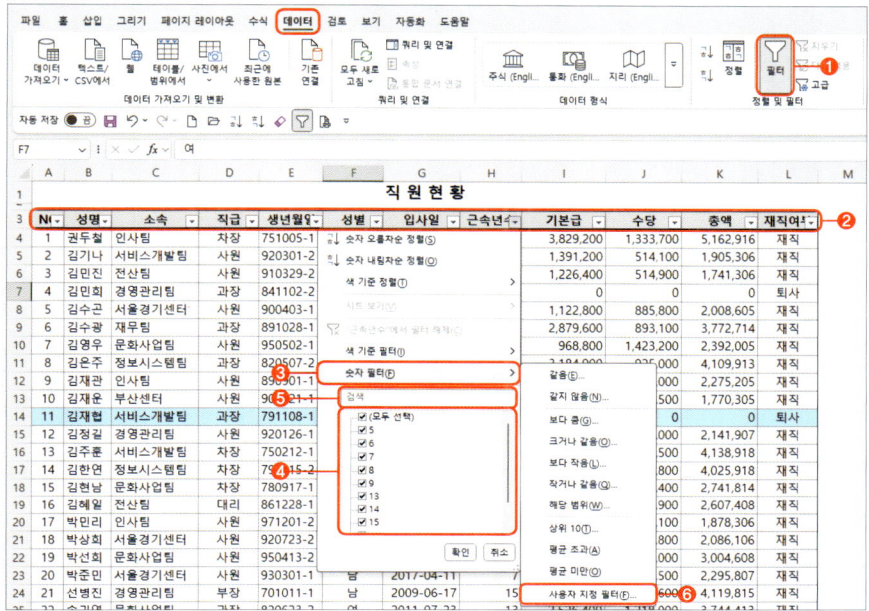

❶ **필터 적용**: 데이터가 있는 범위를 선택한 후 [데이터] 탭의 [정렬 및 필터] 그룹에서 [필터]를 클릭합니다.
❷ **필터 선택**: 각 열 머리글에 표시되는 필터 버튼(▼) 클릭하여 필터 옵션을 선택할 수 있습니다.
❸ **조건 설정**: 데이터 종류에 따라 텍스트, 날짜, 숫자 필터가 표시되며 다양한 조건을 설정할 수 있습니다.
❹ **다중 조건**: 여러 조건을 선택하면 OR 조건으로 데이터를 필터링할 수 있습니다.
❺ **검색 기능**: 검색창에 텍스트나 숫자 값을 입력하여 원하는 데이터를 빠르게 찾을 수 있습니다. 와일드카드 (단일 문자「?」또는 여러 문자「*」) 문자를 사용하면 보다 유연한 검색이 가능합니다. 예를 들어, '성명' 열에서 '김'으로 시작하는 이름만 필터링하려면 「김*」을 입력합니다.
❻ **사용자 지정 필터**: 더 복잡한 조건이 필요한 경우 '사용자 지정 필터' 옵션을 사용할 수 있습니다.

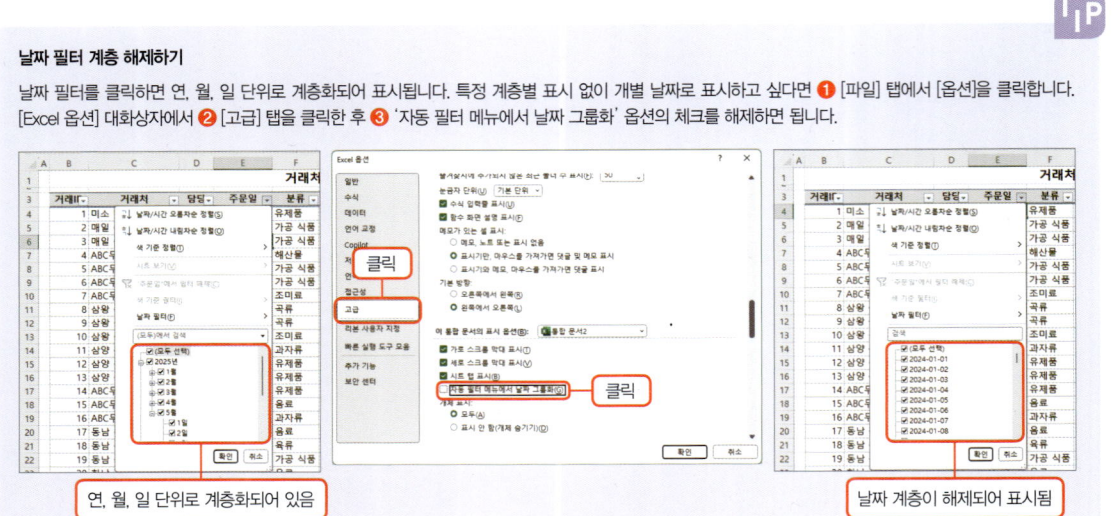

'표'에서 필터 기능 사용하기

데이터를 '표'로 변환한 후 필터를 사용하면 슬라이서와 요약 기능을 함께 활용할 수 있어 [데이터] 탭의 [필터] 기능만 사용하는 것보다 더 편리하게 데이터를 관리할 수 있습니다. '표' 기능에 대한 자세한 내용은 152쪽을 참고하세요.

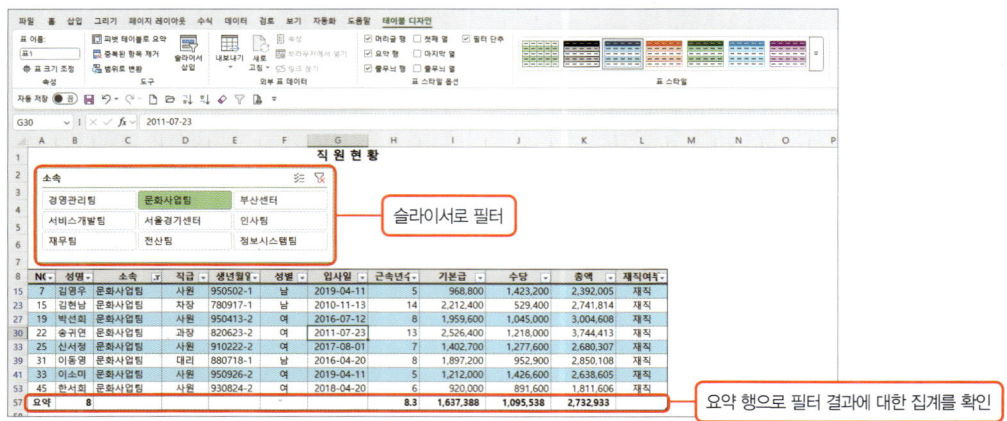

 # 두 개 이상의 기준으로 정렬하기

예제 파일 Sample\T04_정렬과 필터.xlsx
완성 파일 Sample\T04_정렬과 필터_완성.xlsx

키 워 드 정렬
길라잡이 [정렬] 시트를 사용하여 실습을 진행합니다.
직원 명부 데이터에서 중복된 레코드가 있는지 확인한 후 중복된 항목이 있다면 삭제합니다. 그런 다음 직급이 높은 순서를 첫 번째 기준으로, 나이가 많은 순서를 두 번째 기준으로 설정하여 정렬하는 방법에 대해 알아보겠습니다.

01 중복된 항목 제거하기

❶ 데이터 범위 내의 셀을 선택한 후 ❷ [데이터] 탭의 [데이터 도구] – [중복된 항목 제거]를 클릭합니다.

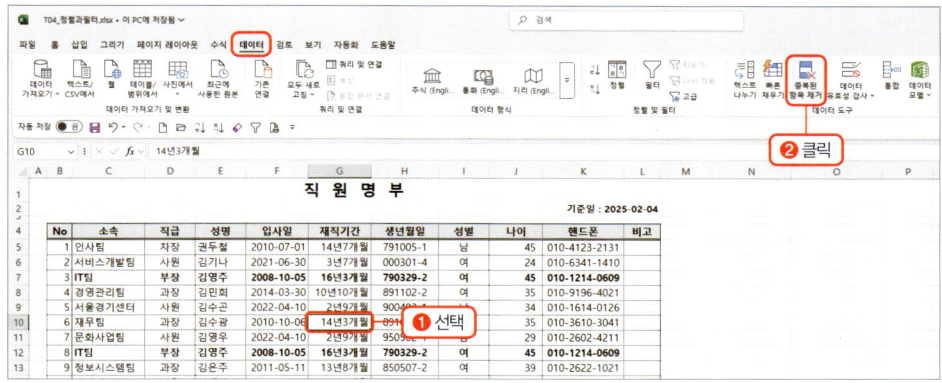

02 중복 값이 있는 열 선택하기

[중복 값 제거] 대화상자가 열리면 ❶ 'No'의 체크를 해제한 후 ❷ [확인] 버튼을 클릭합니다.

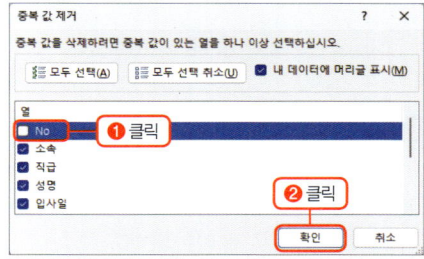

03 "중복 값 1개가 발견되어 제거되었습니다."라는 알림이 표시되면 [확인] 버튼을 클릭합니다.

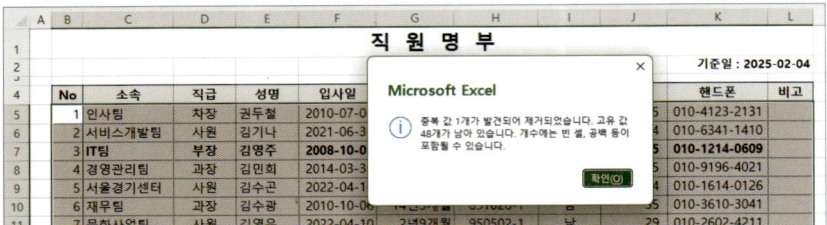

04 정렬하기

❶ 데이터 범위 내의 셀을 선택한 후 ❷ [데이터] 탭의 [정렬 및 필터] - [정렬]을 클릭합니다.

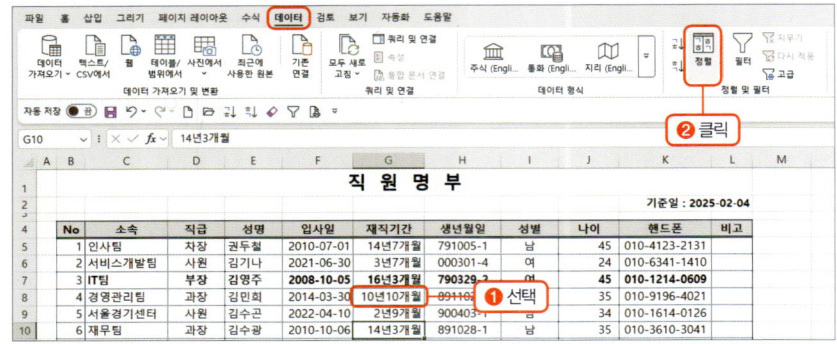

05 직급이 높은 순서대로 정렬하기

[정렬] 대화상자가 열리면 ❶ '직급', ❷ '셀 값', ❸ '사용자 지정 목록'을 순차적으로 선택합니다.

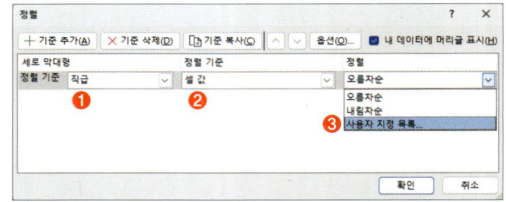

06 사용자 지정 목록 순서 추가하기

[사용자 지정 목록] 대화상자가 열리면 ❶ 「사원, 대리, 과장, 차장, 부장」을 입력한 후 ❷ [추가] 버튼을 클릭하고 ❸ [확인] 버튼을 클릭합니다.

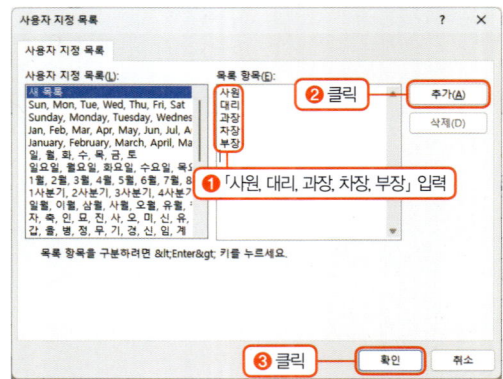

07 직급별 내림차순 지정하기

정렬 방식을 내림차순(부장, 차장, 과장, 대리, 사원)으로 선택합니다.

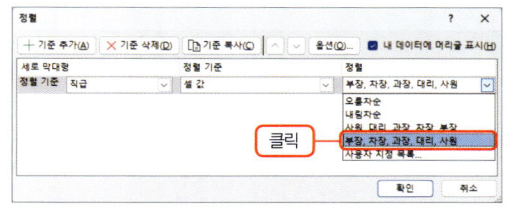

08 정렬 기준 추가하기

❶ [기준 추가] 버튼을 클릭합니다. '다음 기준'에서 ❷ '나이', '셀 값', '내림차순'을 순차적으로 선택한 후 ❸ [확인] 버튼을 클릭합니다.

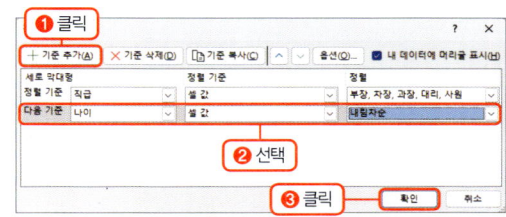

09 완성하기

다음과 같이 직급이 높은 순서에서 낮은 순서로, 그리고 같은 직급 내에서 나이가 많은 순서로 정렬됩니다.

좌우 정렬 옵션으로 열 순서 재배치하기

예제 파일 Sample\T04_정렬과 필터.xlsx
완성 파일 Sample\T04_정렬과 필터_완성.xlsx

> **키 워 드** 정렬
> **길라잡이** [좌우 정렬] 시트를 사용하여 실습을 진행합니다.
> [좌우 정렬] 시트의 데이터를 확인하면 월별 실적 데이터의 열 순서가 뒤섞여 있습니다. 수작업으로 일일이 열의 순서를 변경하는 것은 번거로우므로 정렬 옵션 중 좌우 정렬 기능을 활용하여 데이터를 효율적으로 재배치하는 방법에 대해 알아보겠습니다.

[완성 예제 미리 보기]

	A	B	C	D	E	F	G	H	I	J	K	L	M	N
1							월별 실적							
2														
3		담당	2월	8월	10월	1월	12월	4월	11월	6월	5월	7월	9월	3월
4		김영주	98	52	76	35	61	86	58	47	97	61	67	99
5		서태웅	91	49	24	81	60	53	99	85	43	41	79	23
6		김현남	19	65	100	83	79	82	50	90	82	28	49	66
7		강백호	36	74	92	17	20	93	29	63	89	37	36	31
8		서태웅	28	51	74	85	80	75	59	23	14	35	50	76
9		이한나	21	73	46	69	24	46	54	17	40	94	45	66
10		채치수	10	63	36	100	37	98	97	10	62	37	78	67
11		이하윤	70	80	23	22	58	67	85	32	21	33	37	17

	A	B	C	D	E	F	G	H	I	J	K	L	M	N
1							월별 실적							
2														
3		담당	1월	2월	3월	4월	5월	6월	7월	8월	9월	10월	11월	12월
4		김영주	35	98	99	86	97	47	61	52	67	76	58	61
5		서태웅	81	91	23	53	43	85	41	49	79	24	99	60
6		김현남	83	19	66	82	82	90	28	65	49	100	50	79
7		강백호	17	36	31	93	89	63	37	74	36	92	29	20
8		서태웅	85	28	76	75	14	23	35	51	50	74	59	80
9		이한나	69	21	66	46	40	17	94	73	45	46	54	24
10		채치수	100	10	67	98	62	10	37	63	78	36	97	37
11		이하윤	22	70	17	67	21	32	33	80	37	23	85	58

01 정렬 명령 실행하기

❶ [C3:N11] 영역을 선택한 후 ❷ [데이터] 탭의 [정렬 및 필터] - [정렬]을 클릭합니다.

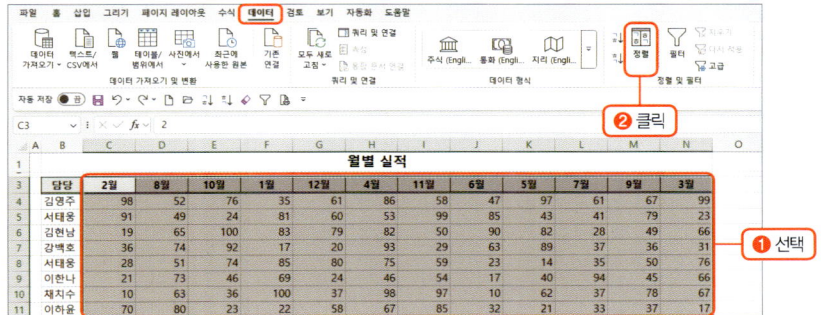

02 정렬 방향 설정하기

[정렬] 대화상자가 열리면 ❶ [옵션] 버튼을 클릭합니다. 다시 [정렬 옵션] 대화상자가 열리면 ❷ '왼쪽에서 오른쪽'을 선택한 후 ❸ [확인] 버튼을 클릭합니다.

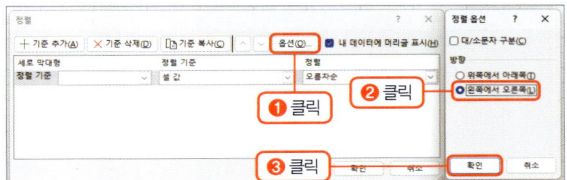

03 정렬 기준 설정하기

다시 [정렬] 대화상자로 돌아온 후 ❶ '정렬 기준'에서 '행 3'을 선택하고 ❷ [확인] 버튼을 클릭합니다.

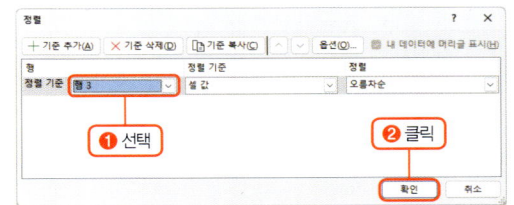

04 완성하기

오른쪽과 같이 월이 순서대로 재배열됩니다.

[C3:N3] 영역을 선택한 후 Ctrl+1을 누르면 [셀 서식] 대화상자가 열립니다. 이 대화상자의 [표시 형식] 탭을 확인하면 「#"월"」로 서식이 설정되어 있습니다. 즉, 실제 [C3:N3] 영역에는 숫자 「1, 2, 3, …」이 입력되어 있으므로 오름차순 정렬이 제대로 작동합니다. 만약, 「1월, 2월, 3월, …」과 같이 문자로 입력된 경우, 정렬 결과는 「10월, 11월, 12월, 1월, 2월, …」 순서로 정렬될 수 있습니다.

Lesson 01 _ 정렬과 자동 필터

행마다 빈 행 삽입하기

예제 파일 Sample\T04_정렬과 필터.xlsx
완성 파일 Sample\T04_정렬과 필터_완성.xlsx

키 워 드 정렬
길라잡이 [빈 행 삽입] 시트를 사용하여 실습을 진행합니다.
빽빽한 데이터에서 가독성을 높이거나 새로운 데이터를 추가하기 위해 행마다 빈 행을 삽입해야 하는 경우가 있습니다. 이런 경우에 정렬 기능을 응용하여 빈 행을 빠르게 삽입하는 방법을 알아보겠습니다.

01 임의의 열 추가하고 일련번호 매기기

❶ [M4] 셀에 임의의 열 이름 「정렬」을 입력합니다. ❷ [M5:M6] 영역에 「1, 2」를 입력한 후 ❸ 해당 범위를 선택하고 채우기 핸들을 더블클릭합니다. 그러면 데이터가 있는 마지막 행까지 일련번호가 채워집니다.

02 일련번호 복사/붙여넣기

[M5:M52] 영역이 선택된 상태이므로 ❶ Ctrl+C를 눌러 복사합니다. ❷ [M53] 셀에서 Ctrl+V를 눌러 붙여넣습니다.

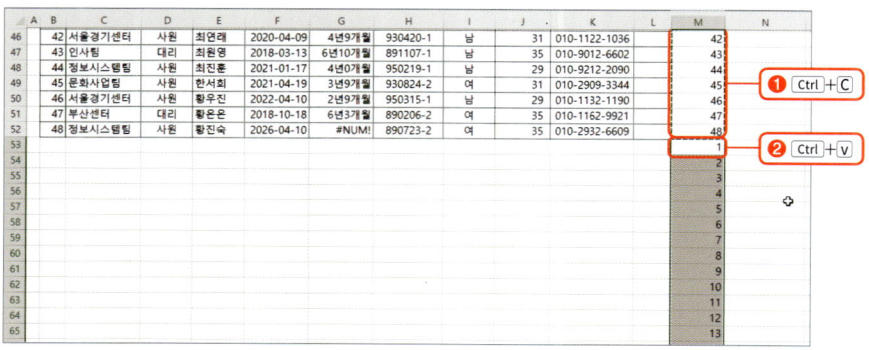

03 오름차순으로 정렬하기

[M] 열을 기준으로 오름차순 정렬하기 위해 ❶ [M] 열 중 임의의 셀을 선택한 후 ❷ [데이터] 탭의 [정렬 및 필터] - [오름차순 정렬]을 클릭합니다.

04 불필요한 열 삭제하기

오름차순으로 정렬하였으므로 데이터가 「1, 1, 2, 2, …」 순서로 정렬되어 행마다 새로운 행을 추가한 듯한 효과가 표시됩니다. 이제 [M] 열은 불필요하므로 다시 삭제하기 위해 ❶ [M] 열의 머리글을 선택한 후 ❷ Ctrl + → 을 누릅니다.

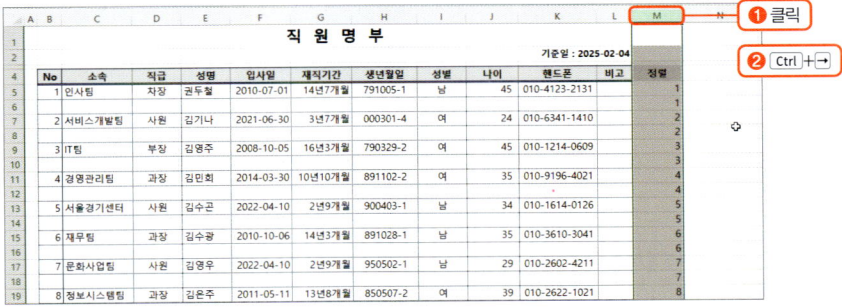

05 완성하기

다음과 같이 행마다 새로운 행을 삽입한 듯한 효과가 표시됩니다.

다양한 조건으로 필터링하기

예제 파일 Sample\T04_정렬과 필터.xlsx
완성 파일 Sample\T04_정렬과 필터_완성.xlsx

키 워 드 자동 필터
길라잡이 [필터] 시트를 사용하여 실습을 진행합니다.
자동 필터의 다양한 조건을 활용해 데이터를 필터링하는 방법을 알아보겠습니다. 와일드카드, 셀 아이콘, 상위 10개 항목, 날짜, 숫자 필터 등 다양한 필터 옵션을 알아보겠습니다.

01 필터 적용하기

❶ 데이터 내의 셀을 선택하고 ❷ [데이터] 탭의 [정렬 및 필터] - [필터]를 클릭합니다. Ctrl + Shift + L 을 눌러도 됩니다.

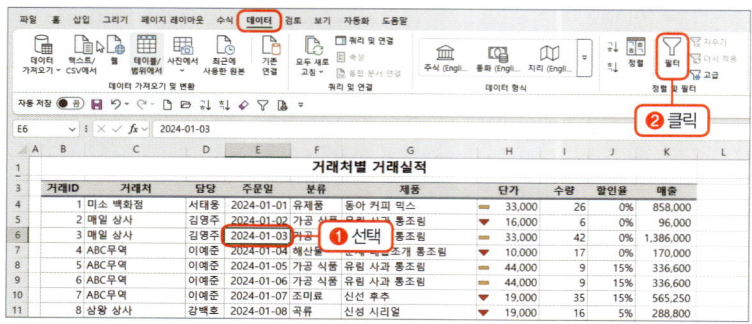

02 와일드카드를 사용하여 '무역' 키워드를 포함하는 거래처 검색하기

❶ 거래처의 필터 버튼( )을 클릭한 후 ❷ 검색란에 「*무역*」을 입력하고 Enter 를 누릅니다. 와일드카드(*)는 모든 문자를 포함한다는 의미이므로 '무역'이 포함된 모든 거래처를 필터링할 수 있습니다.

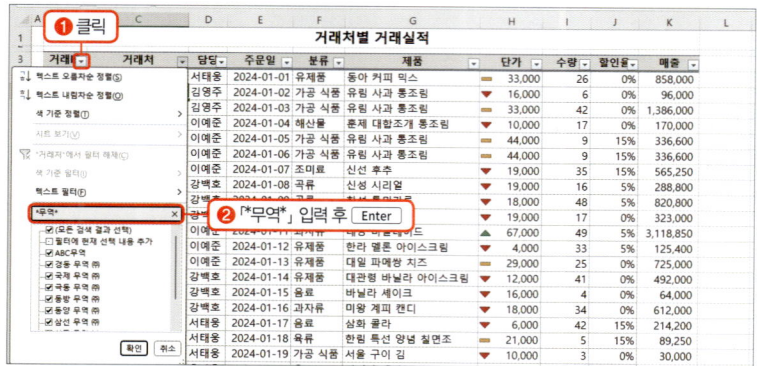

148 Theme 04 _ 효율적인 데이터 관리 및 데이터 가공

03 할인율 0%인 데이터 필터링하기

이번에는 마우스 오른쪽 버튼을 누르면 표시되는 단축 메뉴로 필터링해 보겠습니다. ❶ '할인율' 열에서 '0%'가 입력된 셀을 선택한 후 마우스 오른쪽 버튼을 클릭하고 ❷ [필터] - [선택한 셀 값으로 필터링]을 선택합니다.

04 결과 확인하기

화면 하단의 상태 표시줄을 확인하면 "495개 중 52개의 레코드가 있습니다."라는 알림이 표시됩니다. '거래처' 열에 「무역」이 포함되면서 '할인율'이 「0%」인 레코드가 총 52개라는 것을 확인할 수 있습니다.

05 필터 조건 한 번에 해제하기

❶ 데이터 범위 내의 셀을 선택한 후 ❷ [데이터] 탭의 [정렬 및 필터] - [지우기]를 클릭합니다. 그러면 위에서 '거래처'와 '할인율' 열에 적용했던 필터 조건이 한 번에 해제됩니다.

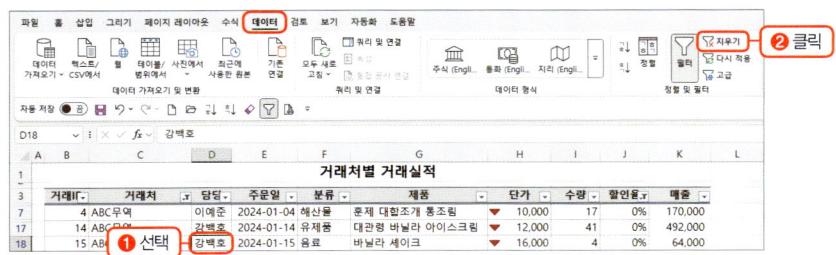

06 2025년 주문 현황만 필터링하기

❶ '주문일' 열에서 필터 버튼(▼)을 클릭한 후 ❷ 목록에서 '2025년'에 체크를 하고 ❸ [확인] 버튼을 클릭합니다. 그러면 2025년에 해당하는 주문 내역만 필터링됩니다.

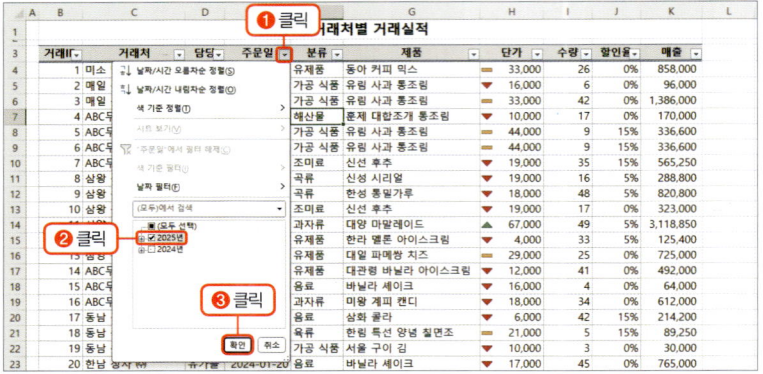

07 매출 상위 5%를 필터링하기

❶ '매출' 열에서 필터 버튼(▼)을 클릭한 후 ❷ [숫자 필터] - [상위 10]을 클릭합니다.

08 매출 상위 5%를 필터링하기

[상위 10 자동 필터] 대화상자가 열리면 ❶ '5'와 '%'를 선택한 후 ❷ [확인] 버튼을 클릭합니다.

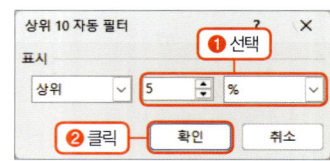

09 결과 확인 및 필터 조건 해제하기

결과를 확인하면 2025년에 주문한 내역 중 매출 상위 5%에 해당하는 항목만 필터링되었습니다. 필터 조건을 해제하기 위해 [데이터] 탭의 [정렬 및 필터] - [지우기]를 클릭합니다.

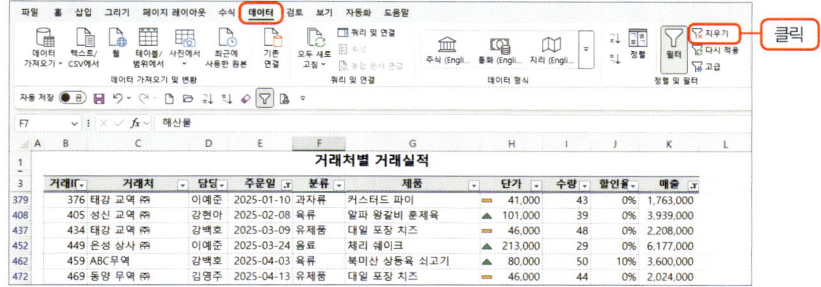

10 셀 아이콘으로 필터하기

'단가' 열에 조건부 서식으로 설정된 아이콘이 표시돼 있습니다. ▲ 아이콘을 기준으로 필터링하기 위해 ❶ '단가' 열에서 필터 버튼(▼)을 클릭한 후 ❷ [색 기준 필터] - ▲를 선택합니다.

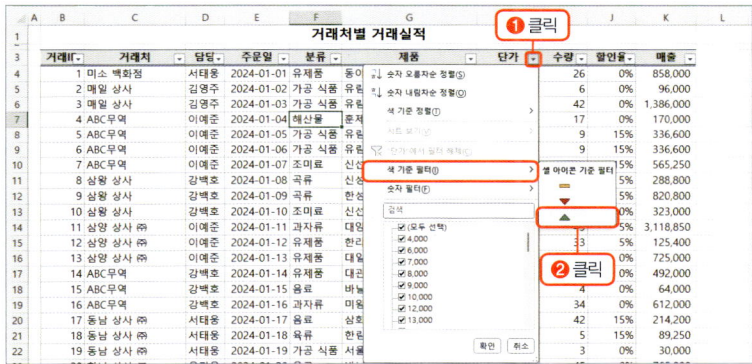

11 결과 확인 및 자동 필터 해제하기

▲ 아이콘이 적용된 데이터만 필터링되어 표시됩니다. 이제 필터를 해제하기 위해 [데이터] 탭의 [정렬 및 필터] - [필터]를 클릭합니다.

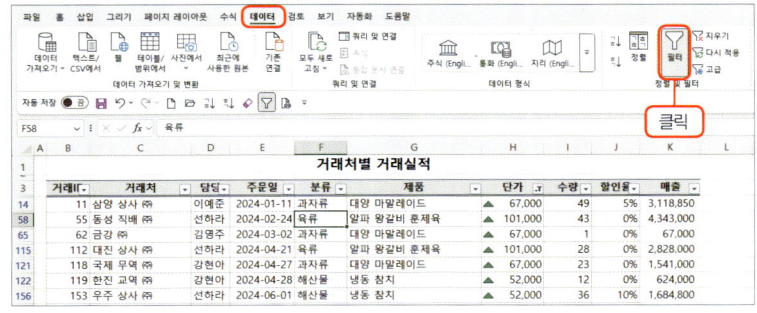

LESSON 02 효율적인 데이터 관리를 위한 '표'

'표(Table)'는 Excel 2007부터 도입된 기능으로, 필터 적용 피벗 테이블 작성, 동적 범위 참조 등 다양한 데이터 작업을 보다 효율적으로 수행할 수 있게 해 줍니다. Power Query를 사용해 데이터를 전처리한 후 엑셀로 불러올 때 기본적으로 '표' 형식으로 로드되며 코파일럿(Copilot) 활용 시에도 '표' 형식의 데이터가 더욱 정확하고 유용한 결과를 제공합니다. 이처럼 '표'는 데이터 작업의 핵심이 되는 필수 기능으로 자리 잡았습니다. 이번 레슨에서는 '표'의 주요 특징과 실무 활용 방법을 자세히 알아보겠습니다.

핵심기능  '표'의 이해

'표'는 데이터를 체계적으로 관리하고 분석할 수 있게 해 주는 강력한 도구입니다. 일반 범위의 데이터와 달리, 자동화된 기능과 직관적인 데이터 조작 도구를 제공합니다. '표'의 가장 큰 장점은 새로운 행이 추가될 때 범위가 자동으로 확장되며 이렇게 확장된 데이터가 연결된 피벗 테이블, 수식, 차트에 즉시 반영된다는 점입니다. 이러한 동적 특성 덕분에 데이터 관리가 훨씬 효율적으로 이루어집니다.

∷ '표'를 적용하는 방법

방법 1] Ctrl + T 를 누릅니다.
방법 2] [홈] 탭의 [스타일] - [표 서식]을 클릭합니다.

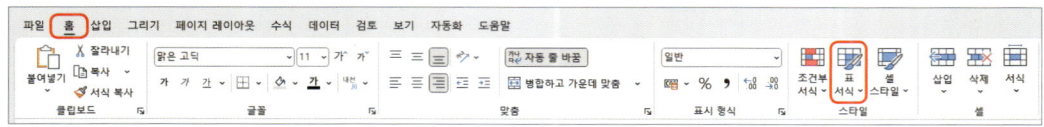

방법 3] [삽입] 탭의 [표] - [표]를 클릭합니다.

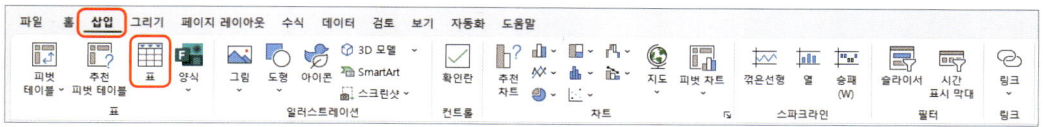

∷ '표'를 해제하는 방법

'표'를 적용하면 데이터 관리가 효율적이고 편리하지만 몇 가지 제한 사항도 있습니다. 표 안에서는 셀 병합이 불가하고 부분합 기능을 사용할 수 없습니다. 또한 '표'는 자동 스타일이 적용되므로 일부 개별 셀 서식 적용이 제한되기도 하고 특정 함수가 제한되기도 합니다. '표' 기능을 해제하려면 [테이블 디자인] 탭의 [도구] - [범위로 변환]을 클릭합니다.

※ Excel 2019 이전 버전은 [테이블 디자인] 탭이 [표 도구] - [디자인] 탭으로 표시됩니다.

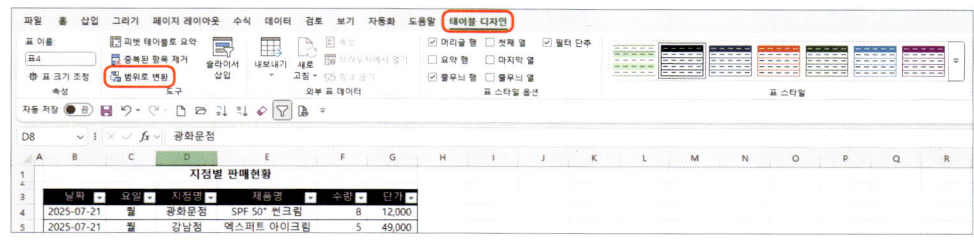

∷ '표'의 주요 특징

01 필터 적용 및 머리글 고정

데이터를 '표'로 변환하면 자동으로 서식이 적용되고 필터 기능이 활성화됩니다. 또한 스크롤을 아래로 내릴 때 표의 머리글이 열 머리글 영역에 고정되어 대용량 데이터에서도 각 열의 항목을 쉽게 구분할 수 있습니다.

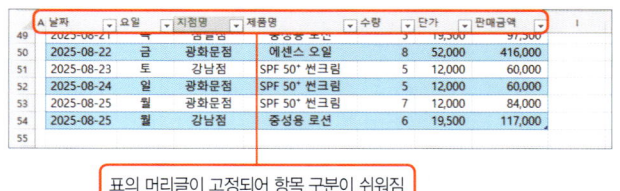

표의 머리글이 고정되어 항목 구분이 쉬워짐

02 동적 데이터 관리

'표'에 새로운 데이터를 추가하면 표 범위가 자동으로 확장되어 연결된 피벗 테이블, 수식, 차트에 자동으로 반영됩니다.

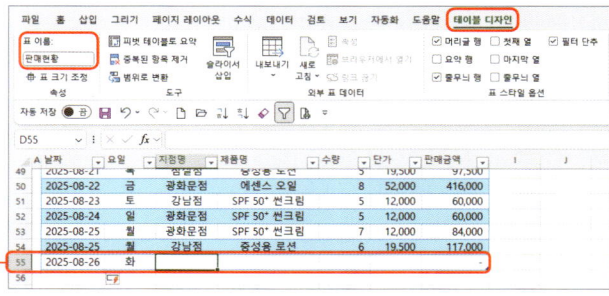

55행에 레코드를 추가하면 '매출 현황' 표의 영역이 자동으로 확장됨

만약, 표에 데이터를 추가했는데 자동으로 표가 확장되지 않는다면 '표에 새 행 및 열 포함' 옵션이 체크되어 있는지 확인해야 합니다.

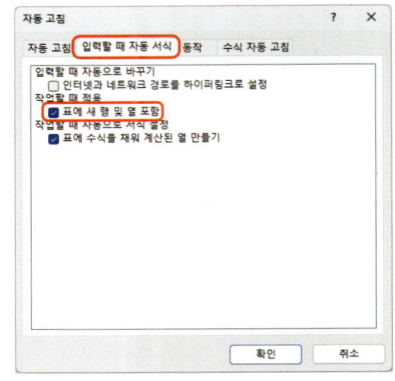

1 [파일] 탭의 [옵션]을 클릭합니다.
2 [Excel 옵션] 대화상자가 열리면 [언어 교정] 탭을 선택하고 [자동 고침 옵션] 버튼을 클릭합니다.
3 다시 [자동 고침] 대화상자가 열리면 [입력할 때 자동 서식] 탭에서 '표에 새 행 및 열 포함'을 체크합니다.

03 계산의 편리성

수식 작성 시 열 이름을 사용할 수 있기 때문에 수식의 가독성이 향상되며 한 셀에 수식을 입력하면 전체 열에 수식이 자동으로 채워집니다.

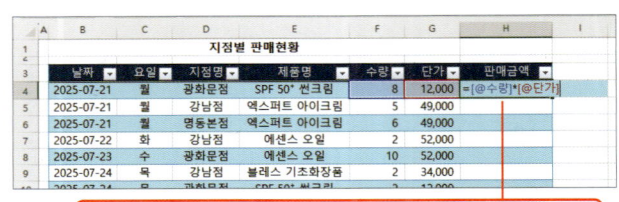

만약, 수식 작성 시 셀을 클릭해도 열 이름이 표시되지 않는다면 [Excel 옵션] 대화상자에서 [수식] 탭을 선택한 후 '수식에 표 이름 사용' 옵션이 체크되어 있는지 확인합니다. 또한 계산된 열이 작동하지 않는다면 '표에 수식을 채워 계산된 열 만들기' 옵션이 체크되어 있는지 확인합니다.

1 [파일] 탭의 [옵션]을 클릭합니다.
2 [Excel 옵션] 대화상자가 열리면 [언어 교정] 탭을 선택한 후 [자동 고침 옵션] 버튼을 클릭합니다.
3 다시 [자동 고침] 대화상자가 열리면 [입력할 때 자동 서식] 탭에서 '표에 수식을 채워 계산된 열 만들기' 옵션을 체크합니다.

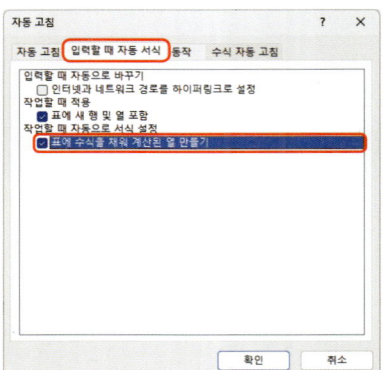

04 요약 행

'요약 행' 옵션을 선택하여 필터 결과에 대한 합계, 평균 등의 통계를 쉽게 확인할 수 있습니다.

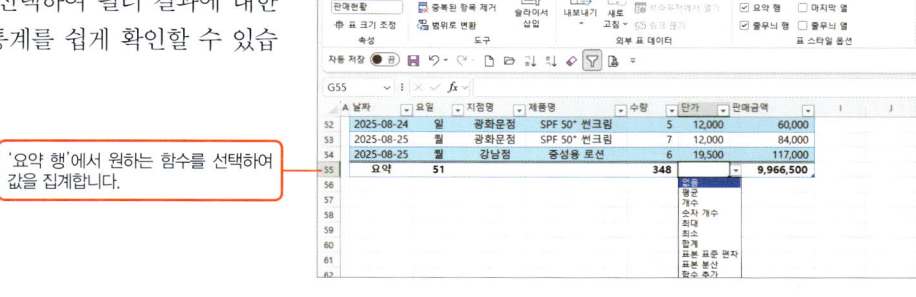

'요약 행'에서 원하는 함수를 선택하여 값을 집계합니다.

05 슬라이서 삽입

'표'의 슬라이서는 Excel 2013 버전부터 추가된 기능으로, 한 번의 클릭으로 손쉽게 필터를 적용할 수 있어 데이터 탐색이 편리합니다.

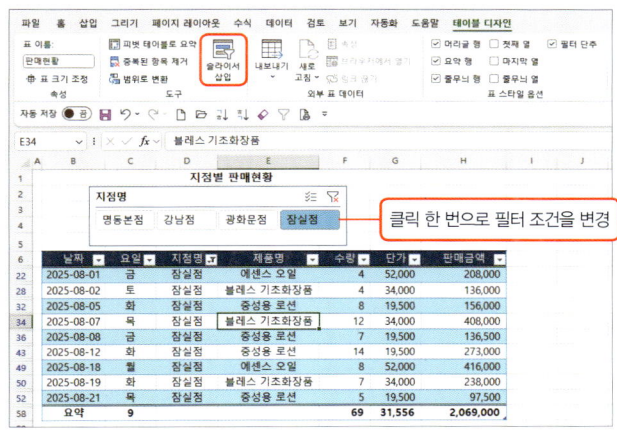

클릭 한 번으로 필터 조건을 변경

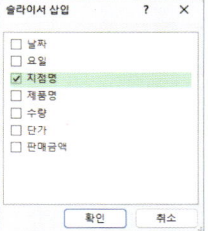

 **'표'의 구조적 참조 수식 이해하기**

구조적 참조란, 셀 주소 대신 표 이름과 열 이름을 수식에 사용하는 것을 의미합니다. 이를 활용하면 수식의 가독성이 향상되며 참조하는 '표'의 데이터가 추가될 경우 수식이 자동으로 업데이트되는 장점이 있습니다.

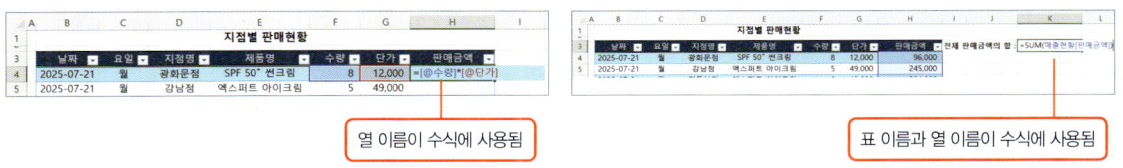

열 이름이 수식에 사용됨   표 이름과 열 이름이 수식에 사용됨

Lesson 02 _ 효율적인 데이터 관리를 위한 '표' **155**

표의 데이터를 참조하는 방식(구조적 참조 식)

수식을 작성할 때 표의 데이터는 「표 이름[열 머리글]」형식으로 참조됩니다. 참조하려는 부분을 해당 형식에 맞게 직접 입력할 수도 있고 마우스로 셀을 선택하면 구조적 참조가 자동으로 입력됩니다.

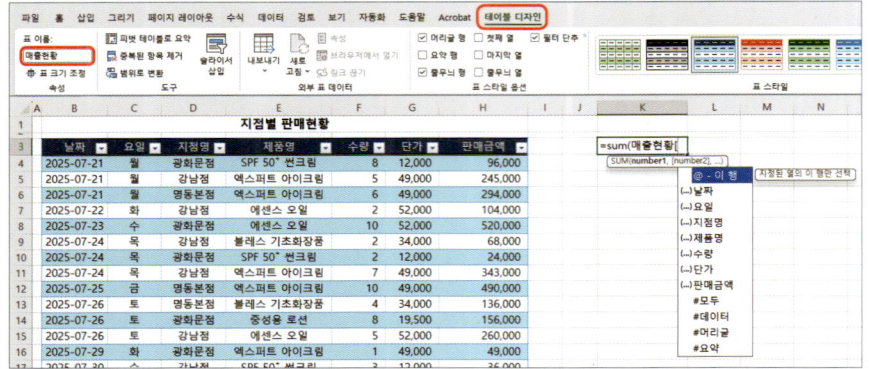

참조 형태	설명	사례
표	표의 열 머리글은 제외하고 데이터 범위를 참조합니다.	=매출현황
표[#데이터]	표의 열 머리글은 제외하고 데이터 범위를 참조합니다.	=매출현황[#데이터]
표[#모두]	표의 열 머리글 포함 표 전체를 참조합니다.	=매출현황[#모두]
표[#머리글]	표의 열 머리글만 참조합니다.	=매출현황[#머리글]
표[#요약]	표의 요약 행을 참조합니다.	=매출현황[#요약]
표[열머리글]	표에서 지정한 열의 데이터 범위를 참조합니다.	=매출현황[단가]
표[@열머리글]	표에서 지정한 열의 한 셀을 참조합니다.(Excel 2010 이후 버전부터 사용할 수 있습니다.)	=매출현황[@단가]

 # '표'의 주요 기능 다루기

예제 파일 Sample\T04_표.xlsx
완성 파일 Sample\T04_표_완성.xlsx

> **키 워 드** 표
> **길라잡이** [판매현황] 시트를 사용하여 실습을 진행합니다.
> 데이터를 '표'로 변환한 후 구조적 참조 수식, 계산된 열, 요약 행, 슬라이서 등의 표의 주요 기능을 살펴보고 마지막으로 표 기능을 제거하는 방법까지 알아보겠습니다.

01 '표' 기능 적용하기

❶ 데이터 범위 내의 셀을 선택한 후 ❷ [삽입] 탭의 [표] - [표]를 클릭하거나 Ctrl + T 를 누릅니다.

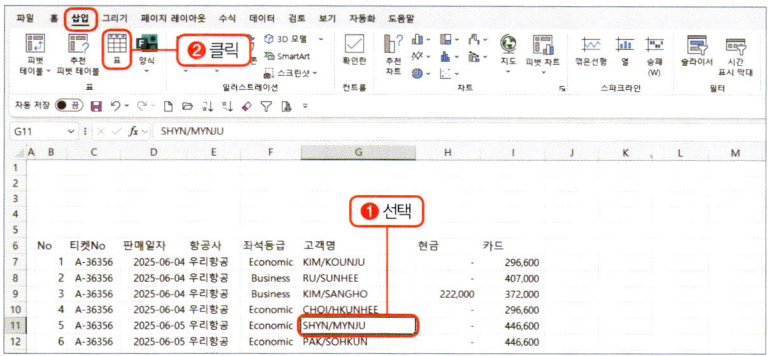

02 데이터 범위 확인 및 머리글 포함하기

[표 만들기] 대화상자가 열리면 [머리글 포함]이 체크되어 있는지 확인한 후 [확인] 버튼을 클릭합니다.

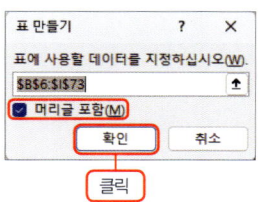

03 표 스타일 변경하기

표가 적용되면 필터 기능과 서식이 자동으로 적용됩니다. 표 스타일을 변경하기 위하여 [테이블 디자인] 탭의 [표 스타일] - [빠른 스타일(▼)]을 클릭하여 임의의 스타일을 선택합니다.

※ Excel 2019 이전 버전은 [테이블 디자인] 탭이 [표 도구] - [디자인]으로 표시됩니다.
※ 셀 포인터가 표 안에 있어야 [테이블 디자인] 리본 메뉴가 표시됩니다.

04 표 이름 변경하기

❶ 표 내의 셀을 선택한 후 ❷ [테이블 디자인] 탭의 [속성] 그룹에서 '표 이름'을 변경합니다. 여기서는 임의의 이름 「판매현황」을 입력한 후 Enter 를 누릅니다.

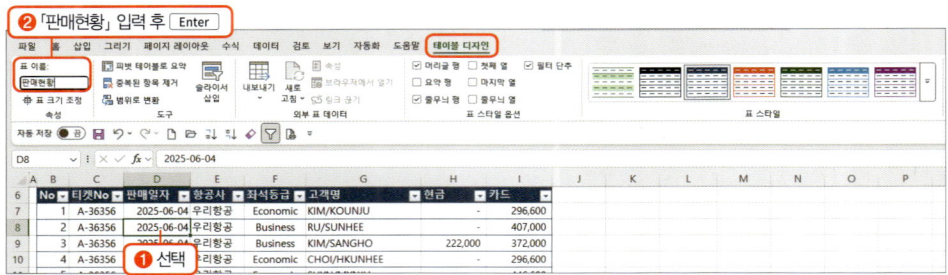

05 슬라이서 삽입하기

❶ 표 내의 셀을 선택한 후 ❷ [테이블 디자인] 탭의 [도구] - [슬라이서 삽입]을 클릭합니다.

06 '좌석등급' 슬라이서 추가하기

[슬라이서 삽입] 대화상자가 열리면 '좌석등급' 열에 체크한 후 [확인] 버튼을 클릭합니다.

07 슬라이서의 열 개수 조정하기

❶ 슬라이서를 선택한 후 ❷ [슬라이서] 탭의 [단추] – [열]의 개수를 「3」으로 조정하고 ❸ 슬라이서 스타일도 변경합니다.

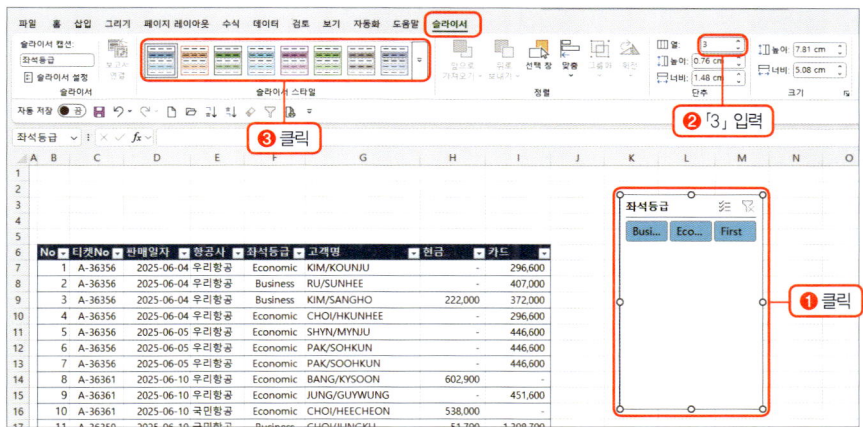

08 슬라이서의 크기 및 위치 조정하기

슬라이서의 크기 조절점을 드래그하여 적당한 크기로 조정하고 위쪽으로 이동합니다.

09 판매 금액 계산하기

❶ [J6] 셀에 「판매금액」을 입력한 후 Enter 를 누릅니다.

❷ [J7] 셀에 수식 「=[@현금]+[@카드]」를 입력한 후 Enter 를 누릅니다.

※ 수식 작성 시 참조할 셀은 마우스로 클릭하여 입력합니다.

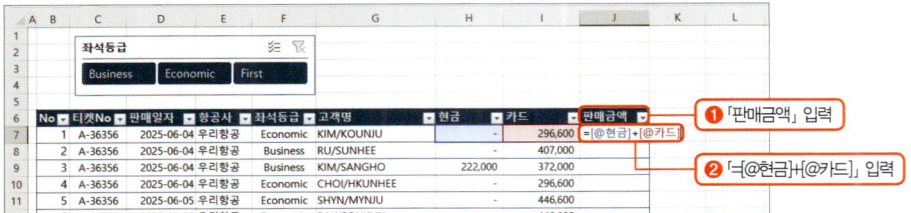

10 요약 행 추가하기

❶ 표 내의 셀을 선택하고 ❷ [테이블 디자인] 탭의 [표 스타일 옵션] 그룹에서 '요약 행'을 체크합니다. 표의 아래쪽에 '요약' 행이 추가되면 ❸ ▼ 버튼을 클릭하여 ❹ 각 열에 필요한 함수를 선택합니다. 만약, 집계 결과가 '####'로 표시되면 열 머리글 경계선을 더블클릭하여 열 너비를 조절합니다.

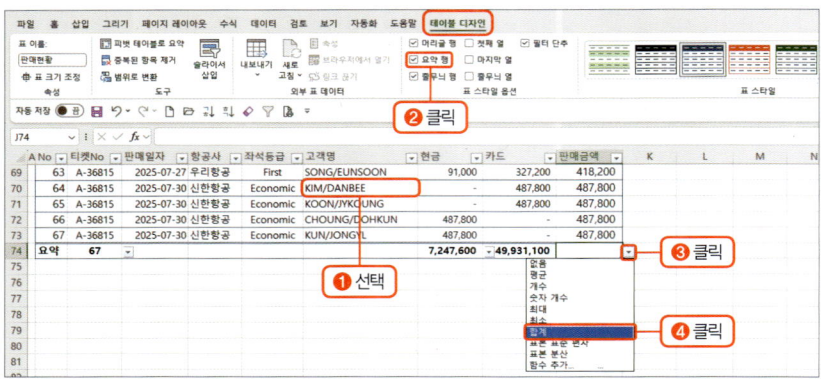

11 설정한 여러 옵션 해제하기

❶ [테이블 디자인] 탭의 [표 스타일 옵션] - [요약 행]의 체크를 해제합니다.
❷ '좌석 등급' 슬라이드에서 [필터 해제(🔽)] 버튼을 클릭하여 필터를 해제합니다.
❸ 슬라이서를 선택한 채 Delete 를 눌러 삭제합니다.

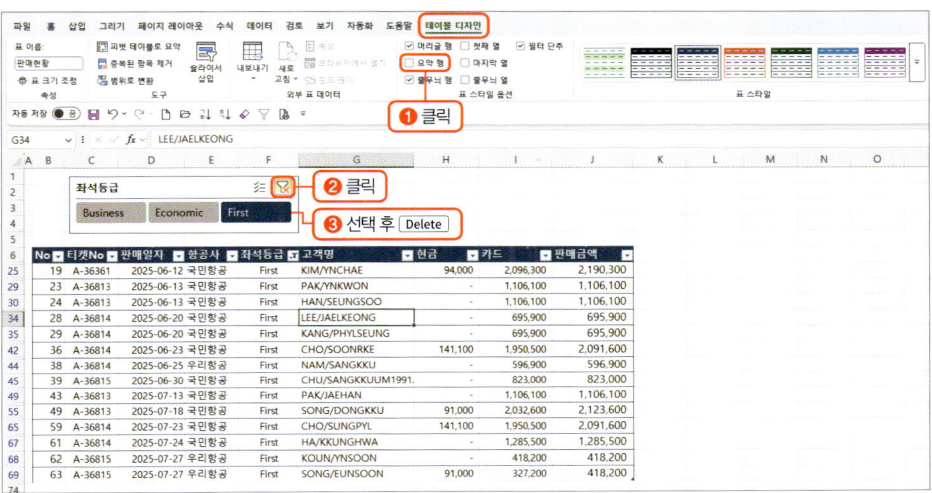

12 표 서식 지우기

❶ 표 내의 셀을 선택한 후 ❷ [테이블 디자인] 탭의 [표 스타일] - [빠른 스타일(▼)] 버튼을 클릭하여 '없음'을 선택합니다.

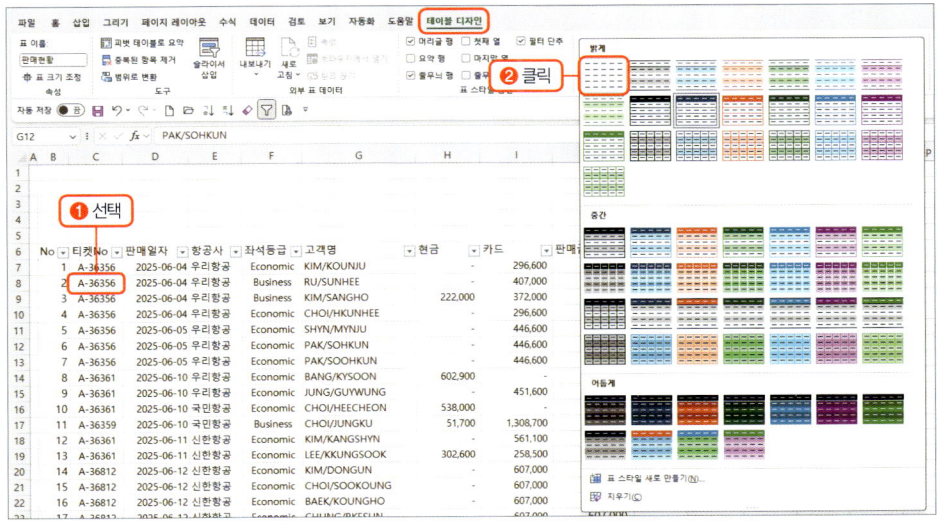

13 표 기능 제거하기

❶ 표 내의 셀을 선택한 후 ❷ [테이블 디자인] 탭의 [도구] - [범위로 변환]을 클릭합니다. "표를 정상 범위로 변환하시겠습니까?"라는 알림이 표시되면 ❸ [예] 버튼을 클릭합니다. 이제 표가 일반 범위로 변환됩니다.

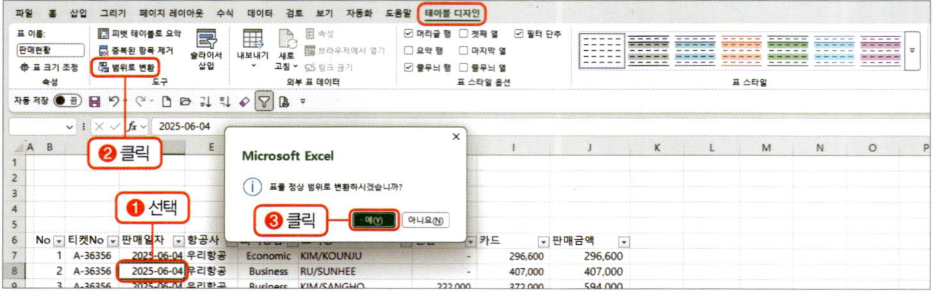

LESSON 03 실무에서 자주 쓰는 데이터 가공 기법

현업에서 원본 데이터를 그대로 활용할 수 있는 경우는 드뭅니다. 대부분의 경우, 데이터를 목적에 맞게 정리하고 변환해야 합니다. 데이터를 가공하는 데는 크게 엑셀의 기본 기능을 활용하는 방법, 함수를 사용하는 방법 그리고 파워 쿼리를 이용하는 방법이 있습니다. 이번 레슨에서는 엑셀의 다양한 기능을 활용하여 데이터를 효과적으로 가공하는 방법을 살펴보겠습니다.

빠른 채우기로 데이터 가공하기

Excel 2013 버전부터 추가된 빠른 채우기는 사용자가 입력한 데이터의 패턴을 인식하여 나머지 셀을 자동으로 채워 주는 기능입니다. 이 기능을 활용하면 반복적인 데이터 입력 작업을 줄이고 데이터 정리 및 변환 작업을 보다 효율적으로 수행할 수 있습니다. 빠른 채우기는 [홈] 탭의 [편집] - [채우기] - [빠른 채우기]를 클릭하거나 Ctrl + E 를 눌러 실행할 수 있습니다.

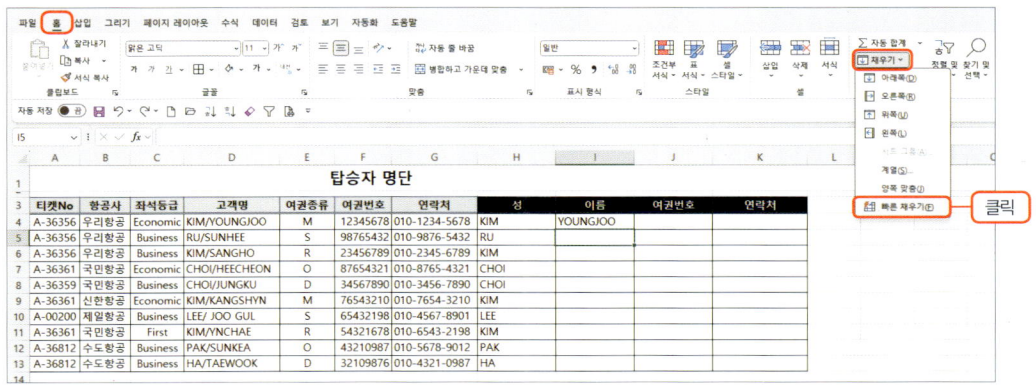

또는 몇 개의 항목을 직접 입력하면 자동으로 패턴을 인식하여 다음에 입력될 내용을 미리 보여 줍니다. 이때 Enter 를 눌러 입력을 완료할 수도 있습니다.

만약, 몇 개의 항목을 입력해도 미리 보기되지 않는다면 다음 설정을 확인합니다.

❶ [홈] 탭에서 [옵션] 버튼을 클릭합니다.
❷ [Excel 옵션] 대화상자가 열리면 [고급] 탭을 클릭합니다.
❸ [빠른 자동 채우기] 옵션에 체크를 합니다.
❹ [확인] 버튼을 눌러 설정을 저장합니다.

핵심기능 찾기/바꾸기로 데이터 가공하기

찾기/바꾸기는 워크시트나 워크북 전체에서 특정 텍스트나 값을 찾아 바꿀 수 있는 기능으로, 데이터 정리나 변환 작업에 주로 사용됩니다. 예를 들어, 데이터에 포함된 불필요한 공백이나 특정 문자를 일괄적으로 변경하거나 제거할 때 유용합니다.
이 기능은 [홈] 탭의 [편집] 그룹에서 [찾기 및 선택 - 바꾸기]를 클릭하거나 Ctrl + H 를 눌러 실행할 수 있습니다.

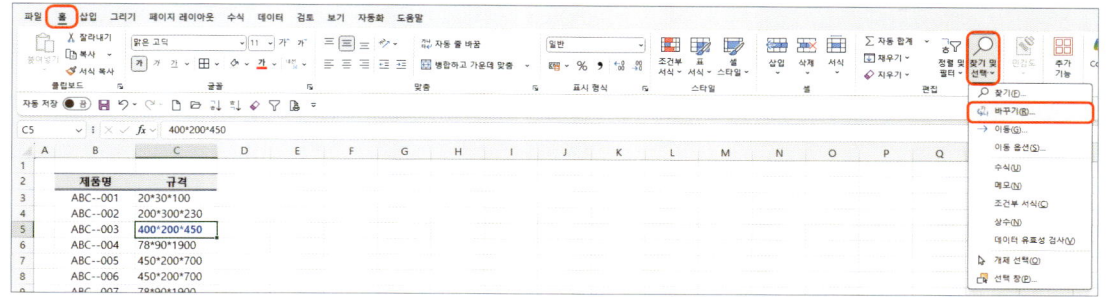

[찾기 및 바꾸기] 대화상자에서 옵션을 설정하면 텍스트는 물론 특정 서식이 적용된 셀이나 전체 셀 내용이 일치하는 셀을 찾아 원하는 형태로 바꿀 수도 있습니다.

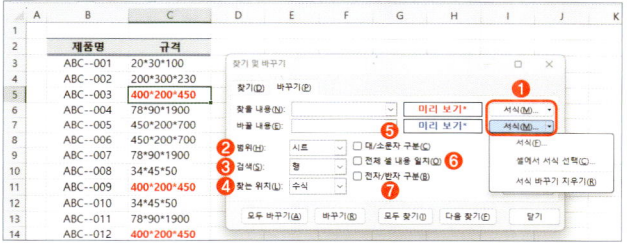

❶ **서식**: 특정 서식(글자색, 셀 배경색 등)을 기준으로 찾거나 바꿀 수 있습니다.
❷ **범위**: '시트'와 '통합 문서'를 선택할 수 있으며 '시트'를 선택하면 현재 시트에서 찾고, '통합 문서'를 선택하면 현재 문서의 모든 시트에서 찾습니다.
❸ **검색**: 검색 방향을 행(좌우)으로 찾을지, 열(위아래)로 찾을지를 결정합니다.
❹ **찾는 위치**: '수식', '값', '메모' 옵션 중에서 선택할 수 있습니다.
❺ **대소문자 구분**: 대문자와 소문자를 구분하여 검색합니다.
❻ **전체 셀 내용 일치**: 전체 셀 내용이 일치하는 셀만 검색합니다.
❼ **전자/반자 구분**: 전자와 반자를 구분하여 검색합니다.

[찾기 및 바꾸기] 대화상자에서 '*'를 와일드카드가 아닌 일반 문자로 인식하게 하려면 '틸드(~)'를 붙여 사용해야 합니다.

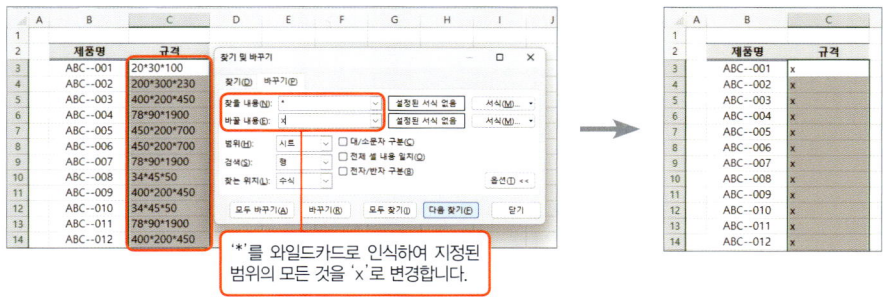

'*'를 와일드카드로 인식하여 지정된 범위의 모든 것을 'x'로 변경합니다.

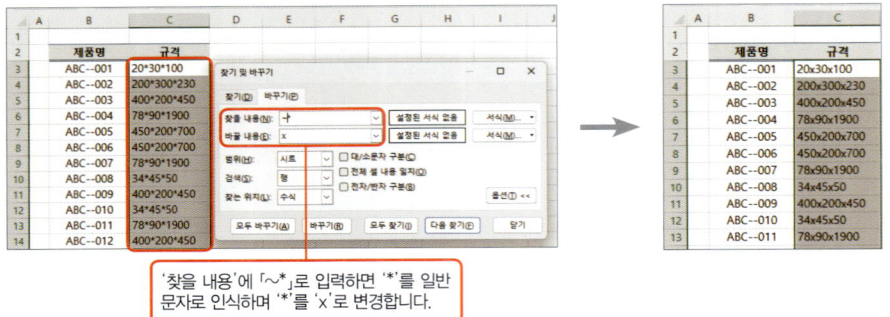

'찾을 내용'에 「~*」로 입력하면 '*'를 일반 문자로 인식하며 '*'를 'x'로 변경합니다.

핵심기능 › 텍스트 나누기로 데이터 가공하기

텍스트 나누기(Text to Columns)는 하나의 셀에 입력된 데이터를 특정 기준(구분 기호 또는 일정한 너비)으로 나누어 여러 개의 셀로 분리하는 기능입니다. 예를 들어, 주소가 한 셀에 모두 입력되어 있을 때 이를 시/도, 구/군, 상세 주소 등으로 분리할 수 있습니다. 텍스트 나누기는 [데이터] 탭의 [데이터 도구] – [텍스트 나누기]를 클릭하여 실행할 수 있습니다.

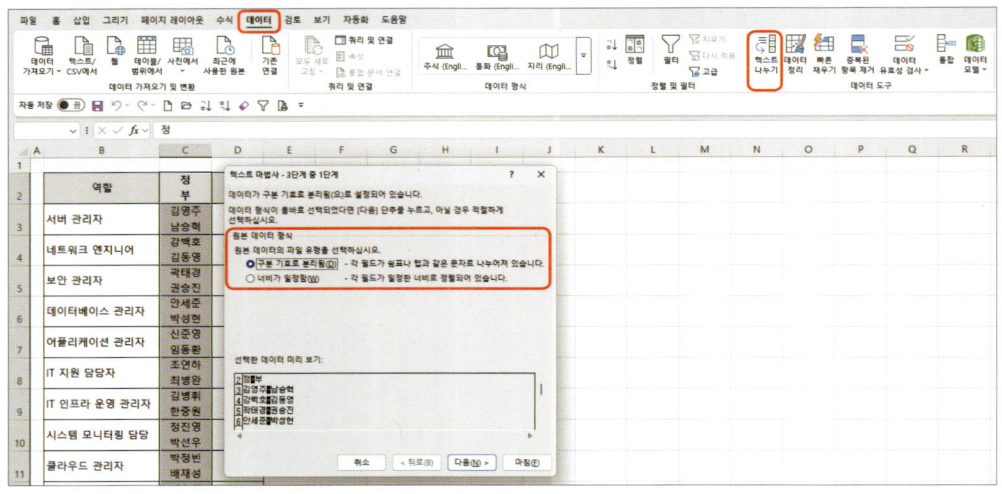

빠른 채우기로 데이터 변환하기

예제 파일 Sample\T04_데이터 가공.xlsx
완성 파일 Sample\T04_데이터 가공_완성.xlsx

키 워 드 빠른 채우기
길라잡이 [빠른 채우기] 시트를 사용하여 실습을 진행합니다.
데이터에서 고객명을 성과 이름으로 분리하거나 전화번호의 일부를 '*'로 마스킹 처리하는 작업은 함수를 이용할 수도 있지만, 빠른 채우기 기능을 활용하는 것이 더욱 쉽고 직관적입니다. 빠른 채우기를 활용하여 데이터를 효율적으로 가공하는 방법을 알아보겠습니다.

01 '성' 추출하기(메뉴 이용)

고객명에서 성을 추출하기 위해 ❶ [G4] 셀에 「KIM」을 입력한 후 Enter 를 누릅니다. ❷ [홈] 탭의 [편집] - [채우기] - [빠른 채우기]를 클릭합니다. 그러면 패턴을 분석해서 나머지 값들을 자동으로 채웁니다.

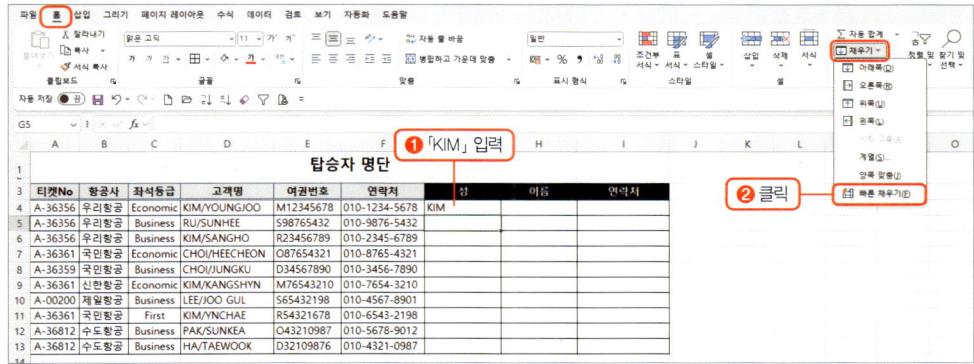

02 '성명' 추출하기(단축키 이용)

고객명에서 '성명'을 추출하기 위해 ❶ [H4] 셀에 「YOUNGJOO」를 입력한 후 Enter 를 누릅니다. ❷ 이어서 Ctrl + E 를 누릅니다.

03 전화번호의 일부분 '*'로 마스킹 처리하기

❶ [I4] 셀에 「010-1234-***」를 입력한 후 Enter 를 누릅니다. ❷ [I5] 셀에 다시 「0」을 입력하면 나머지 전화번호가 미리 보기됩니다. 원하는 형태가 맞으면 ❸ Enter 를 눌러 입력을 완료합니다.

유령 문자 제거로 계산 오류 해결하기

예제 파일 Sample\T04_데이터 가공.xlsx
완성 파일 Sample\T04_데이터 가공_완성.xlsx

키 워 드 찾기 및 바꾸기
길라잡이 [바꾸기] 시트를 사용하여 실습을 진행합니다.
전산 시스템에서 내려받은 데이터에는 숫자 뒤에 공백처럼 보이는 특수 문자(일명 유령 문자)가 포함되어 있는 경우가 있습니다. 이로 인해 숫자가 문자로 인식되어 계산이 되지 않는 문제가 발생할 수 있습니다. 이러한 유령 문자를 간단하게 제거하는 방법을 알아보겠습니다.

01 상황 파악하기

[C14], [D14] 셀에는 SUM 수식이 입력되어 있지만, 수식의 결과는 0입니다. 이는 참조하는 [C5:C13], [D5:D13] 범위의 값들이 문자로 인식되었기 때문입니다.

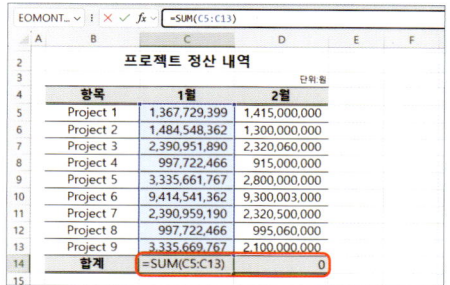

02 유령 문자 복사하기

❶ [C5] 셀을 선택한 후 수식 입력 줄을 확인하면 숫자 끝에 공백처럼 보이는 유령 문자가 있습니다.
❷ 해당 유령 문자를 범위 선택한 후 Ctrl+C를 눌러 복사합니다.
❸ [C5:D13] 영역을 범위 선택합니다.

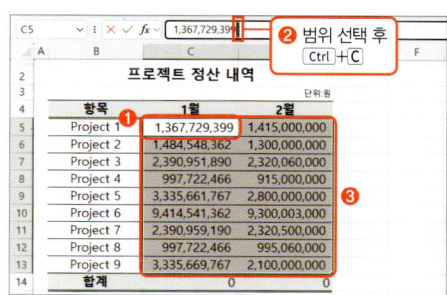

03 찾기 및 바꾸기

❶ Ctrl+H를 눌러 [찾기 및 바꾸기] 대화상자를 엽니다.
❷ '찾을 내용'에 커서를 두고 Ctrl+V를 눌러 복사한 유령 문자를 붙여넣습니다.
❸ '바꿀 내용'은 비워 둡니다(복사한 문자를 제거하기 위함).
❹ [모두 바꾸기] 버튼을 클릭하여 데이터에서 유령 문자를 제거합니다.

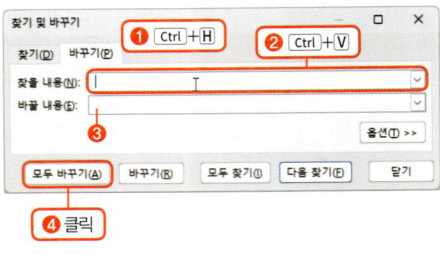

04 결과 확인하기

"18개의 항목이 바뀌었습니다."라는 알림이 표시되면 [확인] 버튼을 클릭한 후 계산 결과가 제대로 나오는지 확인합니다.

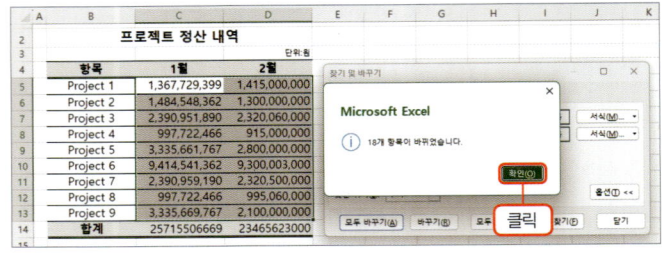

Alt + Enter 로 입력된 데이터를 열로 분리하기

예제 파일 Sample\T04_데이터 가공.xlsx
완성 파일 Sample\T04_데이터 가공_완성.xlsx

키 워 드 텍스트 나누기
길라잡이 [텍스트 나누기] 시트를 사용하여 실습을 진행합니다.
하나의 셀 안에 '정'과 '부' 담당자가 줄 바꿈(Alt + Enter)으로 입력되어 있습니다. 이런 형태로 입력된 데이터는 관리와 분석에 비효율적이므로 각각의 열로 분리하는 것이 좋습니다. 텍스트 나누기 기능을 이용하여 이 문제를 해결하는 방법을 알아보겠습니다.

01 메뉴 실행하기

❶ [C1] 셀에서 Ctrl + Shift + ↓를 눌러 데이터 아래쪽 끝까지 범위를 선택합니다. [데이터] 탭의 [데이터 도구] - [텍스트 나누기]를 클릭합니다.

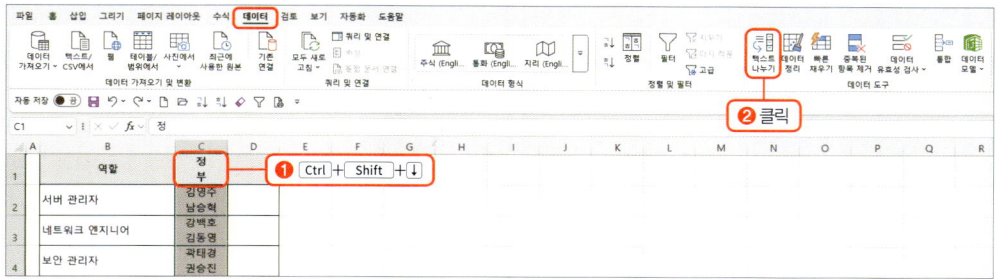

02 원본 데이터 형식 선택하기

[텍스트 마법사 – 3단계 중 1단계] 대화상자가 열리면 ❶ '구분 기호로 분리됨'을 선택한 후 ❷ [다음] 버튼을 클릭합니다.

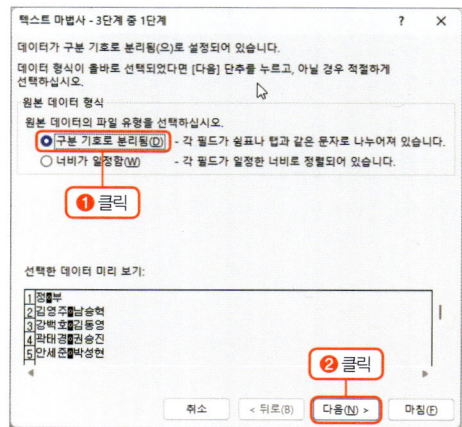

03 구분 기호의 종류 선택하기

[텍스트 마법사-3단계 중 2단계] 대화상자가 열리면 ① '기타'에 체크를 한 후 ② 입력란에서 Ctrl+J를 입력하고 ③ [다음] 버튼을 클릭합니다.

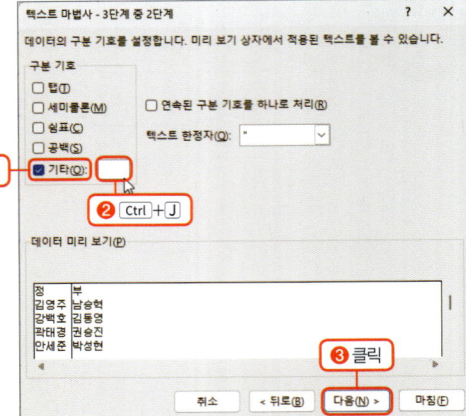

04

[텍스트 마법사-3단계 중 3단계] 대화상자가 열리면 ① '일반'을 선택한 후 ② [마침] 버튼을 클릭합니다.

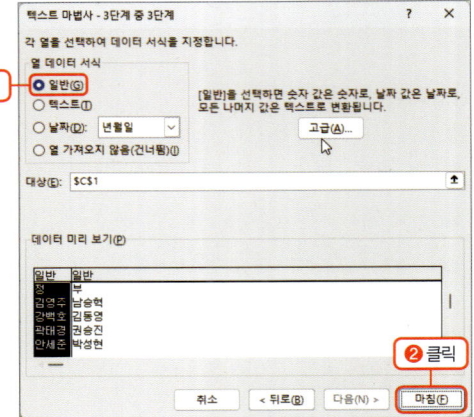

05 알림 확인하기

알림 메시지가 표시되면 [확인] 버튼을 클릭합니다.

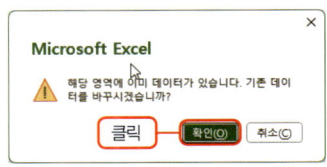

06 결과 확인하기

다음과 같이 한 셀에 입력되어 있던 부담당자가 새로운 열로 분할됩니다.

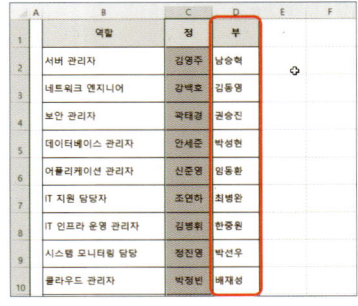

'yyyymmdd' → 'yyyy-mm-dd' 날짜 형식으로 변환하기

예제 파일 Sample\T04_데이터 가공.xlsx
완성 파일 Sample\T04_데이터 가공_완성.xlsx

키 워 드 텍스트 나누기, 찾기 및 바꾸기
길라잡이 [데이터 가공] 시트를 사용하여 실습을 진행합니다.
실습 데이터에는 불필요한 공백으로 인해 동일한 항목이 서로 다른 값으로 인식되는 문제와 시작일과 종료일이 날짜 형식이 아닌 텍스트 형식으로 되어 있어 계산이 되지 않는 문제가 있습니다. 이러한 문제를 해결하기 위해 찾기/바꾸기 기능과 텍스트 나누기 기능을 활용하는 방법을 알아보겠습니다.

01 불필요한 공백 제거하기

❶ [B4:C22] 영역을 선택한 후 ❷ Ctrl + H 를 누릅니다. [찾기 및 바꾸기] 대화상자가 열리면 ❸ '찾을 내용'에 공백(Space Bar)을 입력하고 ❹ [모두 바꾸기] 버튼을 클릭합니다.

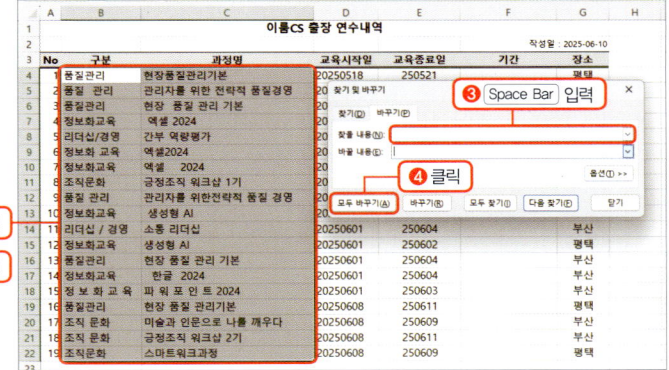

02 변경된 내용 확인하기

"54개 항목이 바뀌었습니다."라는 알림이 표시되면 [확인] 버튼을 클릭합니다.

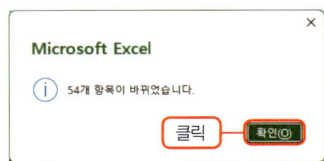

03 '교육 시작일'을 날짜 데이터로 변환하기

[D4:D22] 영역을 선택한 후 [데이터] 탭의 [데이터 도구] - [텍스트 나누기]를 클릭합니다.

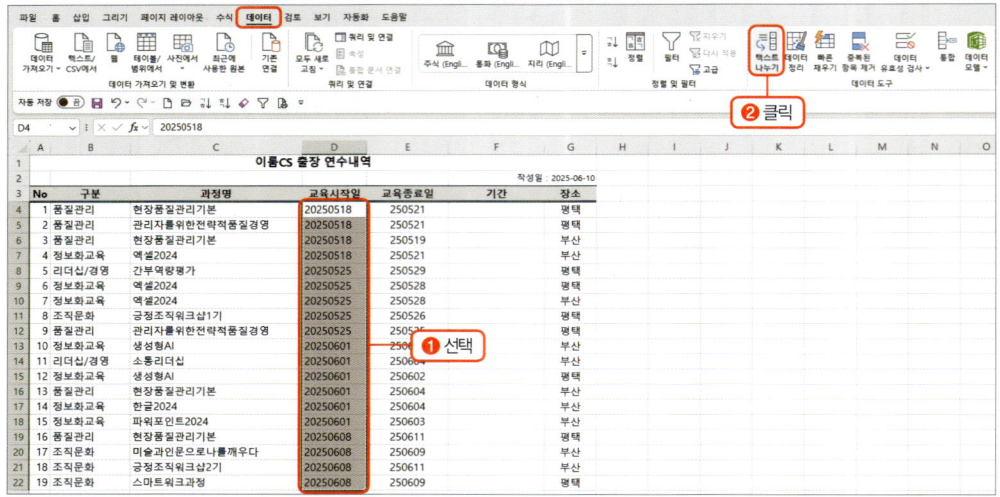

04 원본 데이터 형식 지정하기

[텍스트 마법사 - 3단계 중 1단계] 대화상자가 열리면 [다음] 버튼을 클릭합니다. 실제로 텍스트를 나누는 작업을 수행하지 않을 것이므로 '원본 데이터 형식'은 어떤 옵션을 선택해도 무관합니다.

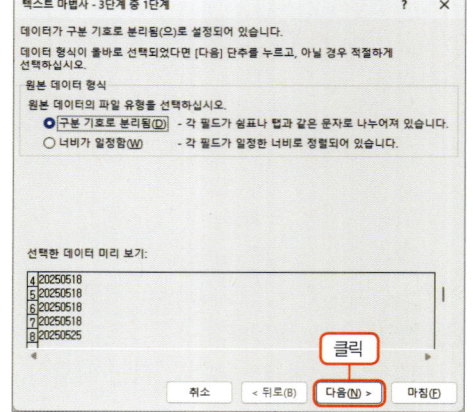

05 구분 기호 지정하기

[텍스트 마법사 – 3단계 중 2단계] 대화상자가 열리면 [다음] 버튼을 클릭합니다. 실제로 텍스트를 나누는 작업을 수행하지 않을 것이므로 '구분 기호'는 어떤 옵션을 선택해도 무관합니다.

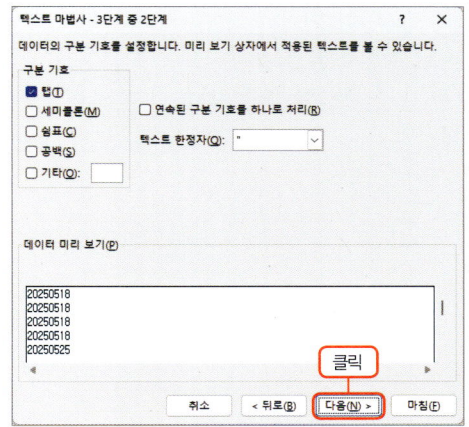

06 열 데이터 서식 지정하기

[텍스트 마법사 – 3단계 중 3단계] 대화상자가 열리면 [열 데이터 서식] 옵션에서 ❶ '날짜'를 선택한 후 ❷ [마침] 버튼을 클릭합니다.

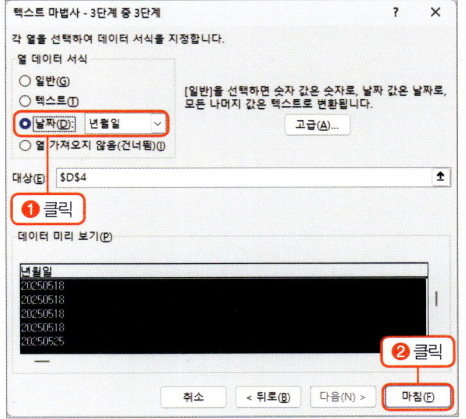

07 '교육 종료일'을 날짜 데이터로 변환하기

[D4:D22] 영역을 선택한 후 [텍스트 나누기] 기능을 사용하여 날짜 데이터로 변환합니다. 이 과정은 따라 하기 03부터 06까지의 단계를 그대로 반복하면 됩니다.

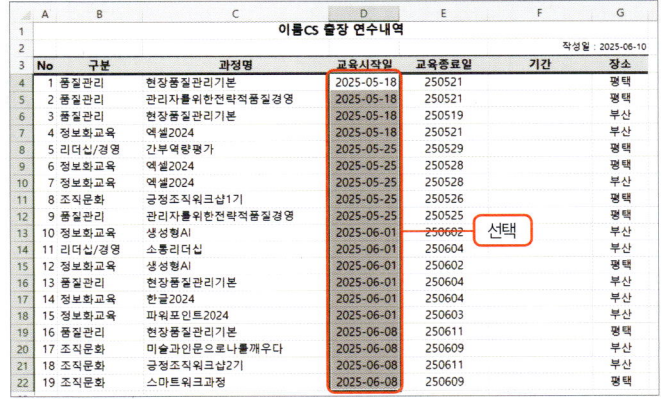

08 기간 계산하기

[F4] 셀에 수식 「=(E4-D4)&"박"&(E4-D4+1)&"일"」을 입력하여 기간을 계산합니다.

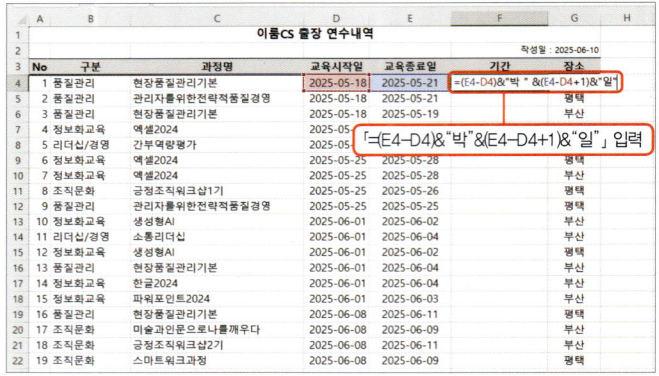

09 수식 복사하기

[F4] 셀의 채우기 핸들을 더블클릭하여 수식을 복사합니다.

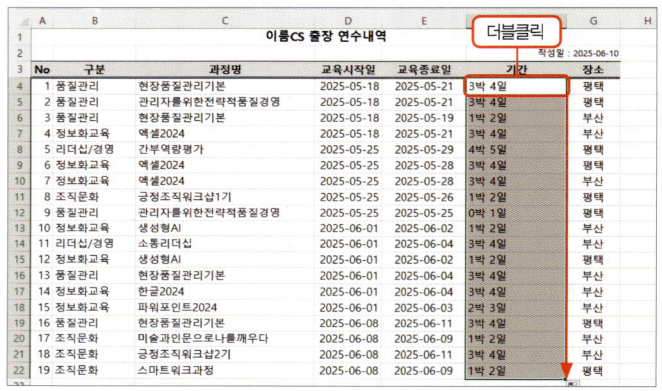

LESSON 04 파워 쿼리를 활용한 데이터 수집 및 가공

파워 쿼리(Power Query)는 엑셀의 데이터 처리 능력을 향상시키는 ETL(추출, 변환, 로드) 도구입니다. 다양한 데이터 원본으로부터 정보를 가져와 정제하고 필요한 형태로 변환하여 엑셀에 적재(Load)하는 전 과정을 자동화할 수 있습니다. Excel 2016 버전부터 기본 기능으로 통합된 파워 쿼리는 반복적인 데이터 처리 작업을 획기적으로 개선하며 대용량 데이터 처리에 탁월한 성능을 보여 줍니다. 이번 레슨에서는 파워 쿼리를 사용할 수 있는 환경을 알아보고 몇 가지 사례를 다루면서 익혀 보겠습니다.

Excel 2016 이전 버전에서 파워 쿼리 사용하기

Excel 2016 이후 버전은 파워 쿼리가 엑셀에 통합되어 있으므로 [데이터] 탭에서 바로 사용할 수 있습니다. Excel 2013 버전은 파워 쿼리를 추가로 설치하여 사용할 수 있으며 설치 단계는 다음과 같은 순서로 진행합니다.

01 엑셀 버전 및 비트 확인하기
[파일] 탭의 [계정]을 클릭하여 엑셀의 버전을 확인한 후 [Excel 정보]에서 32비트 또는 64비트 여부를 확인합니다.

02 https://www.microsoft.com/ko-KR/download/details.aspx?id=39379에서 자신의 비트에 맞는 파일을 다운로드한 후 설치합니다.

03 설치가 완료된 후 엑셀을 실행하면 [파워 쿼리] 리본 탭이 표시됩니다. 단, 설치했음에도 [파워 쿼리] 탭이 보이지 않는 경우에는 다음 절차에 따라 메뉴를 활성화합니다.

❶ [파일] 탭의 [옵션]을 클릭합니다.
❷ [Excel 옵션] 대화상자가 열리면 [추가 기능] 탭에서 'COM 추가 기능'을 선택한 후 [이동] 버튼을 클릭합니다.
❸ [COM 추가 기능] 대화상자가 열리면 'Microsoft Excel용 파워 쿼리'에 체크를 한 후 [확인] 버튼을 클릭합니다.

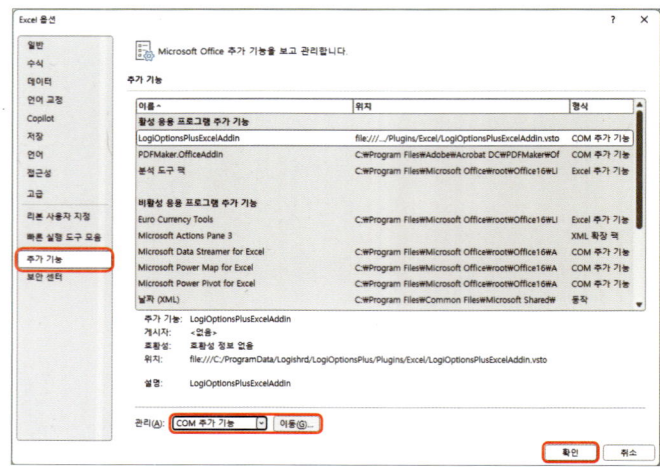

핵심기능 파워 쿼리로 데이터 가공하기

파워 쿼리는 [데이터] 탭의 [데이터 가져오기 및 변환] 그룹에 있는 명령을 사용하여 가공할 원본 데이터에 연결합니다.

[데이터] 탭의 [데이터 가져오기 및 변환] - [데이터 가져오기]를 클릭하면 세부적으로 어떤 원본에 연결할 수 있는지 확인할 수 있습니다. Excel 파일, 텍스트/CSV 파일, PDF, 폴더 등의 파일뿐만 아니라 데이터베이스, 웹에 접근하여 데이터를 연결할 수도 있습니다.

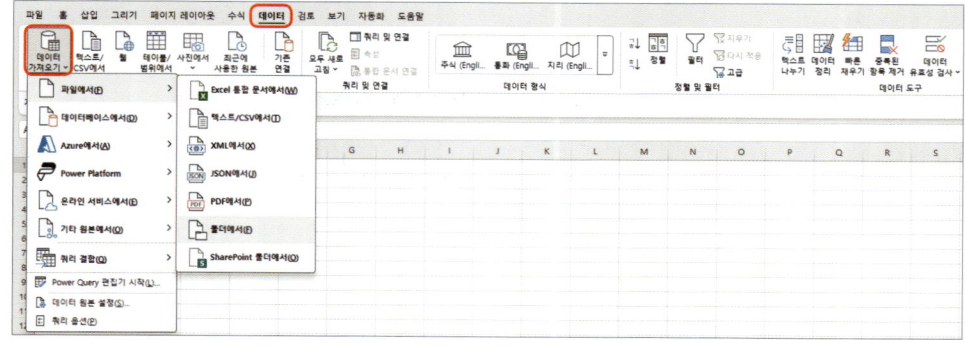

데이터 원본에 연결하면 표시되는 [탐색 창]에서 데이터를 미리 보기한 후 가공이 필요하면 [데이터 변환] 탭을 누르고, 가공이 필요하지 않으면 [로드]를 눌러 엑셀로 로드합니다.

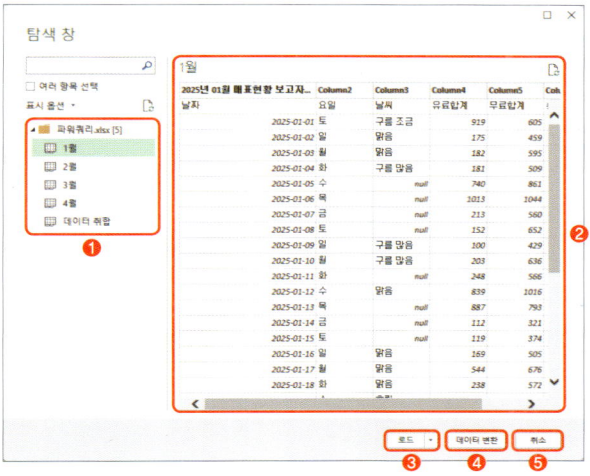

❶ 데이터 원본
❷ 데이터 미리 보기 창
❸ **로드**: 엑셀로 데이터를 로드합니다.
❹ **데이터 변환**: [Power Query 편집기] 창을 열어 데이터를 가공합니다.
❺ **취소**: 데이터 가져오기를 취소하고 창을 닫습니다.

데이터를 가공하기 위해 [데이터 변환] 버튼을 눌렀다면 [Power Query 편집기] 창이 열립니다. [Power Query 편집기] 창에서 데이터를 추출 및 변환한 후에 [홈] 탭의 [닫기 및 로드]를 클릭하여 엑셀로 로드할 수 있습니다.

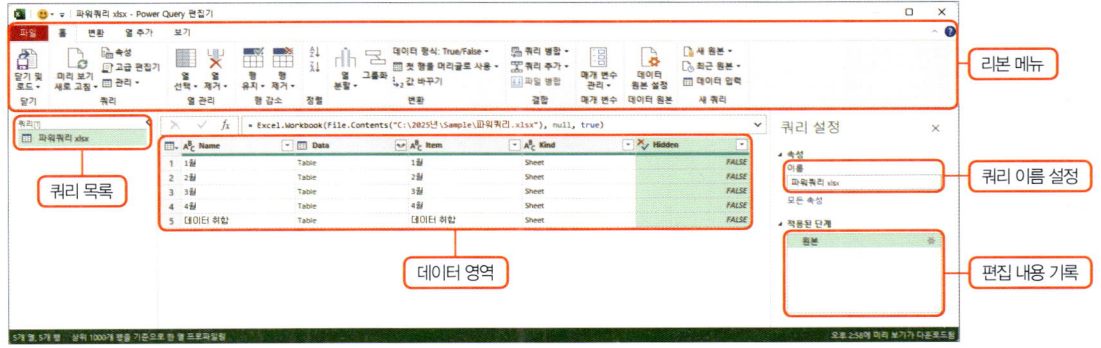

Lesson 04 _ 파워 쿼리를 활용한 데이터 수집 및 가공 **179**

[파워 쿼리] 가로형 데이터를 세로형으로 변환하기

예제 파일 Sample\T04_파워 쿼리.xlsx
완성 파일 Sample\T04_파워 쿼리_완성.xlsx

키 워 드 파워 쿼리, 열 피벗 해제
길라잡이 [생산 현황] 시트를 사용하여 실습을 진행합니다.
[생산현황] 시트에는 일별 생산현황 데이터가 가로 방향으로 구성되어 있습니다. 이러한 구조는 일별 데이터를 직관적으로 확인하기에는 용이하지만 데이터 집계 및 분석에는 비효율적입니다. 파워 쿼리의 '열 피벗 해제' 기능을 활용하여 가로로 나열된 날짜 데이터를 세로 방향으로 변환하여 데이터베이스형 테이블 구조로 재구성하는 방법을 알아보겠습니다.

[완성 예제 미리 보기]

01 데이터를 '표'로 전환하기

일반 범위는 파워 쿼리로 연결할 수 없으므로 '표'로 변환해야 합니다. ❶ 데이터 범위 내의 셀을 선택한 후 Ctrl + T 를 누릅니다. [표 만들기] 대화상자가 열리면 ❷ '머리글 포함'에 체크를 한 후 ❸ [확인] 버튼을 클릭합니다.

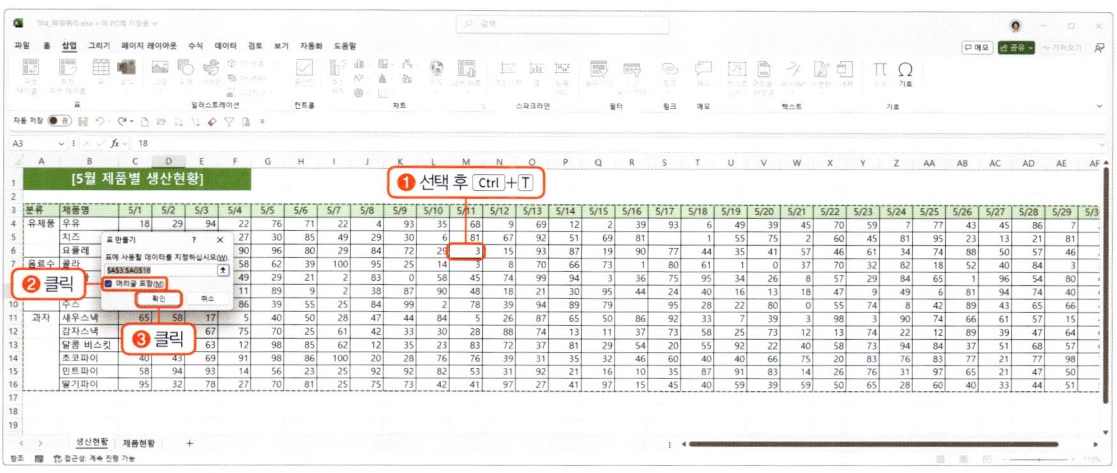

02 표 이름 설정하기

[테이블 디자인] 탭의 [속성]에서 '표 이름'을 임의로 설정합니다. 여기서는 「생산현황」을 입력한 후 Enter 를 누릅니다.

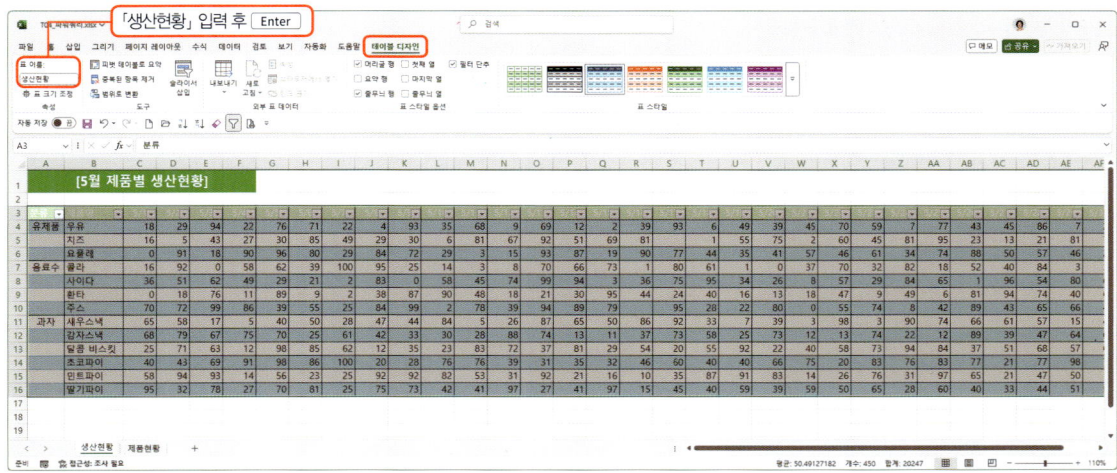

03 파워 쿼리 실행하기

표 내의 셀을 선택한 후 [데이터] 탭의 [데이터 가져오기 및 변환] - [테이블/범위에서]를 클릭합니다.

※ Excel 2013 버전은 [파워 쿼리] 탭의 [Excel 데이터] - [테이블/범위에서]를 클릭
※ Excel 2016 버전은 [데이터] 탭의 [가져오기 및 변환] - [테이블에서]를 클릭

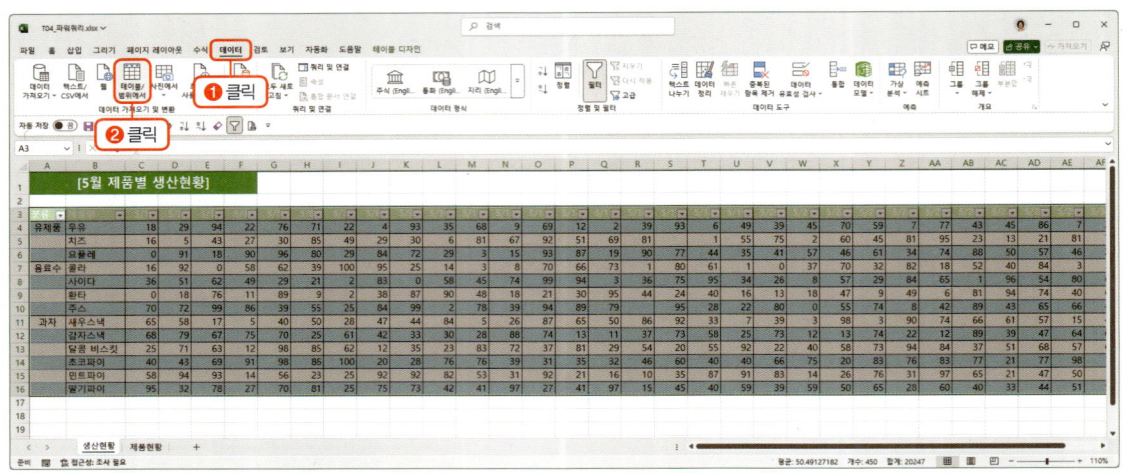

04 빈 셀에 데이터 채우기

[PowerQuery 편집기] 창이 열리면 ❶ '분류' 열 머리글을 선택하고 ❷ 마우스 오른쪽 버튼을 클릭하여 [채우기] - [아래로] 명령을 선택합니다.

> 사용자가 수행하는 모든 작업은 [적용된 단계] 영역에 자동으로 기록됩니다. 잘못된 작업이 있을 경우, 해당 단계를 삭제하여 쉽게 되돌릴 수 있습니다.

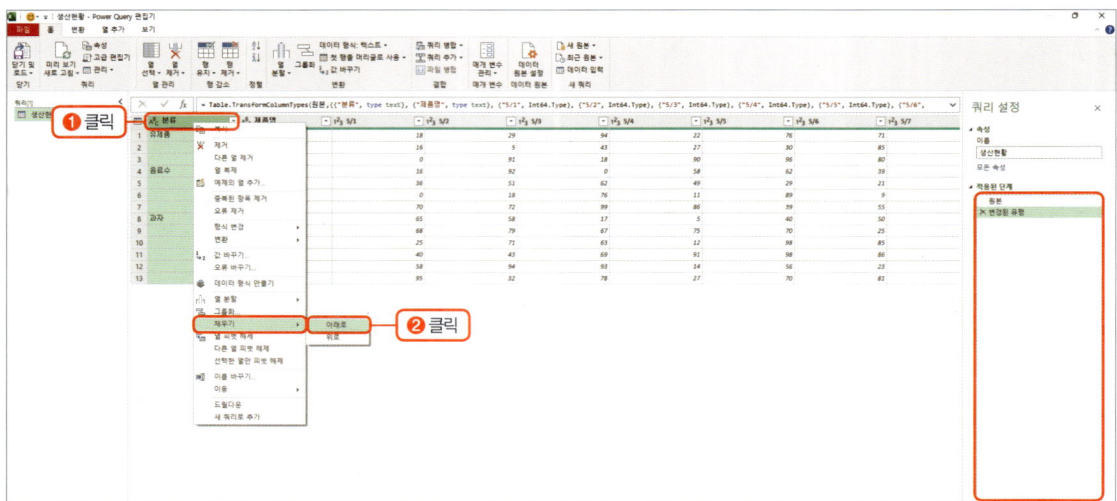

05 다른 열 피벗 해제

❶ '분류' 열을 선택하고 ❷ Shift 를 누른 상태로 '제품명' 열을 선택합니다. ❸ 마우스 오른쪽 버튼을 클릭하여 [다른 열 피벗 해제] 명령을 선택합니다. 선택하지 않은 나머지 열이 피벗 해제됩니다.

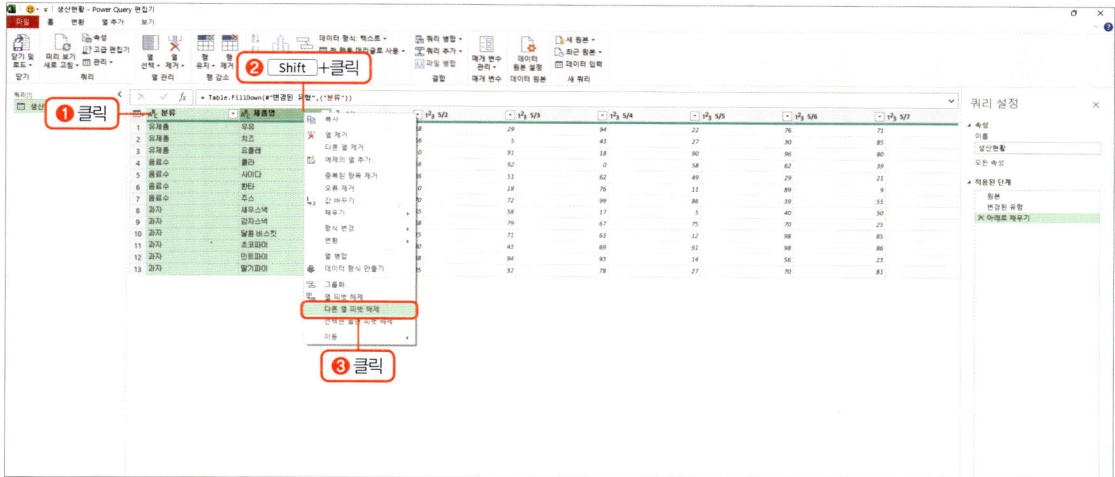

06 데이터 형식 변경하기

데이터의 구조가 변경되었습니다. 이제, ❶ '특성' 열 앞의 아이콘(ABC)을 클릭하여 ❷ 데이터 형식을 '날짜'로 변경합니다. 아이콘이 보이지 않으면 [변환] 탭의 [데이터 형식]을 클릭하여 '날짜'로 변경합니다.

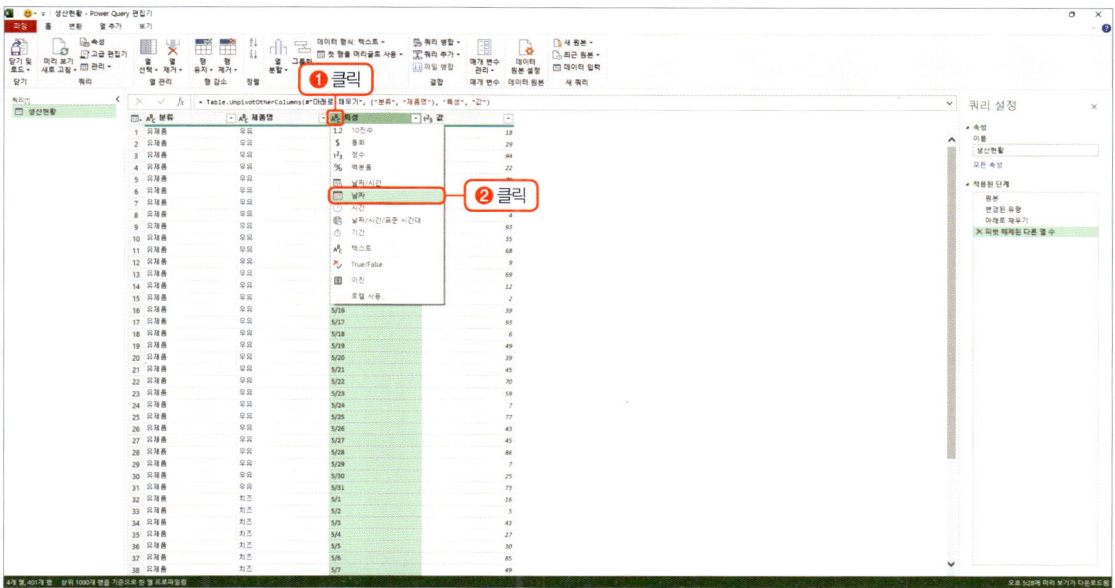

Lesson 04 _ 파워 쿼리를 활용한 데이터 수집 및 가공   183

07 열 머리글 이름 변경하기

열 머리글을 더블클릭하여 이름을 변경합니다.

'특성' → '날짜'

'값' → '생산 수량'

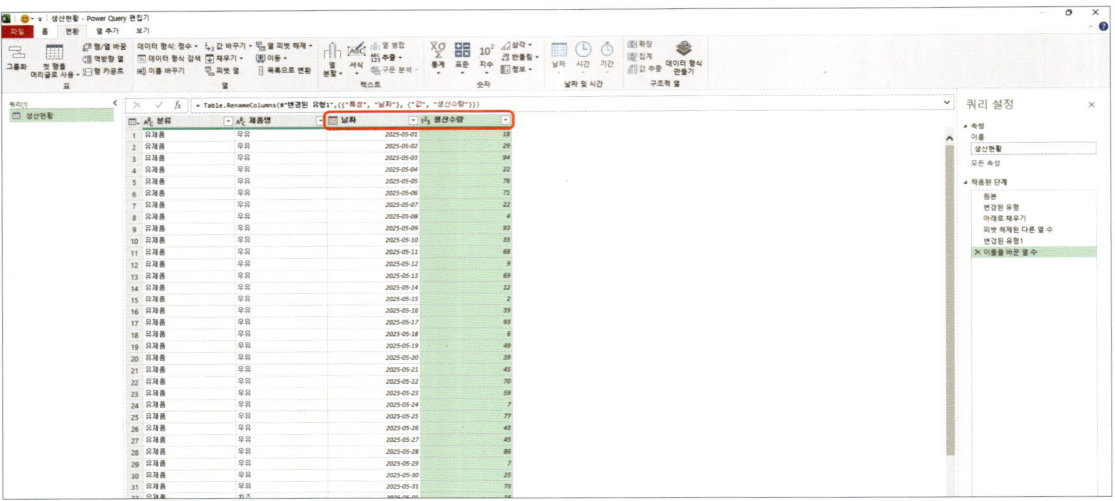

08 엑셀로 로드하기

[홈] 탭의 [닫기 및 로드]를 클릭합니다.

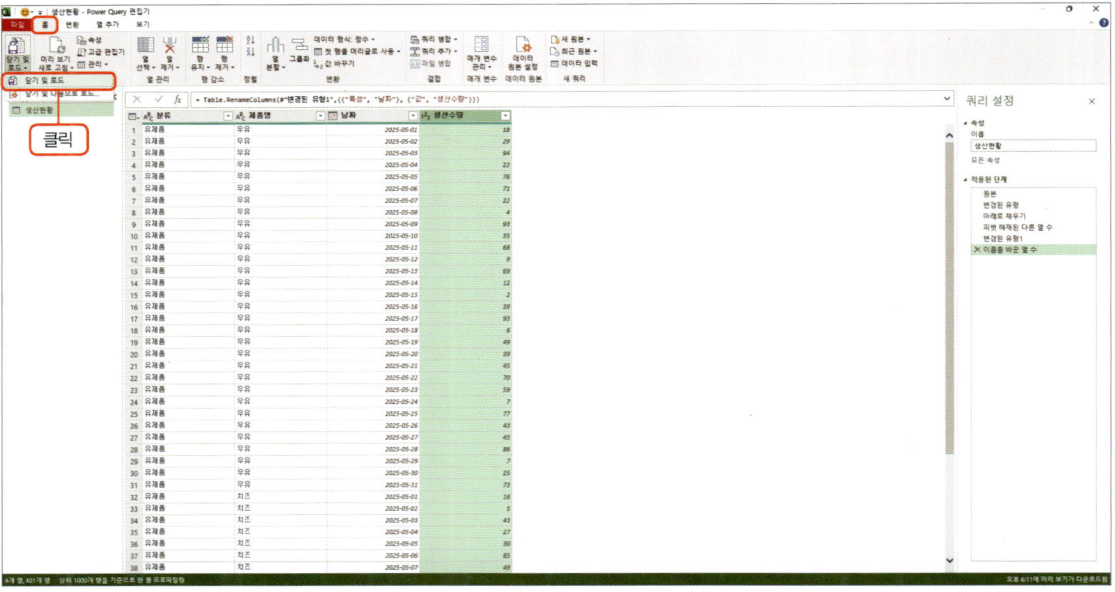

09 확인하기

'생산 현황(2)'라는 시트가 추가되면서 쿼리 결과가 '표'의 형태로 로드됩니다.

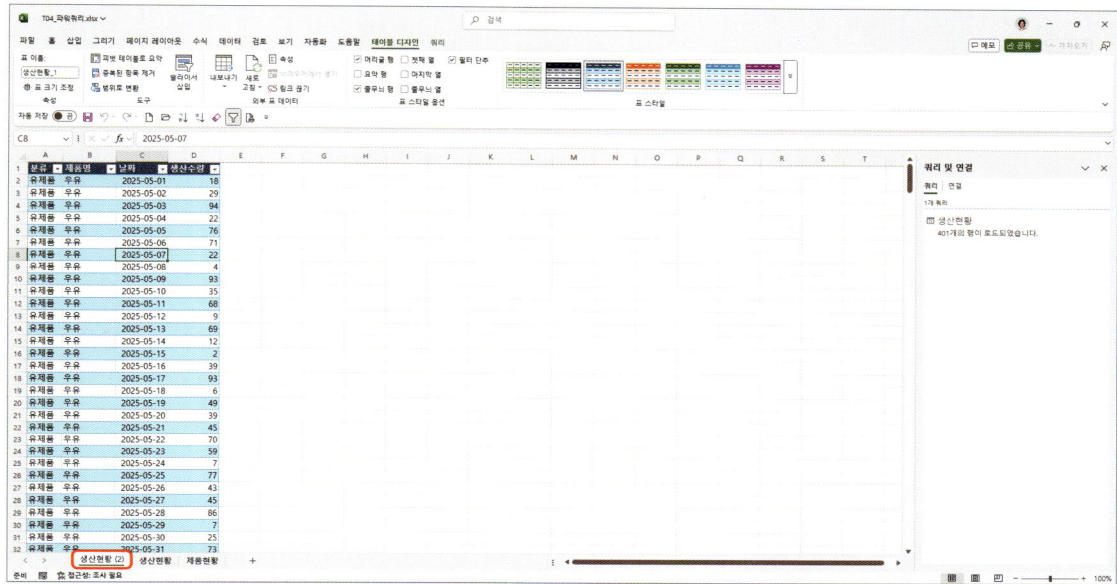

10 원본 데이터 변경하기

원본 데이터가 변경되거나 추가되었을 때 쿼리 결과에 어떤 영향을 주는지 확인해 보겠습니다. [생산현황] 시트를 선택한 후 [B11] 셀의 값 '새우스낵'을 「새우깡」으로 수정합니다.

11 쿼리 업데이트하기

다시 쿼리 결과가 있는 ❶ [생산 현황(2)] 시트를 선택합니다. ❷ 표 내의 셀을 선택한 후 ❸ [쿼리] 탭의 [로드] – [새로 고침]을 클릭합니다.

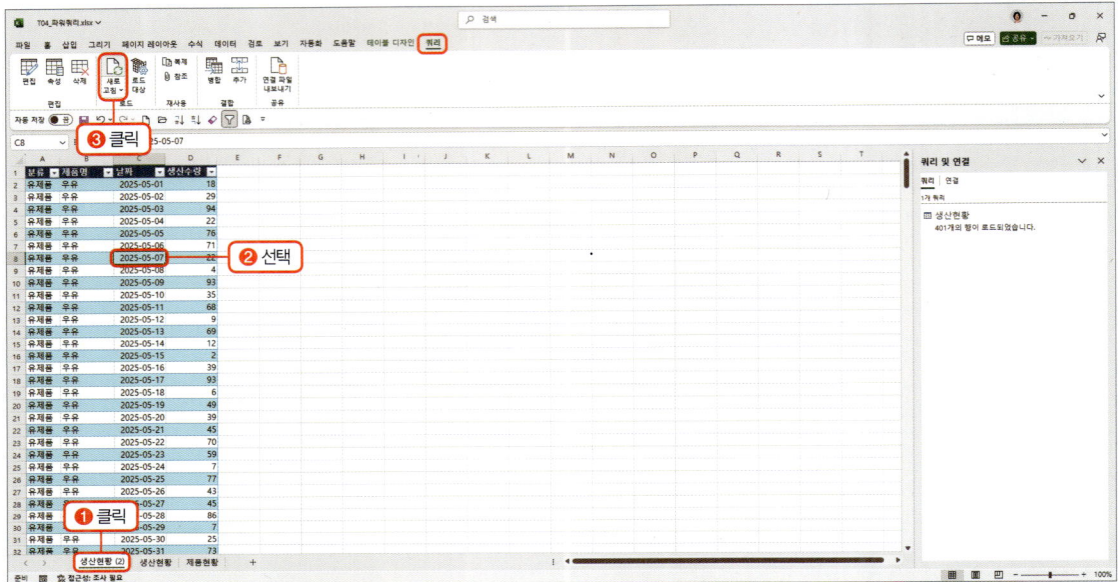

12 업데이트 결과 확인하기

스크롤바를 아래로 내리면 '새우깡'으로 업데이트된 것을 확인할 수 있습니다.

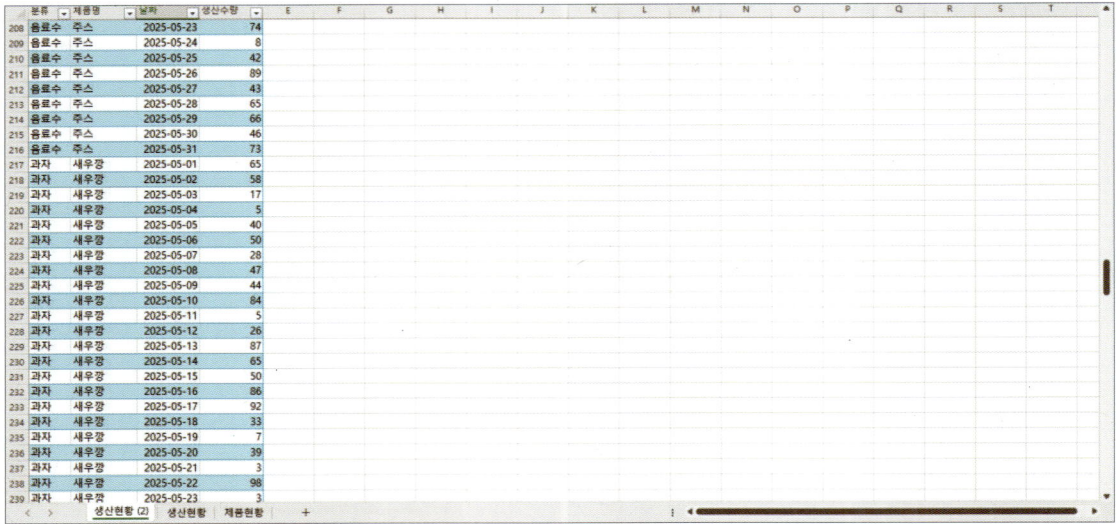

13 쿼리 편집 및 삭제하기

만약, [Power Query 편집기]를 열어 쿼리를 편집하고 싶다면 [쿼리] 탭의 [편집] - [편집]을 클릭합니다. 해당 쿼리를 삭제하고 싶다면 [쿼리] 탭의 [편집] - [삭제]를 클릭합니다.

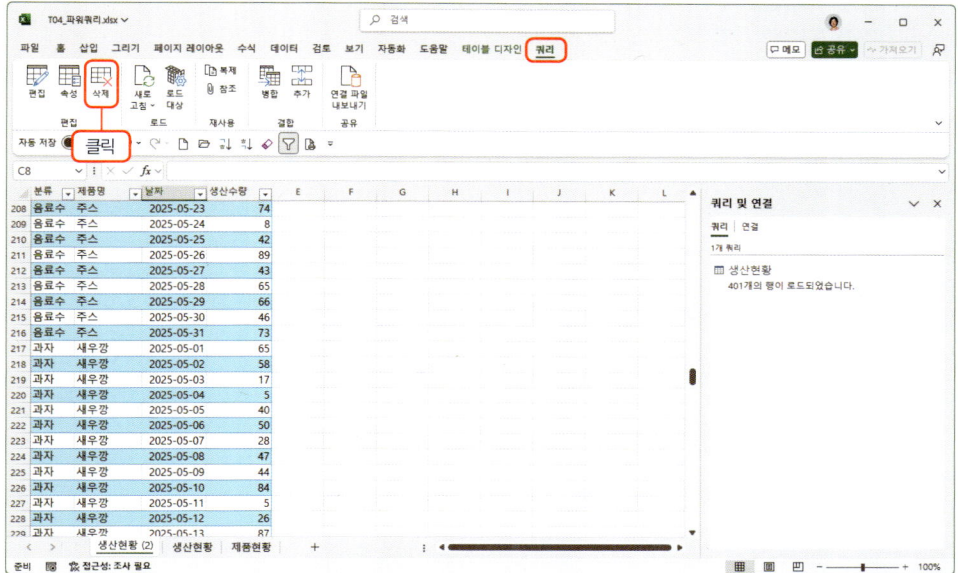

[파워 쿼리] 구분 기호를 기준으로 행으로 분리하기

예제 파일 Sample\T04_파워 쿼리.xlsx
완성 파일 Sample\T04_파워 쿼리_완성.xlsx

키 워 드 파워 쿼리, 열 분할, 행 분할
길라잡이 [제품 현황] 시트를 사용하여 실습을 진행합니다.
데이터셋의 각 셀에는 제품 번호, 분류, 제품명, 규격 등 여러 정보가 하나의 문자열로 통합되어 있습니다. 데이터 관리와 분석의 효율성을 높이기 위해 이를 의미 있는 단위로 분리하는 작업이 필요합니다. 이번에는 파워 쿼리를 활용하여 다음 두 가지 분할 방법을 다루는 방법에 대해 알아보겠습니다.
  1. 공백을 기준으로 열 분할: 제품 번호, 분류, 제품명, 규격을 각각의 열로 분리
  2. 슬래시(/)를 기준으로 행 분할: 규격 정보를 개별 행으로 확장

[완성 예제 미리 보기]

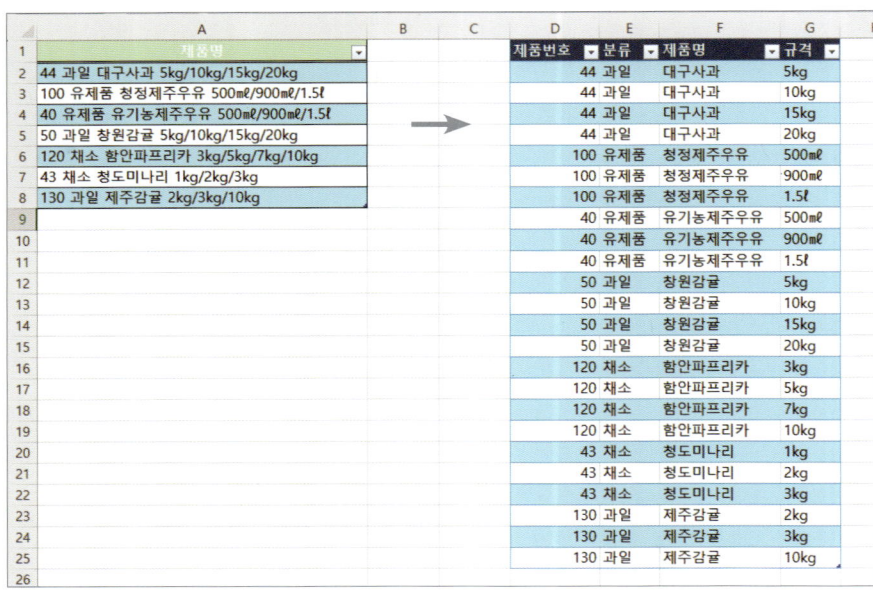

01 데이터를 '표'로 변환하기

❶ 데이터 범위 내의 셀을 선택한 후 Ctrl+T를 누릅니다. [표 만들기] 대화상자가 열리면 ❷ '머리글 포함'에 체크를 확인한 후 [확인] 버튼을 클릭합니다.

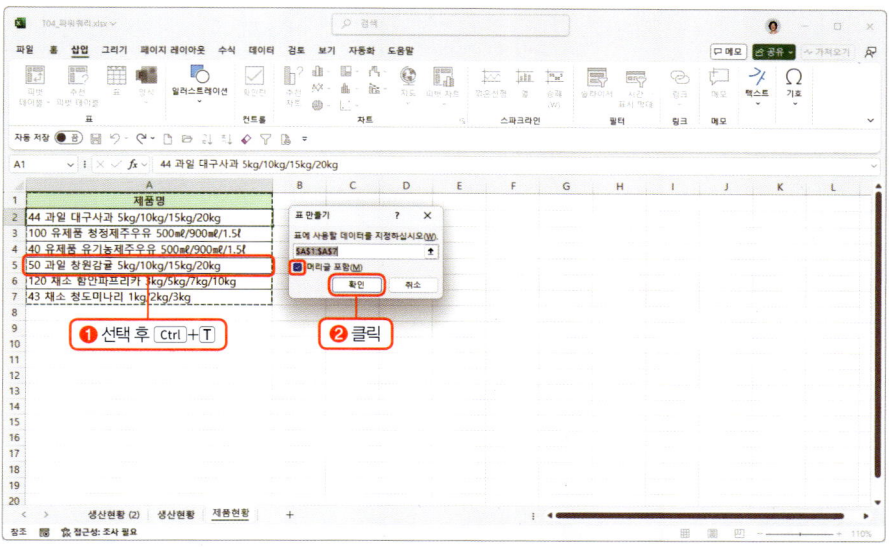

02 표 이름 설정하기

[테이블 디자인] 탭의 [속성]에서 '표 이름'을 임의로 설정합니다. 여기서는 「제품목록」을 입력한 후 Enter를 누릅니다.

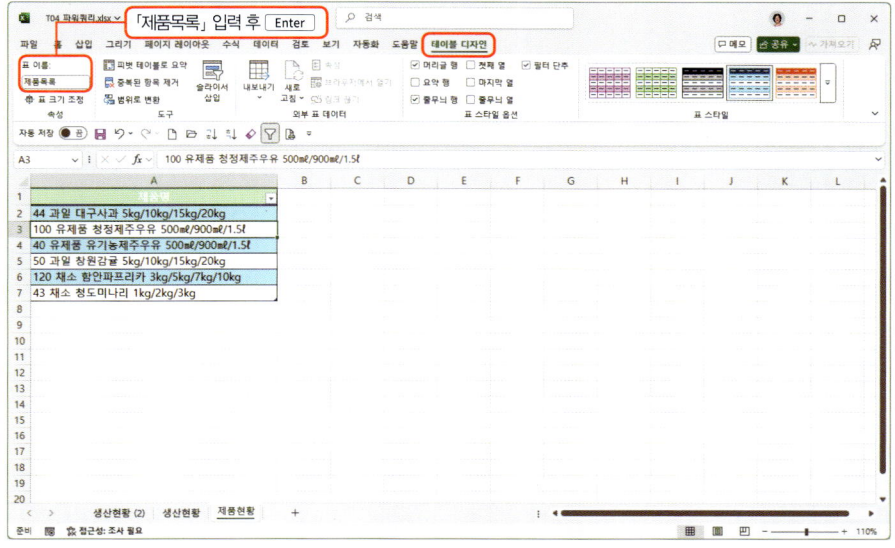

Lesson 04 _ 파워 쿼리를 활용한 데이터 수집 및 가공 **189**

03 파워 쿼리 실행하기

❶ 표 내의 셀을 선택한 후 ❷ [데이터] 탭의 [데이터 가져오기 및 변환] – [테이블/범위에서]를 클릭합니다.

※ Excel 2013 버전은 [파워 쿼리] 탭의 [Excel 데이터] – [테이블/범위에서]를 클릭

※ Excel 2016 버전은 [데이터] 탭의 [가져오기 및 변환] – [테이블에서]를 클릭

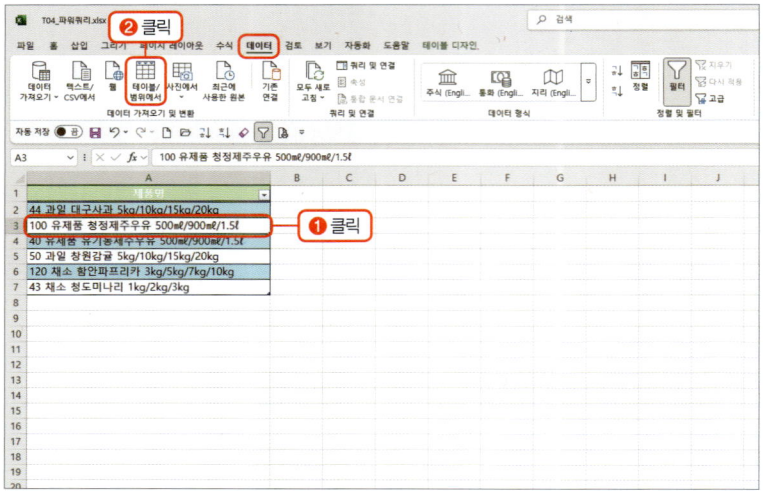

04 공백을 기준으로 열로 분할하기

[Power Query 편집기] 창이 열리면 ❶ '제품명' 열 머리글을 선택합니다. ❷ [변환] 탭의 [열 분할] – [구분 기호 기준]을 클릭합니다.

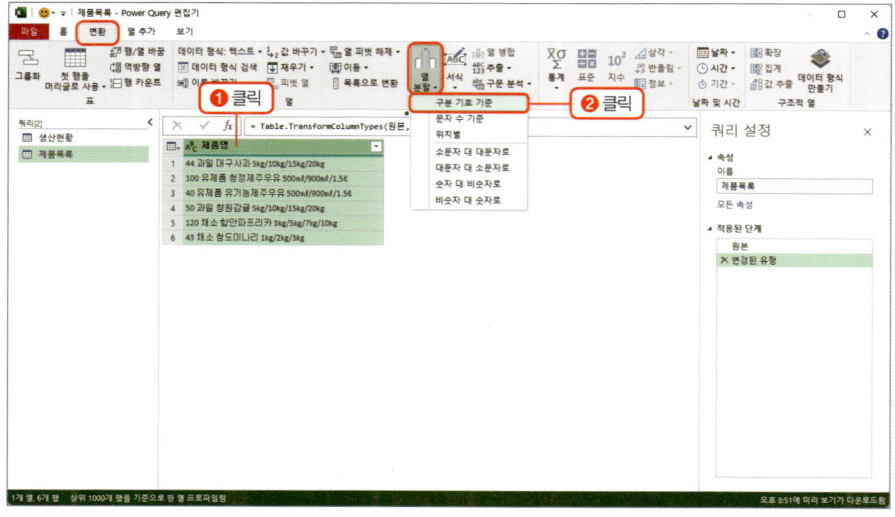

05 [열 분할] 옵션 설정하기

[구분 기호에 따라 열 분할] 대화상자가 열리면 ❶ '구분 기호 선택 또는 입력' 항목에서 '공백'을 선택한 후 ❷ [확인] 버튼을 클릭합니다.

06 '/'를 기준으로 행으로 분할하기

공백을 기준으로 열로 분할되었습니다. ❶ 네 번째 열을 클릭한 후 ❷ [변환] 탭의 [열 분할] - [구분 기호 기준]을 클릭합니다.

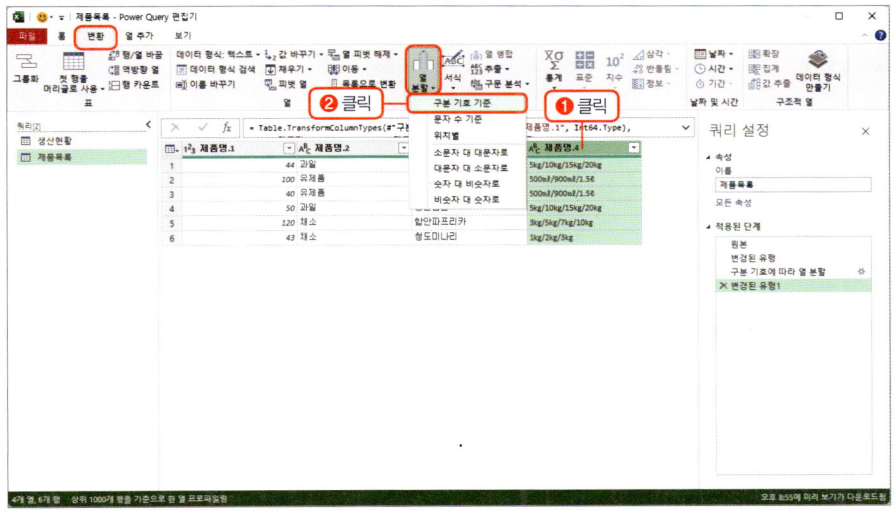

07 [행 분할] 옵션 설정하기

[구분 기호에 따라 열 분할] 창이 열리면 다음과 같이 지정합니다.
❶ '구분 기호 선택 또는 입력': [사용자 지정]을 선택한 후 「/」를 입력
❷ [고급] 옵션을 클릭
❸ 다음으로 분할: '행'을 선택
❹ [확인] 버튼 클릭

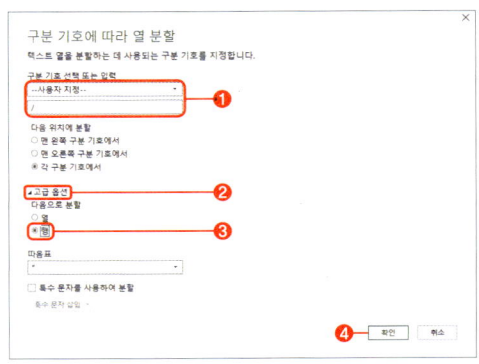

Lesson 04 _ 파워 쿼리를 활용한 데이터 수집 및 가공 191

08 다음과 같이 '규격'이 행으로 분할되었습니다.

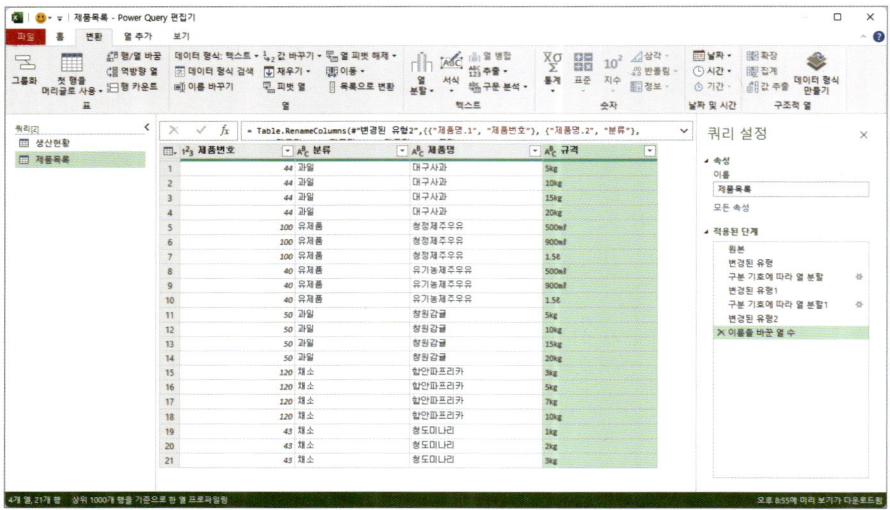

09 엑셀로 로드하기

[홈] 탭의 [닫기 및 로드] – [닫기 및 다음으로 로드]를 선택합니다.

▶ [닫기 및 로드]: 새로운 시트를 자동으로 추가하면서 쿼리 결과를 '표'로 로드합니다.
▶ [닫기 및 다음으로 로드]: 쿼리 결과를 로드할 위치를 사용자가 선택할 수 있습니다.

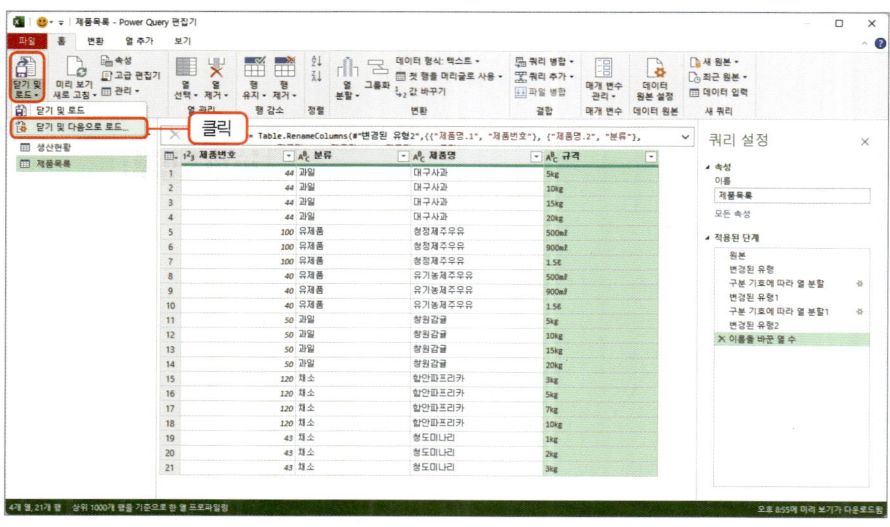

10 로드할 위치 선택하기

엑셀 창으로 전환되어 [데이터 가져오기] 대화상자가 열리면 ❶ '표'와 '기존 워크시트'를 선택한 후 ❷ 임의의 위치 [D1] 셀을 지정하고 ❸ [확인] 버튼을 클릭합니다.

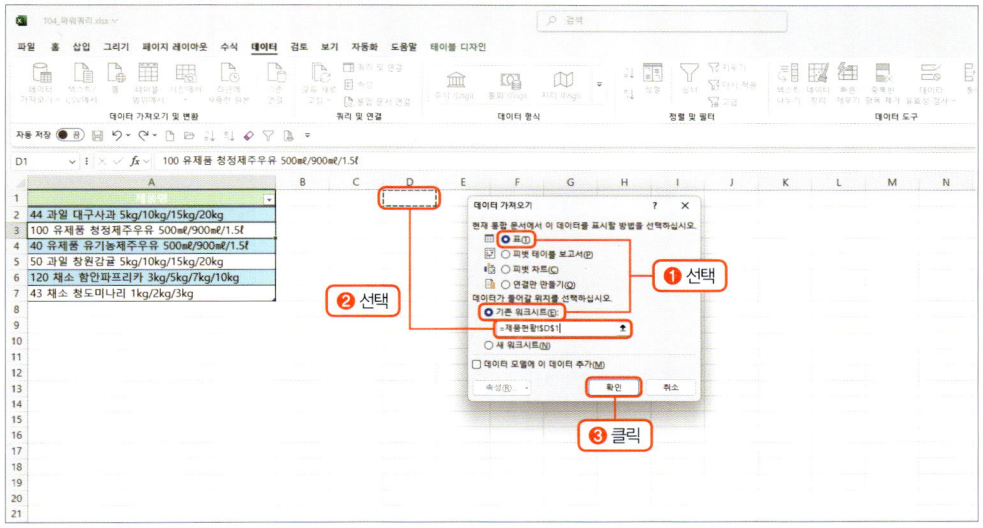

11 쿼리 결과 확인하기

다음과 같이 데이터 구조가 변경되어 관리 및 분석하기 편리한 형태가 되었습니다.

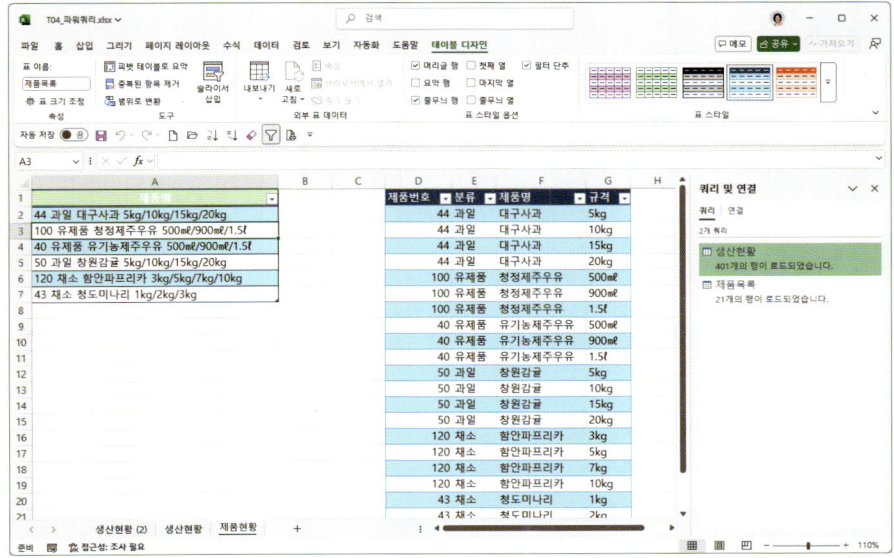

12 원본에 데이터 추가하고 쿼리 업데이트하기

[A8] 셀에 「130 과일 제주 감귤 2kg/3kg/10kg」 데이터를 추가합니다. 쿼리 결과가 있는 표를 선택한 후 [쿼리] 탭의 [로드] - [새로 고침]을 클릭합니다.

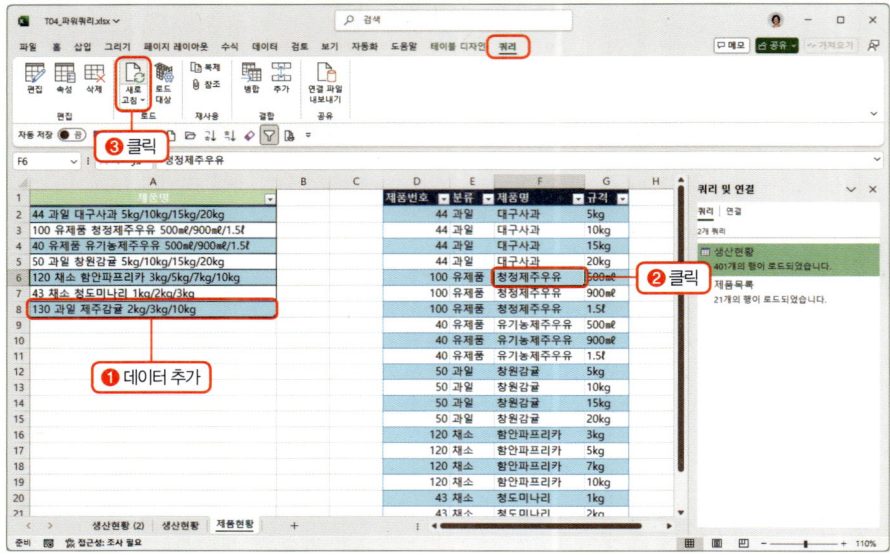

13 업데이트 확인하기

원본에 추가한 데이터가 열 분할과 행 분할 과정을 거쳐 쿼리 결과 표에 올바르게 반영되었는지 확인합니다.

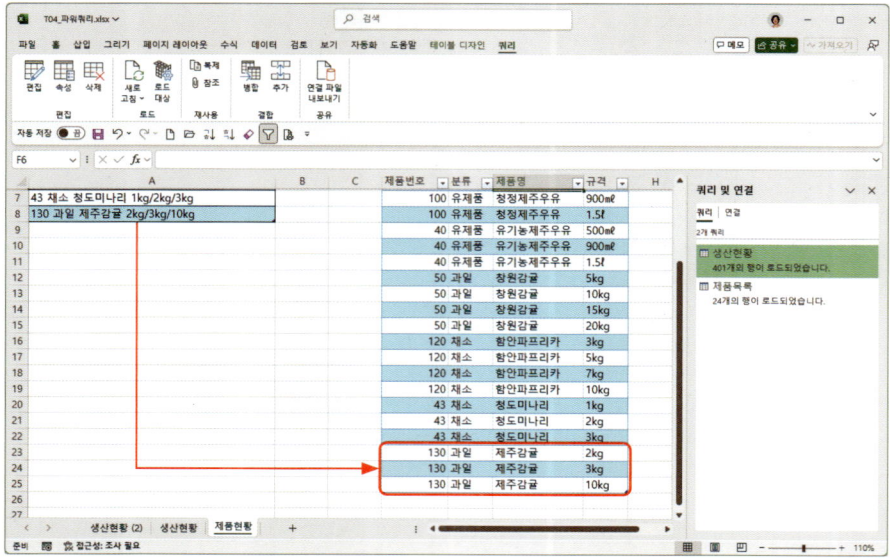

[파워 쿼리] 폴더의 모든 엑셀 파일을 하나의 파일로 취합하기

예제 파일 Sample\T04_매출 현황.xlsx
완성 파일 Sample\T04_매출 현황_완성.xlsx

키 워 드 파워 쿼리, 파일 취합
길라잡이 새 통합 문서를 열어 실습을 진행합니다.
파워 쿼리의 폴더 연결 기능을 활용하여 'Sample\매출현황' 폴더에 있는 5월, 6월, 7월, 8월 매출 파일을 하나의 파일로 취합하는 방법을 알아보겠습니다. 이후 9월 매출 파일을 동일한 폴더에 추가한 후 [새로 고침]을 클릭하여 취합된 데이터에 자동으로 반영되는지도 확인해 보겠습니다.

[완성 예제 미리 보기]

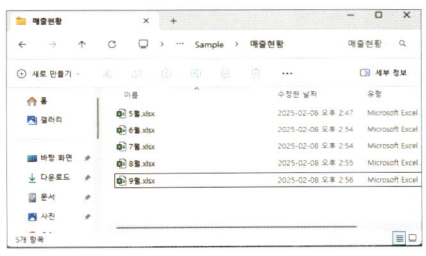

Lesson 04 _ 파워 쿼리를 활용한 데이터 수집 및 가공   **195**

01 파워 쿼리 명령 실행하기

빈 통합 문서에서 [데이터] 탭의 [데이터 가져오기 및 변환] - [데이터 가져오기] - [파일에서] - [폴더에서]를 클릭합니다.

※ Excel 2016 버전은 [데이터] 탭의 [새 쿼리] - [파일에서] - [폴더에서]를 클릭

※ Excel 2013 버전은 [파워 쿼리] 탭의 [파일에서] - [폴더에서]를 클릭

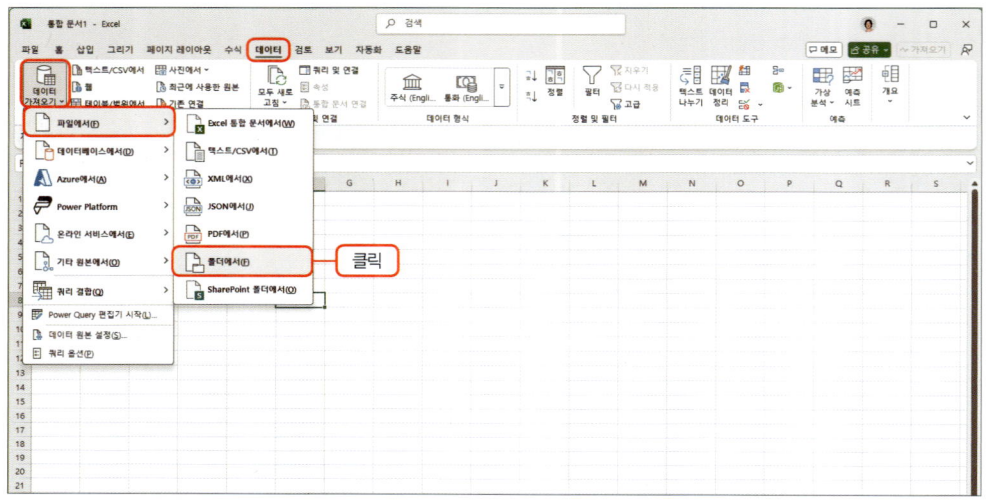

02 통합할 폴더 지정하기

[찾아보기] 창이 열리면 취합할 파일이 저장된 ❶ '매출현황' 폴더를 지정한 후 ❷ [확인] 버튼을 클릭합니다.

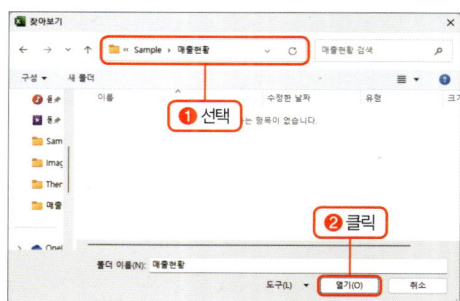

03 결합 및 변환하기

[매출 현황] 창이 열리면 [결합] 버튼에서 [데이터 결합 및 변환]을 클릭합니다.

※ [데이터 결합 및 변환] 버튼이 보이지 않으면 Power Query를 업데이트합니다. 그래도 보이지 않으면 [변환] 버튼을 클릭한 후 [Power Query 편집기] 창에서 결합할 수도 있습니다.

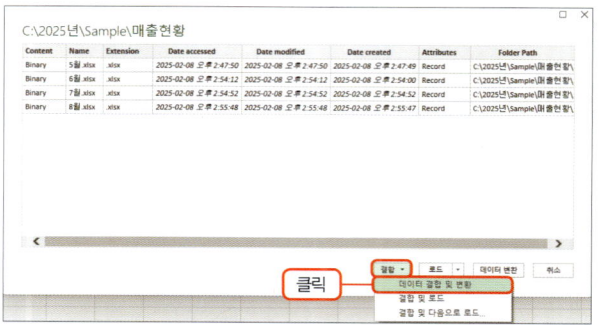

04 파일 병합하기

❶ [파일 병합] 창이 열리면 화면 왼쪽에서 'Sheet1'을 선택한 후 ❷ [확인] 버튼을 클릭합니다.

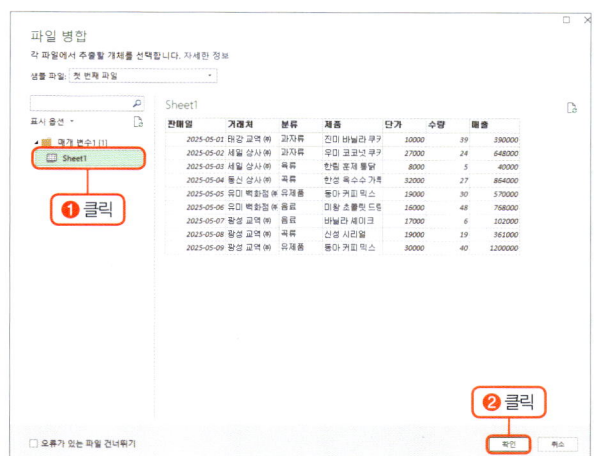

각 매출 파일(5월.xlsx~8월.xlsx)은 'Sheet1'에만 데이터가 있으므로 'Sheet1'을 선택합니다. 만약, 여러 개의 시트에 데이터가 있다면 '매개 변수'를 선택합니다.

05 필요한 텍스트 추출하기

[Power Query 편집기] 창이 열리고 각 파일의 데이터가 하나로 통합되었습니다. 'Source.Name' 열에서 파일명의 확장자를 없애기 위해 ❶ 'Source.Name' 열을 선택한 후 ❷ [변환] 탭의 [추출] - [구분 기호 앞 텍스트]를 클릭합니다.

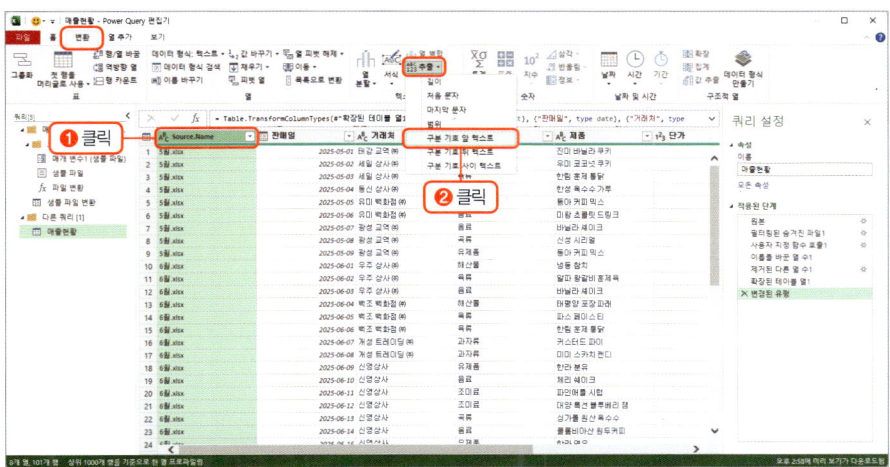

06 구분 기호 입력하기

[구분 기호 앞 텍스트] 창이 열리면 ❶ '구분 기호'에 「.」를 입력한 후 ❷ [확인] 버튼을 클릭합니다.

07 엑셀에 로드하기

확장자 이전 텍스트만 추출되었는지 확인한 후 ❶ 'Source.Name' 열 머리글을 더블클릭하여 열 이름을 「월」로 수정합니다. ❷ [홈] 탭의 [닫기 및 로드] – [닫기 및 다음으로 로드]를 클릭합니다.

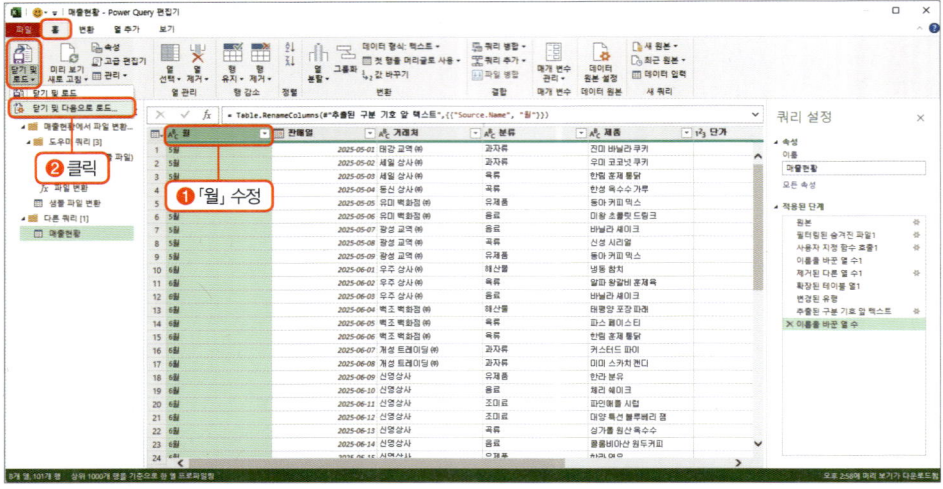

08 데이터 로드할 위치 지정하기

[데이터 가져오기] 대화상자가 열리면 ❶ '표'와 '기존 워크시트'를 선택한 후 ❷ [A1] 셀을 지정하고 ❸ [확인] 버튼을 클릭합니다.

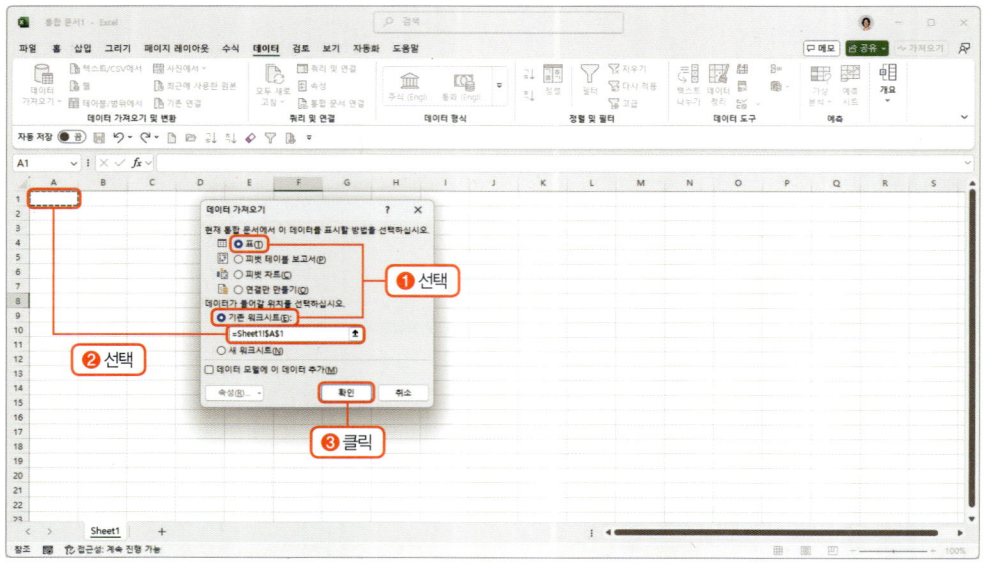

09 결과 확인하기

다음과 같이 여러 파일의 데이터가 하나로 통합되었습니다.

10 폴더에 파일 추가하기

'매출 현황' 폴더에 새로운 '9월.xlsx' 파일을 추가합니다.
(제공한 '9월.xlsx' 파일을 '매출 현황' 폴더에 복사합니다.)

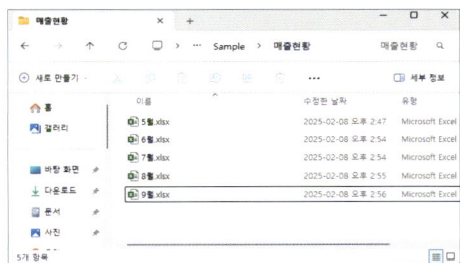

11 쿼리 업데이트하기

❶ 표 내의 셀을 선택한 후 ❷ [쿼리] 탭의 [로드] – [새로 고침] 버튼을 클릭합니다. 추가한 9월.xlsx 파일의 데이터가 추가된 것을 알 수 있습니다.

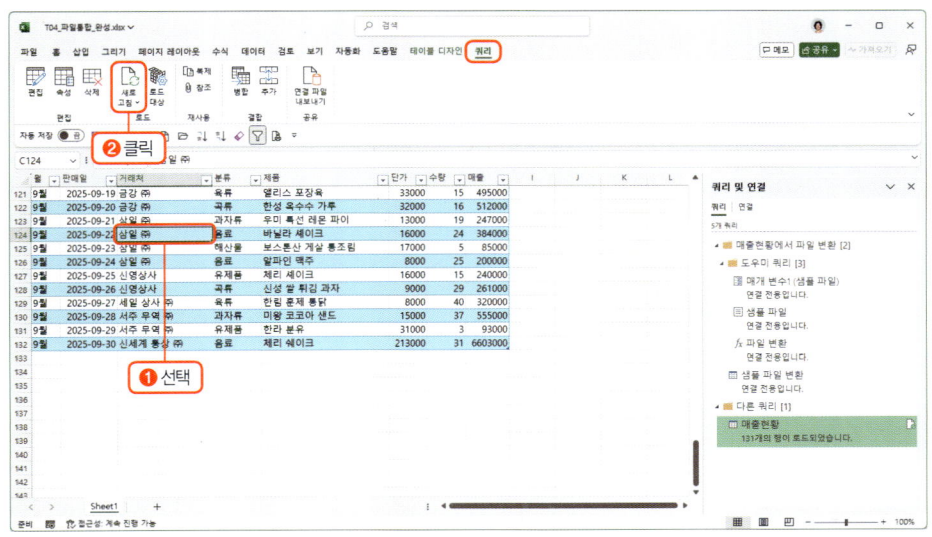

EXCEL 2024

엑셀 함수는 단순 계산을 넘어 데이터 분석, 자동화, 보고서 작성에 필수적인 도구입니다. 기본적인 수학 함수부터 최신 동적 배열 함수까지 다양하게 활용되며 특히 새로운 텍스트 및 동적 배열 함수는 작업 방식을 혁신적으로 개선할 수 있습니다.
이번 테마에서는 실무에서 자주 사용되는 함수들을 범주별로 알아보고 실제 적용 사례를 통해 업무 효율성을 높이는 방법을 살펴보겠습니다.

THEME 05

실무 활용 함수

01 함수의 이해와 이름 정의

엑셀 함수는 특정한 입력값(인수, Argument)을 받아 정해진 규칙에 따라 계산된 결과를 반환하는 미리 정의된 수식입니다. 프로그래밍에서의 함수의 개념과 유사하게 특정한 입력값 X에 대해 출력값 Y를 반환합니다. 즉, 복잡한 계산이나 긴 수식을 보다 간단하게 처리할 수 있도록 미리 정의된 계산 도구라 할 수 있습니다.

함수의 이해

함수는 복잡하고 긴 계산을 간단하게 처리하고 반복적인 작업을 자동화합니다. 상반기 매출의 합을 계산하는 예시를 통해 함수의 효율성을 비교해 보겠습니다.

방법 1) 연산자를 사용한 계산

	A	B	C	D	E	F	G	H
1	제품명	1월	2월	3월	4월	5월	6월	상반기 합
2	TV	80	100	70	20	65	120	=B2+C2+D2+E2+F2+G2
3	냉장고	150	135	60	50	25	30	
4	세탁기	10	60	132	10	20	50	
5	로봇청소기	40	105	110	100	45	90	

→ 더할 값과 연산자를 일일이 입력해야 하므로 번거로움

방법 2) 함수를 사용한 계산

	A	B	C	D	E	F	G	H
1	제품명	1월	2월	3월	4월	5월	6월	상반기 합
2	TV	80	100	70	20	65	120	=SUM(B2:G2)
3	냉장고	150	135	60	50	25	30	
4	세탁기	10	60	132	10	20	50	
5	로봇청소기	40	105	110	100	45	90	

→ 범위만 지정하면 자동으로 합계를 계산

이처럼 연산자를 사용한 계산은 더할 값이 100개, 1,000개로 늘어나면 수백 개의 셀 주소와 덧셈 기호를 일일이 입력해야 하므로 비효율적입니다. 반면 SUM 함수는 「=SUM(A1:A1000)」처럼 간단하게 처리할 수 있어 효율적입니다.

함수는 재무, 날짜/시간, 수학/삼각, 통계, 찾기/참조 함수 등의 범주로 분류되어 있어 목적에 맞는 함수를 선택하면 효율적인 데이터 처리가 가능합니다.

함수의 형식

=함수명(인수1, 인수2, 인수3, …)
❶   ❷

❶ **등호(=)**: 엑셀에서 수식이 작성됨을 의미
❷ **인수(Argument)**: 함수가 처리할 입력값으로, 함수마다 필요한 인수 개수와 형식이 다름

함수를 작성하는 방법

함수를 작성하는 데는 두 가지 방법이 있습니다.

방법 1] 직접 함수식을 입력하여 작성합니다.
함수의 인수 형식이 간단하거나 익숙한 함수는 직접 입력하는 것이 빠릅니다. 예를 들어 ROUNDDOWN 함수를 입력하는 과정을 알아보겠습니다.
❶ 「rou」를 입력하면 'ROU'로 시작하는 함수의 목록이 나타납니다. ❷ 방향키(↑, ↓)를 사용해 'ROUNDDOWN'를 선택한 후 ❸ Tab 을 누르면 'ROUNDDOWN('이 입력됩니다.

이제 'ROUNDDOWN(' 함수에 표시된 인수 형식을 참고하여 인수를 직접 입력할 수 있습니다. 만약, 이 상태에서 [함수 인수] 대화상자를 열고 싶다면 Ctrl + A 를 누르거나 Shift + F3 을 누릅니다.

방법 2] [함수 인수] 대화상자를 열어서 작성합니다.
처음부터 [함수 인수] 대화상자를 열어서 함수식을 작성하려면 다음과 같은 순서로 진행합니다.

❶ [수식] 탭의 [함수 라이브러리] 그룹에서 원하는 함수를 선택합니다.

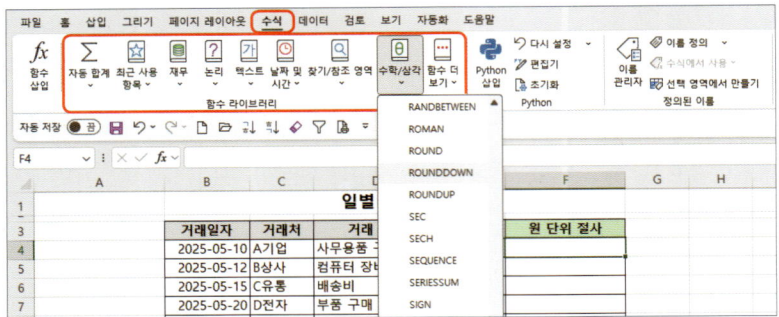

❷ [함수 인수] 대화상자가 열리면 각 인수에 대한 설명, 선택한 인수의 결과, 함수의 결과를 확인할 수 있어 편리합니다.

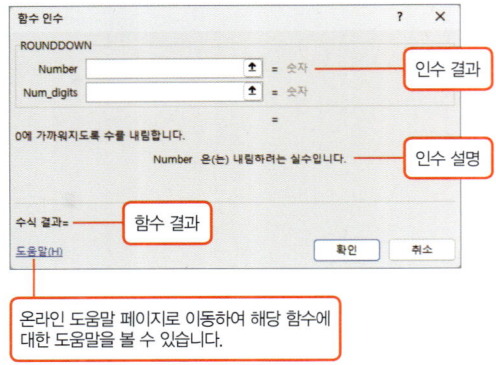

이미 작성한 함수식을 [함수 인수] 대화상자를 열어서 수정하기

수정할 수식이 입력된 셀을 선택한 후 Shift + F3 을 누르거나 수식 입력 줄의 함수 삽입 버튼(fx)을 클릭하면 [함수 인수] 대화상자가 열립니다. 이 대화상자에서 함수의 각 인수를 확인하고 수정할 수 있습니다.

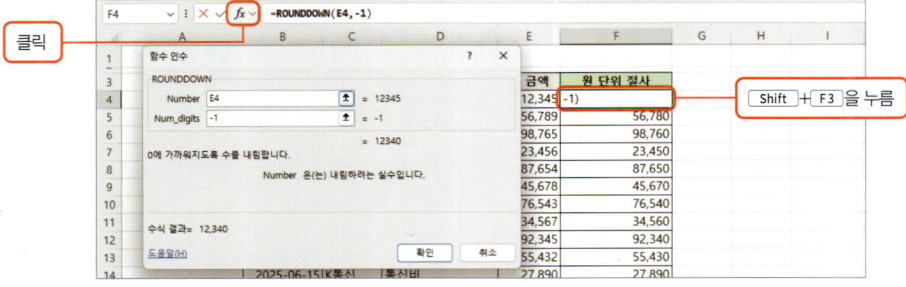

셀 범위를 이름 정의하여 수식에 활용하기

'이름 정의(Define Name)'는 셀 또는 셀 범위에 사용자가 이해하기 쉬운 이름을 부여하는 기능입니다. 이를 통해 복잡한 셀 주소(예 H1:H10) 대신 직관적인 이름(예 판매 금액)을 사용할 수 있기 때문에 수식의 가독성과 유지 보수를 향상시킬 수 있습니다.

이름 정의의 주요 목적

- **수식의 가독성 향상**: '=SUM(H1:H10)' 대신 '=SUM(판매 금액)'처럼 이해하기 쉬운 이름을 사용하여 수식을 작성하므로 가독성이 향상됩니다.
- **반복적인 셀 참조를 간편하게**: 같은 범위를 여러 수식에서 반복 사용할 때 범위를 직접 입력하는 대신 정의된 이름을 사용할 수 있으므로 편리합니다.
- **워크시트 간의 참조 용이**: 예를 들어, [Sheet2] 시트에서 [Sheet1]의 내용을 참조할 때 「Sheet1!A1:A10」 대신 「매출」과 같은 이름을 정의해 사용하면 더 편리하게 참조할 수 있습니다.

이름 정의하는 방법

방법 1] 이름 상자를 이용하는 방법
❶ 이름을 부여할 셀 또는 범위를 선택합니다.
❷ 이름 상자에 원하는 이름을 입력한 후 Enter 를 누릅니다.

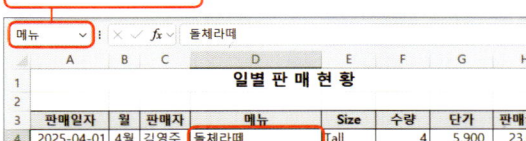

이름 정의 시 주의할 점
- 공백 포함 불가 → 판매현황(O), 판매 현황(X)
- 첫 글자는 문자 또는 밑줄(_)로 시작해야 함
- 특수 문자 사용 불가(-, *, / 등)

방법 2] '선택 영역에서 만들기' 명령을 이용하는 방법
❶ 이름을 부여할 셀 또는 범위를 타이틀을 포함하여 선택합니다.
❷ [수식] 탭의 [정의된 이름] - [선택 영역에서 만들기] 클릭합니다.
❸ [선택 영역에서 만들기] 대화상자 나타나면 이름으로 사용할 옵션을 선택한 후 [확인] 버튼을 클릭합니다.

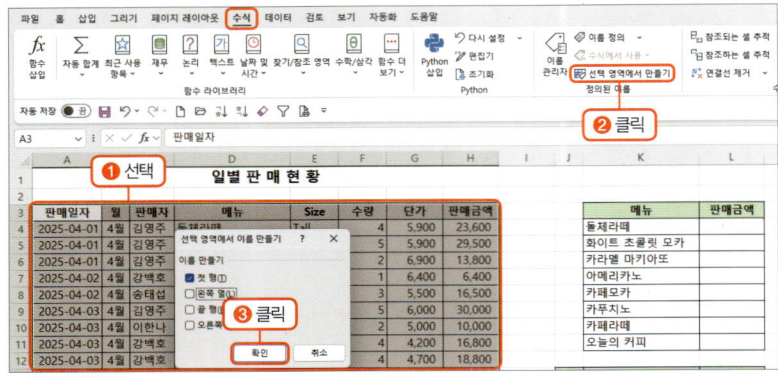

이름 상자 영역을 클릭하면 정의된 이름 목록을 확인할 수 있습니다.

:: 정의된 이름 수정 및 삭제하기

1 [수식] 탭의 [정의된 이름] - [이름 관리자]를 클릭합니다.
2 [이름 관리자] 대화상자에서 기존 이름을 수정, 삭제할 수 있으며 새 이름을 추가로 만들 수도 있습니다.

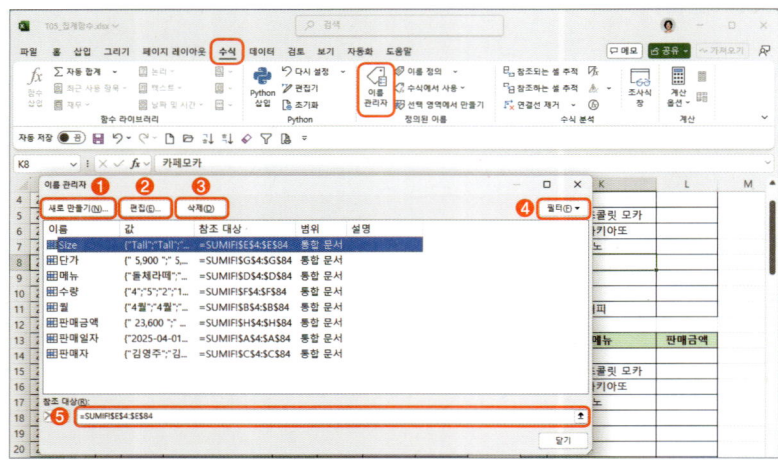

❶ **새로 만들기**: [새 이름] 대화상자가 열리면 새로운 이름을 정의합니다.
❷ **편집**: 기존의 이름을 편집합니다.

❸ **삭제**: 기존의 이름을 삭제합니다.
❹ **필터**: 기존의 이름을 다양한 종류별로 필터링합니다.
❺ **참조 대상**: 정의한 이름의 범위를 확인할 수 있고 범위를 수정할 수 있습니다.

[필터] 버튼을 클릭하면 다양한 기준으로 정의된 이름을 분류하여 확인할 수 있으며 오류가 있는 이름은 삭제할 수 있습니다.

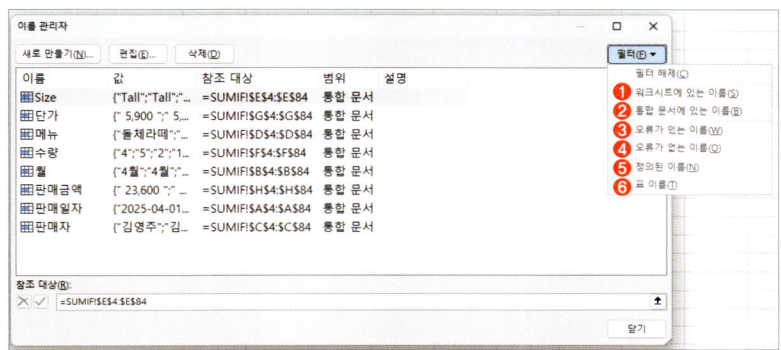

❶ **워크시트에 있는 이름**: 특정 워크시트에서만 사용할 수 있도록 정의된 이름만 필터링
❷ **통합 문서에 있는 이름**: 통합 문서 전체에서 사용할 수 있는 이름을 필터링
❸ **오류가 있는 이름**: 정의했던 범위가 삭제되어 발생한 오류(#REF!)만 필터링
❹ **오류가 없는 이름**: 오류 없는 정상적으로 정의된 이름만 필터링
❺ **정의된 이름**: 사용자가 직접 정의했거나 인쇄 영역 설정, 고급 필터 등의 작업에 따라 엑셀이 자동으로 정의한 이름을 필터링
❻ **표 이름**: '표' 기능을 사용하여 생성된 표(Table) 이름만 필터링

LESSON 02 실무 계산을 위한 수학 함수

현업에서 가장 많이 수행하는 작업 중 하나는 데이터를 집계하는 일입니다. 이번 레슨에서는 수학 함수를 활용하여 데이터를 집계하고 집계 결과를 조정하거나 보완하는 수학 함수들을 알아보겠습니다.

 조건부 합계를 구하는 SUMIF, SUMIFS 함수

SUMIF와 SUMIFS는 조건을 만족하는 데이터의 합을 구할 때 사용하는 함수입니다. 이 함수의 인수를 지정할 Criteria_range(조건 범위)와 Sum_range(합계 범위)의 행 개수가 다르면 에러가 발생하거나 잘못된 결과가 도출될 수 있으므로 주의해서 작성해야 합니다.

∷ SUMIF 함수

함수 설명	데이터 목록에서 지정한 조건을 만족하는 셀들의 합을 계산하는 함수입니다(단일 조건에 대해서만 사용).
함수 형식	SUMIF(Range, Criteria, Sum_range)
인수 설명	Range: 조건을 검사할 범위 Criteria: 조건(숫자, 식, 셀 참조, 텍스트 또는 함수 형식): 20, ">=20", B5, "대리", TODAY() 등입니다. Sum_range: 실제 합을 계산할 범위

∷ SUMIFS 함수

함수 설명	데이터 목록에서 여러 조건을 동시에 만족하는 셀들의 합을 계산하는 함수입니다.
함수 형식	SUMIFS(Sum_range, Criteria_range1, Criteria1, Criteria_range2, Criteria2, …) Criteria_range와 Criteria는 쌍으로 구성되며 최대 127개의 조건 쌍을 지정
인수 설명	Sum_range: 실제 합을 계산할 범위 Criteria_range1: 첫 번째 조건을 검사할 셀 범위 Criteria1: 첫 번째 조건 Criteria_range2: 두 번째 조건을 검사할 셀 범위 Criteria1: 두 번째 조건 ….(추가 조건 쌍 지정 가능)

[SUMIF와 SUMIFS 함수 인수 지정 시 주의해야 할 점]

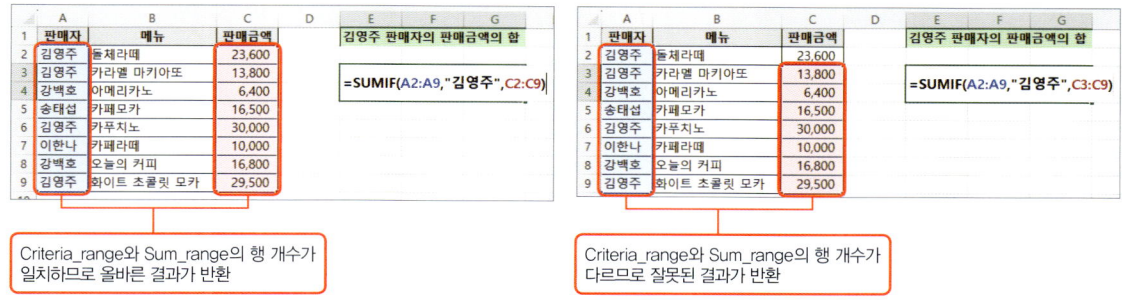

복잡한 조건 계산이 가능한 SUMPRODUCT 함수

함수 설명	서로 대응하는 배열 간의 곱셈을 수행한 후 그 결과를 더하는 함수입니다.
함수 형식	SUMPRODUCT(Array1, Array2, …)
인수 설명	Array1, Array2, … : 곱할 값들이 들어 있는 범위(배열) 단, 배열 인수의 차원은 모두 같아야 합니다. 차원이 같지 않으면 오류(#VALUE!)를 반환합니다.

:: SUMIFS vs. SUMPRODUCT 함수의 차이

SUMIFS 함수는 단순한 조건부 합산에 유용하고 SUMPRODUCT 함수는 배열 연산을 활용한 복잡한 조건 계산이 가능합니다.

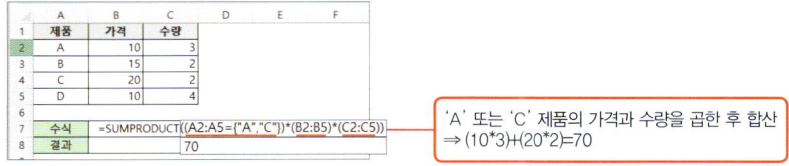

 **핵심 기능** ## 숫자를 반올림/올림/내림하는 ROUND 계열 함수

:: ROUND 함수

함수 설명	지정한 자릿수에서 반올림하는 함수입니다.
함수 형식	ROUND(Number, Num_digits)
인수 설명	Number: 반올림할 수 Num_digits: 반올림할 자릿수 　　　　　　양수: 소수점 오른쪽 자릿수를 반올림 　　　　　　0: 정수로 반올림 　　　　　　음수: 소수점 왼쪽(정수 부분) 자릿수를 반올림
사용 예시	ROUND(526.37,1) ⇒ 526.4(소수 둘째 자리에서 반올림) ROUND(526.37,0) ⇒ 526(소수 첫째 자리에서 반올림) ROUND(526.37,-1) ⇒ 530(정수 일의 자리에서 반올림)

:: ROUNDDOWN 함수

함수 설명	지정한 자릿수에서 내림하는 함수입니다.
함수 형식	ROUNDDOWN(Number, Num_digits)
인수	Number: 내림할 수 Num_digits: 내림할 자릿수
사용 예시	ROUNDDOWN(526.37,1) ⇒ 526.3(소수 둘째 자리에서 내림) ROUNDDOWN(526.37,0) ⇒ 526(소수 첫째 자리에서 내림) ROUNDDOWN(526.37,-1) ⇒ 520(정수 일의 자리에서 내림)

:: ROUNDUP 함수

함수 설명	지정한 자릿수에서 올림하는 함수입니다.
함수 형식	ROUNDUP(Number, Num_digits)
인수	Number: 올림할 수 Num_digits: 올림할 자릿수
사용 예시	ROUNDUP(526.37,1) ⇒ 526.4(소수 둘째 자리에서 올림) ROUNDUP(526.37,0) ⇒ 527(소수 첫째 자리에서 올림) ROUNDUP(526.37,-1) ⇒ 530(정수 일의 자리에서 올림)

화면에 표시된 데이터만 집계하는 SUBTOTAL 함수

함수 설명	화면에 표시된 행만을 대상으로 평균, 개수, 합계 등을 집계하는 함수입니다. 필터링된 데이터나 숨겨진 행은 제외되므로 소그룹별로 집계 시 유용합니다.
함수 형식	SUBTOTAL(function_num,ref1,[ref2], …)
인수 설명	function_num: 집계할 함수 번호를 지정

Function_num (숨겨진 행 포함)	Function_num (숨겨진 행 무시)	함수
1	101	AVERAGE
2	102	COUNT
3	103	COUNTA
4	104	MAX
5	105	MIN
6	106	PRODUCT
7	107	STDEV
8	108	STDEVP
9	109	SUM
10	110	VAR
11	111	VARP

ref1: 집계할 범위를 지정

또한 SUBTOTAL 함수는 소계를 계산한 후 합계를 계산할 때 이중 계산을 방지합니다.

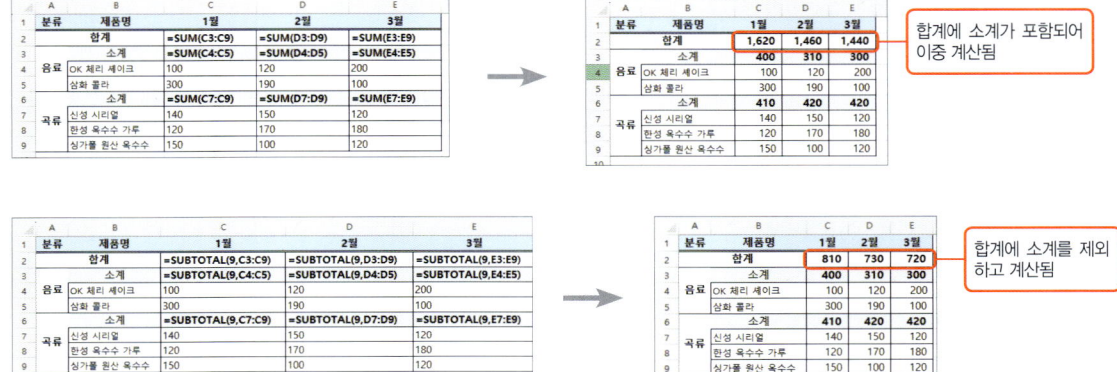

월별 메뉴별 매출의 합계 계산하기 (SUMIF, SUMIFS)

예제 파일 Sample\T05_집계_수학 함수.xlsx
완성 파일 Sample\T05_집계_수학 함수_완성.xlsx

키 워 드 SUMIF, SUMIFS
길라잡이 [SUMIF] 시트를 사용하여 실습을 진행합니다.
일 판매현황에서 메뉴별 판매 금액의 합과 월별 메뉴별 판매 금액의 합을 SUMIF 함수와 SUMIFS 함수로 집계하는 방법에 대해 알아보겠습니다. 일 판매현황 데이터가 추가되면 추가된 데이터까지를 자동으로 확장해 주는 '표'를 적용한 후에 계산하겠습니다. 그러면 데이터가 추가되었을 때 추가된 데이터도 집계 결과에 바로 반영됩니다.

01 '표' 적용하기

❶ 데이터 범위 내 셀을 선택한 후 Ctrl + T 를 누릅니다. [표 만들기] 대화상자가 열리면 ❷ '머리글 포함' 옵션에 체크를 하고 ❸ [확인] 버튼을 클릭합니다.

02 표 이름 정의하기

표 내의 셀을 선택한 후 [테이블 디자인] 탭의 [속성] 그룹의 '표 이름'에서 임의의 이름 「판매현황」을 입력하고 Enter 를 누릅니다.

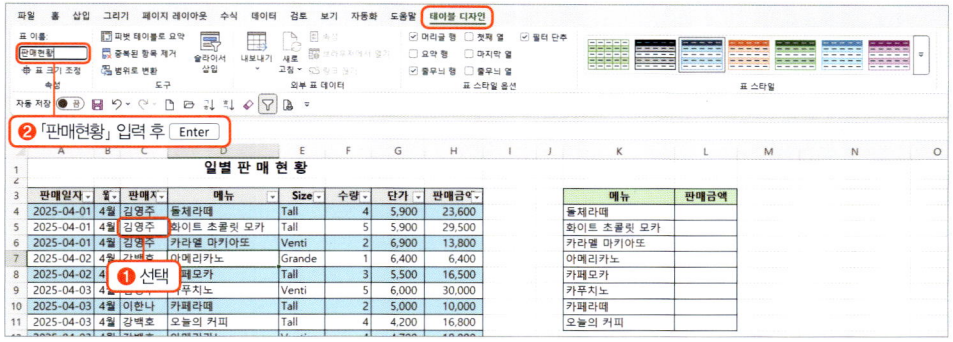

03 메뉴별 판매금액의 합 계산하기

[L4] 셀에 수식 「=SUMIF(메뉴, K4, 판매금액)」을 입력합니다.
마우스로 참조 영역을 드래그하면 자동으로 '메뉴', '판매금액'이 수식에 작성됩니다. 이는 데이터를 '표'로 변환했기 때문에 열 이름으로 표시되는 것입니다.

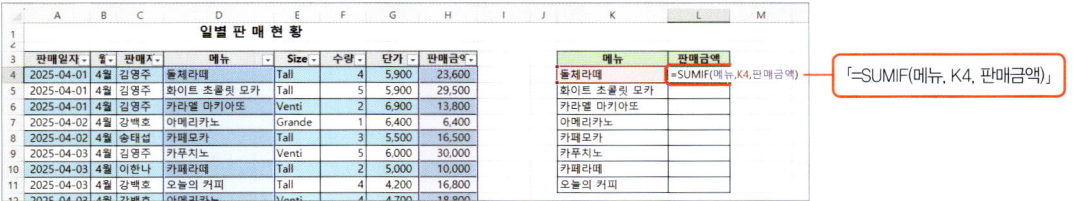

04 수식 복사하기

[L4] 셀의 채우기 핸들을 더블클릭하여 수식을 복사합니다.

05 월별 메뉴별 판매금액의 합 계산하기

[L14] 셀에 수식 「=SUMIFS(판매금액, 월, J14, 메뉴, K14)」를 입력합니다.

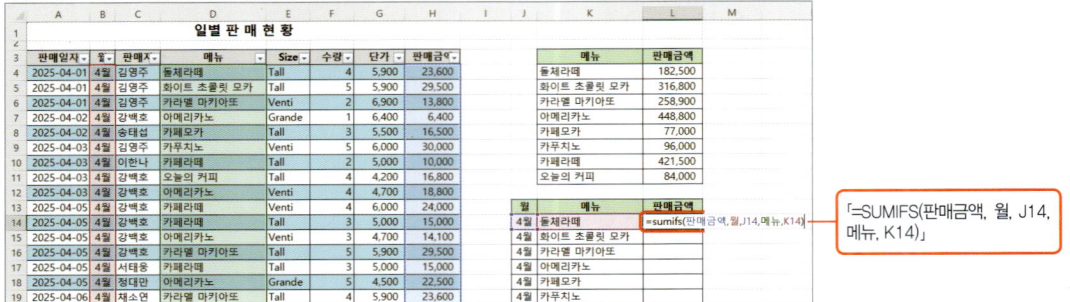

06 수식 복사하기

[L14] 셀의 채우기 핸들을 더블클릭하여 수식을 복사합니다.

가중치를 반영한 성적 계산하기 (SUMPRODUCT)

예제 파일 Sample\T05_집계_수학 함수.xlsx
완성 파일 Sample\T05_집계_수학 함수_완성.xlsx

키 워 드 SUMPRODUCT
길라잡이 [SUMPRODUCT] 시트를 사용하여 실습을 진행합니다.
가중 평균은 각 값에 해당 가중치를 곱한 후 그 총합을 가중치의 총합으로 나눈 값입니다.
가중 평균 공식: Σ(값×가중치)/Σ(가중치)
엑셀에서는 SUMPRODUCT 함수를 사용하여 쉽게 계산할 수 있습니다.
성적표에서 중간고사, 기말고사, 과제, 출석 점수에 주어진 가중치를 반영하여 평균을 계산하는 방법에 대해 알아보겠습니다.

01 가중치 이름 정의하기

성적표에서 과목별 가중치를 쉽게 참조하기 위해 가중치 범위를 이름 정의하겠습니다. ❶ [D2:G2] 영역을 선택한 후 ❷ 이름 상자에 「가중치」를 입력하고 Enter 를 누릅니다.

02 총점 계산하기

❶ [H5] 셀에 수식 「=SUMPRODUCT(D5:G5, 가중치)」를 입력합니다.
❷ [H5] 셀의 채우기 핸들을 더블클릭하여 수식을 복사합니다.

> **수식 설명**
> 가중치 계산은 '=SUMPRODUCT(D5:G5,가중치)/SUM(가중치)'이지만 SUM(가중치)의 결과가 1이므로 생략합니다. SUMPRODUCT 함수는 두 배열의 대응하는 값끼리 곱한 후에 그 결과를 더하여 반환합니다.

거래 금액에서 '원' 단위 절사하기 (ROUNDDOWN)

예제 파일 Sample\T05_집계_수학 함수.xlsx
완성 파일 Sample\T05_집계_수학 함수_완성.xlsx

키 워 드 ROUNDDOWN
길라잡이 [원 단위 절사] 시트를 사용하여 실습을 진행합니다.
최종 거래 금액이나 청구 금액을 계산할 때 '원'단위를 절사하거나 반올림하는 경우가 많습니다. 이를 위해 ROUNDDOWN 함수와 ROUND 함수를 활용하는 방법에 대해 알아보겠습니다.

01 '원' 단위 절사하기

[F4] 셀에 수식 「=ROUNDDOWN(E4, -1)」을 입력합니다.

수식 설명
「=ROUNDDOWN(E4, -1)」은 [E4] 셀의 값을 일의 자리에서 내림하라는 의미입니다.

02 '원' 단위 반올림하기

[G4] 셀에 수식 「=ROUND(E4, -1)」을 입력합니다.

수식 설명
「=ROUND(E4, -1)」은 [E4] 셀의 값을 일의 자리에서 반올림하라는 의미입니다.

03 수식 복사하기

[F4:G4] 범위의 채우기 핸들을 더블클릭하여 수식을 복사합니다. Rounddown 함수와 Round 함수의 결과를 확인하고 서로 비교해 봅니다.

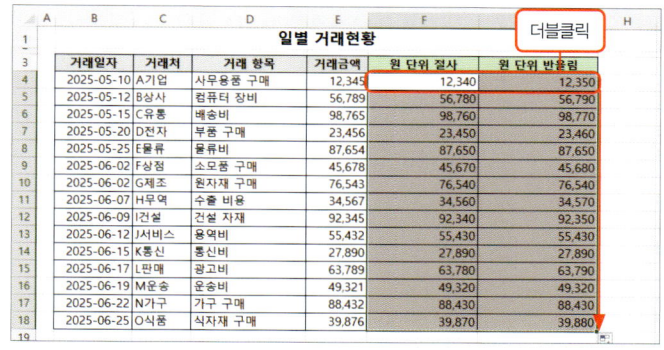

화면에 보이는 행의 값만 집계하기 (SUBTOTAL)

예제 파일 Sample\T05_집계_수학 함수.xlsx
완성 파일 Sample\T05_집계_수학 함수_완성.xlsx

키 워 드 SUBTOTAL
길라잡이 [SUBTOTAL] 시트를 사용하여 실습을 진행합니다.
데이터를 필터링하거나 특정 행을 숨긴 후 화면에 보이는 값만을 기준으로 합계, 평균, 개수를 집계하려면 SUBTOTAL 함수를 사용합니다. 이번에는 매출 실적 데이터를 이용하여 제품 분류별로 필터링할 때마다 해당 분류의 실적 합계와 평균이 자동으로 계산되는 방법에 대해 알아보겠습니다.

01 매출의 합 계산하기

[D3] 셀에 수식 「=SUBTOTAL(9, D7:D33)」을 입력합니다.

수식 설명

「=SUBTOTAL(9, D7:D33)」은 SUM 함수(9번 코드)를 사용하여 [D7:D33] 범위의 값을 더한다는 의미입니다. SUBTOTAL 함수를 사용했기 때문에 필터링을 적용할 때마다 걸러진 데이터의 합을 재계산합니다.

02 매출의 평균 계산하기

[D4] 셀에 수식 「=SUBTOTAL(1,D7:D33)」을 입력합니다.

수식 설명

「=SUBTOTAL(1, D7:D33)」은 AVERAGE 함수(1번 코드)를 사용하여 [D7:D33] 범위의 값의 평균을 구한다는 의미입니다. SUBTOTAL 함수를 사용했기 때문에 필터링을 적용할 때마다 걸러진 데이터의 평균을 계산합니다.

03 수식 복사하기

[D3:D4] 범위의 채우기 핸들을 오른쪽으로 드래그해서 수식을 복사합니다.

04 필터 적용하기

❶ 데이터 내의 셀을 선택한 후 ❷ [데이터] 탭의 [정렬 및 필터] – [필터]를 클릭합니다(단축키: Ctrl + Shift + L).

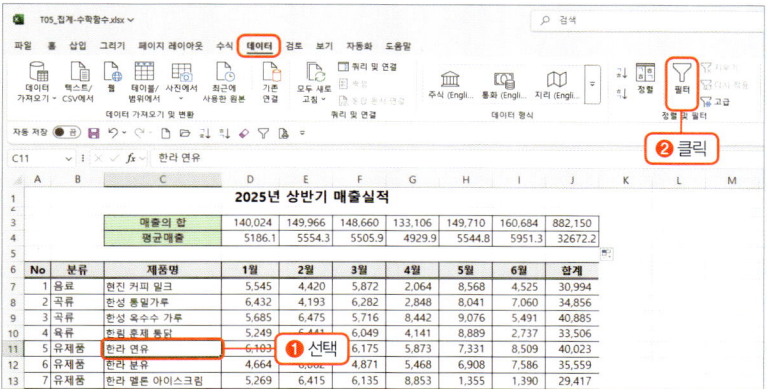

05 '분류' 열에서 필터 조건 지정하기

'분류' 열에서 필터 버튼(▼)을 클릭하여 '유제품'을 선택합니다. 필터를 적용하면 매출의 합과 평균이 자동으로 변경됩니다.

다른 분류(예 '곡류')로 필터 조건을 변경하면 해당 분류에 해당하는 매출의 합과 평균이 계산되는 것을 확인할 수 있습니다.

03 데이터를 요약하는 통계 함수

데이터를 단순히 나열하는 것만으로는 의미 있는 정보를 얻기 어렵습니다. 데이터를 효과적으로 분석하기 위해서는 단순 집계를 넘어 특정 조건을 만족하는 데이터의 개수, 평균, 최댓값, 최솟값 등의 통계 기법이 필요합니다. 이번 레슨에서는 이러한 통계적 계산을 수행하는 다양한 함수를 알아보겠습니다.

 개수, 횟수, 인원수를 세는 COUNT 계열 함수

:: COUNT 함수

함수 설명	지정한 범위에서 숫자가 입력된 셀의 개수를 세는 함수입니다.
함수 형식	COUNT(Value1, Value2, …)
인수 설명	Value1 : 개수를 세고 싶은 셀 또는 범위, 인수는 255개까지 가능

:: COUNTA 함수

함수 설명	지정한 범위에서 데이터가 입력된 모든 셀의 개수를 세는 함수입니다.
함수 형식	COUNTA(Value1, Value2, …)
인수 설명	Value1 : 개수를 세고 싶은 셀 또는 셀 범위, 인수는 255개까지 가능

∷ COUNTBLANK 함수

함수 설명	지정한 범위에서 빈 셀의 개수를 세는 함수입니다.
함수 형식	COUNTBLANK(Range)
인수 설명	Range: 개수를 세고 싶은 셀 범위

∷ COUNTIF 함수

함수 설명	지정한 범위에서 조건을 만족하는 셀의 개수를 세는 함수입니다. 단일 조건에 대해서만 사용할 수 있습니다.
함수 형식	COUNTIF(Range, Criteria)
인수 설명	Range: 조건을 검사할 셀 범위 Criteria: 조건

∷ COUNTIFS 함수

함수 설명	지정한 범위에서 조건을 만족하는 셀의 개수를 세는 함수입니다.
함수 형식	COUNTIFS(Criteria_range1, Criteria1, Criteria_range2, Criteria2, …) Criteria_range와 Criteria는 쌍으로 구성되며 최대 127개의 조건 쌍을 지정
인수 설명	Criteria_range1: 첫 번째 조건을 검사할 셀 범위 Criteria1: 첫 번째 조건 .

 순위를 구하는 RANK 함수

∷ RANK.EQ 함수

함수 설명	• 수 목록에서 지정한 수의 순위를 반환하는 함수입니다. • 동일한 값이 있을 경우에 동일한 순위를 부여합니다.
함수 형식	RANK.EQ(Number,Ref,[Order])
인수 설명	Number: 순위를 구할 값 Ref: 비교 목록(순위를 구할 값들이 있는 범위) [Order]: 순위를 매기는 방식으로 0 또는 생략하면 내림차순으로 순위를 매김. 0이 아닌 숫자를 입력하면 오름차순으로 순위를 매김 ※ Excel 2010 이전 버전은 RANK.EQ와 동일한 RANK 함수를 사용합니다.

:: RANK.AVG 함수

함수 설명	• 수 목록에서 지정한 수의 순위를 반환하는 함수입니다(통계 분석에 주로 사용). • 동일한 값이 있을 경우에 순위 평균을 부여합니다(예 1등이 2명이면 1.5등으로 반환).
함수 형식	RANK.AVG(Number,Ref,[Order])
인수 설명	Number: 순위를 구하려는 값 Ref: 비교 목록(순위를 구할 값들이 있는 범위) [Order]: 순위를 매기는 방식으로 0 또는 생략하면 내림차순으로 순위를 매김. 　　　　 0이 아닌 숫자를 입력하면 오름차순으로 순위를 매김

조건에 맞는 최댓값, 최솟값을 구하는 MAXIFS/MINIFS

:: MAXIFS 함수 – Excel 2019 이후 버전, M365

함수 설명	지정된 범위에서 조건을 만족하는 최댓값을 반환하는 함수입니다.
함수 형식	MAXIFS(max_range,criteria_range1,criteria1,[criteria_range2, criteria2], …)
인수 설명	max_range: 최댓값을 결정할 셀 범위 criteria_range1: 조건을 검사할 셀 범위 criteria1: 조건(범위와 조건은 1~126개까지 가능) ※ max_range와 criteria_range 인수(범위)의 크기가 같지 않으면 #VALUE! 오류를 반환합니다.

:: MINIFS 함수 – Excel 2019 이후 버전, M365

함수 설명	지정된 범위에서 조건을 만족하는 최솟값을 반환하는 함수입니다.
함수 형식	MINIFS(min_range,criteria_range1,criteria1,[Criteria_Range2,Criteria2], …)
인수 설명	min_range: 최솟값을 결정할 셀 범위 criteria_Range1: 조건을 검사할 셀 범위 criteria1: 조건(범위와 조건은 1~126개까지 가능) ※ min_range와 criteria_range 인수(범위)의 크기가 같지 않으면 #VALUE! 오류를 반환합니다.

 ## 조건에 맞는 평균을 구하는 AVERAGEIFS

함수 설명	지정된 범위에서 조건을 만족하는 평균값을 반환하는 함수입니다.
함수 형식	AVERAGEIFS(평균_범위,조건_범위1,조건1,[조건_범위2, 조건2], …)
인수 설명	평균_범위: 평균을 결정할 셀 범위 조건_범위1: 조건을 검사할 셀 범위 조건1: 조건(범위와 조건은 1~127개까지 가능) ※ 평균_범위와 조건_범위의 크기가 같지 않으면 #VALUE! 에러가 발생합니다.

 ## 기하 평균을 계산하는 GEOMEAN 함수

함수 설명	• 배열의 기하 평균을 계산하는 함수입니다. 비율 변화의 분석에 주로 사용합니다. • 기하 평균은 일련의 숫자들을 모두 곱한 후 그 개수만큼 거듭제곱근을 취한 값입니다.
함수 형식	GEOMEAN(number1, [number2], …)
인수 설명	number1: 기하 평균을 계산할 범위 　　　　　음수나 0이 포함된 경우 #NUM! 오류가 발생합니다.

GEOMEAN 함수는 주로 투자 수익률, 기간별 증가율 등을 계산할 때 사용합니다. 다음은 연평균 성장률을 계산하는 사례입니다.

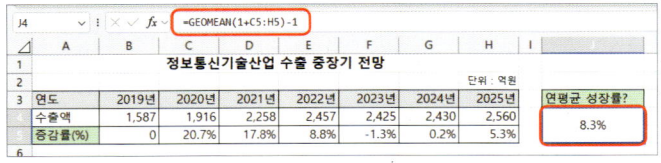

조건에 따른 인원수 집계하기 (COUNTA, COUNTIF, COUNTIFS, SUMPRODUCT)

예제 파일 Sample\T05_통계 함수.xlsx
완성 파일 Sample\T05_통계 함수_완성.xlsx

> **키 워 드** COUNTA, COUNTIF, COUNTIFS, SUMPRODUCT
> **길라잡이** [Count 계열] 시트를 사용하여 실습을 진행합니다.
> 영업소별 실적 현황 데이터에서 다양한 조건을 기준으로 인원수를 집계하기 위해 COUNTA, COUNTIF, COUNTIFS, SUMPRODUCT 함수를 활용하는 방법에 대해 알아보겠습니다. 특히, 여러 조건을 만족하는 데이터를 배열 연산으로 처리해야 할 경우 SUMPRODUCT 함수를 활용하는 방법에 대해 알아보겠습니다.

01 총 인원수 계산하기

[G4] 셀에 수식 「=COUNTA(A4:A22)」를 입력합니다.

02 영업소별 인원수 계산하기

[G8] 셀에 수식 「=COUNTIF($B$4:$B$22,G8)」을 입력합니다.

> **주의**
> 수식을 복사할 것이므로 참조 유형을 고려해야 합니다. 'B4:B22' 영역에서 F4 를 눌러 절대 참조 '$B$4:$B$22'로 변환합니다.

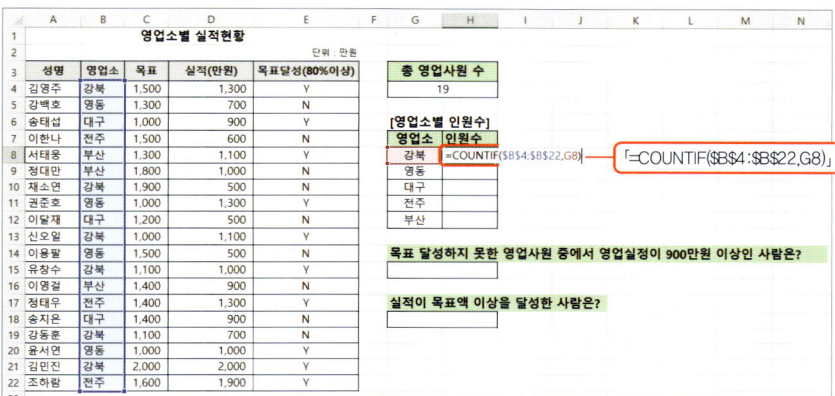

03 수식 복사하기

[H8] 셀의 채우기 핸들을 더블클릭하여 수식을 복사합니다.

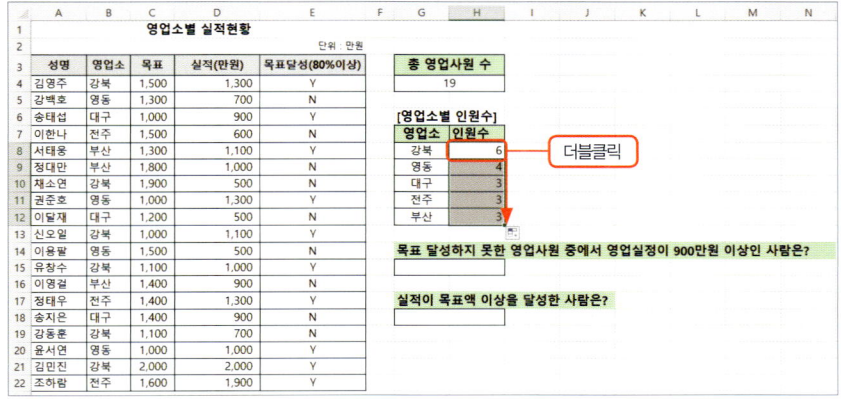

04 목표는 달성하지 못했지만 실적이 900만 원 이상인 사람 집계하기

입력해야 할 인수가 많으므로 [함수 인수] 대화상자를 열어서 함수를 작성하겠습니다.

❶ [G15] 셀에서「=COU」를 입력하면 'COU'로 시작하는 함수 목록이 나타납니다.
❷ ↓를 눌러 '=COUNTIFS'를 선택한 후 Tab 을 누릅니다.
❸「=COUNTIFS(」까지 입력되면 Ctrl + A 를 눌러 [함수 인수] 대화상자를 엽니다.

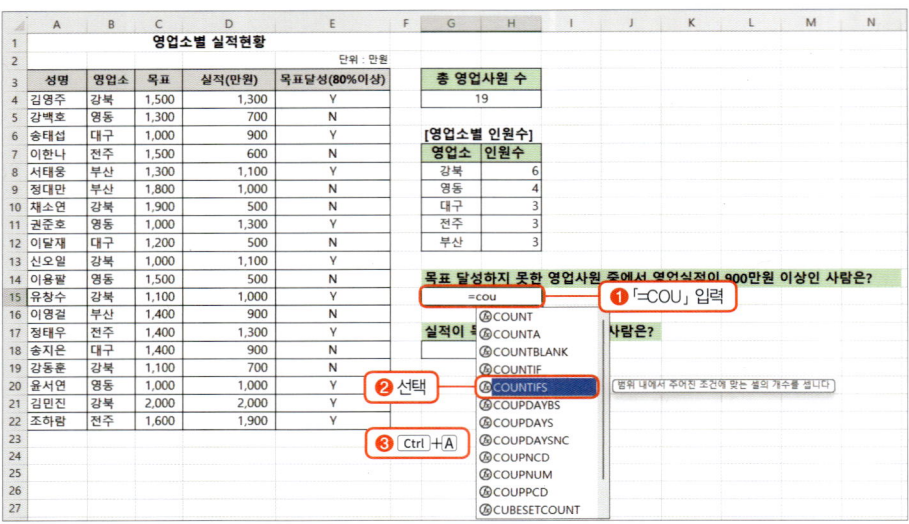

05 함수 인수 지정하기

[함수 인수] 대화상자가 열리면 ❶ 인수를 지정한 후 ❷ [확인] 버튼을 클릭합니다.

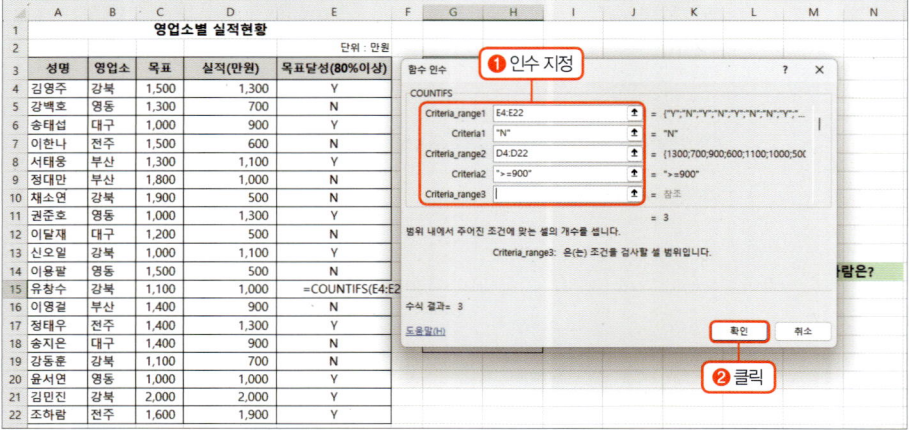

06 실적이 목표액 이상을 달성한 사람 집계하기

[E] 열의 목표 달성 여부는 목표액의 80% 이상을 기준으로 설정되어 있습니다. 하지만 여기서는 실적이 목표액의 100% 이상 달성한 사람의 인원수를 집계하겠습니다. [G18] 셀에 수식 「=SUMPRODUCT(--(D4:D22>=C4:C22))」를 입력합니다.

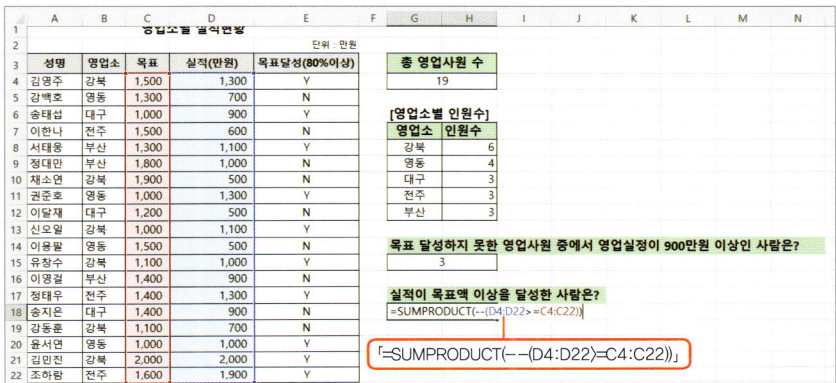

수식 설명

COUNTIF 함수는 배열 간 조건 비교(D4:D22>=C4:C22)를 한 번에 처리할 수 없고 개별적으로(D4>=C4, D5>=C5,...) 비교해야 하므로 SUMPRODUCT 함수를 사용합니다.

「=SUMPRODUCT(--(D4:D22>=C4:C22))」 수식을 풀어 보면
「=SUMPRODUCT(--{FALSE;FALSE;FALSE;FALSE;FALSE;FALSE;FALSE;TRUE;FALSE;TRUE;FALSE;FALSE;FALSE;FALSE;FALSE;FALSE;TRUE;TRUE;TRUE})」
「=SUMPRODUCT({0;0;0;0;0;0;0;1;0;1;0;0;0;0;0;0;1;1;1})」
「=9」
--는 비교 연산(D4:D22>=C4:C22)의 결과인 TRUE/FALSE 값으로 1과 0으로 변환합니다.

특정 조건의 중복 레코드 찾기 (COUNTIFS)

예제 파일 Sample\T05_통계 함수.xlsx
완성 파일 Sample\T05_통계 함수_완성.xlsx

키 워 드 COUNTIFS, 조건부 서식
길라잡이 [중복] 시트를 사용하여 실습을 진행합니다.
COUNTIFS 함수와 조건부 서식을 활용하여 성적표에서 학번과 성명이 같은 중복된 레코드를 찾아 행을 강조하는 방법에 대해 알아보겠습니다.

01 조건부 서식 실행하기

❶ [B4:H20] 영역을 선택한 후 ❷ [홈] 탭의 [스타일] - [조건부 서식] - [새 규칙]을 클릭합니다.

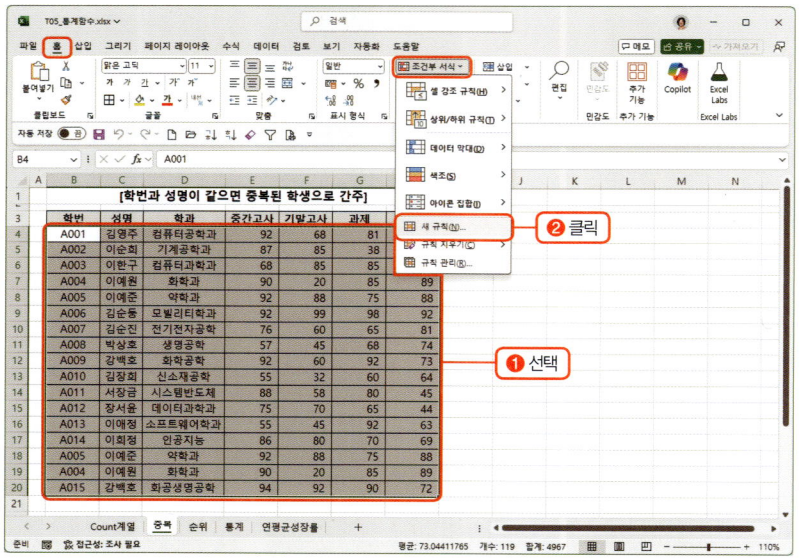

02 규칙 입력하기

[새 서식 규칙] 대화상자가 열리면 다음과 같은 순서로 진행합니다.
1. '수식을 사용하여 서식을 지정할 셀 결정'을 선택
2. 「=COUNTIFS($B$4:$B$20,$B4,$C$4:$C$20,$C4)>=2」를 입력
3. [서식] 버튼 클릭

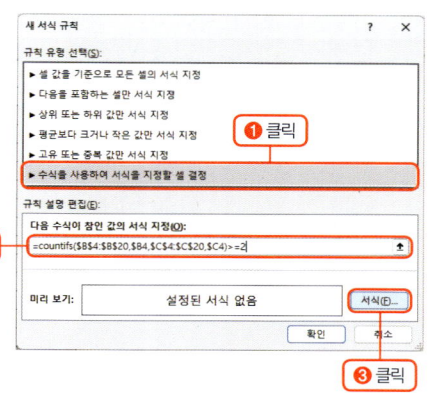

> **수식 설명**
> '학번(B열)'이 현재 학번과 같고 '성명(C열)'이 현재 성명과 같은 데이터 개수를 계산한 값이 두 번 이상 나타나면 서식을 적용합니다.

03 서식 지정하기

[셀 서식] 대화상자가 열리면 ① [채우기] 탭에서 임의의 색상을 선택한 후 ② [확인] 버튼을 클릭합니다.

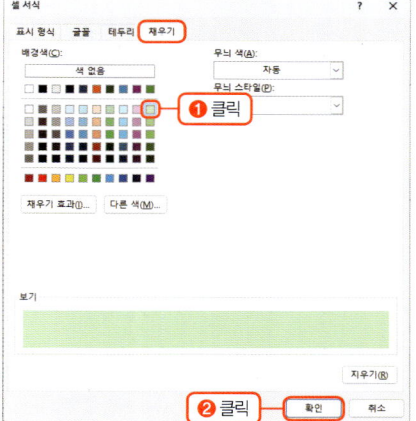

04 규칙 확인하기

[새 서식 규칙] 대화상자로 돌아오면 수식과 서식을 확인한 후 [확인] 버튼을 클릭합니다.

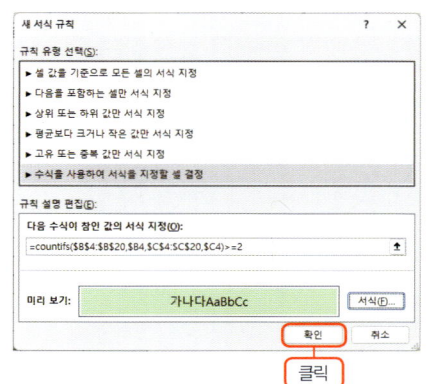

05 완성하기

다음과 같이 학번과 성명이 같은 행 전체가 배경색으로 강조됩니다.

조건부 서식이 예상과 다르게 동작한다면 작성한 규칙을 수정해야 합니다. 수정하는 순서는 다음과 같습니다.
❶ 조건부 서식이 적용된 셀 중 하나를 선택합니다.
❷ [홈] 탭의 [스타일] - [조건부 서식] - [규칙 관리]를 클릭합니다.
❸ [규칙 관리] 대화상자가 열리면 수정할 규칙을 선택한 후 [규칙 편집]을 클릭하여 수정합니다.

전체 순위와 팀 내 순위 구하기 (RANK.EQ, SUMPRODUCT)

예제 파일 Sample\T05_통계 함수.xlsx
완성 파일 Sample\T05_통계 함수_완성.xlsx

> **키 워 드** RANK.EQ, SUMPRODUCT
>
> **길라잡이** [순위] 시트를 사용하여 실습을 진행합니다.
>
> 개인 평가 점수가 있는 데이터에서 전체 순위와 팀 내 순위를 구하는 방법을 알아보겠습니다. 전체 순위는 RANK.EQ 함수를 사용하여 개별 점수의 전체 순위를 계산합니다.
>
> 팀 내 순위는 같은 팀 내에서만 순위를 비교해야 하므로 RANK.EQ 함수로는 제한적입니다. 따라서 조건부 순위 계산이 가능한 SUMPRODUCT 함수를 활용하여 팀 내 순위를 구하는 방법을 알아보겠습니다.

01 전체 순위 구하기

[D2] 셀에 수식 「=RANK.EQ(C2,$C$2:$C$20)」을 입력합니다.

> **수식 설명**
> - C2 ← 순위를 구할 점수
> - $C$2:$C$20 ← 순위를 비교할 점수들
> - [Order] ← 인수를 생략하면 순위를 내림차순으로 매깁니다.

호환성 함수란?

함수를 입력하면 함수 이름 앞에 노란색 주의 아이콘이 표시되는 경우가 있습니다. 이런 함수를 '호환성 함수'라고 합니다. 호환성 함수란 이전 버전(예: Excel 2003, 2007 등)과의 호환성을 유지하기 위해 남겨 둔 함수를 말합니다. 최신 버전에서는 정확도를 개선한 새로운 함수명이 제공되지만 기존 함수도 함께 사용할 수 있도록 제공하는 것입니다.

02 팀 내 순위 구하기

[E2] 셀에 수식 「=SUMPRODUCT(($A$2:$A$20=A2)*($C$2:$C$20>=C2))」를 입력합니다.

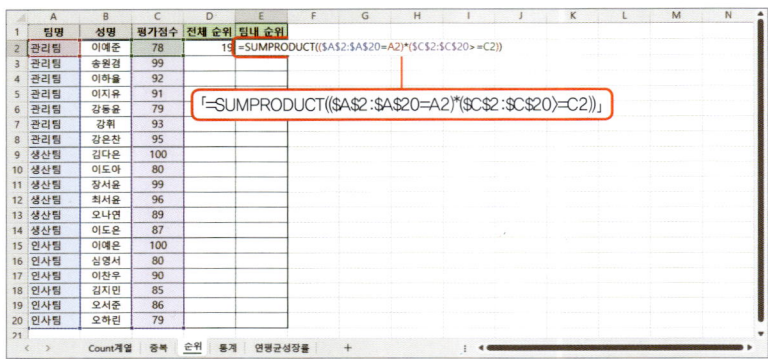

수식 설명

「SUMPRODUCT(($A$2:$A$20=A2)*($C$2:$C$20>=C2))」수식을 풀어 보면
→ SUMPRODUCT((A2=A2, A3=A2, A4=A2, …A20=A2)*(C2>=C2,C3>=C2,C4>=C2, …, C20>=C2))
→ SUMPRODUCT((True, True, True, …False)*(True,True,True, …True))
→ SUMPRODUCT((1;1;1;1;1;1;1;0;0;0;0;0;0;0;0;0;0;0;0)*(1;1;1;1;1;1;1;1;1;1;1;1;1;1;1;1;1;1;1))
→ SUMPRODUCT(1;1;1;1;1;1;1;0;0;0;0;0;0;0;0;0;0;0;0)
→ 7
True=1, False=0입니다.

03 수식 복사하기

[D2:E2] 범위의 채우기 핸들을 더블클릭하여 수식을 복사합니다.

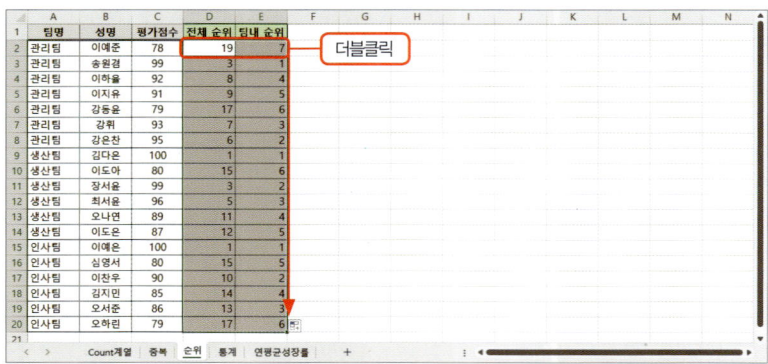

이상치를 제외한 평균 계산하기(MIN, MAX, MINIFS, AVERAGEIFS)

예제 파일 Sample\T05_통계 함수.xlsx
완성 파일 Sample\T05_통계 함수_완성.xlsx

> **키 워 드** MIN, MAX, MINIFS, AVERAGEIFS
> **길라잡이** [통계] 시트를 사용하여 실습을 진행합니다.
> 품질 검사 결과에서 0을 제외한 최솟값과 이상치(최댓값, 최솟값, 0)를 제외한 평균을 계산하는 방법에 대해 알아보겠습니다. 또한 수식의 가독성을 높이기 위해 참조할 셀 범위를 이름으로 정의한 후 계산 작업을 진행하겠습니다.

01 이름 정의하기

❶ 데이터가 입력된 끝까지 범위를 선택하기 위해 [B3:C3] 영역을 선택한 후 Ctrl + Shift + ↓를 누릅니다.
❷ [수식] 탭의 [정의된 이름] – [선택 영역에서 만들기]를 클릭합니다.
❸ [선택 영역에서 이름 만들기] 대화상자가 열리면 '첫 행' 옵션을 선택한 후 [확인] 버튼을 클릭합니다.

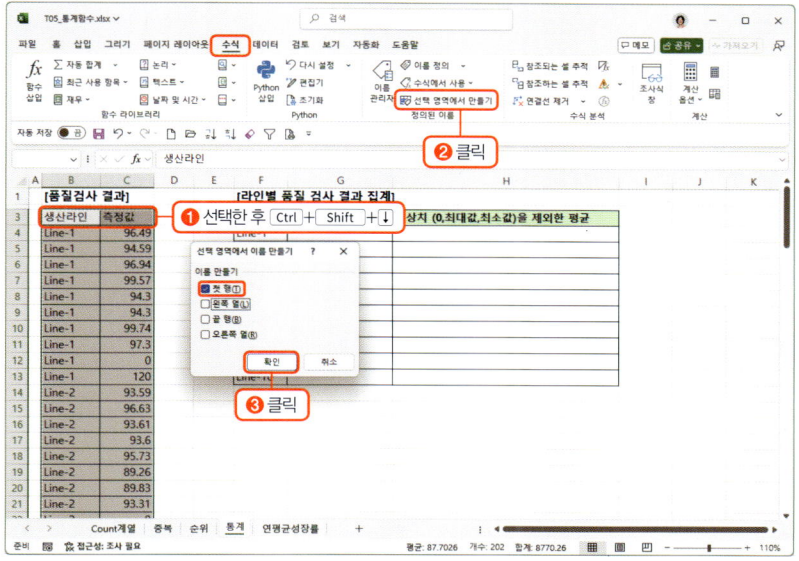

02 0을 제외한 최솟값 계산하기

[G4] 셀에 수식 「=MINIFS(측정값,생산라인,F4,측정값,"0")」을 입력합니다.

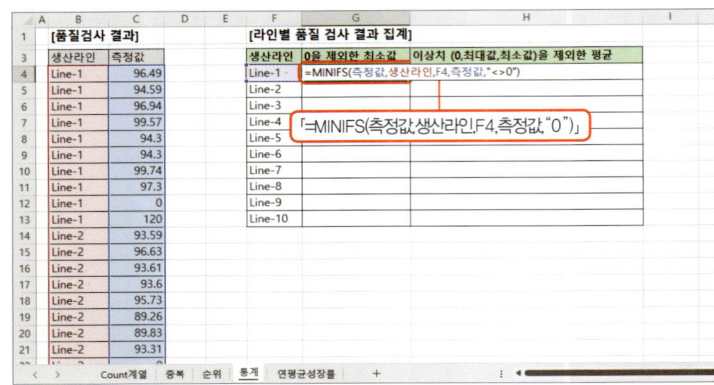

03 이상치를 제외한 평균 계산하기

[H4] 셀에 수식 「=AVERAGEIFS(측정값,생산라인,F4,측정값,"<>0",측정값,"<>"&MAX(측정값),측정값,"<>"&MIN(측정값))」을 입력합니다.

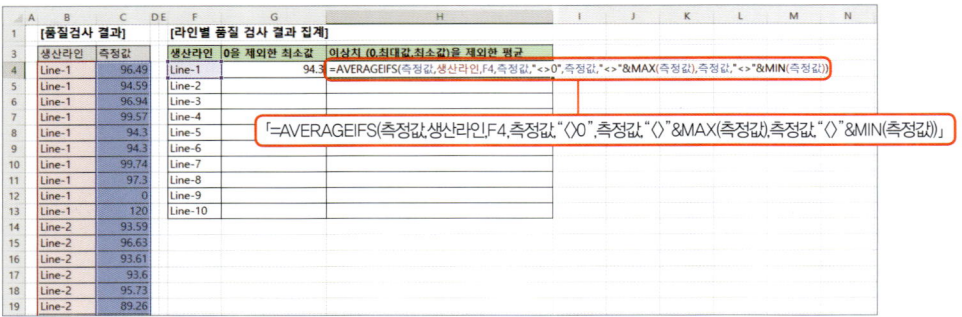

수식 설명

생산라인별로 0, 최솟값, 최댓값을 제외한 평균을 계산합니다.
수식이 너무 길면 「=AVERAGEIFS(」를 입력한 후 Ctrl + A 를 눌러 [함수 인수] 대화상자를 열어서 수식을 작성합니다.

04 소수 자릿수 설정하기

❶ [H4] 셀을 선택한 후 ❷ [홈] 탭의 [표시 형식] - [자릿수 줄임]을 여러 번 클릭하여 소수 둘째 자리까지 표시합니다.

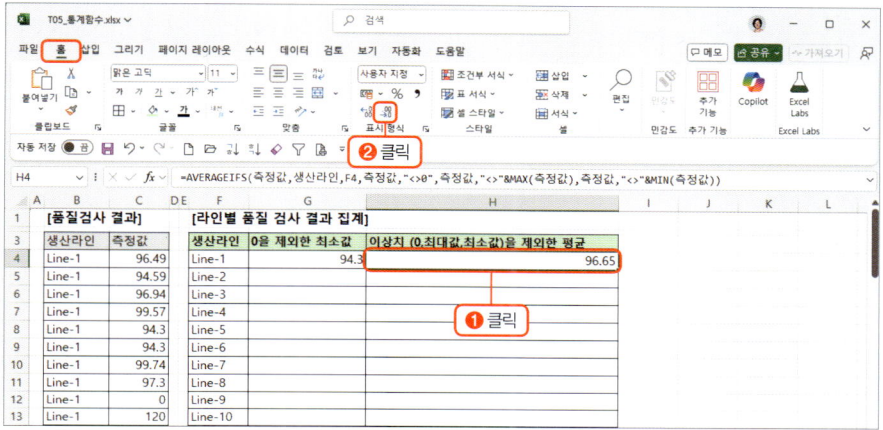

05 수식 복사하기

[G4:H4] 범위의 채우기 핸들을 더블클릭하여 수식을 복사합니다.

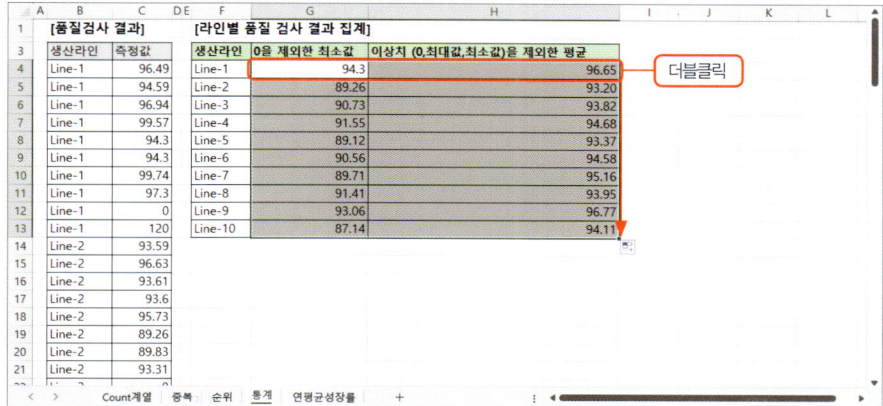

연평균 성장률 계산하기 (GEOMEAN)

예제 파일 Sample\T05_통계 함수.xlsx
완성 파일 Sample\T05_통계 함수_완성.xlsx

키 워 드 GEOMEAN
길라잡이 [연평균 성장률] 시트를 사용하여 실습을 진행합니다.
2019년부터 2025년까지 정보 통신 기술 산업의 수출액이 입력되어 있습니다. 이 데이터를 바탕으로 연도별 증감률을 계산하는 방법과 6년 동안의 연평균 성장률을 GEOMEAN 함수를 이용해 계산하는 방법을 알아보겠습니다.

01 증감률 계산하기

[C5] 셀에 수식 「=(C4-B4)/B4」를 입력합니다.

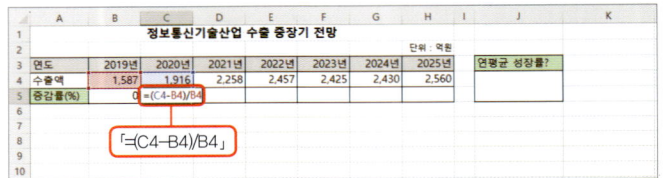

02 수식 복사하기

[C5] 셀의 채우기 핸들을 드래그하여 수식을 복사합니다.

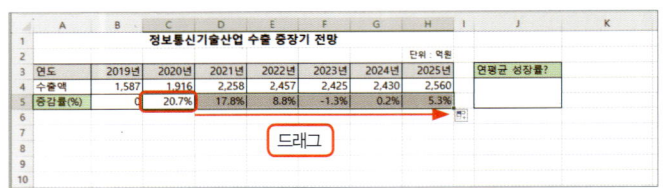

03 연평균 성장률 계산하기

[J4] 셀에 수식 「=GEOMEAN(C5:H5+1)-1」을 입력합니다. 단, Excel 2019 이전 버전은 수식을 입력한 후 Ctrl + Shift + Enter 를 눌러 배열 수식으로 처리해야 합니다. Excel 2021 이후 버전은 Enter 만 눌러도 배열 처리가 됩니다.

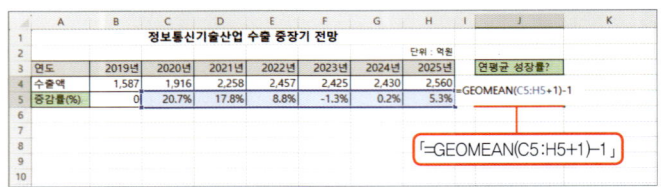

수식 설명
GEOMEAN은 입력된 값들의 기하 평균을 계산하는 함수입니다. 이 함수는 0 이하의 값을 처리할 수 없으므로 각 증감률에 +1을 더하여 성장 비율(증감률+1) 형태로 변환합니다. 이후 변환된 값들의 기하 평균을 계산한 후 최종적으로 -1을 빼서 연평균 성장률로 환원합니다.

04 표시 형식 지정하기

❶ [J4] 셀을 선택한 후 ❷ [홈] 탭의 [표시 형식]에서 '백분율 스타일'을 클릭합니다. 그런 다음 ❸ '자릿수 늘림' 명령을 두 번 클릭하여 소수 둘째 자리로 설정합니다.

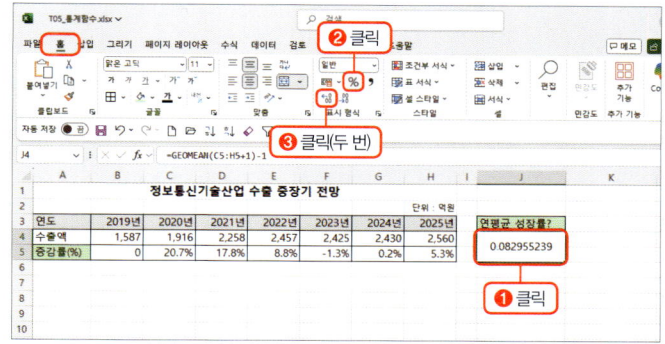

05 결과 확인하기

2019년부터 2025년까지 정보 통신 기술 산업 수출이 연평균 8.30% 성장한 것을 알 수 있습니다.

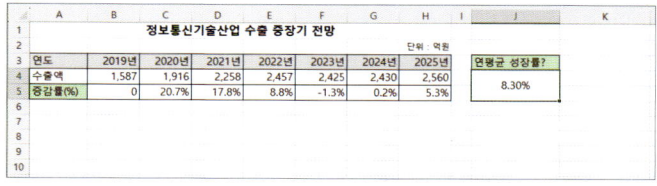

LESSON 04 논리 함수와 정보 함수

특정 조건에 따라 서로 다른 결과를 도출해야 하는 경우가 있습니다. 예를 들어, 성적이 일정 기준 이상이면 '합격', 미만이면 '불합격'으로 표시하거나 재고가 일정 수준 이하이면 '주문 필요' 메시지를 출력하는 등의 상황입니다. 이러한 경우에 논리 함수와 정보 함수를 활용하여 자동화된 처리를 할 수 있습니다.

상황을 판단하는 논리 함수

논리 함수는 주어진 조건을 판단하여 참과 거짓을 구분한 후 그 결과에 따라 원하는 값을 반환합니다. 조건별 데이터 분류나 수식의 에러 처리 등에 활용합니다.

:: IF 함수

함수 설명	논리식 결과에 따라 다른 결과를 반환하는 함수입니다.
함수 형식	IF(Logical_test, Value_if_true, Value_if_false)
인수 설명	Logical_test: 논리식(조건식) Value_if_true: Logical_test의 결과가 true일 때 반환할 값 Value_if_false: Logical_test의 결과가 false일 때 반환할 값
사용 예시	예) IF(점수)=80, "합격", "불합격"): 점수가 80점 이상이면 "합격", 그렇지 않으면 "불합격"을 반환합니다.

:: IFS 함수 – Excel 2019 이후 버전, M365

함수 설명	여러 조건에 따라 다른 결과를 반환하는 함수입니다.
함수 형식	IFS(Logical_test1, Value_if_true1, [Logical_test2, Value_if_true2], …)
인수 설명	Logical_test1: 논리식(조건식), 최대 127개까지 가능 Value_if_true1: Logical_test1의 결과가 참일 때 반환할 값

:: AND 함수

함수 설명	• 지정한 논리식의 결과가 모두 true일 때 true를 반환하는 함수입니다. • "여러 조건을 동시에 만족하는가?"를 물을 때 사용합니다.
함수 형식	AND(Logical1, [Logical2], …)
인수 설명	Logical: 논리식(조건식), 최대 255개까지 가능

:: OR 함수

함수 설명	• 지정한 논리식의 결과 중 true를 하나라도 포함할 때 true를 반환하는 함수입니다. • "여러 조건 중 하나라도 만족하는가?"를 물을 때 사용합니다.
함수 형식	OR(Logical1, Logical2, …)
인수 설명	Logical: 논리식(조건식), 최대 255개까지 가능

:: SWITCH 함수 – Excel 2019 이후 버전, M365

함수 설명	조건식(Expression)의 결과에 따라 여러 값 중 하나를 반환하는 함수입니다.
함수 형식	SWITCH(Expression,Value1,Result1,[Value2, Result2], …,[Default]) [ ]로 둘러싸인 인수는 필수가 아니며 상황에 따라 생략할 수 있습니다.
인수 설명	Expression: 평가할 조건식 또는 값 Value1, Value2, …: 조건식의 결과와 비교할 값(최대 126개) Result1, Result2, …: Value1, Value2와 일치할 때 반환할 값(최대 126개) [Default]: 위의 값들과 일치하는 값이 없을 때 반환할 기본값

:: IFERROR 함수

함수 설명	수식의 결과가 오류일 경우 대체 값을 반환하고 오류가 없으면 수식 결과를 그대로 반환하는 함수입니다.
함수 형식	IFERROR(Value, Value_if_error)
인수 설명	Value: 수식 Value_if_error: 수식에 오류가 있을 때 반환할 값
사용 예시	#DIV/0!(0으로 나누기 오류), #N/A(값 없음 오류), #VALUE!(잘못된 형식 오류) 등을 처리할 때 유용합니다.

 ## 데이터 유형을 식별하는 정보 함수

정보 함수는 입력된 셀의 정보 및 값의 유형을 판단하는 함수로 데이터의 오류 여부, 값의 종류(숫자, 텍스트 등), 특정 조건에 따른 상태(빈 셀 여부 등)를 확인하는 데 사용합니다. 대표적인 정보 함수로는 ISERROR, ISBLANK, ISNUMBER, ISTEXT, ISNNONTEXT, SHEET 등이 있습니다. 이 중 ISERROR, ISBLANK, ISNUMBER, ISTEXT 등의 IS 함수는 값의 유형을 검사하고 그 결과에 따라 TRUE 또는 FALSE를 반환합니다. 이러한 특성으로 IF 함수와 함께 사용되는 경우가 많습니다.

ISBLANK(value)	값이 비어 있으면 TRUE를 반환하는 함수입니다.
ISERROR(value)	값이 오류이면 TRUE를 반환하는 함수입니다.
ISNUMBER(value)	값이 숫자이면 TRUE를 반환하는 함수입니다.
ISTEXT(value)	값이 텍스트이면 TRUE를 반환하는 함수입니다.
ISNONTEXT(value)	값이 텍스트가 아니면 TRUE를 반환하는 함수입니다.
SHEET(value)	참조한 시트의 시트 번호를 반환하는 함수입니다.

업종에 따라 과세 여부, 공급가액, 부가세 계산하기(IF, OR)

예제 파일 Sample\T05_논리 함수.xlsx
완성 파일 Sample\T05_논리 함수_완성.xlsx

키 워 드 IF, OR
길라잡이 [논리 함수] 시트를 사용하여 실습을 진행합니다.
업종에 따라 과세 여부를 결정하고 이에 따라 부가세와 공급가액을 계산하는 방법에 대해 알아보겠습니다.
- 과세 구분: 업종이 '교육' 또는 '제약'이면 '면세', 그 외 업종은 '과세'
- 부가세: 거래 금액/11
- 공급가액: 거래 금액 – 부가세

01 업종에 따른 과세 구분 결정하기

함수를 두 개 이상 중첩으로 사용할 것이므로 [함수 인수] 대화상자를 열어서 작성하겠습니다. [E2] 셀에 수식 「=IF(」를 입력한 후 Ctrl + A 를 누릅니다.

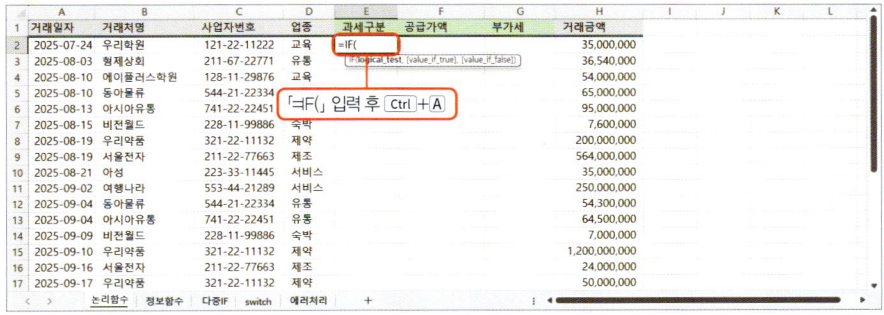

02 함수 인수 지정하기

[함수 인수] 대화상자가 열리면 다음과 같이 ❶ 인수를 지정한 후 ❷ [확인] 버튼을 클릭합니다.

Logical_test: OR(D2="교육",D2="제약")
Value_if_true: "면세"
Value_if_false: "과세"

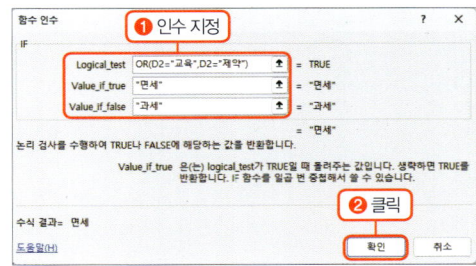

Lesson 04 _ 논리 함수와 정보 함수   **241**

03 부가세 계산하기

[G2] 셀에 수식 「=IF(」를 입력한 후 Ctrl+A를 누릅니다.

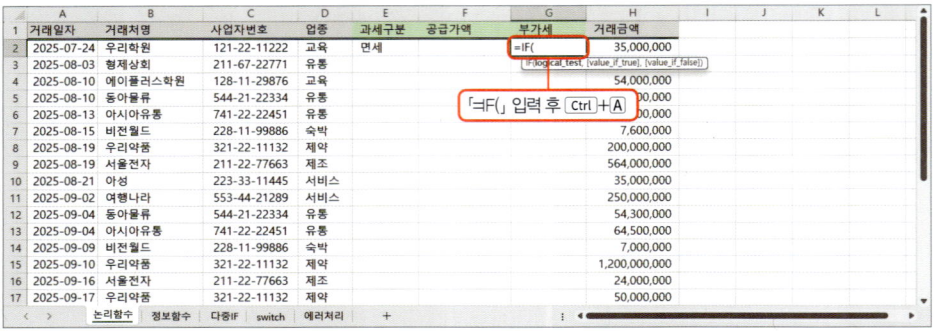

04 함수 인수 지정하기

[함수 인수] 대화상자가 열리면 다음과 같이 ❶ 인수를 지정한 후 ❷ [확인] 버튼을 클릭합니다.

Logical_test: E2="과세"
Value_if_true: H2/11
Value_if_false: 0

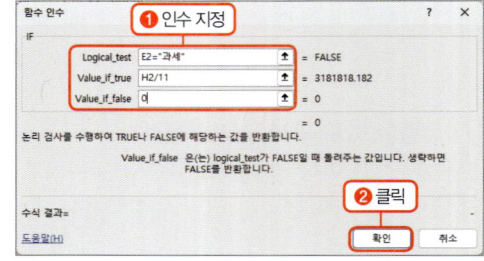

05 공급가액 계산하기

[F4] 셀에 수식 「=H2-G2」를 입력합니다.

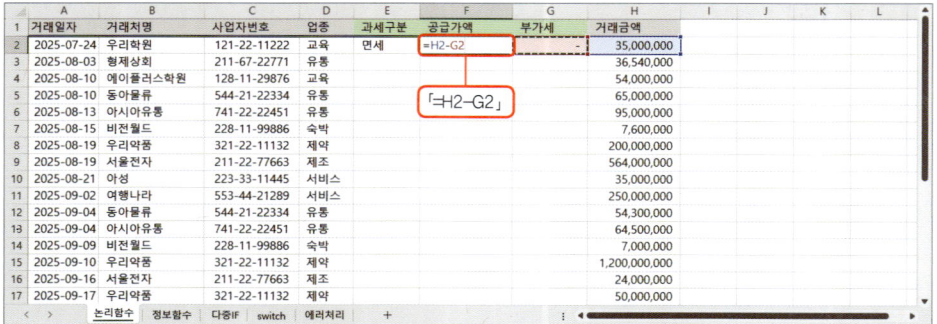

06 수식 복사하기

[E2:G2] 범위의 채우기 핸들을 더블클릭하여 수식을 복사합니다.

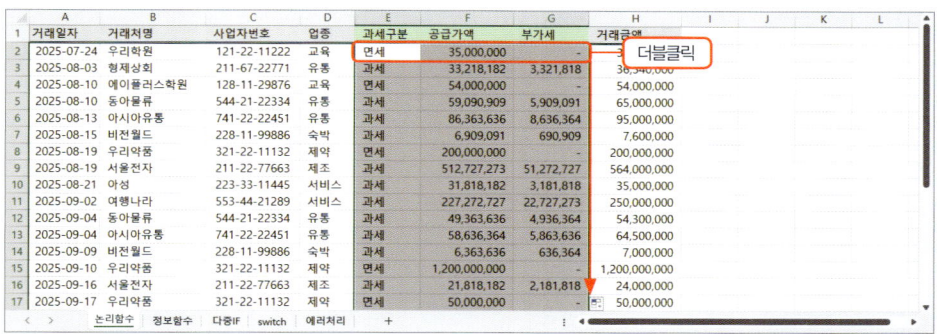

사업자 번호 형식 통일하기
(AND, ISTEXT, NOT)

예제 파일 Sample\T05_논리 함수.xlsx
완성 파일 Sample\T05_논리 함수_완성.xlsx

키 워 드 AND, ISTEXT, NOT
길라잡이 [정보 함수] 시트를 사용하여 실습을 진행합니다.
함수와 조건부 서식을 활용하여 형식이 다른 데이터를 찾아 통일된 형식으로 수정하고 조건에 해당하는 값을 강조하는 방법을 알아보겠습니다.

- 사업자 번호가 텍스트 형식으로 입력되지 않은 데이터를 찾아 수정합니다(ISTEXT, NOT 함수 활용).
- 과세 거래 중 공급가액이 1억 원 이상인 데이터를 찾아 행을 강조합니다(AND 함수 활용).

01 사업자 번호 형식 확인하기

❶ [C2:C27] 영역을 선택한 후 ❷ [홈] 탭의 [스타일] - [조건부 서식] - [새 규칙]을 클릭합니다.

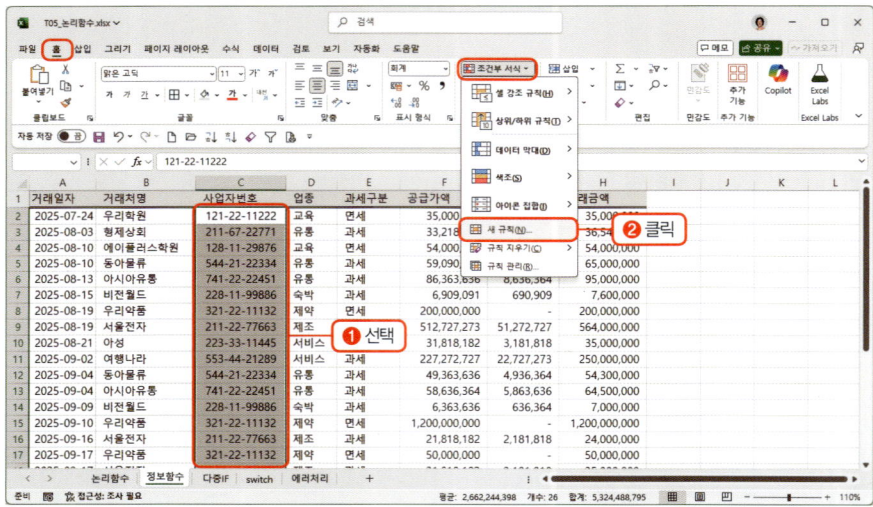

02 규칙 입력하기

[새 서식 규칙] 대화상자가 열리면 ❶ '수식을 사용하여 서식을 지정할 셀 결정'을 선택합니다. ❷ 수식 「=NOT(ISTEXT($C2))」를 입력한 후 ❸ [서식] 버튼을 클릭합니다.

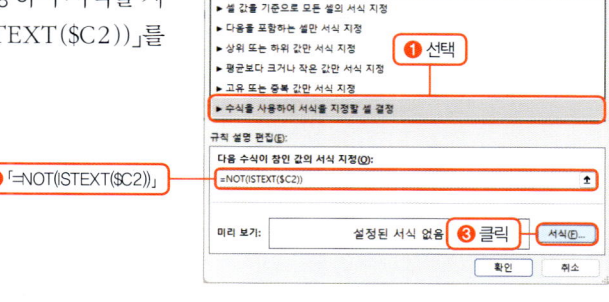

03 서식 지정하기

[셀 서식] 대화상자가 열리면 [채우기] 탭에서 ❶ 임의의 색상을 선택한 후 ❷ [확인] 버튼을 클릭합니다.

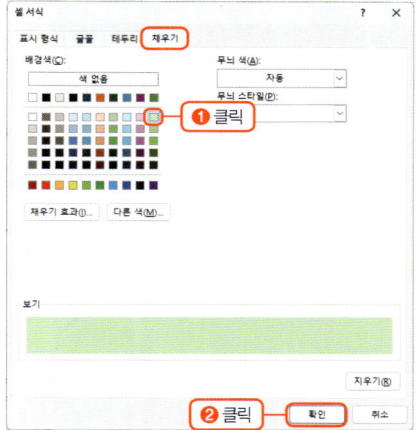

04 규칙과 서식 확인하기

[새 서식 규칙] 대화상자로 돌아오면 수식과 서식을 확인한 후 [확인] 버튼을 클릭합니다.

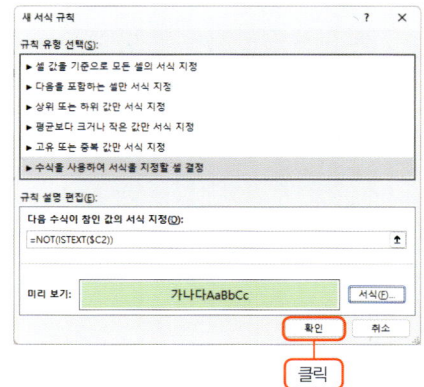

05 데이터 형식 확인하고 수정하기

사업자 번호(C 열)에서 텍스트 형식이 아닌 곳에 서식이 지정됩니다. ❶ [C9] 셀을 선택하여 수식 입력 줄을 확인하면 "-" 없이 숫자만 입력되어 있음을 알 수 있습니다. ❷ [C9] 셀을 더블클릭하여 편집 모드로 전환한 후 "-"를 추가해 텍스트 형식으로 수정합니다. ❸ [C15] 셀도 같은 방법으로 수정합니다.

06 과세 거래 중 공급가액이 1억 원 이상인 행 강조하기

❶ [A2:C27] 영역을 선택한 후 ❷ [홈] 탭의 [스타일] - [조건부 서식] - [새 규칙]을 클릭합니다.

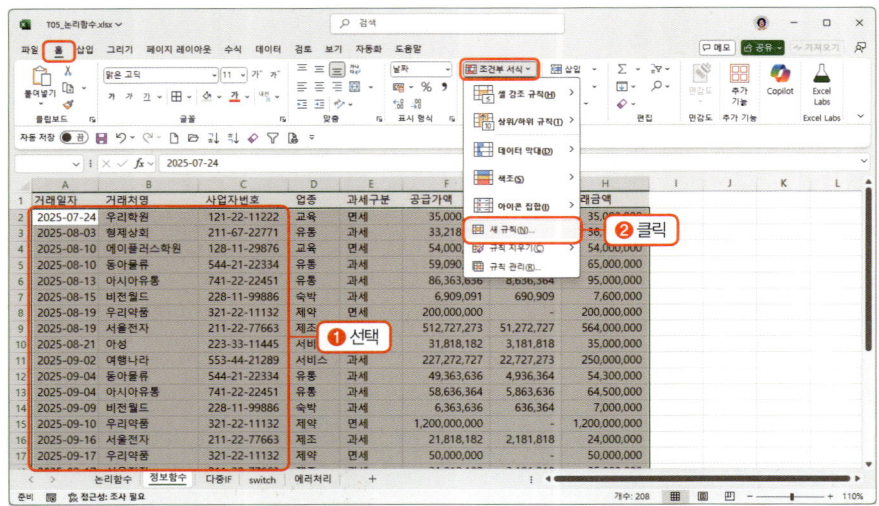

07 규칙 입력하기

[새 서식 규칙] 대화상자가 열리면 ❶ '수식을 사용하여 서식을 지정할 셀 결정'을 선택합니다. ❷ 수식 「=AND($E2="과세",$F2>=100000000)」을 입력한 후 ❸ [서식] 버튼을 클릭합니다.

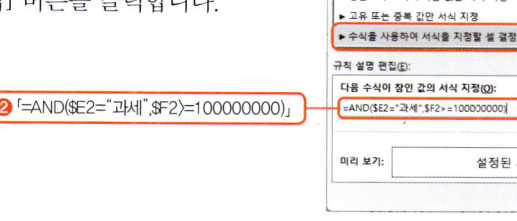

08 서식 지정하기

[셀 서식] 대화상자가 열리면 [채우기] 탭에서 ❶ 임의의 색상을 선택한 후 ❷ [확인] 버튼을 클릭합니다.

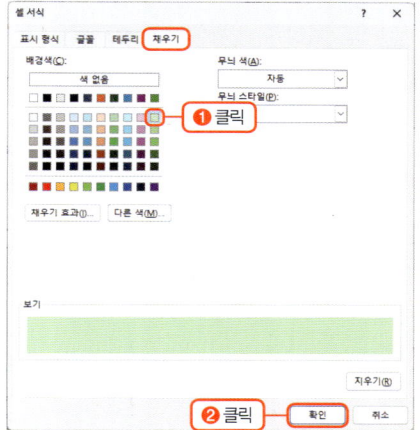

09 규칙과 서식 확인하기

[새 서식 규칙] 대화상자로 돌아오면 수식과 서식을 확인한 후 [확인] 버튼을 클릭합니다.

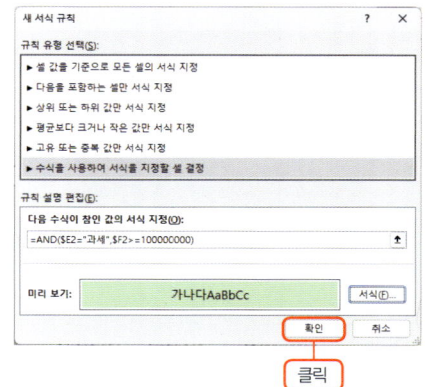

10 결과 확인하기

다음과 같이 과세 거래 중 공급가액이 1억 원 이상인 행만 강조됩니다.

거래일자	거래처명	사업자번호	업종	과세구분	공급가액	부가세	거래금액
2025-07-24	우리학원	121-22-11222	교육	면세	35,000,000	-	35,000,000
2025-08-03	형제상회	211-67-22771	유통	과세	33,218,182	3,321,818	36,540,000
2025-08-10	에이플러스학원	128-11-29876	교육	면세	54,000,000	-	54,000,000
2025-08-10	동아물류	544-21-22334	유통	과세	59,090,909	5,909,091	65,000,000
2025-08-13	아시아유통	741-22-22451	유통	과세	86,363,636	8,636,364	95,000,000
2025-08-15	비전월드	228-11-99886	숙박	과세	6,909,091	690,909	7,600,000
2025-08-19	우리약품	321-22-11132	제약	면세	200,000,000	-	200,000,000
2025-08-19	서울전자	211-22-77663	제조	과세	512,727,273	51,272,727	564,000,000
2025-08-21	아성	223-33-11345	서비스	과세	31,818,182	3,181,818	35,000,000
2025-09-02	여행나라	553-44-21289	서비스	과세	227,272,727	22,727,273	250,000,000
2025-09-04	동아물류	544-21-22334	유통	과세	49,363,636	4,936,364	54,300,000
2025-09-04	아시아유통	741-22-22451	유통	과세	58,636,364	5,863,636	64,500,000
2025-09-09	비전월드	228-11-99886	숙박	과세	6,363,636	636,364	7,000,000
2025-09-10	우리약품	321-22-11132	제약	면세	1,200,000,000	-	1,200,000,000
2025-09-16	서울전자	211-22-77663	제조	과세	21,818,182	2,181,818	24,000,000
2025-09-17	우리약품	321-22-11132	제약	면세	50,000,000	-	50,000,000
2025-09-17	서울전자	211-22-77663	제조	과세	31,818,182	3,181,818	35,000,000
2025-09-17	아성	223-33-11345	서비스	과세	59,090,909	5,909,091	65,000,000
2025-09-26	여행나라	553-44-21289	서비스	과세	181,818,182	18,181,818	200,000,000
2025-09-27	동아물류	544-21-22334	유통	과세	49,363,636	4,936,364	54,300,000
2025-09-27	동아물류	544-21-22334	유통	과세	6,363,636	636,364	7,000,000
2025-10-01	아시아유통	741-22-22451	유통	과세	49,090,909	4,909,091	54,000,000
2025-10-01	비전월드	228-11-99886	숙박	과세	512,727,273	51,272,727	564,000,000
2025-10-01	우리약품	321-22-11132	제약	면세	50,000,000	-	50,000,000
2025-10-06	서울전자	211-22-77663	제조	과세	58,636,364	5,863,636	64,500,000
2025-10-11	아성	223-33-11345	서비스	과세	6,363,636	636,364	7,000,000

실무활용 12 다중 조건 평가하기(IFS, IF)

예제 파일 Sample\T05_논리 함수.xlsx
완성 파일 Sample\T05_논리 함수_완성.xlsx

키 워 드 IFS, IF

길라잡이 [다중 IF] 시트를 사용하여 실습을 진행합니다.
다음 기준에 따라 목표 대비 매출 실적의 달성률을 평가하는 함수식을 작성하는 방법을 알아보겠습니다.

- 매출 실적이 목표의 110% 이상 → 초과 달성
- 매출 실적이 목표 이상(100% 이상 110% 미만) → 달성
- 매출 실적이 목표 미만(100% 미만) → 미달성

(IFS 함수는 Excel 2019 이후 버전 및 M365에서 사용 가능하므로 이전 버전은 다중 IF문을 사용합니다.)

01 IFS 함수로 달성률 평가하기

[E4] 셀에 수식「=IFS(D4>=C4*1.1, "초과달성", D4>=C4, "달성", TRUE, "미달성")」을 입력합니다.

수식이 길어 입력하기 힘들면 [함수 인수] 대화상자를 열어서 작성하세요. 「=IFS(」를 입력한 후 Ctrl + A 를 누르면 됩니다.

수식 설명
- D4>=C4*1.1, "초과 달성" ← 실적이 목표의 110% 이상이면 "초과달성"을 반환
- D4>=C4, "달성" ← 실적이 목표의 110% 미만 100% 이상이면 "달성"을 반환
- TRUE, "미달성" ← 위의 두 조건에 해당하지 않는 경우에는 "미달성"을 반환. TRUE는 이전 조건이 모두 거짓일 때 기본값 역할을 함

02 수식 복사하기

[E5] 셀의 채우기 핸들을 더블클릭하여 수식을 복사합니다.

03 IF 함수로 달성률 평가하기

[F4] 셀에 수식 「=IF(D4>=C4*1.1,"초과달성",IF(D4>=C4,"달성","미달성"))」을 입력합니다.

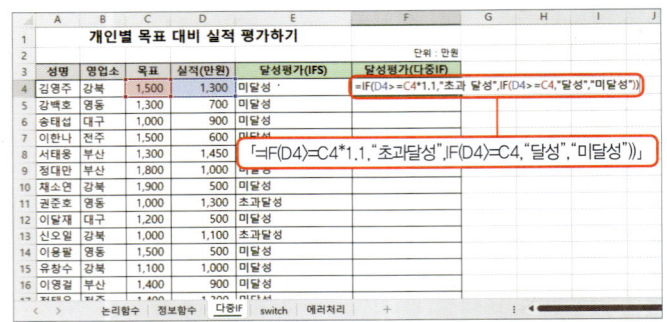

04 수식 복사하기

[F4] 셀의 채우기 핸들을 더블클릭하여 수식을 복사합니다.

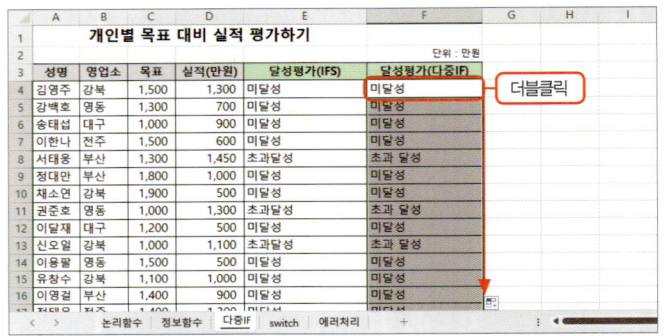

인수 목록 중 하나를 반환하는 논리 함수 활용하기(SWITCH)

예제 파일 Sample\T05_논리 함수.xlsx
완성 파일 Sample\T05_논리 함수_완성.xlsx

키 워 드 SWITCH, LEFT
길라잡이 [SWITCH] 시트를 사용하여 실습을 진행합니다.
[B] 열에 입력된 제품 코드의 첫 글자는 제품을 수입하는 나라를 의미합니다.
첫 글자가 A이면 미국, B이면 중국, C이면 브라질, D이면 필리핀이라고 했을 때 이 규칙에 따라 수입 국가명을 매핑하는 방법을 알아보겠습니다.
다중 IF, IFS 함수로도 가능하지만 여기서는 SWITCH 함수를 활용합니다.(SWITCH 함수는 Excel 2019 이후 버전 및 M365에서만 사용 가능합니다.)

01 수식 입력하기

[D3] 셀에 수식 「=SWITCH(LEFT(B3,1),"A","미국","B","중국","C","브라질","D","필리핀","일치하는 항목 없음")」을 입력합니다.

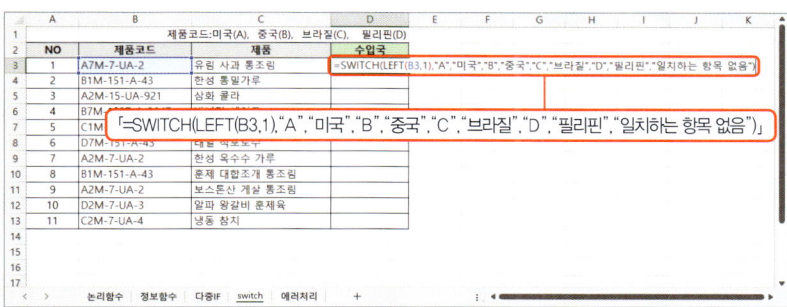

수식 설명
- LEFT(B3,1) ← [B3] 셀의 첫 글자를 추출
- "A","미국" ← 첫 글자가 'A'이면 '미국' 반환
- "B","중국" ← 첫 글자가 'B'이면 '중국' 반환
- "C","브라질" ← 첫 글자가 'C'이면 '브라질' 반환
- "D","필리핀" ← 첫 글자가 'D'이면 '필리핀' 반환
- "일치하는 항목 없음" ← 위 조건에 해당하지 않는 경우 기본값으로 '일치하는 항목 없음' 반환

02 수식 복사하기

[D3] 셀의 채우기 핸들을 더블클릭하여 수식을 복사합니다.

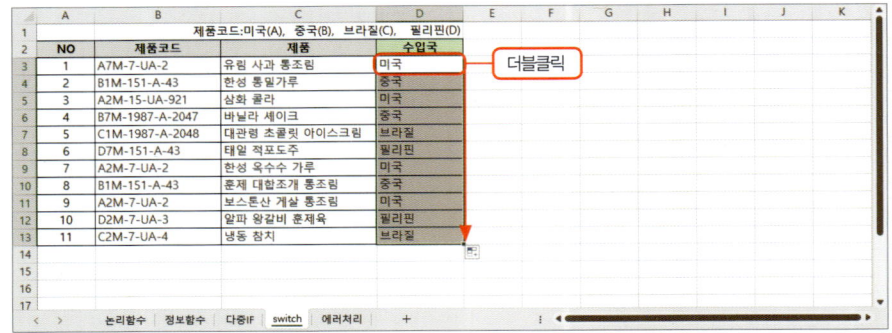

수식 결과에 에러가 났을 때 대처하기 (IFERROR)

예제 파일 Sample\T05_논리 함수.xlsx
완성 파일 Sample\T05_논리 함수_완성.xlsx

키 워 드 IFERROR
길라잡이 [에러 처리] 시트를 사용하여 실습을 진행합니다.
[E4:E13] 영역에는 전년 대비 금년 예산 증감률이 계산되어 있습니다. 그런데 [E10] 셀에서 #DIV/0! 에러가 발생했습니다. 이는 전년도 예산이 0이었는데 금년 예산이 책정되면서 0으로 나누는 연산이 발생했기 때문입니다. 이처럼 데이터에 의해 어쩔 수 없이 발생하는 에러를 IFERROR 함수로 처리하는 방법을 알아보겠습니다.

01 에러를 확인하기

[E10] 셀을 선택한 후 수식 입력 줄을 확인하면 증감률이 계산되어 있습니다. 수식 결과는 #DIV/0! 에러가 발생한 상황입니다.

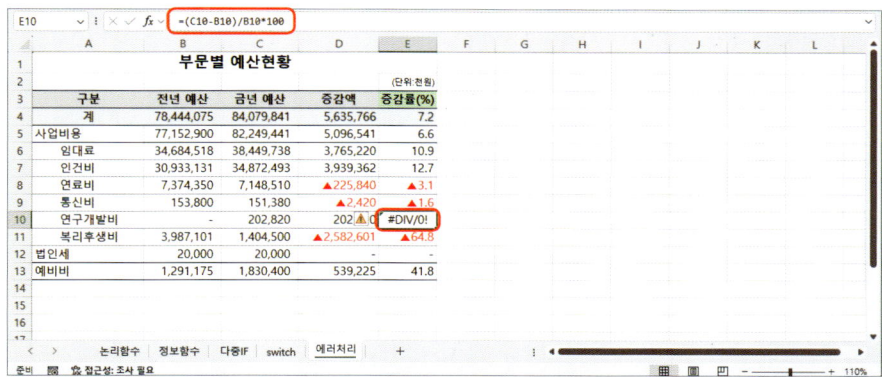

02 에러 처리 수식 추가하기

[E4] 셀을 더블클릭하여 편집 모드로 전환한 후 수식을 「=IFERROR((C4-B4)/B4*100,"순증")」으로 수정합니다.

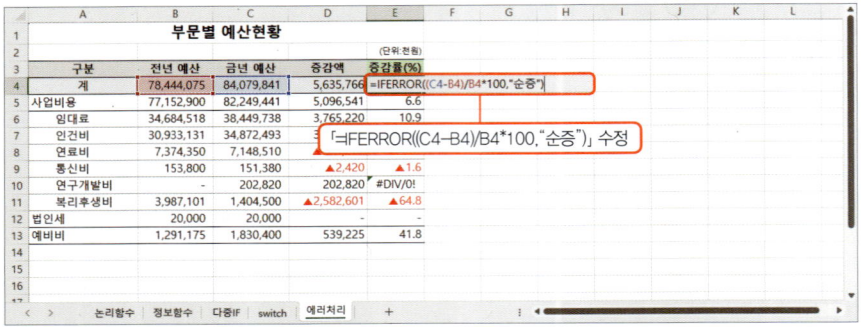

03 서식 없이 수식만 복사하기

❶ [E4] 셀의 채우기 핸들을 [E13] 셀까지 드래그하여 수식을 복사합니다. ❷ '자동 채우기' 옵션(🔽)을 클릭한 후 ❸ [서식 없이 채우기]를 클릭합니다.

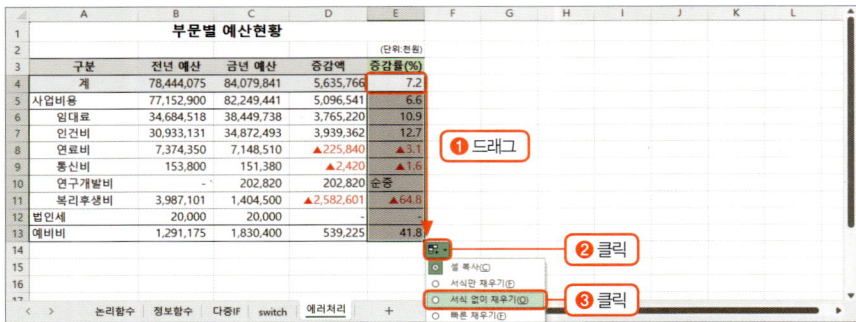

04 결과 확인하기

다음과 같이 에러가 났던 자리가 '순증'이라는 단어로 처리되어 있습니다.

05 데이터를 가공하기 위한 텍스트와 날짜/시간 함수

원시 데이터를 가공해 사용해야 하는 경우가 많습니다. 예를 들어 상품 코드에서 카테고리를 추출하거나 전화번호를 통일된 형식으로 변경하거나 여러 열의 정보를 하나로 결합하는 등의 가공이 필요할 수 있습니다. 또한 근태 관리, 프로젝트 일정 계산, 납기일 관리 등 시간 기반의 업무에서도 가공이 필요합니다.
이번 레슨에서는 텍스트 함수와 날짜/시간 함수를 활용하여 데이터를 효율적으로 가공하고 관리하는 방법을 알아보겠습니다.

 텍스트를 다루는 함수

문자열의 왼쪽에서부터 원하는 개수만큼 추출하는 LEFT 함수

함수 설명	문자열의 왼쪽에서 지정된 개수만큼 문자를 추출하는 함수입니다.
함수 형식	LEFT(text, [num_chars])
인수 설명	text: 추출할 문자가 포함된 문자열 또는 셀 [num_chars]: 왼쪽에서 추출할 문자 개수(생략 가능, 기본값=1)
사용 예시	=LEFT("940101-1234567",6) → 940101

문자열의 오른쪽에서부터 원하는 개수만큼 추출하는 RIGHT 함수

함수 설명	문자열의 오른쪽에서 지정된 개수만큼 문자를 추출하는 함수입니다.
함수 형식	RIGHT(text, [num_chars])
인수 설명	text: 추출할 문자가 포함된 문자열 또는 셀 [num_chars]: 오른쪽에서 추출할 문자 개수(생략 가능, 기본값=1)
사용 예시	RIGHT("940101-1234567",7) → 1234567

∷ 문자열에서 지정된 위치의 문자를 추출하는 MID 함수

함수 설명	문자열에서 지정한 위치부터 특정 개수만큼 문자를 추출하는 함수입니다.
함수 형식	MID(text, start_num, num_chars)
인수 설명	text: 추출할 문자가 포함된 문자열 또는 셀 start_num: 추출을 시작할 위치(첫 번째 문자=1) num_chars: 추출할 문자 개수
사용 예시	=MID("840101-1234567",8,1) 결과: 1

∷ 문자열에서 지정된 위치의 텍스트를 변경하는 REPLACE 함수

함수 설명	문자열에서 지정된 위치의 텍스트를 다른 텍스트로 대체하는 함수입니다.
함수 형식	REPLACE(old_text, start_num, num_chars, new_text)
인수 설명	old_text: 변경할 문자가 포함된 문자열 또는 셀 start_num: 변경할 문자의 시작 위치(첫 번째 문자=1) num_chars: 대체할 문자 개수 new_text: 변경할 새 문자열
사용 예시	=REPLACE("010-1234-9876",5,4,"****") 결과: 010-****-9876

∷ 문자열에서 특정 텍스트를 변경하는 SUBSTITUTE 함수

함수 설명	문자열에서 특정 텍스트(old_text)를 다른 텍스트(new_text)로 변경하는 함수입니다.
함수 형식	SUBSTITUTE(text, old_text, new_text, [instance_num])
인수 설명	text: 변경할 문자가 포함된 문자열 또는 셀 old_text: 변경할 문자열 new_text: old_text를 대체할 새 문자열 [instance_num]: text에서 몇 번째 old_text를 변경할지 지정(생략하면 전체 변경)
사용 예시	=SUBSTITUTE("서울특별시 서초구 양재동","특별시","시") 결과: 서울시 서초구 양재동

:: 여러 문자열을 하나로 연결하는 CONCAT 함수 – Excel 2019 이후 버전, M365

함수 설명	여러 문자열을 하나의 문자열로 연결하는 함수입니다. Excel 2016 이전 버전의 CONCATENATE 함수를 대체하는 함수입니다.
함수 형식	CONCAT(text1, [text2], …)
인수 설명	text1 : 연결할 텍스트 또는 셀 범위

:: 여러 문자열을 구분 기호로 연결하는 TEXTJOIN 함수 – Excel 2019 이후 버전, M365

함수 설명	여러 개의 텍스트 값을 특정 구분자로 연결하는 함수입니다.
함수 형식	TEXTJOIN(delimiter, ignore_empty, text1, [text2], …)
인수 설명	delimiter : 각 텍스트 사이에 삽입할 구분 문자 ignore_empty : 빈 셀을 무시할지 여부(TRUE : 무시, FALSE : 포함) text1, [text2] : 연결할 텍스트 또는 셀 범위

:: 문자열에서 특정 텍스트의 위치를 찾는 FIND 함수

함수 설명	문자열에서 지정한 텍스트(find_text)의 위치를 숫자로 반환하는 함수입니다. (대소문자를 구분하며 와일드카드 사용 불가)
함수 형식	FIND(find_text, within_text, [start_num])
인수 설명	find_text : 찾을 텍스트 within_text : 찾을 텍스트가 포함된 문자열 또는 셀 [start_num] : 검색을 시작할 위치(생략 가능, 기본값=1)
사용 예시	=FIND("c", "ACcess2024") → 대소문자를 구분함 결과 : 3

:: 문자열에서 특정 텍스트의 위치를 찾는 SEARCH 함수

함수 설명	문자열에서 지정한 텍스트(find_text)의 위치를 숫자로 반환하는 함수입니다. 대소문자를 구분하지 않으며 와일드카드('*'는 여러 문자, '?'는 한 문자) 사용 가능
함수 형식	SEARCH(find_text, within_text, [start_num])
인수 설명	find_text : 찾을 텍스트 within_text : 찾을 텍스트가 포함된 문자열 또는 셀 [start_num] : 검색을 시작할 위치(생략 가능, 기본값=1)
사용 예시	=SEARCH("c", "ACcess2019") → 대소 문자를 구분 안 함. 결과 : 2

문자열의 문자 수를 반환하는 LEN 함수

함수 설명	문자열의 전체 문자 개수(공백 포함)를 반환하는 함수입니다.
함수 형식	LEN(text)
인수 설명	text: 문자 수를 계산할 문자열 또는 셀
사용 예시	=LEN("Excel 2024") 결과: 7

값에 원하는 서식을 지정하여 텍스트로 변환하는 TEXT 함수

함수 설명	숫자 또는 날짜 등의 값을 지정한 서식대로 변환하여 텍스트로 반환하는 함수입니다.
함수 형식	TEXT(value, format_text)
인수 설명	value: 서식을 적용할 값(숫자, 수식, 숫자가 포함된 셀 주소) format_text: format_text: "적용할 서식" 　　　　　　[셀 서식] → [표시 형식] → [사용자 지정]에서 설정 가능한 서식
사용 예시	=TEXT(1000, "#,##0원")　　=TEXT(45794, "yyyy-mm-dd") 　결과: 1,000원　　　　　　　결과: 2025-05-17

문자열의 불필요한 공백을 제거하는 TRIM 함수

함수 설명 *	텍스트의 양 끝 공백을 제거하고 여러 개의 연속된 공백을 한 칸으로 변환하는 함수입니다.
함수 형식	TRIM(text)
인수 설명	text: 공백을 정리할 문자열 또는 셀

:: TODAY

함수 설명	오늘 날짜를 반환하는 함수입니다.
함수 형식	TODAY()
인수 설명	인수 없음

:: NOW

함수 설명	현재 날짜와 시간을 반환하는 함수입니다.
함수 형식	NOW()
인수 설명	인수 없음

:: YEAR

함수 설명	날짜에서 연도를 추출하는 함수입니다.
함수 형식	YEAR(serial_number)
인수 설명	serial_number: 날짜
사용 예시	=YEAR("2025-6-5") 반환 값: 2025

:: MONTH

함수 설명	날짜에서 월을 추출하는 함수입니다.
함수 형식	MONTH(serial_number)
인수 설명	serial_number: 날짜
사용 예시	=MONTH("2025-6-5") 반환 값: 6

:: DAY

함수 설명	날짜에서 일을 추출하는 함수입니다.
함수 형식	DAY(serial_number)
인수 설명	serial_number: 날짜
사용 예시	=DAY("2025-6-5") 반환 값: 5

WEEKDAY

함수 설명	날짜에서 요일을 일련번호로 반환하는 함수입니다.
함수 형식	WEEKDAY(serial_number, [return_type])

인수 설명	serial_number: 날짜
	[return_type]: 요일을 반환하는 방식 선택 옵션
	        1 또는 생략: 일요일(1) ~ 토요일(7)
	        2: 월요일(1) ~ 일요일(7)
	        3: 월요일(0) ~ 일요일(6)

사용 예시	=YEAR("2025-6-3") 결과: 3(Return_type을 생략했으므로 일요일=1, 월요일=2, 화요일=3, 수요일=4)

DATE

함수 설명	입력한 Year, Month, Day를 조합하여 날짜로 반환하는 함수입니다.
함수 형식	DATE(year, month, day)
인수 설명	year: 연도를 나타내는 숫자(두 자리 연도(00~99)를 입력 → 1900~1999년으로 인식) month: 월을 나타내는 숫자(1~12). 12를 초과하면 다음 연도로 자동 계산 day: 일을 나타내는 숫자(1~31). 해당 월의 일 수를 초과하면 다음 달로 자동 계산
사용 예시	=DATE(2025,7,15) =DATE(2025, 13, 1) =DATE(2025, 2, 29) 결과: 2025-7-15 2026-01-01 2025-03-01

TIME

함수 설명	입력받은 시, 분, 초를 조합하여 시간 형식으로 반환하는 함수입니다.
함수 형식	TIME(hour, minute, second)
인수 설명	hour: 시간을 나타내는 숫자. 24 이상 입력 시 자동으로 다음 날로 변환 minute: 분을 나타내는 숫자. 60 이상 입력 시 자동으로 시간에 반영 second: 초를 나타내는 숫자. 60 이상 입력 시 자동으로 분에 반영
사용 예시	=TIME(9,30,10) =TIME(25, 0, 0) =TIME(10, 75, 0) =TIME(10, 30, 75) 결과: 9:30:10 1:00:00 11:15:00 10:31:15

:: DATEDIF

함수 설명	Start_date, End_date 사이의 경과된 기간을 계산하는 함수입니다.
함수 형식	DATEDIF(start_date, end_date, interval)
인수 설명	Start_date: 시작 날짜 End_date: 종료 날짜 interval: 계산할 기간 단위 옵션 　　"y": 두 날짜 사이의 전체 연수를 계산 　　"m": 두 날짜 사이의 전체 월수를 계산 　　"d": 두 날짜 사이의 전체 일수를 계산 　　"ym": 두 날짜 사이의 연도를 제외하고 남은 월수만 계산 　　"md": 두 날짜 사이의 월을 제외하고 남은 일수만 계산 　　"yd": 두 날짜 사이의 연도를 제외하고 남은 일수만 계산
사용 예시	=DATEDIF("2025-5-1","2026-5-2","y") 결과: 1

:: EDATE

함수 설명	시작일 전/후의 개월 수를 반환하므로 만기일이나 기한을 계산하는 함수입니다.
함수 형식	EDATE(Start_date, Months)
인수 설명	Start_date: 시작일 Months: Start_date 전이나 후의 개월 수(전은 음수로, 후는 양수로 나타냄)
사용 예시	=EDATE("2026-6-1",2) 2026-6-1일 두 달 후의 날짜는 2026-8-1 =EDATE("2026-6-1",-2) 2026-6-1일 두 달 이전의 날짜는 2026-4-1

:: EOMONTH

함수 설명	지정한 날짜(Start_date)를 기준으로 개월 수(Months) 전후의 마지막 날(말일) 날짜를 반환하는 함수입니다.
함수 형식	EOMONTH(start_date, months)
인수 설명	start_date: 기준이 되는 날짜 months: 기준 날짜에서 이동할 개월 수 양수(+) → 이후 개월의 말일 반환 음수(-) → 이전 개월의 말일 반환
사용 예시	=EOMONTH("2025-6-5",1) 결과: 2025-7-31(2025-6-5일에서 1개월 후의 말일) =EOMONTH("2025-6-5",-1) 결과: 2025-5-31(2025-6-5일에서 1개월 전의 말일)

:: NETWORKDAYS

함수 설명	두 날짜(start_date와 end_date) 사이에서 주말과 지정된 공휴일을 제외한 실제 근무 일수를 반환하는 함수입니다. ※ 주말(토·일)을 다른 요일로 지정하려면 NETWORKDAYS.INTL 함수를 사용합니다.
함수 형식	NETWORKDAYS(start_date, end_date, [holidays])
인수 설명	start_date: 작업 일수 계산을 시작할 날짜 end_date: 작업 일수 계산을 종료할 날짜 [holidays](생략 가능): 제외할 공휴일(국경일, 공휴일, 임시 공휴일 등)의 날짜 범위

:: NETWORKDAYS.INTL - Excel 2010 이후 버전

함수 설명	주말을 사용자가 직접 지정하고 공휴일을 제외하여 두 날짜(start_date, end_date) 사이의 실제 근무 일수를 계산하는 함수입니다.	
함수 형식	NETWORKDAYS.INTL(start_date, end_date, [weekend], [holidays])	
인수 설명	start_date: 작업 일수 계산을 시작할 날짜 end_date: 작업 일수 계산을 종료할 날짜 [weekend](생략 가능): 주말 요일 지정 옵션(기본값: 토·일)	
	1 또는 생략	토요일, 일요일(기본값)
	2	일요일, 월요일
	3	월요일, 화요일
	4	화요일, 수요일
	5	수요일, 목요일
	6	목요일, 금요일
	7	금요일, 토요일
	11	일요일만
	12	월요일만
	13	화요일만
	14	수요일만
	15	목요일만
	16	금요일만
	17	토요일만
	[holidays](생략 가능): 제외할 공휴일(국경일, 임시 공휴일 등)의 날짜 범위	

:: WORKDAY

함수 설명	시작 날짜(Start_date)에서 지정한 작업일 수(Days)를 더하여 종료 예정일을 계산하는 함수입니다. 단, 주말(토·일)과 공휴일(Holidays)은 제외됩니다. ※ 주말(토·일)을 다른 요일로 지정하려면 WORKDAY.INTL 함수를 사용합니다.
함수 형식	WORKDAY(start_date, days, [holidays])
인수 설명	start_date: 작업을 시작하는 날짜 days: 계산할 작업일 수(양수(+)는 이후 날짜, 음수(-)는 이전 날짜) [holidays](생략 가능): 제외할 공휴일(국경일, 임시 공휴일 등)의 날짜 범위

:: WORKDAY.INTL - Excel 2010 이후 버전

함수 설명	시작 날짜(Start_date)에서 지정된 작업일 수(Days)를 더하여 종료 예정일을 계산하는 함수입니다.
함수 형식	WORKDAY.INTL(start_date, days, [weekend], [holidays])
인수 설명	start_date: 작업을 시작하는 날짜 days: 계산할 작업일 수(양수는 이후 날짜, 음수는 이전 날짜) [weekend](생략 가능): 주말을 지정하는 매개 변수(기본값: 토·일) | 1 또는 생략	토요일, 일요일(기본값)
2	일요일, 월요일
3	월요일, 화요일
4	화요일, 수요일
5	수요일, 목요일
6	목요일, 금요일
7	금요일, 토요일
11	일요일만
12	월요일만
13	화요일만
14	수요일만
15	목요일만
16	금요일만
17	토요일만 | [holidays](생략 가능): 제외할 공휴일(국경일, 임시 공휴일 등)의 날짜 범위

정보를 결합하여 제품 식별자 만들기 (CONCAT, TEXT)

예제 파일 Sample\T05_텍스트_날짜.xlsx
완성 파일 Sample\T05_텍스트_날짜_완성.xlsx

키 워 드 CONCAT, TEXT
길라잡이 [CONCAT] 시트를 사용하여 실습을 진행합니다.
제품명, 버전, 출시일 정보를 "-" 기호와 조합하여 제품을 고유하게 구분하는 제품 식별자를 만드는 사례에 대해 알아보겠습니다.

01 함수 입력하기

[함수 인수] 대화상자를 열어서 수식을 작성하기 위해 다음 순서대로 진행합니다.
❶ 「=con」을 입력하고 ❷ [Tab]을 누르고
❸ [Ctrl]+[A]를 누릅니다.

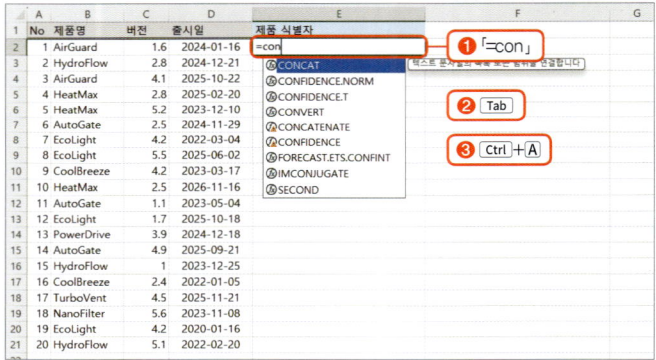

02 인수 지정하기

'제품명-버전-출시일' 형태로 정보를 조합하기 위해 오른쪽과 같이 인수를 지정한 후 [확인] 버튼을 클릭합니다.

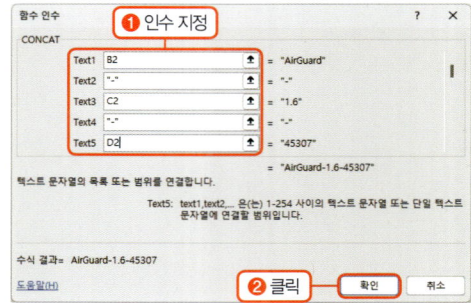

03 수식 결과 확인하기

'제품명-버전-출시일' 형태에서 '출시일'이 날짜로 표시되지 않고 일련번호로 표시되었습니다. 날짜 형식으로 표시하기 위해 함수를 수정하겠습니다. [E2] 셀을 선택한 후 fx 버튼을 클릭합니다.

04 TEXT 함수 추가하여 날짜 표시 형식 지정하기

[함수 인수] 대화상자가 열리면 Text5에 ❶ 「=TEXT(D2, "YYYYMMDD")」를 입력한 후 ❷ [확인] 버튼을 클릭합니다.

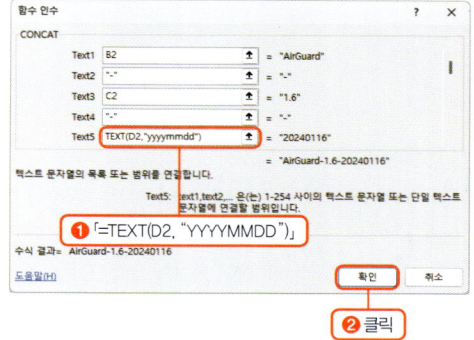

05 수식 복사하여 완성하기

제품 식별자가 원하는 형태대로 완성되었습니다. [E2] 셀의 채우기 핸들을 더블클릭하여 수식을 복사합니다.

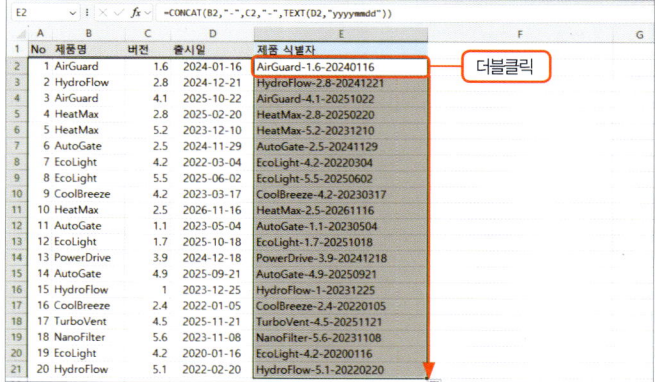

고객들의 이메일 주소를 한 셀에 쉼표로 구분하여 정리하기(TEXT)

예제 파일 Sample\T05_텍스트_날짜.xlsx
완성 파일 Sample\T05_텍스트_날짜_완성.xlsx

키 워 드 TEXTJOIN
길라잡이 [Textjoin] 시트를 사용하여 실습을 진행합니다.
고객들의 이메일 주소를 한 셀에 쉼표(,)로 구분하여 정리하는 방법에 대해 알아보겠습니다. 현재 사용하는 TEXTJOIN 함수는 Excel 2019 이후 버전에서만 사용할 수 있습니다.

01 수식 입력하기

[C] 열에 고객들의 이메일 주소가 입력되어 있습니다. 이메일 주소를 쉼표(,)로 구분하여 정리하되, 이메일 주소가 누락된 곳은 무시하고 정리하겠습니다.
[E2] 셀에 수식 「=TEXTJOIN(",",TRUE,C2:C12)」를 입력합니다.

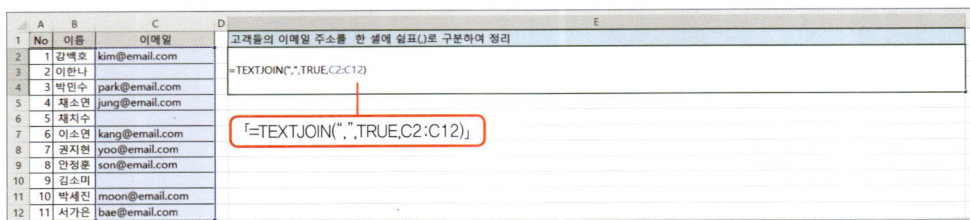

수식 설명
- " , " ← 쉼표를 구분 기호로 사용합니다.
- TRUE ← [C2:C12] 범위에서 빈 셀은 무시하고 조인합니다.
- C2:C12 ← 이메일 주소를 조인합니다.

02 결과 확인하기

다음과 같이 빈 셀은 무시하고 8개의 이메일 주소가 쉼표(,)로 구분되었습니다.

기업명의 '㈜' 위치 통일하기 (SUBSTITUTE, LEFT, IF)

예제 파일 Sample\T05_텍스트_날짜.xlsx
완성 파일 Sample\T05_텍스트_날짜_완성.xlsx

> **키 워 드** SUBSTITUTE, IF, LEFT
> **길라잡이** [SUBSTITUTE] 시트를 사용하여 실습을 진행합니다.
> 회사명에 '㈜' 글자가 앞이나 뒤에 혼재되어 있어 통일이 필요합니다. 먼저, '㈜' 글자를 일괄적으로 제거하는 방법을 알아보고, 이어서 회사명 뒤에 '㈜'를 붙여 통일하는 방법을 살펴보겠습니다.

01 '㈜' 제거하기

[C] 열에 입력된 기업체명에는 '㈜' 글자가 앞이나 뒤에 혼재되어 입력되어 있습니다. '㈜' 글자를 일괄 제거하기 위해서 [D2] 셀에 수식 「=SUBSTITUTE(C2, "㈜","")」를 입력합니다.

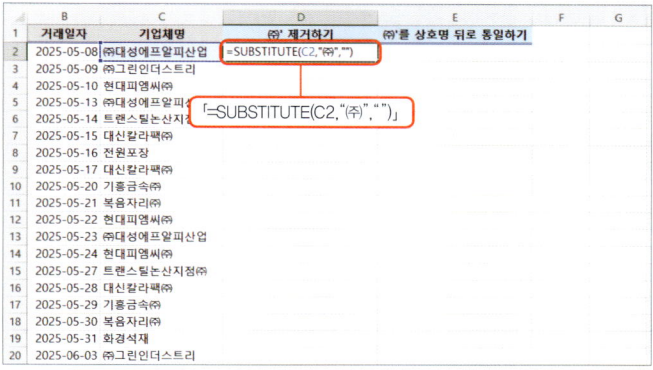

02 '㈜'를 기업체명 뒤로 통일하기

이번에는 '㈜' 글자를 기업체명 뒤로 통일시키는 수식을 작성하겠습니다.
[E2] 셀에 수식 ❶「=IF(」를 입력한 후 ❷ Ctrl + A 를 누릅니다.

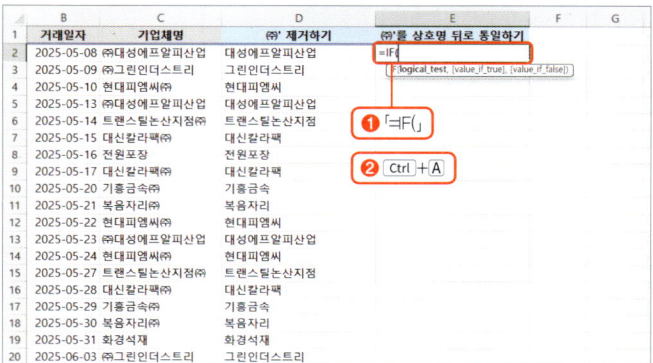

03 함수 인수 지정하기

[함수 인수] 대화상자가 열리면 다음과 같이 ❶ 인수를 지정한 후 ❷ [확인] 버튼을 클릭합니다.

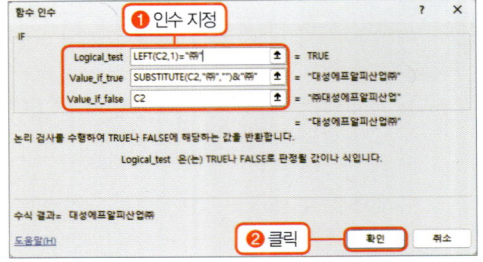

수식 설명
- LEFT(C2,1)="㈜" ← 기업체명 왼쪽에서 1글자를 추출한 후 "㈜"와 같으면
- SUBSTITUTE(C2,"㈜","")&"㈜" ← 기업체명에서 "㈜"를 제거한 후 "㈜"를 기업체명 오른쪽에 조인
- C2 ← 그렇지 않으면 기업체명을 그대로 반환
※ 엑셀에서 "(주)"를 입력하면 자동으로 특수 기호 "㈜"로 바뀝니다.

04 수식 복사하기

[E2] 셀의 채우기 핸들을 더블클릭하여 수식을 복사합니다.

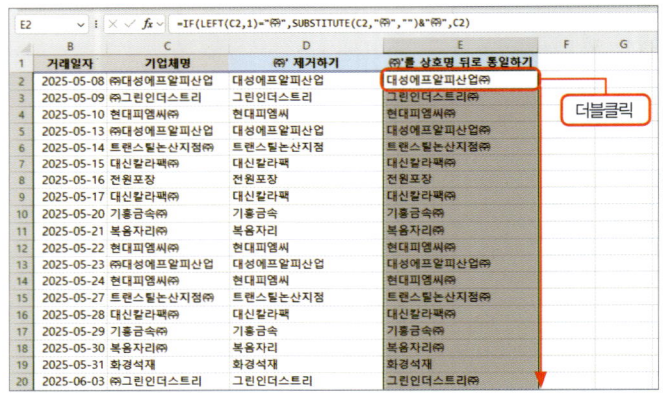

고객 전화번호 부분적으로 마스킹하기 (REPLACE, LEN)

예제 파일 Sample\T05_텍스트_날짜.xlsx
완성 파일 Sample\T05_텍스트_날짜_완성.xlsx

키 워 드 REPLACE, LEN
길라잡이 [REPLACE] 시트를 사용하여 실습을 진행합니다.
고객들의 전화번호가 입력되어 있습니다. 고객들의 전화번호 뒤 네 자리를 '****'로 마스킹 처리하기 위해 REPLACE와 LEN 함수를 활용하는 방법에 대해 알아보겠습니다.

01 수식 입력하기

[D2] 셀에 수식 「=REPLACE(C2,LEN(C2)-3,4,"****")」를 입력합니다.

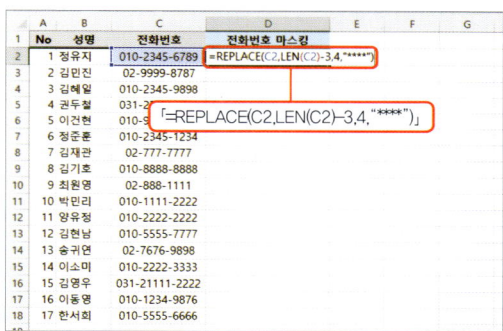

수식 설명

REPLACE 함수는 지정된 위치의 텍스트를 다른 텍스트로 대체하는 함수입니다.
- **C2** ← 전화번호
- **LEN(C2)-3** ← [C2] 셀의 전체 글자 수를 센 다음 -3을 하여 마스킹 처리할 시작 위치를 계산합니다.
- **4** ← 4글자를
- **"****"** ← "****"로 변경합니다.

02 수식 복사하기

[D2] 셀의 채우기 핸들을 더블클릭하여 수식을 복사합니다.

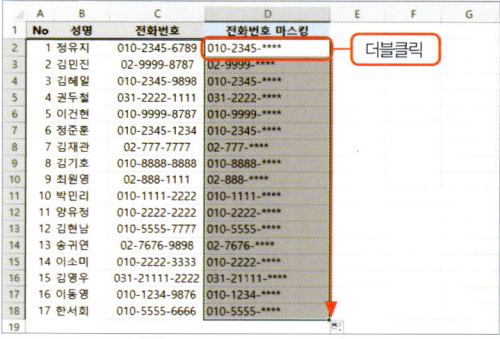

Lesson 05 _ 데이터를 가공하기 위한 텍스트와 날짜/시간 함수 269

취합한 전화번호의 형식 통일하기
(SUBSTITUTE, TEXT)

예제 파일 Sample\T05_텍스트_날짜.xlsx
완성 파일 Sample\T05_텍스트_날짜_완성.xlsx

> **키 워 드** SUBSTITUTE, TEXT
> **길라잡이** [형식 통일] 시트를 사용하여 실습을 진행합니다.
> 취합한 전화번호의 형식이 '01012345678', '010-1234-5678', '1012345678'로 혼재되어 있습니다. 이 세 가지를 '010-1234-5678' 형태로 통일하는 과정을 알아보겠습니다.

01 전화번호에서 '-' 제거하기

[D2] 셀에 수식 「SUBSTITUTE(C2,"-","")」를 입력합니다.

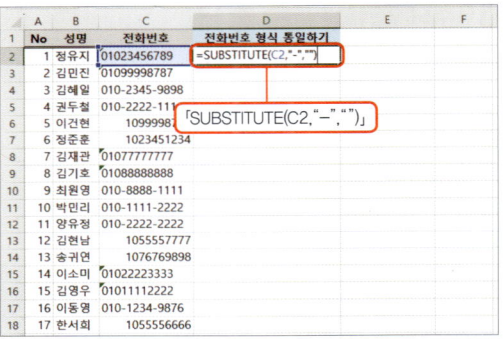

> **수식 설명**
> SUBSTITUTE 함수는 Old_text("-")를 New_text("")로 변경합니다.

02 수식 복사하고 확인하기

[D2] 셀의 채우기 핸들을 더블클릭하여 수식을 복사합니다. '-'는 제거했지만 여전히 형식이 맞지 않습니다.

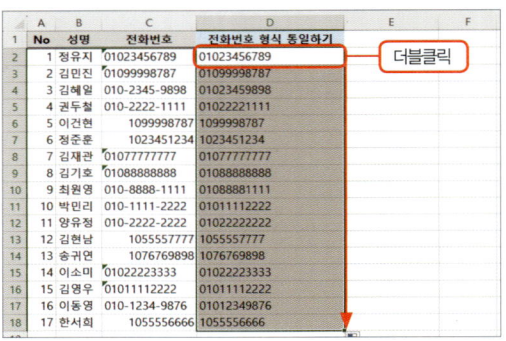

03 TEXT 함수로 전화번호 형식 지정하기

❶ [D2] 셀을 선택한 후 F2 를 눌러 편집 모드로 전환합니다. ❷ 수식을 「=TEXT(SUBSTITUTE(C2, "-",""),"000-0000-0000")」으로 수정합니다.

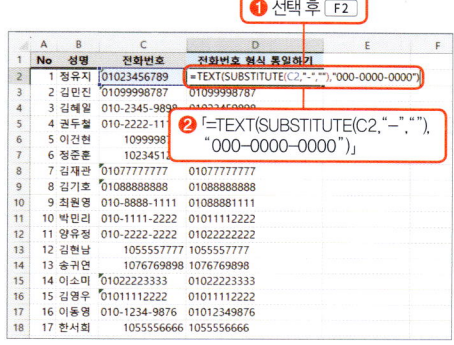 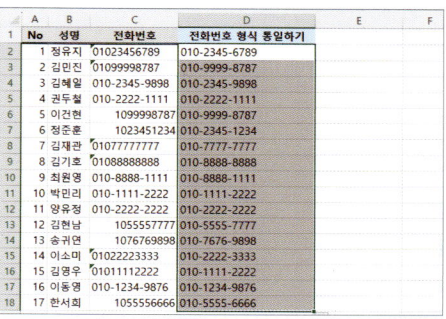

> **수식 설명**
>
> TEXT 함수는 SUBSTITUTE 함수로 '-'을 제거한 전화번호의 표시 형식을 '000-0000-0000'으로 변경한 후 텍스트로 반환합니다.

근태에서 근무 시간과 연장 시간 계산하기(TIME)

예제 파일 Sample\T05_텍스트_날짜.xlsx
완성 파일 Sample\T05_텍스트_날짜_완성.xlsx

> **키 워 드** TIME
> **길라잡이** [근태] 시트를 사용하여 실습을 진행합니다.
> 출근과 퇴근 시간이 기록된 근태 데이터에서 근무 시간과 연장 시간을 계산하고 연장 시간을 다시 십진수(decimal)로 나타내는 방법에 대해 알아보겠습니다.

01 근무 시간 계산하기

근무 시간 계산은 '퇴근 시간-출근 시간'이므로 [E3] 셀에 수식 「=D3-C3-TIME(1,0,0)」을 입력합니다.

> 수식을 「=D3-C3-1/24」로 작성해도 됩니다.

02 연장 시간 계산하기

연장 시간은 '근무 시간-8시간'이므로 [F3] 셀에 수식 「=E3-TIME(8,0,0)」을 입력합니다.

> 수식을 'D3-C3-8/24'로 작성해도 됩니다.

03 시간을 십진수로 나타내기

계산된 연장 시간을 'hh:mm' 형식 그대로 사용하면 계산이 어려운 경우가 많으므로 필요에 따라 '시간*24'로 변환하여 사용하는 것이 편리합니다. [G3] 셀에 수식 「=F3*24」를 입력합니다.

04 표시 형식 지정하기

❶ [G3] 셀을 선택한 후 ❷ [홈] 탭의 [표시 형식] 그룹에서 '일반'을 지정합니다.
❸ 그런 다음 '자릿수 줄임'을 클릭하여 소수 첫째 자리까지로 줄입니다.

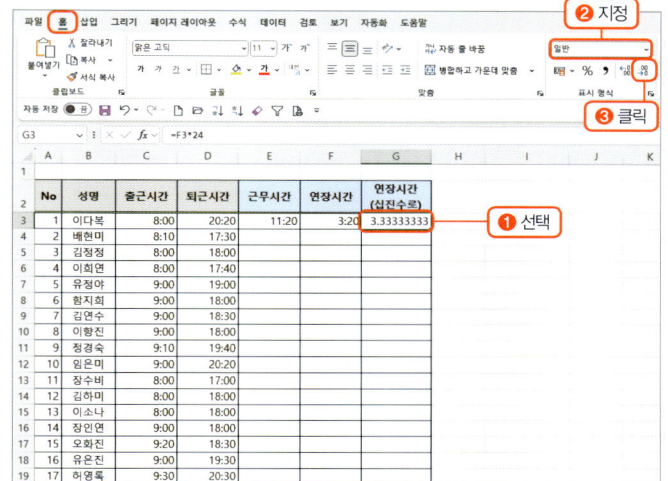

05 수식 복사하기

[E3:G3] 범위의 채우기 핸들을 더블클릭하여 수식을 복사합니다.

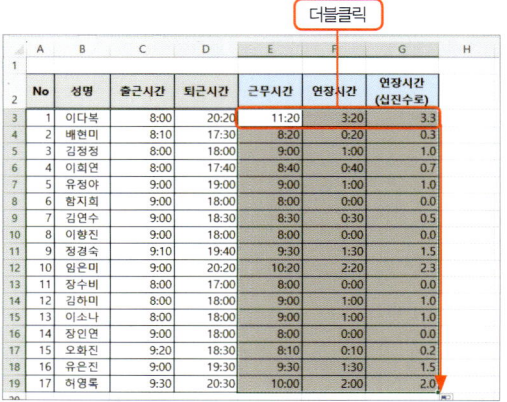

렌털 장비의 계약 만료일과 종료일 계산하기(EDATE, EOMONTH)

예제 파일 Sample\T05_텍스트_날짜.xlsx
완성 파일 Sample\T05_텍스트_날짜_완성.xlsx

키 워 드 EDATE, EOMONTH
길라잡이 [계약 종료] 시트를 사용하여 실습을 진행합니다.
렌털 장비의 계약 만료일은 계약일로부터 3년 후이고 계약 종료일은 계약 만료일이 속한 달의 마지막 날로 정해진다고 했을 때 계약 만료일과 종료일을 계산하는 방법에 대해 알아보겠습니다.

01 계약 만료일 계산하기

[E2] 셀에 수식 「=EDATE(D2,36)」을 입력합니다.

수식 설명
EDATE 함수는 특정 개월 수를 더한 날짜를 반환합니다. 즉, 36개월을 더한 날짜를 반환합니다.

02 계약 종료일 계산하기

[F2] 셀에 수식 「=EOMONTH(E2,0)」을 입력합니다.

수식 설명
주어진 날짜에서 특정 개월을 더한 후 그 달의 마지막 날짜를 반환합니다. 개월 수에 「0」을 입력하면 해당 달의 마지막 날을 반환합니다.

03 날짜 표시 형식 지정하기

❶ [E2:F2] 영역을 선택한 후 ❷ [홈] 탭의 [표시 형식] 그룹에서 '간단한 날짜'를 클릭합니다.

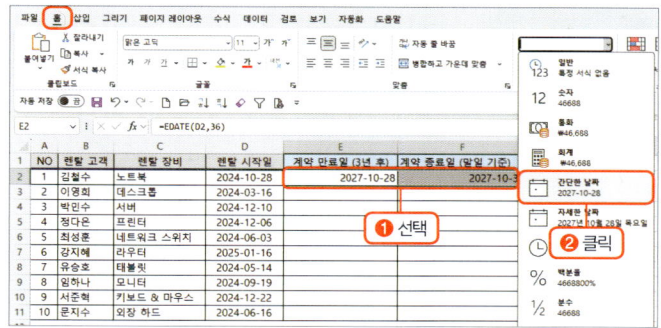

04 수식 복사하기

[E2:F2] 범위의 채우기 핸들을 더블클릭하여 수식을 복사합니다.

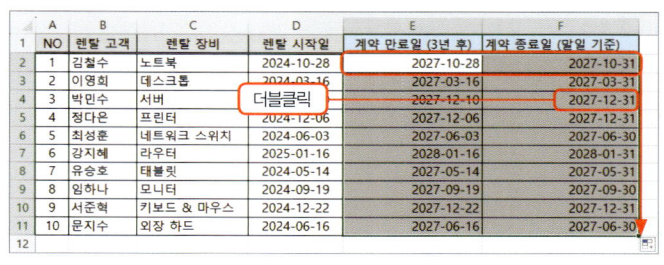

공장 가동일 수 계산하기 (NETWORKDAYS, EOMONTH)

예제 파일 Sample\T05_텍스트_날짜.xlsx
완성 파일 Sample\T05_텍스트_날짜_완성.xlsx

키 워 드 NETWORKDAYS, EOMONTH
길라잡이 [가동일 수], [공휴일] 시트를 사용하여 실습을 진행합니다.
공장에서 제품을 생산할 때 해당 월의 실제 가동일 수(영업일 기준)로 생산량을 조정합니다. 따라서 공휴일과 주말(토·일)을 제외한 실제 근무일(가동일) 수를 계산하는 방법에 대해 알아보겠습니다. 가동일 수를 정확하게 계산하려면 공휴일을 미리 작성해야 합니다. 이번 예제는 2025년 기준 공휴일 목록을 [공휴일] 시트에 미리 작성해 두었습니다.

01 월 추출하기

[C4] 셀에 수식 「=MONTH(B4)」를 입력합니다.

02 수식 복사 및 [셀 서식] 대화상자 열기

❶ [C4] 셀의 채우기 핸들을 더블클릭하여 수식을 복사합니다. ❷ 그런 다음 Ctrl + 1 을 눌러 [셀 서식] 대화상자를 엽니다.

03 셀 서식 지정하기

[셀 서식] 대화상자가 열리면 ❶ [표시 형식] 탭에서 '사용자 지정'을 클릭합니다. ❷ 'G/표준'을 선택한 후 「월」을 입력하고 ❸ [확인] 버튼을 클릭합니다.

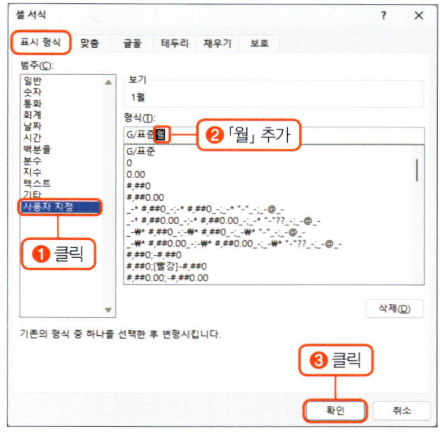

04 공휴일 목록을 이름 정의하기

미리 입력해 둔 공휴일 목록을 이름 정의하기 위해 ❶ [공휴일] 시트를 선택합니다. ❷ [B2:B20] 영역을 선택한 후 ❸ 이름 상자에 「공휴일」을 입력하고 Enter 를 누릅니다.

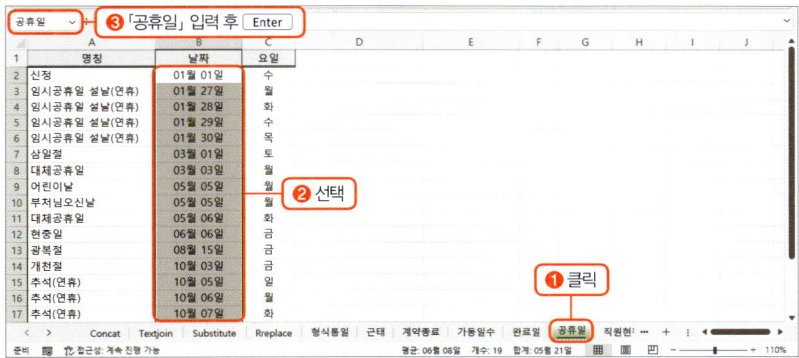

05 가동일수 계산하기

다시 [가동일수] 시트를 선택합니다. [D4] 셀에 수식 「=NETWORKDAYS(B4,EOMONTH(B4,0),공휴일)」을 입력합니다.

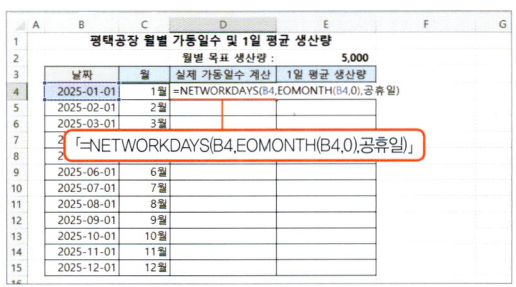

> **수식 설명**
> - NNETWORKDAYS(시작일, 종료일, 공휴일)는 주말(토·일)과 지정된 공휴일을 제외한 근무일 수를 계산하는 함수입니다.
> - EOMONTH(날짜,월)은 주어진 날짜에서 특정 개월을 더한 후 그 달의 마지막 날짜를 반환하는 함수입니다.
> - 수식 「=NETWORKDAYS(B4,EOMONTH(B4,0),공휴일)」은 [B4]에 입력된 날짜가 속한 월의 가동일 수를 계산하여 반환합니다.

06 1일 생산량 계산하기

[E4] 셀에 수식 「=$E$2/D4」를 입력합니다.

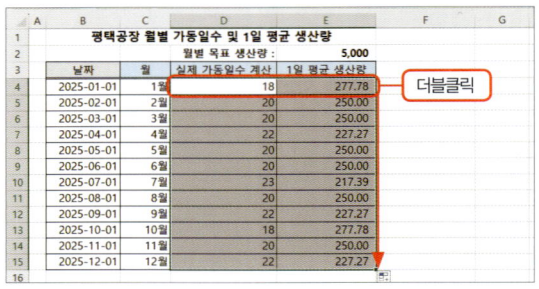

07 수식 복사하기

[D4:E4] 범위의 채우기 핸들을 더블클릭하여 수식을 복사합니다.

AS 예상 완료일 계산하기 (WORKDAY)

예제 파일 Sample\T05_텍스트_날짜.xlsx
완성 파일 Sample\T05_텍스트_날짜_완성.xlsx

> **키 워 드** WORKDAY
> **길라잡이** [완료일], [공휴일] 시트를 사용하여 실습을 진행합니다.
> AS 접수일을 기준으로 수리 내용에 따른 처리 일수를 감안하여 예상 완료일을 계산합니다. 예상 완료일은 주말(토·일)과 공휴일을 제외한 영업일 기준으로 산출합니다. 또한 공휴일을 정확하게 반영하기 위해 공휴일 목록은 [공휴일] 시트에 미리 정리해 두었습니다.

01 '공휴일' 목록 확인하기

[공휴일] 시트를 클릭한 후 [B2:B20] 영역을 선택하면 이름 상자 영역에 '공휴일'로 정의된 것을 확인할 수 있습니다. 만약, 정의되지 않았다면 이름 정의합니다.

※ 앞 예제를 실습하였다면 이름 정의되어 있을 것입니다.

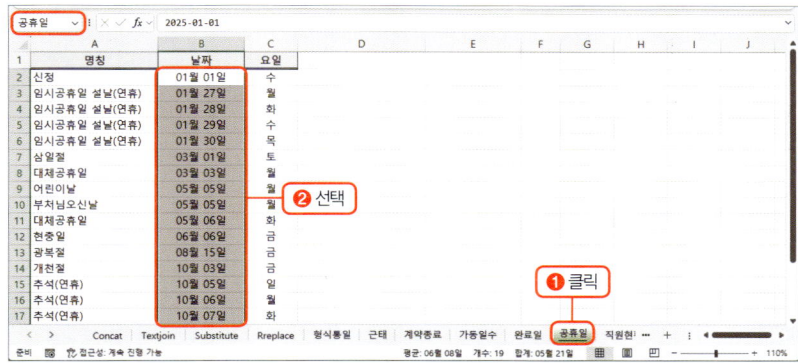

02 예상 완료일 계산하기

다시 ❶ [완료일] 시트를 선택합니다. ❷ [G2] 셀에 수식 「=WORKDAY(E2,F2,공휴일)」을 입력합니다.

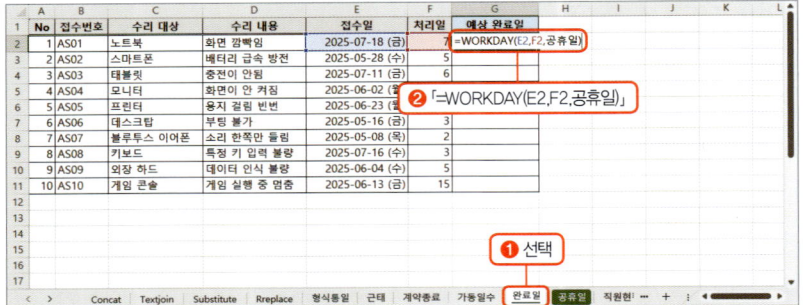

수식 설명
WORKDAY 함수는 시작일에 근무일을 더한 날짜를 반환합니다. 이때 주말과 공휴일을 제외한 날짜를 반환합니다.

03 날짜 서식 복사하기

[E2] 셀을 선택한 후 [홈] 탭의 [클립보드] - [서식 복사]를 클릭합니다.

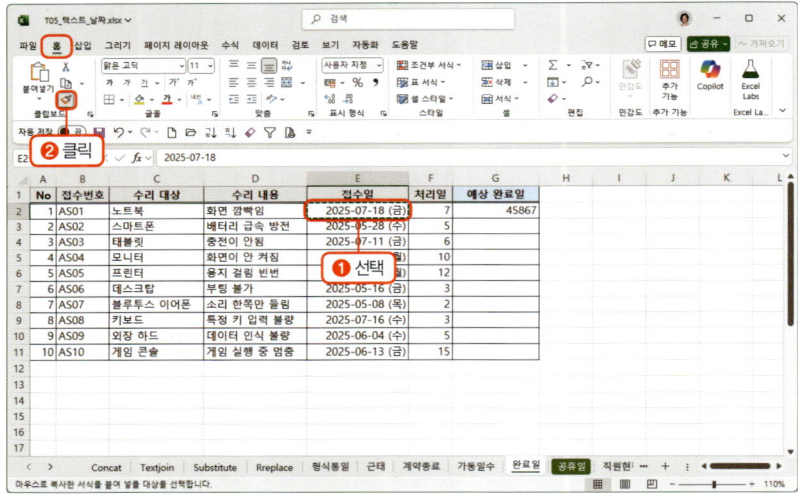

04 클립보드의 서식 붙여넣기

[G2] 셀을 선택하여 서식을 붙여넣습니다.

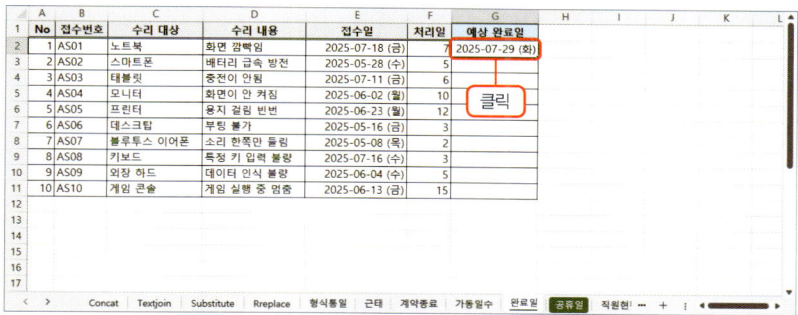

05 수식 복사하기

[G2] 셀의 채우기 핸들을 더블클릭하여 수식을 복사합니다.

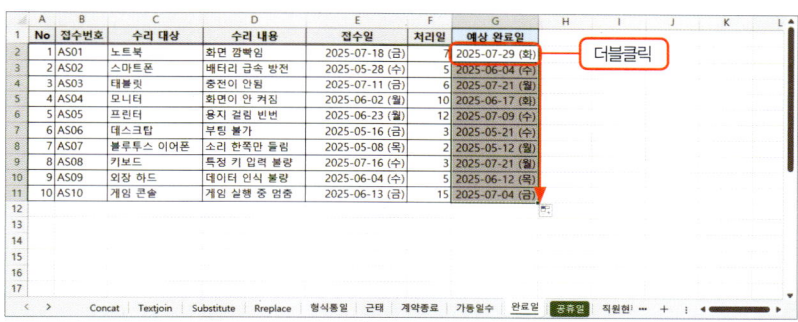

주민번호 기준으로 성별과 생년월일 계산하기(IF, ISODD, LEFT, RIGHT, MID, DATE, VALUE)

예제 파일 Sample\T05_텍스트_날짜.xlsx
완성 파일 Sample\T05_텍스트_날짜_완성.xlsx

키 워 드 IF, ISODD, LEFT, RIGHT, MID, DATE, VALUE
길라잡이 [직원 현황] 시트를 사용하여 실습을 진행합니다.
주민등록번호를 기준으로 성별과 나이를 계산하는 방법에 대해 알아보겠습니다. 여러 방법이 있겠지만, 여기서는 다음과 같은 기준으로 계산하겠습니다.

- 나이: 주민등록번호에서 성별을 구분 짓는 코드(1, 2, 3, 4)를 추출하여 1이거나 3이면 즉, 홀수이면 '남', 그렇지 않으면 '여'를 반환
- 생년월일: 생년월일을 계산할 때는 1900년대생과 2000년대생 나이를 계산하는 계산식이 다릅니다. 성별을 구분 짓는 코드를 추출하여 1 또는 2이면 즉, 2 이하이면 1900년대생 나이를 계산하고 그렇지 않으면 2000년대생 나이를 계산하겠습니다.

01 성별 계산하기

[G2] 셀에 수식 「=IF(ISODD(RIGHT(E2,1)),"남","여")」를 입력합니다.

수식 설명

'=IF(ISODD(RIGHT(E2,1)),"남","여")' ← [E2] 셀의 주민번호에서 오른쪽 한 글자를 추출한 것이 홀수이면 '남', 그렇지 않으면 '여'를 반환

02 수식 복사하기

[G2] 셀의 채우기 핸들을 더블클릭하여 수식을 복사합니다.

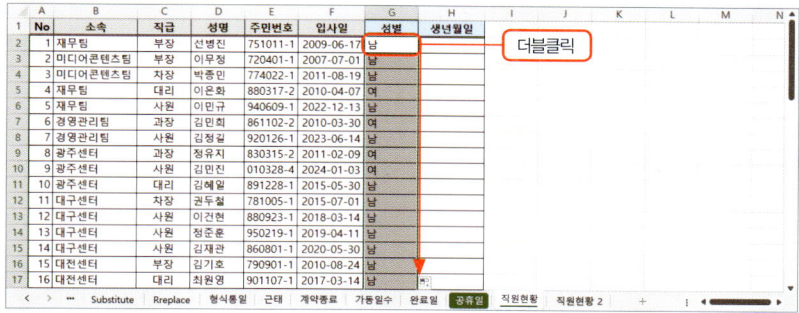

03 1900년대생의 생년월일 계산하기

생년월일 계산은 1900년대생과 2000년대생의 계산식이 다르므로 1900년대 계산식을 먼저 작성하겠습니다. [H2] 셀에 수식 「=DATE(」를 입력한 후 Ctrl + A 를 누릅니다.

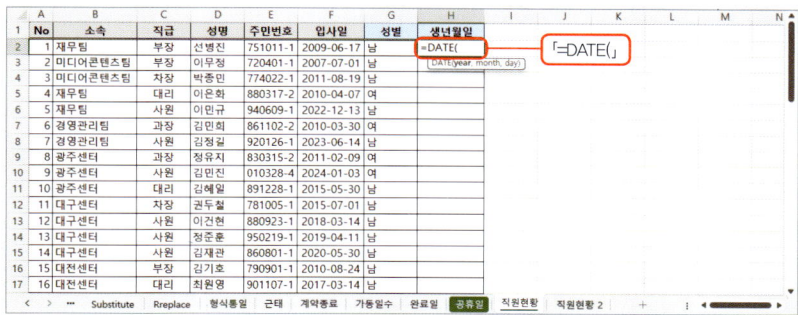

04 함수 인수 지정하기

[함수 인수] 대화상자가 열리면 ❶ 인수를 지정한 후 ❷ [확인] 버튼을 클릭합니다.

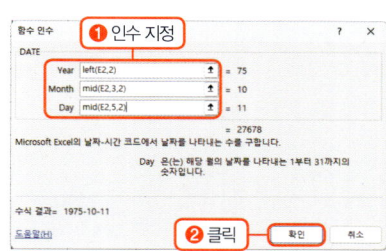

수식 설명
- LEFT(E2,2) ← 주민등록번호 왼쪽에서부터 두 글자를 추출하여 '연도'로 사용
- MID(E2,3,2) ← 주민등록번호 세 번째에서부터 두 글자를 추출하여 '월'로 사용
- MID(E2,5,2) ← 주민등록번호 다섯 번째에서부터 두 글자를 추출하여 '일'로 사용

05 1900년대생 수식 잘라내기

❶ [H2] 셀을 더블클릭하여 편집 모드로 전환합니다. ❷ 수식에서 'DATE(LEFT(E2,2),MID(E2,3,2),MID(E2,5,2))' 부분을 드래그한 후 Ctrl + X 를 눌러 잘라냅니다.

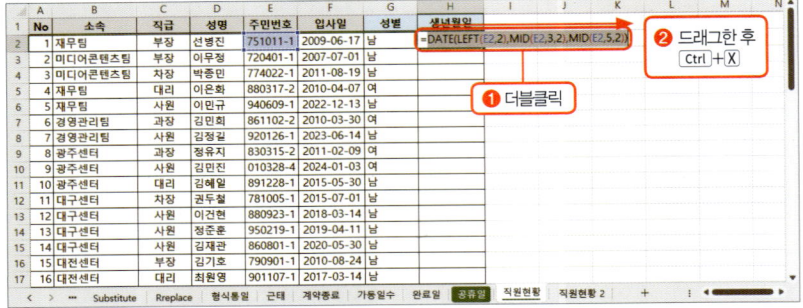

06 IF 수식 작성하기

[H2] 셀에 수식 「=IF(」를 입력한 후 Ctrl + A 를 누릅니다.

07 인수 지정하기

[함수 인수] 대화상자가 열리면 인수를 지정한 후 [확인] 버튼을 클릭합니다.

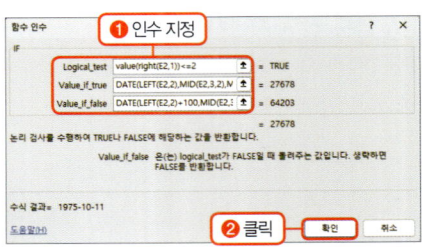

수식 설명
- VALUE(RIGHT(E2,1))<=2 ← 주민등록번호 오른쪽에서부터 한 글자를 추출하여 VALUE(값)으로 전환합니다. 이 값이 2 이하이면 1900년대생 수식을, 그렇지 않으면 2000년대생 수식을 반환합니다.
- DATE(LEFT(E2,2),MID(E2,3,2),MID(E2,5,2)) ← Ctrl + V 를 눌러 붙여넣습니다. 05에서 잘라 내기했던 것을 붙여넣습니다.
- DATE(LEFT(E2,2)+100,MID(E2,3,2),MID(E2,5,2)) ← Ctrl + V 를 눌러 붙여넣기한 후 연도 자리에서 「+100」을 입력합니다.

08 수식 복사하기

[H2] 셀의 채우기 핸들을 더블클릭하여 수식을 복사합니다.

나이와 근속 기간 계산하기
(DATEDIF, CONCAT, TODAY)

예제 파일 Sample\T05_텍스트_날짜.xlsx
완성 파일 Sample\T05_텍스트_날짜_완성.xlsx

키 워 드 DATEDIF, CONCAT, TODAY
길라잡이 [직원 현황 2] 시트를 사용하여 실습을 진행합니다.
생년월일과 오늘 날짜를 기준으로 나이를 계산하고 입사일과 오늘 날짜를 기준으로 근속 기간을 계산하는 방법에 대해 알아보겠습니다.

01 오늘 날짜 반환하기

[J1] 셀에 수식 「=TODAY()」를 입력합니다.

수식 설명
TODAY는 오늘 날짜를 반환하는 함수로 실습하는 날짜에 따라 반환 값이 다릅니다.

02 나이 계산하기

[I3] 셀에 수식 「=DATEDIF(H4,$J$1,"Y")」를 입력합니다.

수식 설명
DATEDIF 함수는 함수 가이드가 제공되지 않으므로 직접 입력해야 합니다. 생년월일을 기준으로 오늘 날짜까지의 나이를 계산합니다.

03 수식 복사하기

[I3] 셀의 채우기 핸들을 더블클릭하여 수식을 복사합니다.

04 근속 기간 계산하기

여러 개의 수식 결과와 문자를 연결하여 한 셀에 나타내어야 하므로 CONCAT 함수를 사용합니다. Excel 2016 이전 버전은 CONCATENATE 함수를 사용합니다. [J3] 셀에 수식 「=CONCAT()」를 입력한 후 Ctrl + A 를 누릅니다.

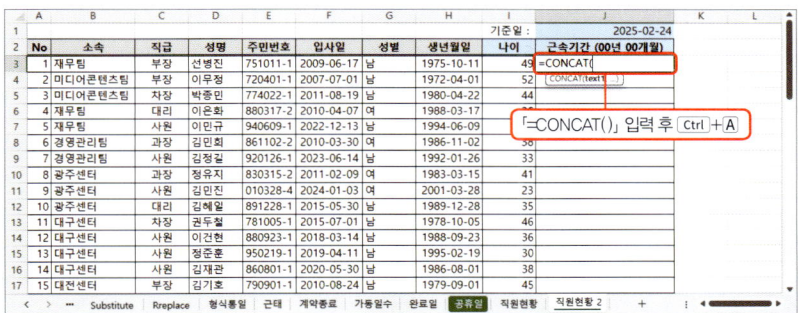

05 함수 인수 지정하기

[함수 인수] 대화상자가 열리면 오른쪽과 같이 ❶ 인수를 지정한 후 ❷ [확인] 버튼을 클릭합니다.

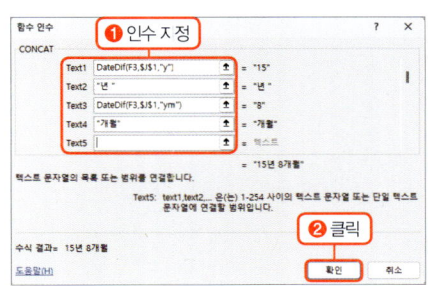

수식 설명
- DATEDIF(F3,$J$1,"y") ← 입사일을 기준으로 오늘 날짜까지의 연수를 계산합니다.
- "년"을 조인합니다.
- DATEDIF(F3,$J$1,"ym") ← 입사일을 기준으로 오늘 날짜까지의 연수를 배제한 개월 수를 계산합니다.
- "개월"을 조인합니다.

06 수식 복사하기

[J3] 셀의 채우기 핸들을 더블클릭하여 수식을 복사합니다.

LESSON 06 찾기/참조 함수

찾기/참조 함수는 지정된 조건에 맞는 데이터를 검색하여 해당하는 값이나 관련 정보를 반환합니다. 주로 대량의 데이터에서 필요한 값을 신속하게 찾거나 다른 셀이나 범위에서 관련 정보를 검색하는 데 사용됩니다.

 원하는 값을 찾아 반환하는 함수

:: 인덱스 번호에 따라 값을 반환하는 CHOOSE 함수

함수 설명	• 지정한 인덱스에 해당하는 값을 목록에서 선택하여 반환하는 함수입니다. • 여러 개의 값 중 특정 순서에 따라 값을 선택할 때 유용하게 사용됩니다.
함수 형식	CHOOSE(index_num,value1,[value2], …)
인수 설명	index_num: 1~254 사이의 숫자, 수식, 셀 주소로 선택할 값의 순서를 나타냄 　　　　　　index_num이 1이면 Value1, 2이면 Value2, …의 값을 반환 value1,[value2], …: 선택할 값들의 목록으로, 1~254개까지 입력 가능
사용 예시	=CHOOSE(WEEKDAY(A2), "일", "월", "화", "수", "목", "금", "토")

:: 첫 열에서 데이터를 검색하여 원하는 열의 값을 반환하는 VLOOKUP 함수

함수 설명	• 검색할_값을 표_범위의 첫 번째 열에서 검색한 후 열_인덱스_번호의 값을 반환하는 함수입니다. • VLOOKUP에서 "V"는 Vertical을 의미하며 세로 방향(열 기준)으로 데이터를 검색하는 방식입니다.
함수 형식	VLOOKUP(검색할_값, 표_범위, 열_인덱스_번호, [범위_검색])
인수 설명	검색할_값: 표_범위의 첫 번째 열에서 찾을 값 표_범위: 검색할 데이터가 포함된 범위를 선택 열_인덱스_번호: 표_범위에서 반환할 열의 번호를 지정 [범위_검색]: 검색 방식 옵션을 지정 　　　false(0): 정확히 일치하는 값을 검색할 때 　　　true(1): 가장 가까운 작은 값을 반환할 때(구간의 값을 검색할 때 주로 사용)

	A	B	C	D	E	F	G	H	I	J	K	L	M	N
1	ID	이름	부서		반환값									
2	1001	강백호	영업		마케팅									
3	1002	이한나	마케팅		=VLOOKUP(1002,A2:C4,3,0)									
4	1003	서태웅	개발		1002가 첫 번째 열 [A2:A4]에서 검색되고, 세 번째 열 [C2:C4]에 있는 값 "마케팅"이 반환됩니다.									

:: 첫 행에서 데이터를 검색하여 원하는 행의 값을 반환하는 HLOOKUP 함수

함수 설명	• 검색할_값을 표_범위의 첫 번째 행에서 검색한 후 행_인덱스_번호의 값을 반환하는 함수입니다. • HLOOKUP에서 'H'는 'Horizontal'을 의미하며 가로 방향(행 기준)으로 데이터를 검색하는 방식입니다.
함수 형식	HLOOKUP(검색할_값, 표_범위, 행_인덱스_번호, [범위_검색])
인수 설명	검색할_값: 표_범위의 첫 번째 행에서 찾을 값 표_범위: 검색할 데이터가 포함된 범위를 선택 행_인덱스_번호: 표_범위에서 반환할 행의 번호를 지정 [범위_검색]: 검색 방식 옵션을 지정 　false(0): 정확히 일치하는 값을 검색할 때 　true(1): 가장 가까운 작은 값을 반환할 때(구간의 값을 검색할 때 주로 사용)

	A	B	C	D	E	F	G	H	I	J	K	L	M	N	O
1	ID	1001	1002	1003		반환값									
2	이름	강백호	이한나	서태웅		마케팅									
3	부서	영업	마케팅	개발		=HLOOKUP(1002,B1:D3,3,0)									
4						1002가 첫 번째 행 [B1:D1]에서 검색되고, 세 번째 행 [B3:D3]에 있는 값 "마케팅"이 반환됩니다.									

:: 행과 열의 교차점에 있는 값을 반환하는 INDEX 함수

함수 설명	참조 범위(array)에서 지정한 행과 열이 교차하는 위치의 값을 반환하는 함수입니다.
함수 형식	INDEX(array, row_num, column_num) INDEX(reference, row_num, [column_num], [area_num])
인수 설명	array: 값을 검색할 데이터 범위 　　　　: 하나의 범위뿐만 아니라 여러 범위를 사용하는 것도 가능 row_num: 가져올 데이터가 있는 행 번호 [column_num]: 가져올 데이터가 있는 열 번호 [area_num]: 여러 개의 범위를 선택했을 때 사용할 특정 영역을 지정하는 번호로 생략하면 첫 번째 영역이 기본값으로 사용됨

	A	B	C	D	E	F	G	H	I	J	K	L	M	N
1	제품명	1월	2월	3월		반환값								
2	사과	100	120	140		1,500								
3	바나나	90	110	130		=INDEX(B2:D5,3,2)								
4	오렌지	80	1,500	120		오렌지 2월의 판매량은? [B2:D5]에서 3행 2열의 교차지점의 값인 1,500이 반환됩니다.								
5	포도	70	90	110										

특정 값의 위치를 반환하는 MATCH 함수

함수 설명	• 원하는 값이 검색할_범위 내에서 몇 번째에 위치하는지 알려 주는 함수입니다. • 주로 INDEX 함수와 함께 사용하여 원하는 값을 찾을 때 사용합니다.
함수 형식	MATCH(검색할_값, 검색할_범위, [일치_유형])

인수 설명	검색할_값: 찾고 싶은 값
	검색할_범위: 어디서 찾을지 지정하는 범위(행이나 열)
	[일치_유형]: 검색 방식 설정(0, 1, -1)
	    0: 검색할_값과 완전히 일치하는 값만 찾음
	    1: 검색할_값보다 작거나 같은 최댓값을 찾음(데이터는 오름차순 정렬 필수)
	    -1: 검색할_값보다 크거나 같은 최솟값을 찾음(데이터는 내림차순 정렬 필수)

	A	B	C	D	E	F
1	제품명	1월	2월	3월		반환값
2	사과	100	120	140		3
3	바나나	90	110	130		=MATCH("오렌지",A2:A5,0)
4	오렌지	80	1,500	120		"오렌지"가 있는 위치는? [A2:A5] 에서 "오렌지"는 세 번째 행에 있습니다.
5	포도	70	90	110		

기준이 되는 셀에서 원하는 만큼 이동한 위치의 값을 가져오는 OFFSET 함수

함수 설명	• 기준 셀에서 원하는 만큼(행과 열로 이동) 이동한 위치의 값을 반환하는 함수입니다. • 행의 높이와 열의 너비를 지정하면 단일 셀 뿐만 아니라 여러 셀의 범위도 반환합니다.
함수 형식	OFFSET(reference, rows, cols, [height], [width])
인수 설명	reference: 시작점이 되는 기준 셀 rows: 기준 셀에서 이동할 행의 개수(위쪽으로 이동은 음수, 아래쪽으로 이동은 양수) cols: 기준 셀에서 이동할 열의 개수(왼쪽으로 이동은 음수, 오른쪽으로 이동은 양수) [height]: 범위의 높이(생략 시 1) [width]: 범위의 너비(생략 시 1)

	A	B	C	D	E
1	이름	영어	직무		"강백호"부터 "서태웅"까지의 영어 점수 평균 구하기
2	강백호	100	90		95
3	이한나	90	88		=AVERAGE(OFFSET(B2,0,0,4,1))
4	송태섭	90	80		기준셀[B2]에서 이동하지 않고 (행과 열이 0) 즉 그 자리에서 4행 1열 범위를 선택하고 평균을 계산
5	서태웅	100	95		

정보를 반환하는 함수

:: ROW 함수

함수 설명	• 지정한 셀 또는 범위의 행 번호를 반환하는 함수입니다. • 만약 인수를 생략하면 함수가 입력된 셀의 행 번호를 반환합니다.
함수 형식	ROW([reference])
인수 설명	[reference]: 행 번호를 가져올 셀 또는 범위(생략하면 현재 셀의 행 번호를 반환)
사용 예시	=ROW(D2) 결과: 2

:: COLUMN 함수

함수 설명	• 지정한 셀 또는 범위의 열 번호를 반환하는 함수입니다. • 만약 인수를 생략하면 함수가 입력된 셀의 열 번호를 반환합니다.
함수 형식	COLUMN([reference])
인수 설명	[reference]: 열 번호를 가져올 셀 또는 범위(생략하면 현재 셀의 열 번호를 반환)
사용 예시	=COLUMN(D2) 결과: 4

:: FORMULATEXT 함수 – Excel 2013 이후 버전, M365

함수 설명	지정한 셀에 입력된 수식을 문자열로 반환하는 함수입니다. 즉, 해당 셀에 작성된 수식을 그대로 나타낼 때 사용합니다.
함수 형식	FORMULATEXT(reference)
인수 설명	reference: 수식이 입력된 셀

:: INDIRECT 함수

함수 설명	텍스트로 지정된 셀 주소를 실제 참조 셀로 변환하여 값을 가져오는 함수입니다.
함수 형식	INDIRECT(ref_text, [a1])
인수 설명	ref_text: 텍스트 형식으로 나타난 셀 주소 또는 정의된 이름 [a1]: TRUE 또는 생략: A1 스타일 참조 방식 사용 　　　 : FALSE: R1C1 스타일 참조 방식 사용
사용 예시	=INDIRECT("B2") 결과: [B2] 셀의 값을 반환합니다.

조건에 일치하는 값 찾기(VLOOKUP)

예제 파일 Sample\T05_찾기_참조 함수.xlsx
완성 파일 Sample\T05_찾기_참조 함수_완성.xlsx

키 워 드 VLOOKUP
길라잡이 [Vlookup_1] 시트를 사용하여 실습을 진행합니다.
VLOOKUP 함수를 사용하여 [입금 정보 참조] 표에서 '계약 코드'에 해당하는 '은행명'과 '계좌번호'를 찾는 방법을 알아보겠습니다. 이 사례를 통해 정확히 일치하는 값을 검색할 때는 VLOOKUP 함수의 네 번째 인수를 FALSE(0)로 설정해야 한다는 점을 학습할 수 있습니다.

01 은행명 찾아오기

[G3] 셀에 수식 「=VLOOKUP(B3,$J$3:$M$8,3,0)」을 입력합니다.

수식 설명
[B3] 셀에 있는 값(A005)을 참조 범위($J$3:$M$8)의 첫 번째 열에서 찾아 정확히 일치하는 항목이 있으면 해당 행의 세 번째 열에 있는 값을 가져옵니다.

02 계좌 번호 찾아오기

[H3] 셀에 수식 「=VLOOKUP(B3,$J$3:$M$8,4,0)」을 입력합니다.

수식 설명
[B3] 셀에 있는 값(A005)을 참조 범위($J$3:$M$8)의 첫 번째 열에서 찾아 정확히 일치하는 항목이 있으면 해당 행의 네 번째 열에 있는 값을 가져옵니다.

03 수식 복사하기

[G3:H3] 범위의 채우기 핸들을 더블클릭하여 수식을 복사합니다.

구간에 해당하는 값 찾기(VLOOKUP)

예제 파일 Sample\T05_찾기_참조 함수.xlsx
완성 파일 Sample\T05_찾기_참조 함수_완성.xlsx

키 워 드 VLOOKUP

길라잡이 [Vlookup_2] 시트를 사용하여 실습을 진행합니다.
[디딤돌 대출] 표를 참조하여 입력한 거치기간에 맞는 대출이율을 찾는 방법을 알아보겠습니다. 이 사례를 통해 구간에 해당하는 값을 찾으려면 VLOOKUP 함수의 네 번째 인수를 TRUE(1)로 설정해야 한다는 점을 학습할 수 있습니다.

01 대출 이율 찾아오기

[F3] 셀에 수식 「=VLOOKUP(E3,$H$4:$I$8,2,1)」을 입력합니다.

수식 설명

[E3] 셀에 있는 거치기간(10년)을 참조 범위($H$4:$I$8)의 첫 번째 열에서 찾아 해당하는 구간을 확인한 후 그 행의 두 번째 열에 있는 값을 가져옵니다. 이때 참조 범위($H$4:$I$8)의 첫 번째 열은 오름차순으로 정렬되어 있어야 합니다.

02 수식 복사하기

[F3] 셀의 채우기 핸들을 더블클릭하여 수식을 복사합니다.

 # 조건에 따라 여러 범위에서 값 찾기 (INDIRECT, VLOOKUP)

예제 파일 Sample\T05_찾기_참조 함수.xlsx
완성 파일 Sample\T05_찾기_참조 함수_완성.xlsx

키 워 드 INDIRECT, VLOOKUP
길라잡이 [Indirect] 시트를 사용하여 실습을 진행합니다.
대출 종류에 따라 각각 다른 이율표를 참조하여 거치 기간에 맞는 이율을 찾아오는 방법을 알아보겠습니다. 대출 종류별 이율표 선택은 INDIRECT 함수를, 거치 기간별 이율 조회는 VLOOKUP 함수를 활용하겠습니다.

01 데이터 이해 및 이름 정의하기

[B] 열에는 대출의 종류가 입력되어 있고 [H4:I8] 영역에는 디딤돌 대출의 이율표가, [H12:I12] 영역에는 적격 대출의 이율표가 입력되어 있습니다. 먼저 INDIRECT 함수의 인수로 활용할 부분을 이름 정의하겠습니다.
❶ [H4:I8] 영역을 선택한 후 ❷ 이름 상자에「디딤돌」을 입력한 후 Enter 를 누릅니다.

02 '적격' 대출 영역 이름 정의하기

❶ [H12:I16] 영역을 선택한 후 ❷ 이름 상자에 「적격」을 입력하고 Enter 를 누릅니다.

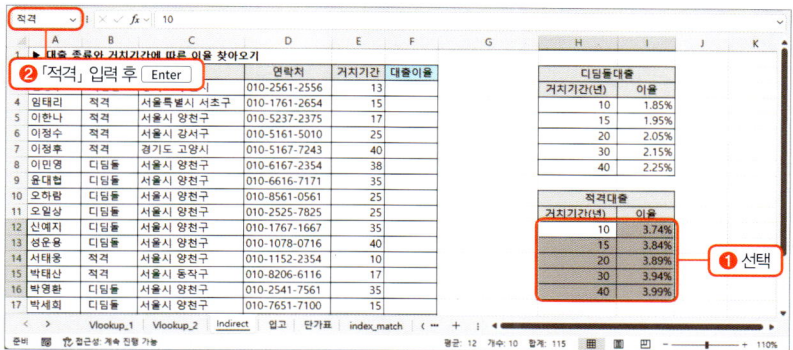

03 수식 입력하기

[F3] 셀에 수식 「=VLOOKUP(」을 입력한 후 Ctrl + A 를 누릅니다.

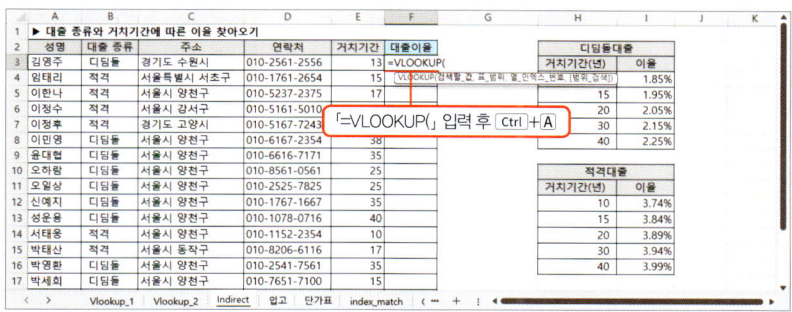

04 함수 인수 지정하기

[함수 인수] 대화상자가 열리면 ❶ 인수를 지정한 후 ❷ [확인] 버튼을 클릭합니다.

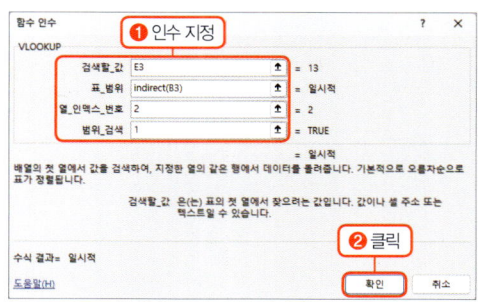

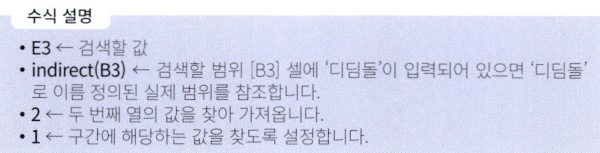

수식 설명
- E3 ← 검색할 값
- indirect(B3) ← 검색할 범위 [B3] 셀에 '디딤돌'이 입력되어 있으면 '디딤돌'로 이름 정의된 실제 범위를 참조합니다.
- 2 ← 두 번째 열의 값을 찾아 가져옵니다.
- 1 ← 구간에 해당하는 값을 찾도록 설정합니다.

05 수식 복사하기

[F3] 셀의 채우기 핸들을 더블클릭하여 수식을 복사합니다.

VLOOKUP의 열 번호를 동적으로 조정하기(VLOOKUP, COLUMN)

예제 파일 Sample\T05_찾기_참조 함수.xlsx
완성 파일 Sample\T05_찾기_참조 함수_완성.xlsx

키 워 드 VLOOKUP, COLUMN
길라잡이 [입고], [단가표] 시트를 사용하여 실습을 진행합니다.
VLOOKUP 함수의 세 번째 인수(열 번호)를 상수로 입력하면 수식을 복사할 때마다 열 번호를 수동으로 수정해야 합니다. 이러한 불편함을 해결하기 위해 COLUMN 함수를 활용하면 열 번호가 자동으로 계산되어 여러 열에 걸쳐 VLOOKUP 함수를 효율적으로 적용할 수 있습니다.
이번 실습에서는 COLUMN 함수로 VLOOKUP의 열 번호를 동적으로 계산하는 방법을 알아보겠습니다.

01 '단가표' 이름 정의하기

❶ [단가표] 시트를 클릭합니다. ❷ [A2:F13] 영역을 선택한 후 이름 상자에 「단가표」를 입력하고 Enter 를 누릅니다.

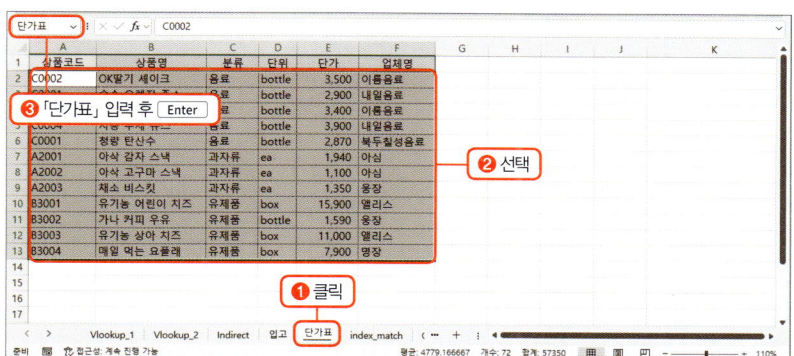

Lesson 06 _ 찾기/참조 함수 **299**

02 수식 작성하기

[C4] 셀에 수식 「=VLOOKUP($B4,단가표,COLUMN()-1,0)」을 입력합니다.

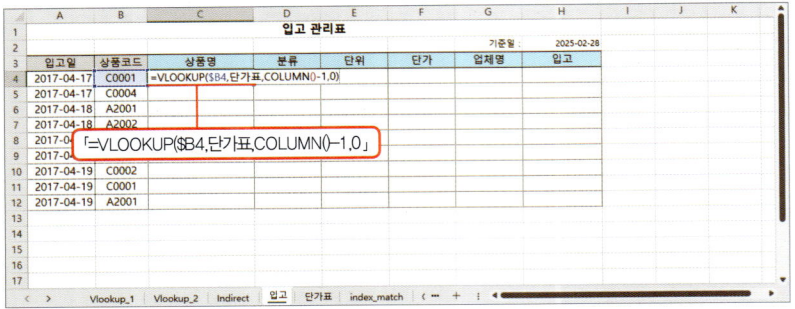

수식 설명

- **$B4** ← 수식을 오른쪽과 아래쪽으로 복사할 예정이므로 혼합 참조 $B4로 설정합니다. 이렇게 하면 B 열은 고정되고 4 행은 변동되어 올바른 참조가 유지됩니다.
- **단가표** ← 이름 정의한 '단가표'를 참조합니다.
- **COLUMN()-1** ← COLUMN()은 현재 수식이 입력된 셀의 열 번호인 3을 반환합니다. 현재 셀의 VLOOKUP 함수에서 필요한 열 번호는 2여야 하므로 COLUMN() 값에서 1을 빼 줍니다. 수식을 오른쪽으로 복사하면 D 열에서 「4-1=3」, E 열에서 「5-1=4」 가 되어 열 번호가 자동으로 조정됩니다.
- **0** ← 정확히 일치하는 값을 찾도록 설정합니다.

03 수식 복사하기

[C4] 셀의 채우기 핸들을 오른쪽으로 드래그하여 수식을 복사합니다. 이어서 [C4:G4] 범위의 채우기 핸들을 더블클릭하여 수식을 복사합니다.

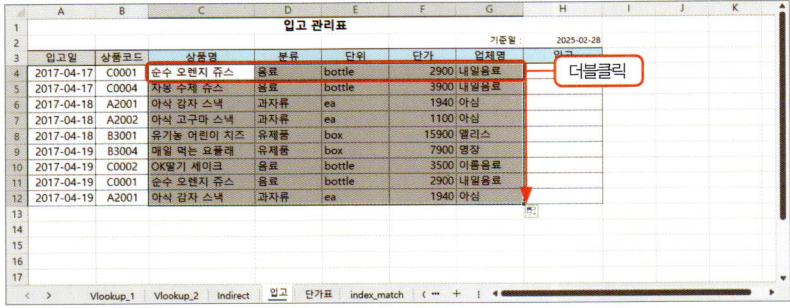

행과 열을 참조하여 단가 찾기 (INDEX, MATCH)

예제 파일 Sample\T05_찾기_참조 함수.xlsx
완성 파일 Sample\T05_찾기_참조 함수_완성.xlsx

키 워 드 INDEX, MATCH
길라잡이 [index_match] 시트를 사용하여 실습을 진행합니다.
행렬 표 형태로 정리된 단가표에서 제품명과 규격에 해당하는 단가를 찾는 방법을 알아보겠습니다. MATCH 함수로 해당 제품의 행 위치와 규격의 열 위치를 각각 찾고 INDEX 함수로 그 교차점의 단가를 가져오는 과정을 살펴보겠습니다. 이 방법은 VLOOKUP보다 유연하여 다양한 조건 검색에 활용할 수 있습니다.

01 제품명과 규격에 따른 단가 찾아오기

[E2] 셀에 수식 「=INDEX(I3:K5,1,3)」을 입력합니다. 수식의 결과는 [I3:K5] 영역의 단가표에서 1 행 3 열의 값인 130,000원을 찾아 반환합니다.

02 수식 수정하기

제품의 행 위치와 열 위치를 자동으로 찾을 수 있도록 수식을 수정하겠습니다. [E2] 셀을 선택한 후 수식 입력 줄의 함수 삽입(fx) 버튼을 클릭합니다.

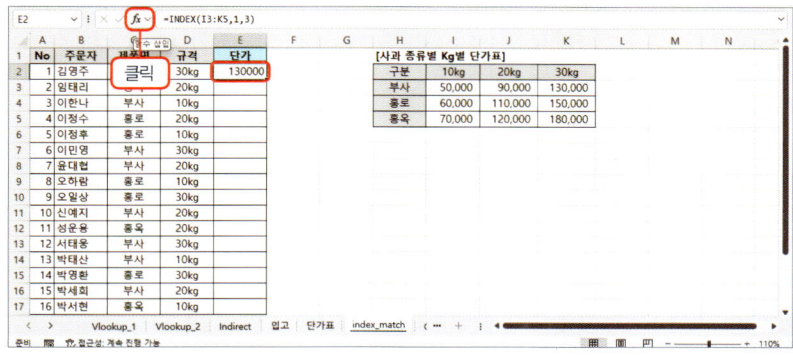

03 [인수 선택] 대화상자가 열리면 ❶ 'array,row_num,column_num' 을 선택한 후 ❷ [확인] 버튼을 클릭합니다. 만약, 참조할 범위가 여러 영역에 있다면 'referecnce,row_num,column_num,area_num'을 선택합니다.

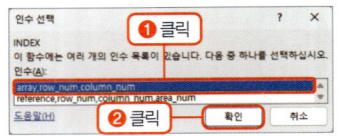

04 함수 인수 지정하기

[함수 인수] 대화상자가 열리면 ❶ 인수를 지정한 후 ❷ [확인] 버튼을 클릭합니다.

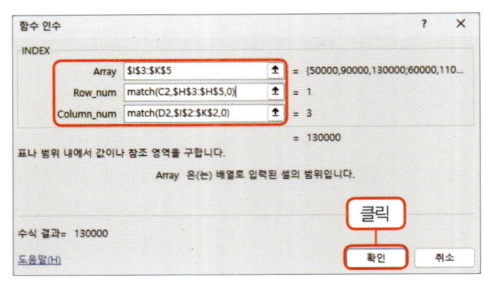

> **수식 설명**
> - $I$3:$K$5 ← '단가표'는 F4 를 눌러 절대 참조로 설정합니다.
> - MATCH(C2,$H$3:$H$5,0) ← [C2] 셀의 값이 [$H$3:$H$5] 범위에서 정확하게(0) 일치하는 것이 몇 번째 있는지 반환합니다.
> - MATCH(D2,$I$2:$K$2,0) ← [D2] 셀의 값이 [$I$2:$K$2] 범위에서 정확하게(0) 일치하는 것이 몇 번째 있는지 반환합니다.

05 수식 복사하기

[E2] 셀의 채우기 핸들을 더블클릭하여 수식을 복사합니다.

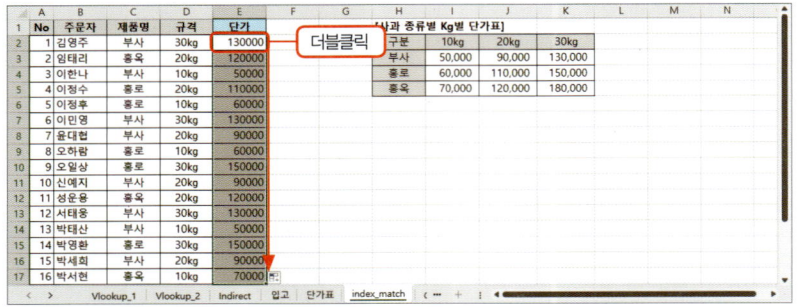

선택한 기간별 누적 매출 계산하기 (OFFSET, SUM)

예제 파일 Sample\T05_찾기_참조 함수.xlsx
완성 파일 Sample\T05_찾기_참조 함수_완성.xlsx

키 워 드 OFFSET, SUM
길라잡이 [OFFSET] 시트를 사용하여 실습을 진행합니다.
월별 매출 데이터에서 사용자가 원하는 구간만 선택하여 합산하는 방법을 알아보겠습니다. OFFSET 함수는 기준 셀에서 상대적인 위치와 범위를 지정할 수 있어 변동되는 기간의 데이터를 유연하게 처리할 수 있습니다.
예를 들어 1월~5월 합계, 4월~10월 합계처럼 시작 월과 끝 월을 입력하면 자동으로 해당 구간의 매출을 계산하는 기능을 만들어 보겠습니다. OFFSET 함수로 동적 범위를 설정하고 SUM 함수로 합계를 구하는 방법을 살펴보겠습니다.

01 표시 형식 지정하기

'시작 월'과 '끝 월'에 숫자를 입력하면 「10월」처럼 보이도록 표시 형식을 지정합니다.

❶ [C3:D3] 영역을 선택한 후 Ctrl + 1 을 누릅니다.
❷ [셀 서식] 대화상자가 열리면 [표시 형식] 탭에서 '사용자 지정'을 클릭합니다.
❸ '형식'에 「#월」을 입력합니다.
❹ [확인] 버튼을 클릭합니다.

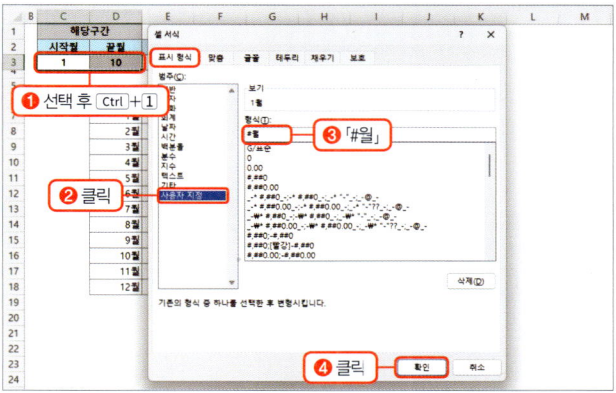

02 수식 입력하기

[E3] 셀에 수식 「=SUM(OFFSET(E6,C3,0,D3-C3+1,1))」을 입력합니다.

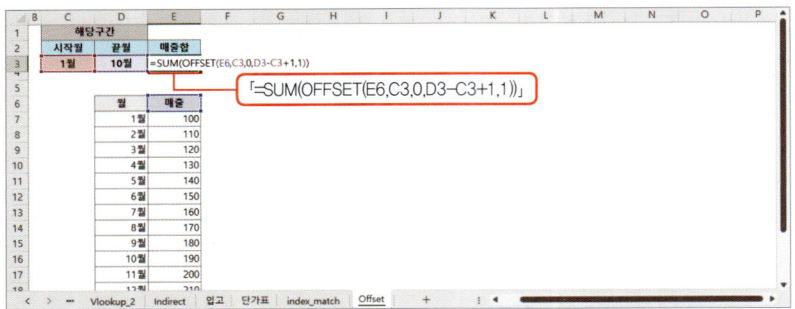

수식 설명

- OFFSET 함수의 형식: OFFSET(기준 셀, 이동할 행, 이동할 열, 행 범위, 열 범위)
- OFFSET(E6,C3,0,D3-C3+1,1) ← 시작 월과 끝 월에 따른 매출 범위를 선택
  - E6 ← 기준 셀
  - C3 ← 기준 셀에서 [C3] 셀의 값만큼 아래로 이동
  - 0 ← 열은 이동하지 않음
  - D3-C3+1 ← (끝 월-시작 월+1)만큼 행의 높이를 지정
  - 1 ← 1열만 지정
- SUM(OFFSET(E6,C3,0,D3-C3+1,1)) ← OFFSET 함수로 지정된 매출 범위의 합계를 계산하여 반환

03 '시작 월'과 '끝 월'에 따른 동적인 범위의 합계 결과 확인하기

'시작 월'과 '끝 월'인 [C3] 셀과 [D3] 셀의 값을 변경한 후 [E3] 셀의 매출의 합이 제대로 계산되는지 확인합니다.

LESSON 07 새롭게 추가된 동적 배열 함수

엑셀의 동적 배열 함수는 데이터 분석 및 처리 능력을 획기적으로 향상시킨 기능으로 단일 수식만으로 여러 셀에 자동으로 결과를 출력(spill)할 수 있습니다. 이 기능은 M365 버전에서 처음 도입되었으며 Excel 2021 이후 버전에서도 사용할 수 있습니다. 동적 배열 함수는 데이터 처리 방식을 근본적으로 변화시켜 복잡한 수식이나 보조 열 없이도 보다 효율적인 작업을 가능하게 합니다. FILTER, SORT, UNIQUE, SEQUENCE 등의 함수들이 대표적인 동적 배열 함수에 속하며 기존 함수들도 동적 배열을 지원하도록 개선되었습니다.

∷ XLOOKUP 함수 – Excel 2021 이후 버전, M365

함수 설명	• 수직 및 수평 검색을 모두 수행할 수 있는 함수입니다. • 기존 VLOOKUP, HLOOKUP, INDEX+MATCH 조합을 대체할 수 있으며 검색 범위의 왼쪽 또는 오른쪽 방향 모두 검색이 가능하고 기본적으로 정확한 일치를 찾습니다.
함수 형식	XLOOKUP(검색할_값, 검색할_범위, 반환할_범위, [일치하는_항목이_없음], [일치_모드], [검색_모드]) [ ]로 둘러싸인 인수는 필수가 아니며 상황에 따라 생략할 수 있습니다.

인수 설명	검색할_값: 찾고자 하는 값
	검색할_범위: 검색할_값을 찾을 범위(하나의 열 또는 행)
	반환할_범위: 검색할_값이 발견되었을 때 반환할 값이 포함된 범위
	[일치하는_항목이_없음]: 검색할_값이 없을 때 반환할 값(기본값: 오류)
	
	[일치_모드]:
	  0 : 정확히 일치(기본값)
	  -1 : 정확히 일치하는 항목 또는 다음으로 작은 항목
	  1 : 정확히 일치하는 항목 또는 다음으로 큰 항목
	  2 : 와일드카드 일치 허용
	
	[검색_모드]:
	  1 : 첫 번째 값부터 검색(기본값)
	  -1 : 마지막 값부터 역방향 검색
	  2 : 이진 검색(대량의 데이터(10,000건 이상)일 때 속도가 빠름, 오름차순 정렬 필요)
	  -2 : 이진 검색(대량의 데이터(10,000건 이상)일 때 속도가 빠름, 내림차순 정렬 필요)

XMATCH 함수 – Excel 2021 이후 버전, M365

함수 설명	• MATCH 함수의 업그레이드 버전으로 특정 값이 범위 내에서 몇 번째 위치에 있는지 찾는 함수입니다. • MATCH 함수보다 유연하고 빠르며 정확한 일치, 근삿값, 와일드카드 검색 및 역순 검색을 지원합니다.
함수 형식	XMATCH(검색할_값,검색할_범위,[일치_모드],[검색_모드])
인수 설명	검색할_값: 찾고자 하는 값 검색할_범위: 검색할 값이 포함된 범위(1차원 배열, 즉 하나의 행 또는 열) [일치_모드]: 　0　정확히 일치(기본값) 　-1　정확히 일치하는 항목 또는 다음으로 작은 항목 　1　정확히 일치하는 항목 또는 다음으로 큰 항목 　2　와일드카드 일치 허용 [검색_모드]: 　1　처음부터 검색(기본값) 　-1　뒤에서부터 검색 　2　이진 검색(대량의 데이터(10,000건 이상)일 때 속도가 빠름, 오름차순 정렬 필요) 　-2　이진 검색(대량의 데이터(10,000건 이상)일 때 속도가 빠름, 오름차순 정렬 필요)

SEQUENCE 함수 – Excel 2021 이후 버전, M365

함수 설명	일정한 패턴을 따라 자동으로 숫자 배열을 생성하는 동적 배열 함수입니다. 즉, 1, 2, 3, 4와 같이 일련의 연속된 숫자 목록을 생성할 수 있습니다.
함수 형식	SEQUENCE(rows,[columns],[start],[step])
인수 설명	rows: 생성할 숫자의 행 개수 [columns]: 생성할 숫자의 열 개수 [start]: 배열의 시작 숫자(기본값은 1) [step]: 각 숫자의 증가 간격(기본값은 1)

FILTER 함수 – Excel 2021 이후 버전, M365

함수 설명	특정 조건을 만족하는 데이터만 필터링하여 반환하는 동적 배열 함수입니다.
함수 형식	FILTER(배열, 포함, [if_empty])
인수 설명	배열: 필터링할 데이터 범위 포함: 필터링할 기준(조건) [if_empty]: 조건에 맞는 값이 없을 경우 반환할 값

SORT 함수 - Excel 2021 이후 버전, M365

함수 설명	데이터를 특정 기준에 따라 자동으로 정렬하는 동적 배열 함수입니다. 기존 [데이터] 탭의 [정렬] 기능과 달리 원본 데이터를 변경하지 않고 동적으로 정렬된 결과를 생성할 수 있습니다.
함수 형식	SORT(array, [sort_index], [sort_order], [by_col])
인수 설명	array: 필터링할 데이터 범위 [sort_index]: 정렬 기준이 될 열(행) 번호 [sort_order]: 1이면 오름차순(기본값), -1이면 내림차순 [by_col]: FALSE(0)이면 행 기준(기본값), TRUE(1)이면 열 기준

UNIQUE 함수 - Excel 2021 이후 버전, M365

함수 설명	데이터 범위 또는 배열에서 중복되지 않는 고유한 값 목록을 반환하는 동적 배열 함수입니다.
함수 형식	UNIQUE(array, [by_col], [exactly_once])

인수 설명	array: 고유한 값을 추출할 데이터 범위 또는 배열
	[by_col]: 열 기준 여부를 지정. false 또는 생략하면 행 기준(기본값), true이면 열 기준
	[exactly_once]: 한 번만 나타나는 값만 반환할지 여부를 지정
	                false 또는 생략하면 중복 제거 후 고유한 값 목록 반환
	                true이면 한 번만 등장하는 값만 반환

TEXTSPLIT 함수 - Excel 2024 이후 버전, M365

함수 설명	텍스트를 특정 구분자를 기준으로 여러 조각으로 나누어 배열로 반환하는 함수입니다. 예를 들어 쉼표(,)로 구분된 데이터를 여러 열로 나누거나 줄바꿈(CHAR(10))을 기준으로 여러 행으로 분리할 수 있습니다.
함수 형식	TEXTSPLIT(text, column_delimiter, [row_delimiter], [ignore_empty], [match_mode])
인수 설명	text: 분할할 원본 텍스트 column_delimiter: 열 방향으로 나눌 구분자 [row_delimiter]: 행 방향으로 나눌 구분자 [ignore_empty]: 빈 값 무시 여부(TRUE: 빈 값 제거, FALSE: 빈 값 유지) [match_mode]: 대소문자 구분 여부(0: 구분, 1: 구분 안 함)

TEXTBEFORE 함수 - Excel 2024 이후 버전, M365

함수 설명	특정 문자 또는 문자열을 기준으로 해당 문자 앞의 텍스트를 추출하는 함수입니다.
함수 형식	TEXTBEFORE(text, delimiter, [instance_num], [match_mode], [if_not_found])

인수 설명	text: 문자열이 포함된 원본 데이터 delimiter: 기준이 되는 구분 문자(열) [instance_num]: 몇 번째 구분자를 기준으로 할지 지정(기본값: 첫 번째) [match_mode]: 대소문자 구분 여부(0: 구분, 1: 구분 안 함) [if_not_found]: 구분자가 없을 경우 반환할 값(기본값: 오류 발생)

:: TEXTAFTER 함수 – Excel 2024 이후 버전, M365

함수 설명	특정 구분자 이후의 텍스트를 추출하는 함수입니다. 즉, 문자열에서 지정한 구분자를 찾아 그 이후의 텍스트를 반환합니다.
함수 형식	TEXTAFTER(text, delimiter, [instance_num], [match_mode], [if_not_found])
인수 설명	text: 문자열이 포함된 원본 데이터 delimiter: 기준이 되는 구분 문자(열) [instance_num]: 몇 번째 구분자 이후의 텍스트를 가져올지 지정(기본값: 첫 번째) [match_mode]: 대소문자 구분 여부(0: 구분, 1: 구분 안 함) [if_not_found]: 구분자가 없을 경우 반환할 값(기본값: 오류 발생)

동적 배열 함수 사용 시 주의 사항

동적 배열 함수는 엑셀에서 데이터를 효율적으로 처리하는 데 유용하지만 사용 시 몇 가지 주의사항이 있습니다.

01 #SPILL!(#분산!) 오류 발생

동적 배열 함수는 결과를 반환할 범위가 비어 있어야 합니다. 이미 값이 있는 셀에 결과를 반환하려고 하면 #SPILL!(#분산!) 오류가 발생합니다.

FILTER 함수의 결과가 반환될 [F2:H5] 범위에 불필요한 내용("ABCD")이 입력되어 있어 에러가 발생합니다. 이 범위를 비워 FILTER 함수 결과를 정상적으로 반환할 수 있도록 해야 합니다.

02 Spill 범위 연산자(#) 사용

동적 배열 함수식의 결과 범위를 참조할 때 '#' 기호를 사용하여 범위를 지정할 수 있습니다.

FILTER 함수의 결과가 [F2:H5] 영역에 반환되어 있습니다. 임의의 셀에서 동적 배열 함수 결과 전체를 참조하려면 「=F2#」로 지정하여 전체 범위를 참조합니다.

03 동적 배열 함수식의 수정

동적 배열 함수식은 실제 수식이 작성된 셀에서만 수정할 수 있습니다.

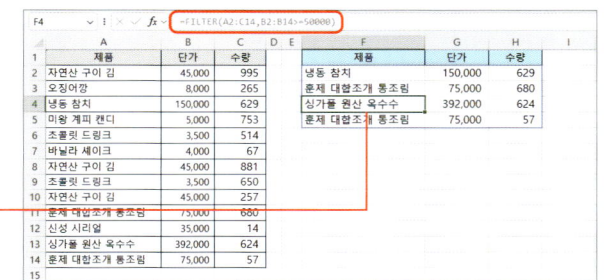

수식을 [F2] 셀에 작성하였으므로 [F2] 셀에서만 수정하거나 삭제할 수 있습니다. 현재는 [F4] 셀이 선택되어 있으므로 수식 입력 줄의 수식도 비활성화됩니다.

04 #CALC! 오류 발생

동적 배열 함수의 결과가 비어 있거나 배열 크기가 맞지 않을 때 발생합니다.

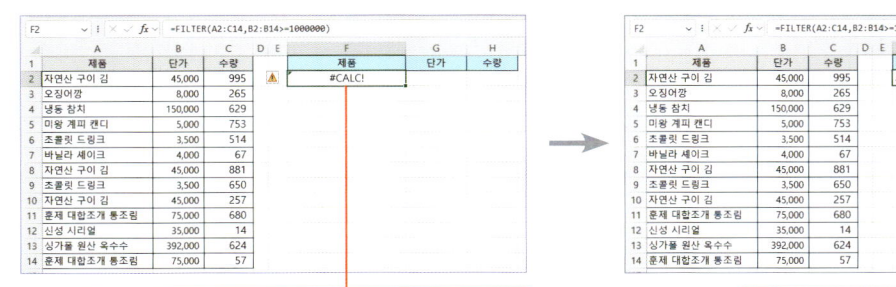

수식 「=FILTER(A2:C14,B2:B14)=1000000)」은 단가가 1,000,000원 이상인 데이터를 필터링합니다. 조건에 해당하는 데이터가 없기 때문에 수식 결과가 비게 되어 #CALC! 오류가 발생합니다.

이 문제를 해결하려면 수식을 다음과 같이 수정합니다. 「=FILTER(A2:C14,B2:B14)=1000000, "조건에 해당하는 값 없음")」

05 메모리 관리

동적 배열 함수는 여러 셀에 결과를 반환할 수 있으므로 많은 데이터를 처리할 경우 메모리 사용량이 증가할 수 있습니다. 불필요한 데이터를 제거하거나 데이터를 효율적으로 관리하여 메모리 사용을 최적화합니다.

유연한 검색을 하는 XLOOKUP 사용하기

예제 파일 Sample\T05_동적 배열 함수.xlsx
완성 파일 Sample\T05_동적 배열 함수_완성.xlsx

키 워 드 XLOOKUP
길라잡이 [XLOOKUP] 시트를 사용하여 실습을 진행합니다.
호봉별 기본급표에서 특정 호봉의 기본급을 찾을 때, 기존에는 데이터가 행으로 구성되면 HLOOKUP, 열로 구성되면 VLOOKUP을 구분해서 사용해야 했습니다. 하지만 XLOOKUP 함수는 데이터 배치 방향에 관계없이 검색할 수 있어 훨씬 편리합니다. XLOOKUP 함수를 활용한 호봉별 기본급 조회 방법을 알아보겠습니다.

01 함수 입력하기

[E2] 셀에 수식 「=XLOOKUP(」을 입력한 후 Ctrl + A 를 누릅니다.

310 Theme 05 _ 실무 활용 함수

02 함수 인수 지정하기

다음과 같이 ❶ 인수를 지정한 후 ❷ [확인] 버튼을 클릭합니다.

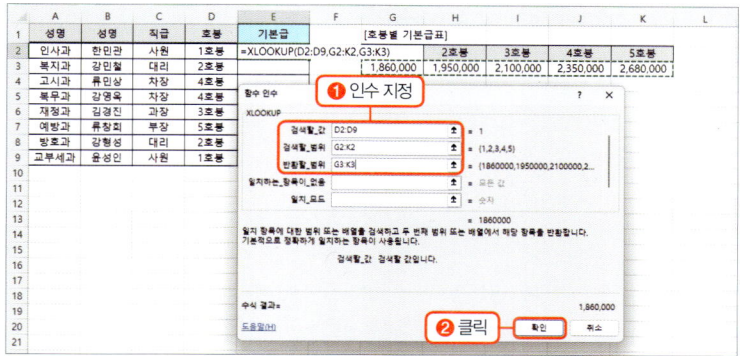

수식 설명

XLOOUP 함수는 동적 배열(Dynamic Array) 기능을 지원하므로 검색할 값을 배열로 지정하면 각 값에 대한 결과를 자동으로 반환합니다.
- **D2:D9** ← [D2:D9] 범위에 있는 호봉을
- **G2:K2** ← [G2:K2] 범위에서 찾아 일치하는 항목을 기준으로
- **G3:K3** ← [G3:K3] 범위에 있는 해당 값을 반환합니다.

03 함수 결과 확인하기

다음과 같이 함수의 결과가 반환됩니다.

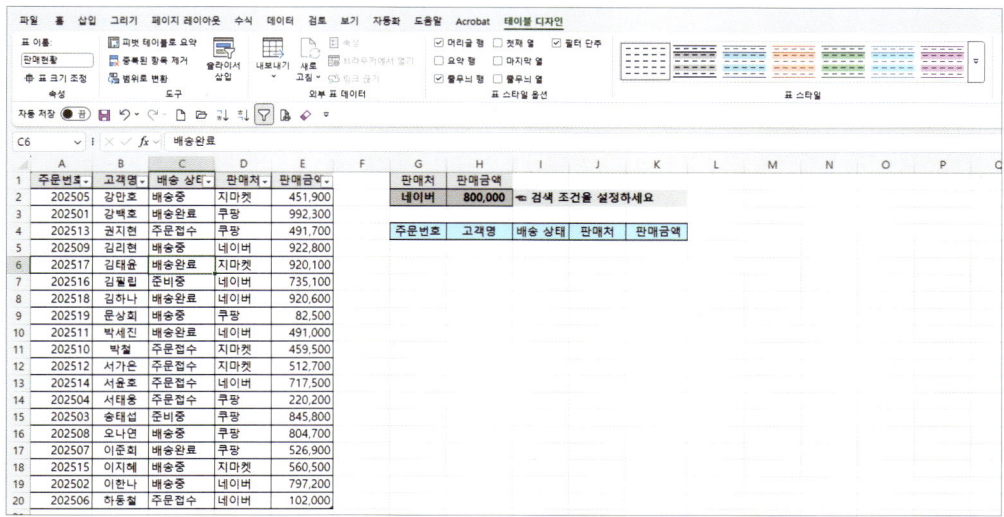

Lesson 07 _ 새롭게 추가된 동적 배열 함수 **311**

함수를 활용하여 조건에 따라 필터링하기(FILTER)

예제 파일 Sample\T05_동적 배열 함수.xlsx
완성 파일 Sample\T05_동적 배열 함수_완성.xlsx

> **키 워 드** FILTER
> **길라잡이** [FILTER] 시트를 사용하여 실습을 진행합니다.
> FILTER 함수를 사용하여 조건에 맞는 데이터를 효율적으로 필터링하는 방법을 알아보겠습니다. 데이터 목록은 '판매현황'이라는 이름으로 표(Table)로 정의해 두었습니다.
> [G2] 셀에는 판매처, [H2] 셀에는 금액 조건을 입력하고 이 두 조건에 해당하는 데이터를 '판매현황' 표에서 필터링하도록 FILTER 함수를 작성하겠습니다.

01 데이터 상황 살펴보기

- **테이블 확인하기**
  표 내의 셀을 선택한 후 [테이블 디자인] 탭의 [속성] 그룹을 확인하면 표의 이름이 '판매현황'으로 정의되어 있습니다.

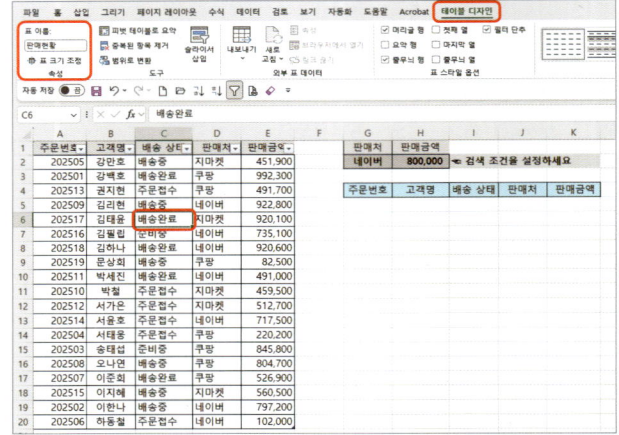

- **유효성 검사 설정 확인하기**
  [G2] 셀에는 판매처를 목록에서 선택하여 입력할 수 있도록 데이터 유효성 검사가 설정되어 있습니다.

02 수식 설정하기

[G5] 셀에 수식 「=FILTER(판매현황,(판매현황[판매처]=G2)*(판매현황[판매금액]>=H2),"")」를 입력합니다.

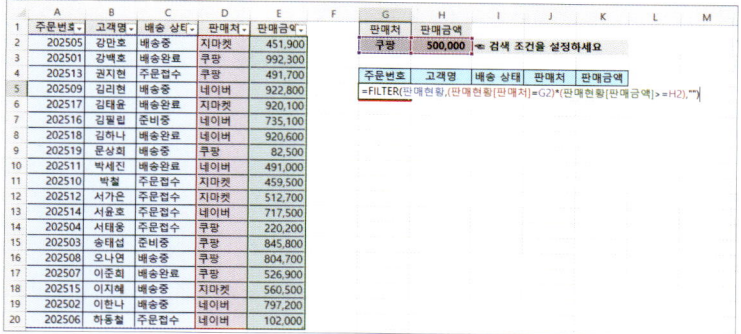

수식 설명

「=FILTER(판매현황,(판매현황[판매처]=G2)*(판매현황[판매금액]>=H2),"")」
이 수식은 판매현황 표에서 판매처가 [G2] 셀의 값과 같고, 판매금액이 [H2] 셀에 입력된 값 이상인 행을 찾아 필터링한 결과를 반환합니다. 조건에 맞는 데이터가 없는 경우에는 ""(빈 문자열)을 반환합니다.

- **판매현황** ← 필터링할 데이터 범위
- **(판매현황[판매처]=G2)*(판매현황[판매금액]>=H2)** ← 두 조건을 모두 만족하는 행만 필터링합니다.
- **""** ← 조건에 맞는 데이터가 없을 경우 반환할 값
※ '*'는 AND, '+'는 OR 조건을 의미합니다.

03 조건 변경하기

[G2], [H2] 셀의 조건을 변경하면 FILTER 함수의 결과에 바로 반영됩니다.

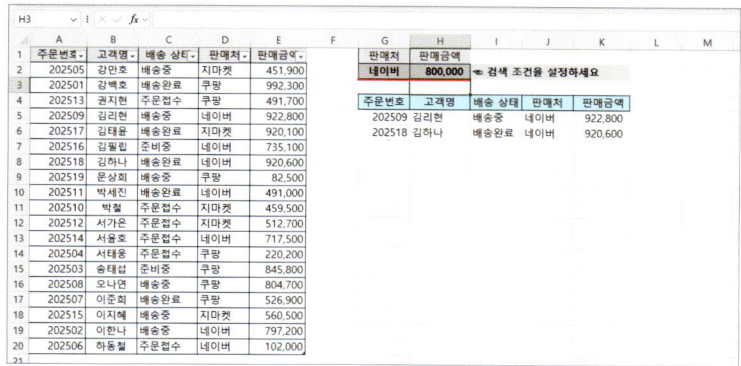

판매 내역을 참조하여 고유 제품 목록 만들기(SORT, UNIQUE)

예제 파일 Sample\T05_동적 배열 함수.xlsx
완성 파일 Sample\T05_동적 배열 함수_완성.xlsx

키 워 드 SORT, UNIQUE

길라잡이 [고유 제품 목록] 시트를 사용하여 실습을 진행합니다.
데이터를 '판매내역'이라는 이름의 '표'로 정의해 두었습니다. '판매내역' 표에서 SORT, UNIQUE 함수를 활용하여 고유 제품 목록을 만드는 방법을 다음 순서대로 실습하겠습니다.

1. **고유 데이터 추출**: '판매내역' 표에서 분류, 제품, 단가 조합이 고유한 데이터를 [H2] 셀에 추출합니다.
2. **정렬 적용**: 추출된 고유 제품 목록을 분류는 오름차순, 단가는 내림차순으로 정렬합니다.
3. **가독성 개선**: 목록을 분류별로 구분할 수 있도록 각 분류 항목마다 밑줄을 추가하여 가독성을 높입니다.

이 실습을 통해 중복 데이터를 제거하고 체계적으로 정렬된 제품 목록을 만드는 방법을 익힐 수 있습니다.

01 데이터 상황 살펴보기

표 내의 셀을 선택한 후 [테이블 디자인] 탭의 [속성] 그룹을 확인하면 표의 이름이 '판매내역'으로 정의되어 있습니다.

02 분류, 제품, 단가 중 고유한 것만 추출하기

[H2] 셀에 수식 「UNIQUE(판매내역[분류]:[단가])」를 입력합니다.

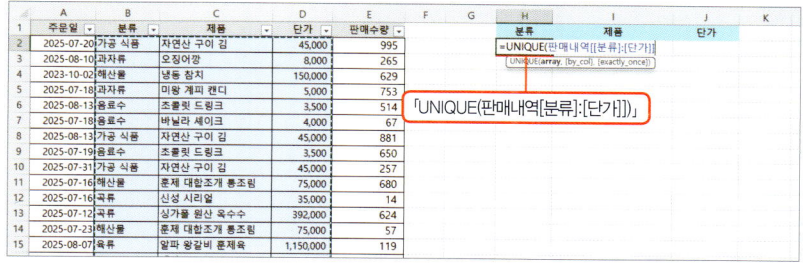

03 수식 확인하기

고유한 값들이 추출되었지만 분류별로 정렬되어 있지 않아 다소 혼란스럽습니다.

04 수식 수정하기

분류(오름차순), 단가(내림차순)로 정렬하기 위하여 SORT 함수를 추가하겠습니다. [H2] 셀을 더블클릭하여 수식을 다음과 같이 수정합니다.

「=SORT(UNIQUE(판매내역[분류]:[단가])),{1,3},{1,-1})」

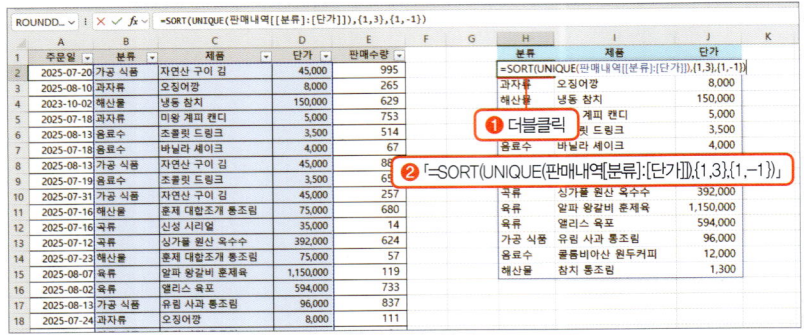

수식 설명
- UNIQUE(판매내역[[분류]:[단가]]) ← 판매내역 표에서 '분류'부터 '단가'까지의 열에서 중복을 제거한 고유한 데이터 목록을 추출합니다.
- {1,3} ← UNIQUE 함수의 결과를 1열(분류)과 3열(단가)을 기준으로 정렬합니다.
- {1,-1} ← 1열은 오름차순(1)으로, 3열은 내림차순(-1)으로 정렬합니다.

05 수식 결과 확인하기

분류(오름차순)와 단가(내림차순)를 기준으로 정렬되었습니다. 분류 간 경계를 시각적으로 구분하면 가독성이 향상될 것입니다.

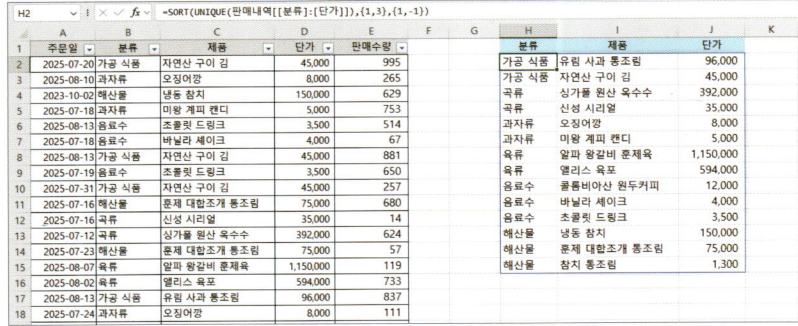

06 조건부 서식 설정하기

❶ [H2:I15] 영역을 선택한 후 ❷ [홈] 탭의 [조건부 서식] – [새 규칙]을 클릭합니다.

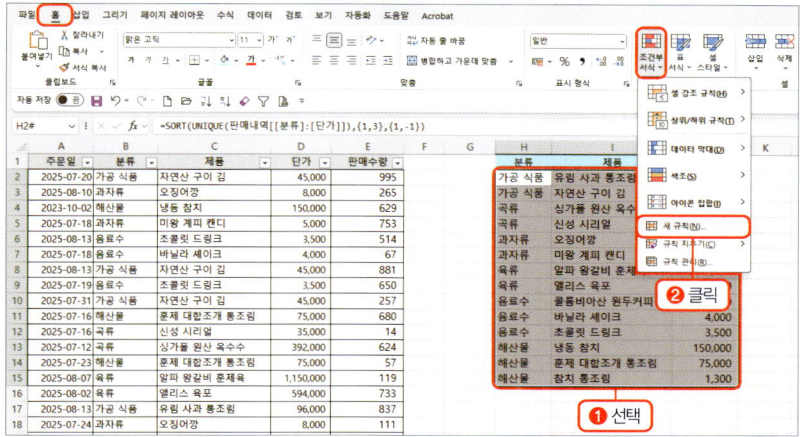

07 규칙 적용하기

[새 서식 규칙] 대화상자가 열리면 다음과 같이 지정합니다.
❶ '수식을 사용하여 서식을 지정할 셀 결정'을 선택하고 ❷ 「=$H2<>$H3」을 입력합니다. ❸ [서식] 버튼을 클릭합니다.

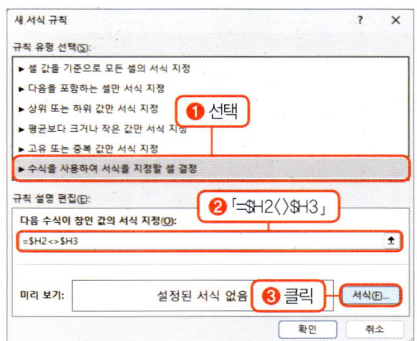

08 테두리 서식 지정하기

[셀 서식] 대화상자가 열리면 ❶ [테두리] 탭에서 아래쪽 테두리를 선택한 후 ❷ [확인] 버튼을 클릭합니다.

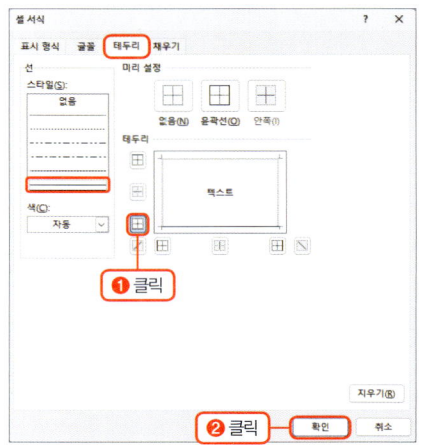

Lesson 07 _ 새롭게 추가된 동적 배열 함수   317

09 수식과 서식 확인하기

[새 서식 규칙] 대화상자로 돌아오면 수식과 서식을 확인한 후 [확인] 버튼을 클릭합니다.

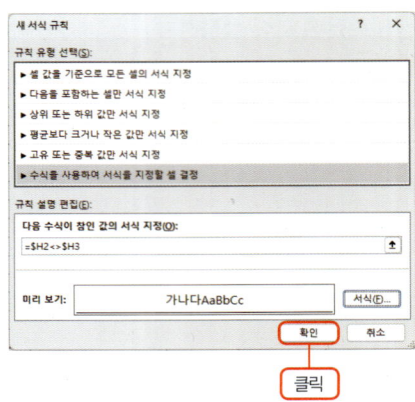

10 결과 확인하기

다음과 같이 각 분류의 마지막 항목마다 아래쪽 테두리가 설정되어 가독성이 향상됩니다.

구분 기호를 기준으로 텍스트 나누고 합치기 (TEXTSPLIT, TEXTJOIN)

예제 파일 Sample\T05_동적 배열 함수.xlsx
완성 파일 Sample\T05_동적 배열 함수_완성.xlsx

키 워 드 TEXTSPLIT, TEXTJOIN
길라잡이 [TEXTSPLIT] 시트를 사용하여 실습을 진행합니다.
TEXTSPLIT과 TEXTJOIN 함수는 데이터를 분할하거나 결합하는 데 사용하는 함수입니다. 기존에는 LEFT, RIGHT, MID, FIND, SEARCH, LEN 등의 함수를 조합해 어렵게 처리해야 했던 텍스트 작업을 TEXTSPLIT 함수 하나로 간단하게 해결할 수 있습니다.
이번 실습에서는 TEXTSPLIT과 TEXTJOIN 함수를 활용하여 텍스트를 분할하거나 결합하는 방법을 알아보겠습니다.
1. **텍스트 분할**: '/' 구분자를 기준으로 데이터를 여러 열로 분리하는 방법
2. **텍스트 결합**: 여러 셀에 흩어진 긴급 연락처를 하나의 셀로 통합하는 방법

01 '/'를 기준으로 텍스트 분리하기
[F2] 셀에 수식 「=TEXTSPLIT(A2, "/")」를 입력합니다.
성명과 직책이 분류됩니다.

수식 설명
- **A2** ← 분리하고자 하는 원본 데이터가 위치한 셀 주소
- **"/"** ← 텍스트를 분리할 때 기준으로 삼는 구분자

02 긴급 연락처 한 셀에 통합하기

[H2] 셀에 수식 「=TEXTJOIN(", ",TRUE,B2:D2)」를 입력합니다.
세 개의 긴급 연락처가 한 셀에 조인되어 반환됩니다.

	A	B	C	D	E	F	G	H
1	성명/직책	긴급 연락처1	긴급 연락처2	긴급 연락처3		성명	직책	긴급연락처
2	김민희/과장	010-1234-5678	02-9876-5432			김민희	과장	=TEXTJOIN(", ",TRUE,B2:D2)
3	이영희/부장	010-2222-3333	010-9999-8888	010-7777-6666				
4	박철수/대리	010-4444-5555	031-256-4567					
5	강백호/과장	010-2345-6520	02-500-5642	02-555-4567				
6	이한나/사원	010-6321-5264	010-2356-4567					
7	송태섭/사원	010-2365-7895	02-2312-5365	02-2311-2365				
8	김영주/부장	010-3526-5624	031-9654-4563					
9	서태웅/대리	010-2356-5645	02-2365-4567					
10								
11								

「=TEXTJOIN(", ",TRUE,B2:D2)」

수식 설명
- ", " ← 텍스트를 합칠 때 사용하는 구분자
- TRUE ← 합치려는 범위 내에 빈 셀이 있으면 이를 무시하고 연결하라는 의미
- B2:D2 ← 합치고자 하는 텍스트가 들어 있는 셀 범위

03 수식 복사하기

[F2:H2] 범위의 채우기 핸들을 드래그하여 수식을 복사합니다.

	A	B	C	D	E	F	G	H	
1	성명/직책	긴급 연락처1	긴급 연락처2	긴급 연락처3		성명	직책	긴급연락처	
2	김민희/과장	010-1234-5678	02-9876-5432			김민희	과장	010-1234-5678, 02-9876-5432	더블클릭
3	이영희/부장	010-2222-3333	010-9999-8888	010-7777-6666		이영희	부장	010-2222-3333, 010-9999-8888, 010-7777-6666	
4	박철수/대리	010-4444-5555	031-256-4567			박철수	대리	010-4444-5555, 031-256-4567	
5	강백호/과장	010-2345-6520	02-500-5642	02-555-4567		강백호	과장	010-2345-6520, 02-500-5642, 02-555-4567	
6	이한나/사원	010-6321-5264	010-2356-4567			이한나	사원	010-6321-5264, 010-2356-4567	
7	송태섭/사원	010-2365-7895	02-2312-5365	02-2311-2365		송태섭	사원	010-2365-7895, 02-2312-5365, 02-2311-2365	
8	김영주/부장	010-3526-5624	031-9654-4563			김영주	부장	010-3526-5624, 031-9654-4563	
9	서태웅/대리	010-2356-5645	02-2365-4567			서태웅	대리	010-2356-5645, 02-2365-4567	
10									
11									

파일 경로에서 폴더 경로와 파일명으로 분리하기 (TEXTBEFORE, TEXTAFTER)

예제 파일 Sample\T05_동적 배열 함수.xlsx
완성 파일 Sample\T05_동적 배열 함수_완성.xlsx

키 워 드 TEXTBEFORE, TEXTAFTER
길라잡이 [경로 추출] 시트를 사용하여 실습을 진행합니다.
전체 파일 경로가 포함된 데이터에서 폴더 경로와 파일명을 분리해야 할 경우 기존에는 RIGHT, LEFT, FIND, LEN 등의 함수를 복잡하게 조합해야 했습니다. 하지만 M365 또는 Excel 2024 이후 버전에서는 TEXTBEFORE와 TEXTAFTER 함수를 활용하면 훨씬 간단하게 처리할 수 있습니다.
이번 실습에서는 이 두 함수를 활용하여 전체 파일 경로에서 폴더 경로와 파일명을 각각 분리하는 방법을 알아보겠습니다.

01 폴더 경로 추출하기

[B2] 셀에 수식 「=TEXTBEFORE(A2, "₩", -1)」을 입력합니다.

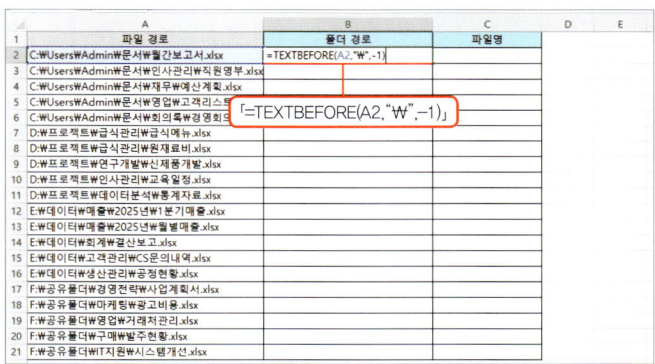

수식 설명

TEXTBEFORE는 지정한 특정 문자를 기준으로 해당 문자 앞쪽의 텍스트를 추출하는 함수입니다.
• **A2** ← 추출할 원본 텍스트가 위치한 셀 주소
• **"₩"** ← 텍스트를 나누는 기준이 되는 문자
• **-1** ← 구분자가 여러 개 있을 경우 가장 마지막에 표시되는 구분자를 기준으로 텍스트를 추출하라는 의미

02 파일명 추출하기

[C2] 셀에 수식 「=TEXTAFTER(A2,"₩",-1)」을 입력합니다.

> **수식 설명**
> TEXTAFTER는 지정한 특정 문자를 기준으로 해당 문자 뒤쪽의 텍스트를 추출하는 함수입니다.
> - A2 ← 추출할 원본 텍스트가 위치한 셀 주소
> - "₩" ← 텍스트를 나누는 기준이 되는 문자
> - -1 ← 구분자가 여러 개 있을 경우 가장 마지막에 표시되는 구분자를 기준으로 텍스트를 추출하라는 의미

03 수식 복사하기

[B2:C2] 범위의 채우기 핸들을 더블클릭하여 수식을 복사합니다.

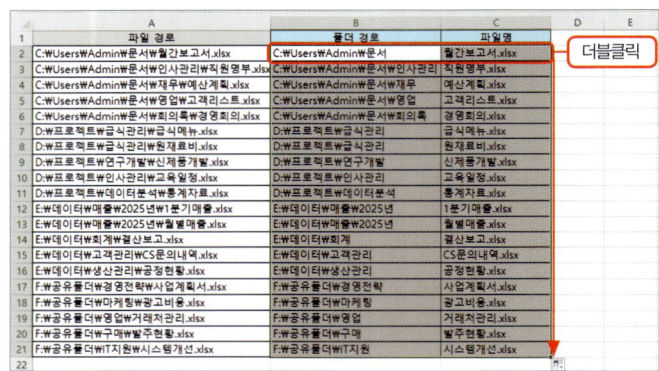

거래처별 거래 품목 행으로 정리하기 (UNIQUE, FILTER, TEXTJOIN)

예제 파일 Sample\T05_동적 배열 함수.xlsx
완성 파일 Sample\T05_동적 배열 함수_완성.xlsx

> **키 워 드** UINQUE, FILTER, TEXTJOIN
> **길라잡이** [거래처별 정리] 시트를 사용하여 실습을 진행합니다.
> 거래처, 품목, 단가가 포함된 데이터를 기반으로 거래처별로 거래 품목을 행으로 나열하여 한눈에 확인할 수 있도록 정리하는 방법을 알아보겠습니다.
> 1. **거래처 목록 추출**: UNIQUE 함수로 중복 없는 거래처 목록을 추출합니다.
> 2. **품목 필터링**: FILTER 함수로 각 거래처에 해당하는 품목을 필터링합니다.
> 3. **한 셀에 품목 나열**: TEXTJOIN 함수를 사용해 필터링 된 품목들을 하나의 셀에 쉼표(,)로 구분하여 나열합니다.

01 데이터 상황 살펴보기

표 내의 셀을 선택한 후 [테이블 디자인] 탭의 [속성] 그룹을 확인하면 표의 이름이 '단가표'로 정의되어 있습니다.

02 고유한 거래처명 추출하기

[F2] 셀에 수식 「=UNIQUE(단가표[거래처])」를 입력합니다.

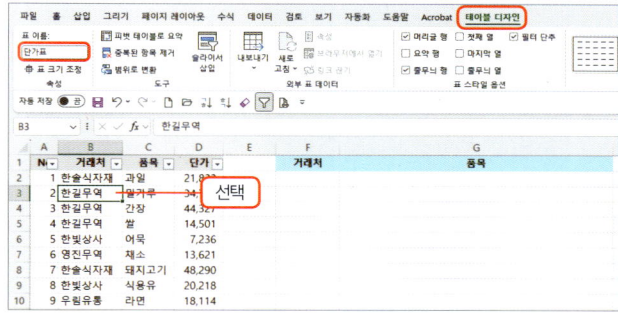

> **수식 설명**
> - UNIQUE는 지정한 범위의 데이터에서 중복된 값을 제외하고 고유한 항목을 추출하는 함수입니다.
> - 「=UNIQUE(단가표[거래처])」는 중복 거래처를 제거하고 각 거래처를 고유하게 한 번씩만 나타나도록 정리한 수식입니다.

Lesson 07 _ 새롭게 추가된 동적 배열 함수 323

03 고유한 거래처명 추출하기

[G2] 셀에 수식 「=TEXTJOIN(", ",TRUE, FILTER(단가표[품목],단가표[거래처]= F2))」를 입력합니다.

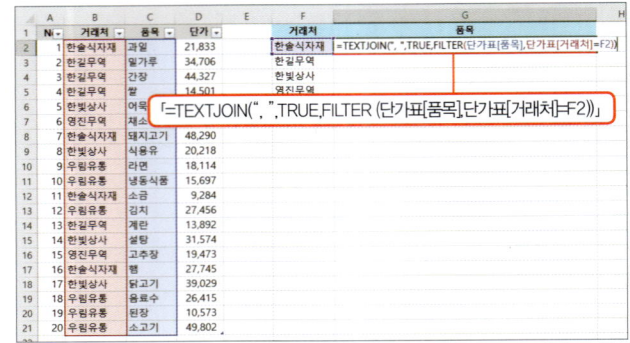

> **수식 설명**
>
> - TEXTJOIN은 여러 셀의 텍스트를 구분 기호를 사용하여 하나의 셀로 연결하는 함수입니다.
> ", " ← 각 항목을 연결할 때 쉼표(,)로 연결합니다.
> TRUE ← 텍스트를 연결할 때 빈 셀은 무시하고 합치라는 의미입니다.
> - FILTER는 특정 조건을 만족하는 데이터만 필터링하여 추출하는 함수입니다.
> 단가표[품목] ← '단가표'의 '품목' 열을 필터링합니다.
> 단가표[거래처]=F2 ← '단가표'의 '거래처' 열에서 [F2] 셀의 값과 일치하는 행의 품목만 추출하는 조건입니다.
> - 수식 「=TEXTJOIN(", ",TRUE,FILTER(단가표[품목],단가표[거래처]=F2))」는 특정 거래처([F2] 셀)에 해당하는 품목들을 필터링하여 한 셀 안에 쉼표로 연결합니다.

04 수식 복사하기

[G2] 셀의 채우기 핸들을 더블클릭하여 수식을 복사합니다.

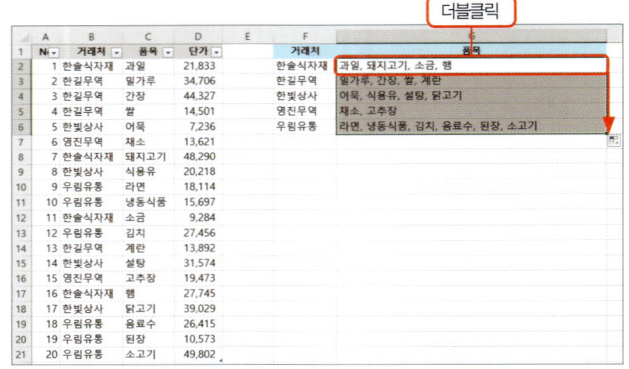

메모하세요

EXCEL 2024

아무리 정교하게 정리된 표라도 수많은 숫자 속에서 핵심을 파악하기는 어렵습니다. 따라서 복잡한 데이터를 단순하게 표현하고 추세, 비교, 비율을 직관적으로 전달할 수 있는 데이터 시각화가 필요합니다. 이번에는 엑셀 차트의 다양한 종류와 특징을 살펴본 후 실무에서 자주 활용되는 차트를 작성하고 편집하는 방법을 익혀 보겠습니다.

THEME 06

데이터를 시각화하는 차트

LESSON 01 엑셀 차트 작성 및 편집

차트는 데이터 유형과 분석 목적에 맞게 선택하여 작성해야 합니다. 엑셀에서 지원하는 차트의 종류와 특징을 살펴본 후 차트를 작성 및 편집하는 방법을 알아보겠습니다.

 엑셀에서 지원하는 차트의 종류와 특징

차트의 종류	사례	특징
세로 막대형	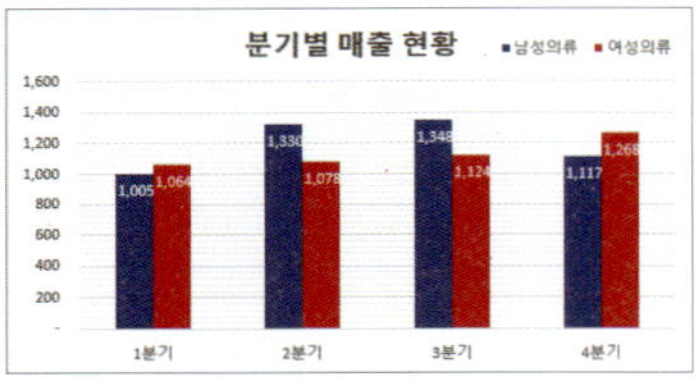 분기별 매출 현황	짧은 기간의 데이터 추세를 비교하거나 항목별 값을 비교할 때 사용합니다. [종류] 묶은 세로 막대형, 누적 세로 막대형, 100% 기준 누적 세로 막대형
꺾은선형	 2019년 예산규모	시간에 따른 데이터의 변화를 연속적으로 보여 줄 때 유용합니다. [종류] 표식이 있는 꺾은선형, 누적 꺾은선형, 100% 기준 누적 꺾은선형 등
원형	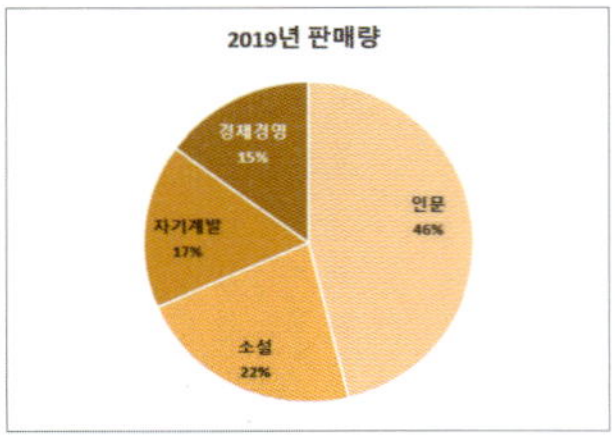 2019년 판매량	전체에서 각 항목이 차지하는 비율을 시각적으로 나타낼 때 적합합니다. [종류] 원형 대 원형, 원형 대 가로 막대형

도넛형		원형 차트처럼 전체 대비 항목의 비율을 나타낼 때 사용합니다. 중심이 비어 있어 시각적으로 구분하기 쉬우며 여러 계열의 데이터를 동시에 표현할 수 있습니다.
가로 막대형		개별 항목의 값을 비교할 때 사용합니다. 항목명이 길거나 값이 시간이나 기간일 때 유용합니다.
영역형		시간에 따른 데이터의 변화를 보여 주는 차트로 각 항목 값을 누적하여 전체 합계의 추세와 구성 비율을 함께 파악할 수 있습니다.
분산형		두 숫자 간의 상관관계를 시각화할 때 유용합니다. 주로 과학, 통계, 공학 분야의 데이터를 비교하거나 분석할 때 사용됩니다.
거품형		분산형 차트와 유사하지만 X축, Y축에 더해 거품의 크기로 세 번째 값을 함께 표현합니다. 3개의 값 집합을 비교할 때 유용합니다.
주식형		주가 변동처럼 시간에 따른 데이터의 범위나 분포를 나타낼 때 유용합니다. 일일 강우량, 연간 기온 변화 등에도 활용할 수 있습니다. 데이터를 정해진 순서대로 구성한 후 차트를 만들어야 합니다.
표면형		두 데이터 집합 간의 최적 조합을 찾을 때 유용한 차트입니다. 색이나 무늬는 동일한 값 범위에 속하는 영역을 시각적으로 구분해 줍니다.

방사형		데이터 간 상대적인 크기와 차이를 비교할 때 유용합니다. 예를 들어, 부서별 성과를 항목별로 분석하거나 제품 A와 B의 품질 요소(디자인, 내구성, 가격, 만족도 등)를 비교할 때 사용할 수 있습니다.
혼합 차트		값의 크기 차이가 큰 두 데이터를 효과적으로 비교할 때 사용합니다. 서로 다른 차트의 종류를 결합하고 보조 축을 함께 사용하여 가독성을 높이고자 할 때 유용합니다.
트리맵		계층 구조 데이터를 사각형으로 시각화해 항목 간의 상대적인 크기를 비교합니다. 많은 데이터를 한눈에 파악하고자 할 때 유용합니다(Excel 2016 이후 버전).
선버스트		계층 구조 데이터를 원형 고리 형태로 시각화합니다. 안쪽 고리가 상위 계층을 나타내며 각 계층의 구성과 관계를 직관적으로 파악할 수 있습니다(Excel 2016 이후 버전).
히스토그램		데이터를 구간별로 나누어 각 구간의 빈도수를 시각화합니다. 값의 분포나 패턴을 분석할 때 유용하며 통계 분석에 자주 사용됩니다(Excel 2016 이후 버전).

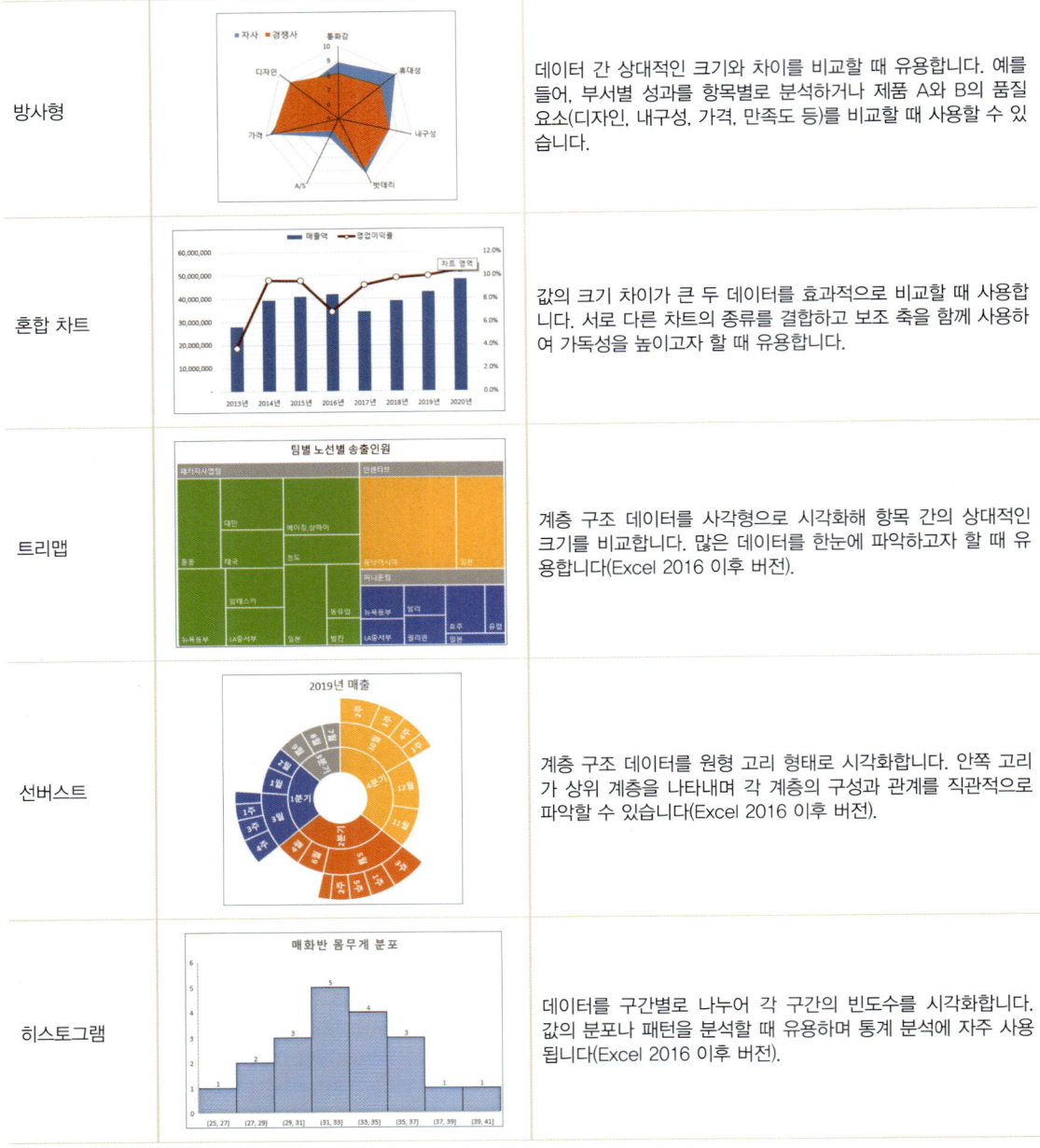

파레토		불량이나 고장 등의 항목을 발생 빈도가 높은 순서대로 나열하여 각 항목이 전체 문제에 미치는 영향을 쉽게 파악하고자 할 때 유용합니다(Excel 2016 이후 버전).
상자 수염		데이터의 분포를 사분위 수로 시각화하며 평균이나 이상 값도 함께 표시할 수 있습니다. 여러 데이터 집합 간의 분포, 중심, 퍼짐 정도를 비교하거나 이상 값을 탐색하고자 할 때 유용합니다 (Excel 2016 이후 버전).
폭포		양수 값과 음수 값을 누적하여 항목별 변화 과정을 시각화합니다. 재무 데이터처럼 금액의 증감 흐름을 한눈에 보고자 할 때 유용합니다(Excel 2016 이후 버전).
깔대기		프로세스의 각 단계를 순서대로 시각화하며 단계별 수치 감소를 한눈에 파악할 수 있습니다. 영업 파이프라인, 이탈률 분석 등에 유용합니다(Excel 2019 이후 버전).
지도 차트		국가, 지역, 시·군 등의 지리 정보를 기반으로 데이터를 시각화합니다. 지역별 분포나 비교를 표현할 때 유용합니다(Excel 2019 이후 버전).

 # 차트 작성 및 편집 방법 익히기

예제 파일 Sample\T06_차트.xlsx
완성 파일 Sample\T06_차트_완성.xlsx

> **키 워 드** 차트 작성, 차트 편집
> **길라잡이** [차트 작성] 시트를 사용하여 실습을 진행합니다.
> 데이터 범위를 선택한 후 전달하고자 하는 메시지에 맞는 차트 유형(비교, 구성, 분포, 관계, 추세 등)을 선택하여 삽입합니다. 이후 원하는 형태로 세부 편집하여 차트를 완성합니다.

차트를 삽입한 후 원하는 부분을 효율적으로 편집하기 위해서는 차트의 구성 요소를 이해하는 것이 중요합니다.

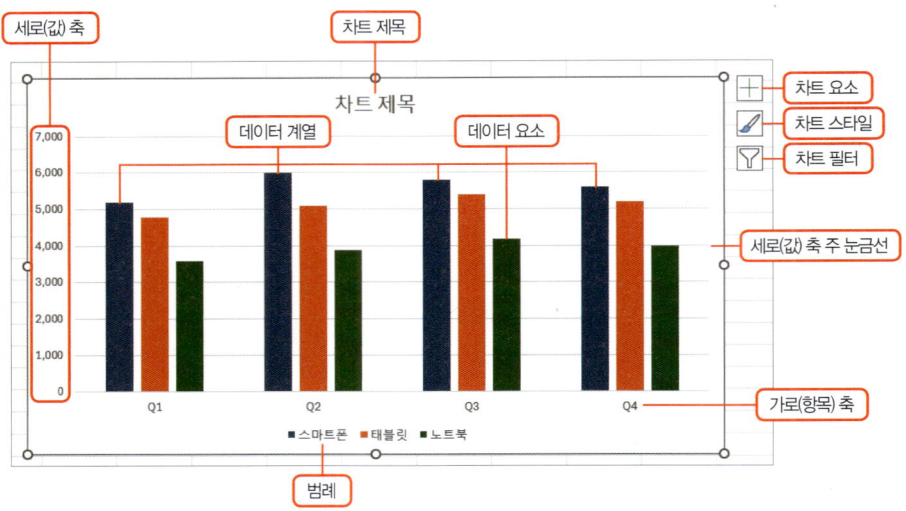

01 원하는 차트 삽입하기

차트를 작성하기 위해서는 ❶ 데이터 범위를 선택한 후 ❷ [삽입] 탭의 [차트]에서 원하는 차트 종류를 선택하여 삽입합니다.

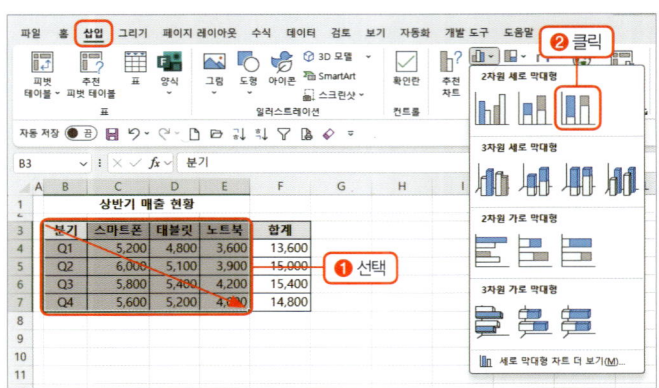

또는 ❶ 데이터 범위를 선택한 후 ❷ [빠른 분석 🔳]을 클릭하여 [차트] 탭에서 원하는 차트를 선택하여 삽입합니다.

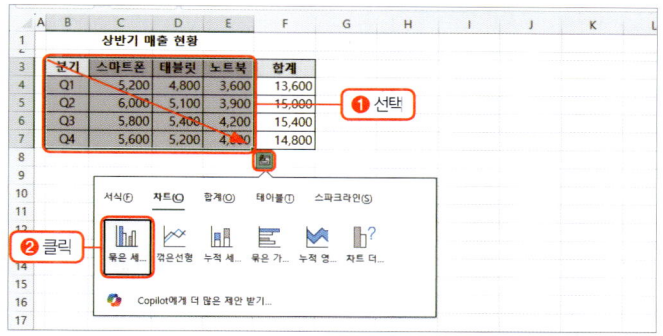

> TIP
> 데이터 범위를 선택한 후 Alt + F1 을 눌러 기본 차트를 삽입할 수도 있습니다.

02 데이터 범위 변경하기

삽입된 차트의 데이터 범위를 변경하려면 ❶ 차트를 선택한 후 ❷ 활성화된 데이터의 범위를 마우스로 드래그합니다.

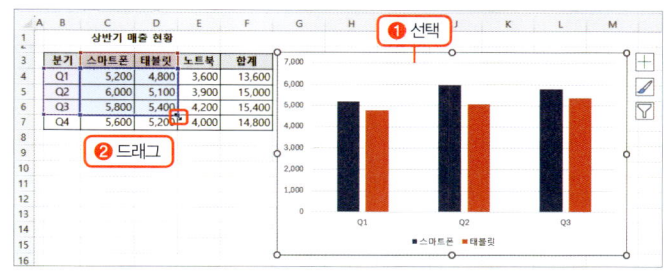

또는 ❶ 차트를 선택한 후 ❷ [차트 디자인] 탭의 [데이터] – [데이터 선택]을 클릭하면 표시되는 ❸ [데이터 원본 선택] 대화상자에서 범위를 변경합니다.

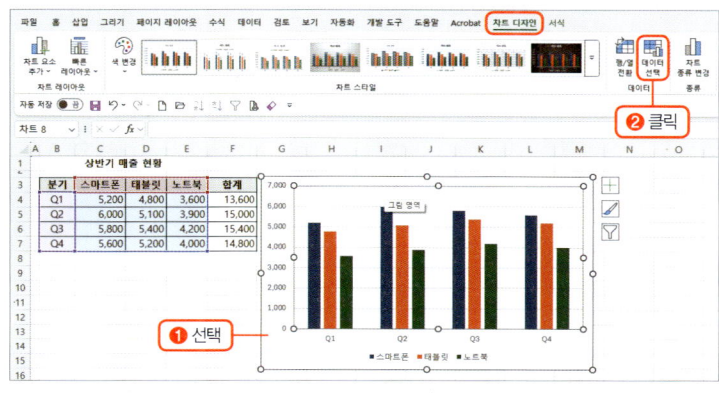
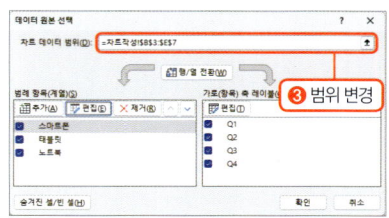

03 데이터 행/열 변경하기

차트에서 데이터의 행과 열을 변경하려면 ❶ 차트를 선택한 후 ❷ [차트 디자인] 탭의 [데이터] - [행/열 전환]을 클릭합니다.

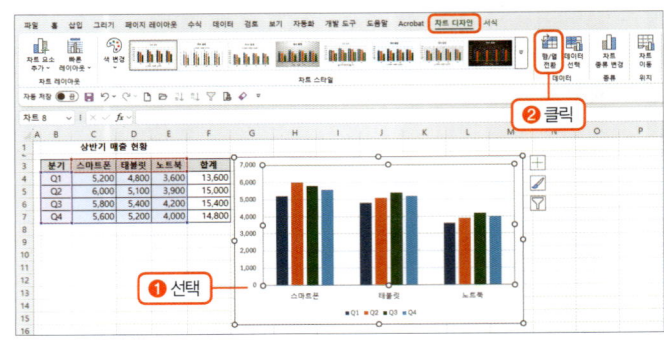

04 차트 종류 변경 및 차트 이동하기

완성된 차트의 종류를 변경하거나 위치를 이동하려면 ❶ 차트를 선택한 후 ❷ [차트 디자인] 탭의 [종류] - [차트 종류 변경] 또는 [차트 이동] 버튼을 클릭합니다.

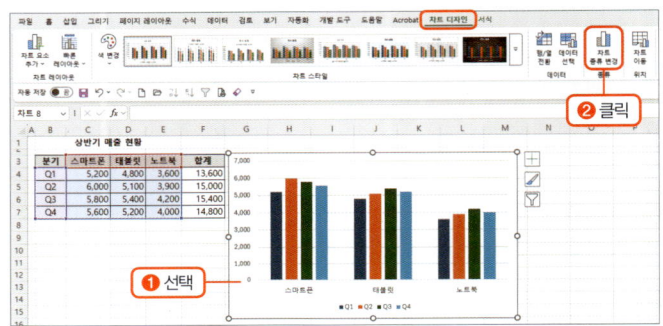

05 원하는 값만 필터링하기

차트의 데이터 계열 또는 범주에서 원하는 값만 필터링하여 차트로 나타낼 수 있습니다. 차트에서 ❶ [차트 필터(▽)] 버튼을 클릭한 후 ❷ 차트에 표시하고 싶지 않은 항목의 체크를 해제하고 ❸ [적용] 버튼을 클릭합니다.

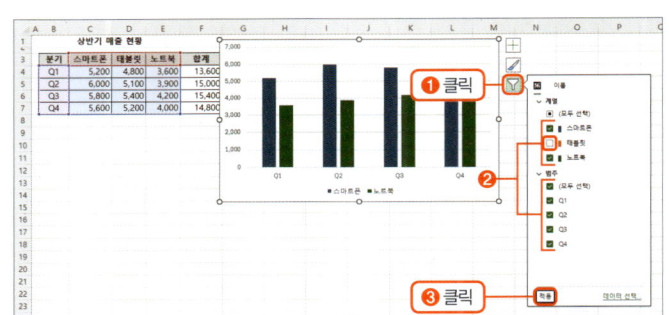

효과적인 차트 작성 원칙

- **단순성 유지**: 불필요한 요소를 제거하고 핵심 메시지에 집중합니다.
- **일관성 유지**: 동일한 보고서 내에서는 스타일과 색상 코드를 일관되게 적용합니다.
- **작은 다중 차트**: 복잡한 하나의 차트보다 간단한 여러 개의 차트가 효과적일 수 있습니다.

LESSON 02 실무에서 많이 사용하는 차트 작성

현업에서 많이 사용하는 비중, 비교, 추세, 맵, 계층 구조 등의 차트를 작성하면서 차트의 옵션과 편집하는 방법을 상세하게 알아보겠습니다.

 **작성할 차트 미리 보기**

차트의 종류	사례	특징
도넛형 차트		이커머스 시장 점유을 시각화
누적 세로 막대형 차트		월별로 건설 수주 현황을 시각화

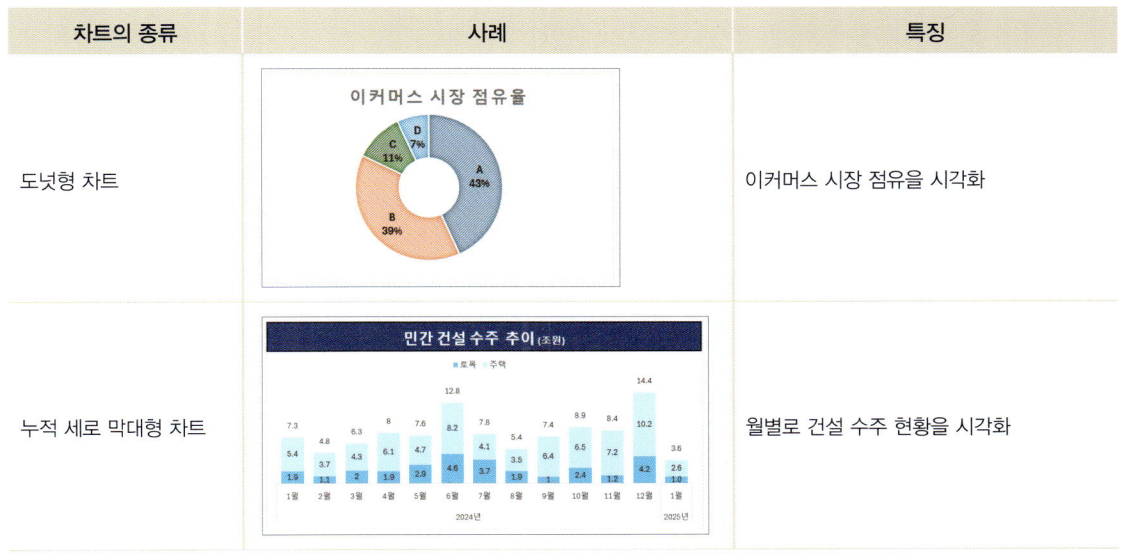

혼합형 차트	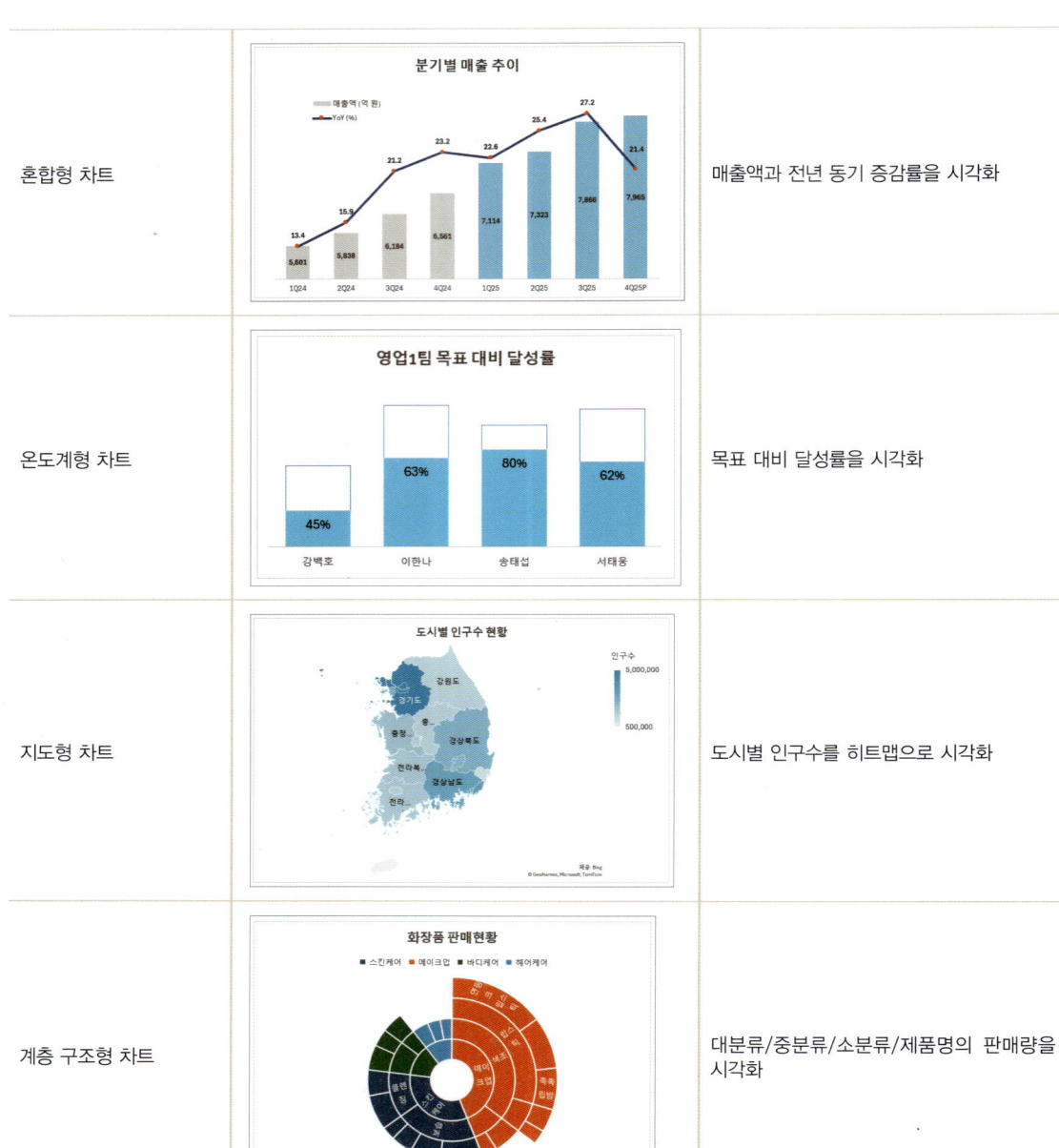	매출액과 전년 동기 증감률을 시각화
온도계형 차트		목표 대비 달성률을 시각화
지도형 차트		도시별 인구수를 히트맵으로 시각화
계층 구조형 차트		대분류/중분류/소분류/제품명의 판매량을 시각화

도넛 차트 – 이커머스 시장 점유율 드러내기

예제 파일 Sample\T06_차트.xlsx
완성 파일 Sample\T06_차트_완성.xlsx

키 워 드 도넛 차트
길라잡이 [도넛] 시트를 사용하여 실습을 진행합니다.
원형 또는 도넛 차트는 전체에서 각 항목이 차지하는 점유율을 효과적으로 보여 줄 때 주로 사용합니다. 이번에는 국내 이커머스 시장 점유율을 드러내는 차트를 삽입하거나 편집하는 과정을 단계별로 알아보겠습니다.

01 도넛 차트 삽입하기

❶ [A2:B6] 영역을 선택한 후 ❷ [삽입] 탭의 [차트] – [원형 또는 도넛형 차트 삽입] – [도넛형]을 클릭합니다.

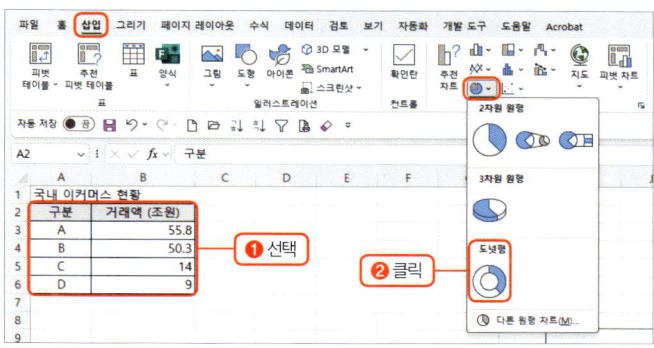

02 차트 스타일 변경하기

❶ 차트를 선택한 후 ❷ [차트 스타일] 버튼을 클릭하고 '스타일 2'를 선택합니다.

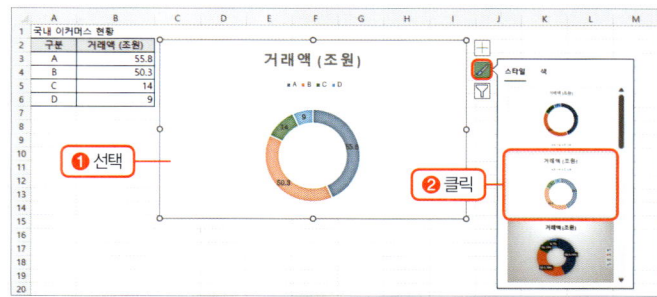

03 데이터 요소 구성 및 차트 제목 변경하기

❶ 차트를 선택한 후 ❷ [차트 요소(田)] 버튼을 클릭합니다. '데이터 레이블'을 체크한 후 '범례'를 해제하고 ❸ 차트 제목을 '이커머스 시장 점유율'로 수정합니다.

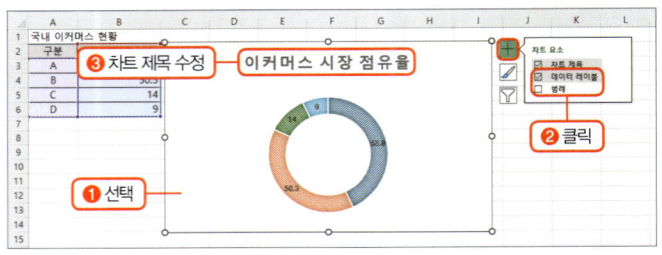

04 데이터 계열 서식 창 나타내기

❶ 데이터 계열 위에서 마우스 오른쪽 버튼을 클릭한 후 ❷ [데이터 계열 서식]을 클릭합니다.

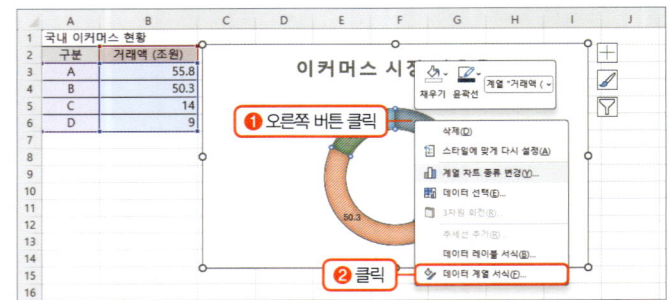

05 도넛 구멍 크기 설정

[데이터 계열 서식] 창에서 [계열 옵션]을 클릭한 후 '도넛 구멍 크기'를 「40%」로 지정합니다.

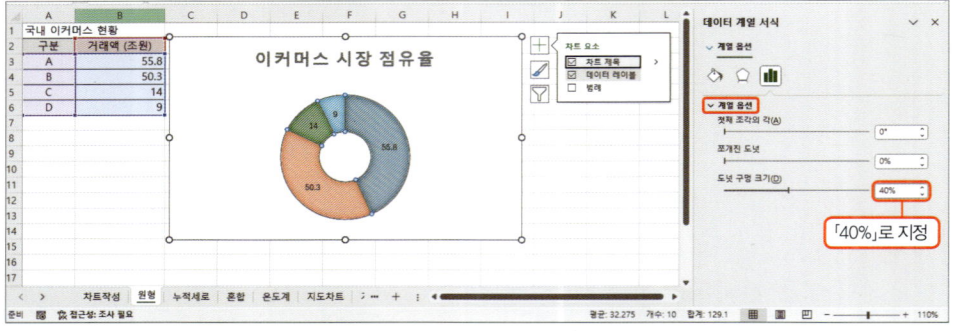

06 데이터 레이블 옵션 변경하기

❶ 데이터 레이블을 선택하면 [데이터 레이블 서식] 창으로 변경됩니다. ❷ [레이블 옵션] 버튼을 클릭한 후 ❸ '항목 이름', '백분율'을 체크하고 '값'을 해제합니다.

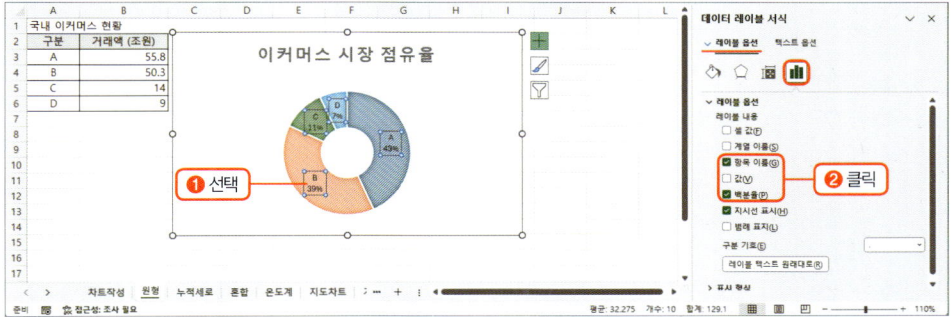

07 데이터 레이블의 글꼴 크기 변경하기

데이터 레이블이 선택된 상태에서 [홈] 탭의 [글꼴]에서 글꼴의 크기를 '12', 글꼴의 속성을 '굵게'로 지정한 후 차트 편집을 마무리합니다.

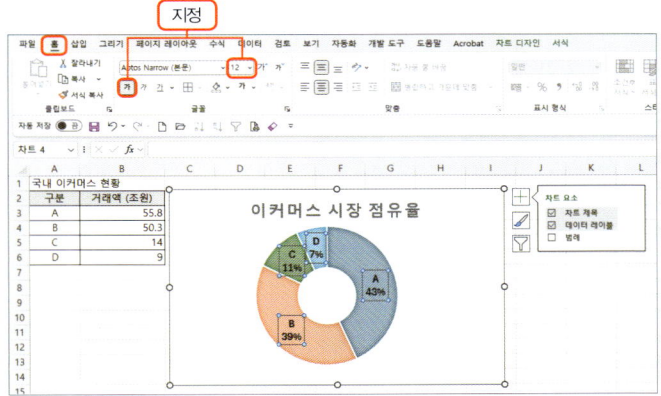

누적 막대형 – 건설 수주 현황 시각화
(누적 세로 막대에서 합계값 표시하기)

예제 파일 Sample\T06_차트.xlsx
완성 파일 Sample\T06_차트_완성.xlsx

키워드 누적 세로 막대
길라잡이 [누적 세로] 시트를 사용하여 실습을 진행합니다.
누적 세로 막대 차트는 전체에서 각 항목의 기여도를 시각적으로 드러내며 값의 크기를 비교하는 데 유용합니다. 민간 건설의 전체 수주현황 중 토목과 주택 부문의 기여도를 드러내는 차트를 작성하겠습니다. 또한 누적 세로 막대형은 기본적으로 전체 값의 크기를 표시하는 옵션이 없지만 트릭으로 전체 값의 크기를 드러내는 방법도 함께 알아보겠습니다.

01 혼합 차트 삽입하기

❶ [A2:N6] 영역을 선택한 후 ❷ [삽입] 탭의 [차트] – [추천 차트( )]를 클릭합니다.

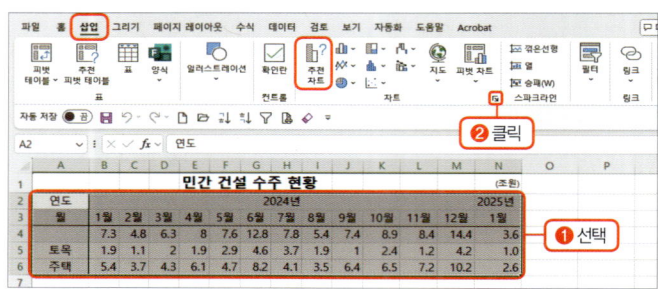

02 계열별로 차트 종류 선택하기

[차트 삽입] 대화상자가 열리면 ❶ [모든 차트] 탭을 클릭한 후 다음과 같이 ❷ 지정하고 ❸ [확인] 버튼을 클릭합니다. 이렇게 하는 이유는 합계값을 세로 막대형의 위에 표시하기 위한 것입니다.

- 합계: 꺾은선형
- 토목: 누적 세로 막대형
- 주택: 누적 세로 막대형

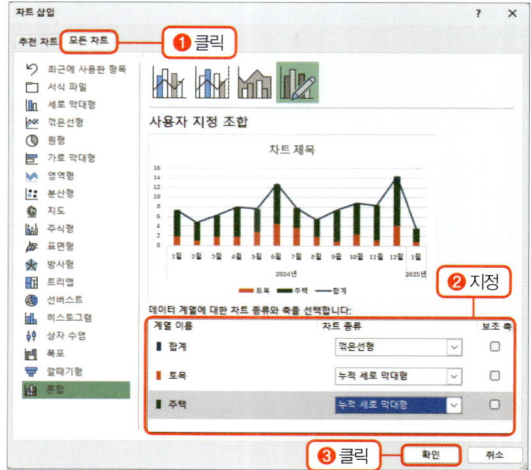

03 차트 요소 구성하기

❶ 차트를 선택한 후 ❷ [차트 요소(田)] 버튼을 클릭합니다. ❸ '데이터 레이블'을 체크하고 '눈금선'을 해제합니다.

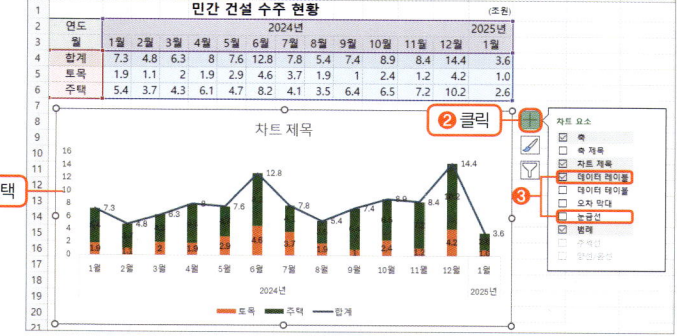

04 데이터 계열 간격 너비 조정하기

❶ '토목' 데이터를 계열을 선택한 후 ❷ Ctrl+1을 눌러 [데이터 계열 서식] 창을 나타냅니다. ❸ [계열 옵션(📊)] 버튼을 클릭한 후 ❹ '간격 너비'를 「40%」로 지정합니다.

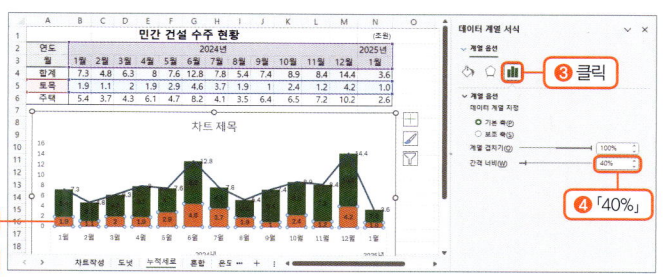

05 '토목' 데이터 계열 채우기 색 변경하기

❶ [채우기 및 선] 버튼을 클릭한 후 데이터 계열의 채우기 색을 ❷ 푸른색 계열의 색상으로 지정합니다.

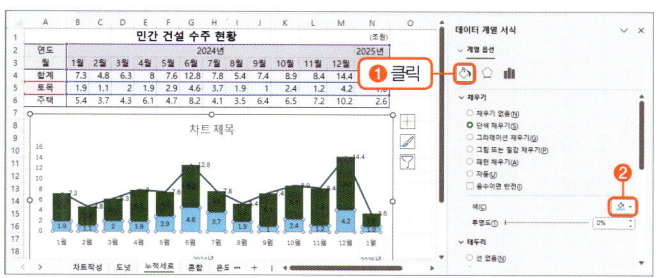

06 '주택' 데이터 계열 채우기 색 변경하기

❶ '주택' 계열을 선택한 후 [채우기 및 선(🖌)]에서 ❷ 채우기 색을 연한 푸른색 계열의 색상으로 지정합니다.

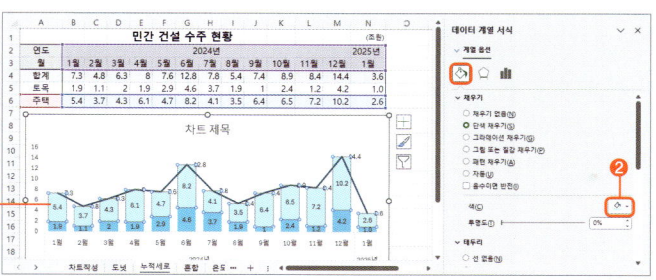

07 '합계' 계열의 선 색을 투명으로 하기

❶ '합계' 계열을 선택한 후 [채우기 및 선(🪣)]에서 ❷ 선 색을 '선 없음'으로 지정합니다.

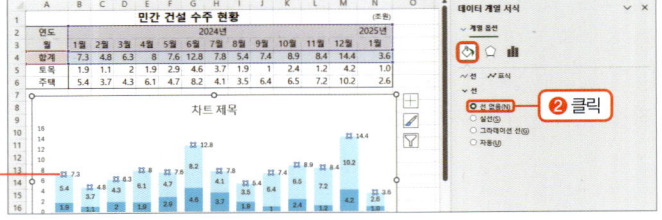

08 '합계' 데이터 레이블 위치 변경하기

❶ '합계' 데이터 레이블을 선택한 후 [데이터 레이블 서식] 창이 나타나면 ❷ [레이블 옵션(📊)] 버튼을 클릭하고 ❸ 레이블 위치를 '위쪽'으로 선택합니다.

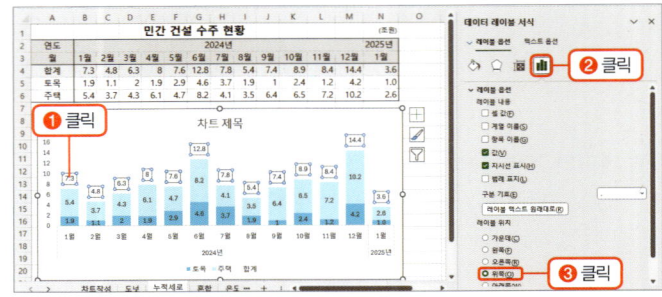

09 범례 위치 이동하기

❶ '범례'를 선택한 후 [범례 서식] 창이 나타나면 ❷ [범례 옵션(📊)] 버튼을 클릭하고 ❸ 범례 위치를 '위쪽'으로 선택합니다.

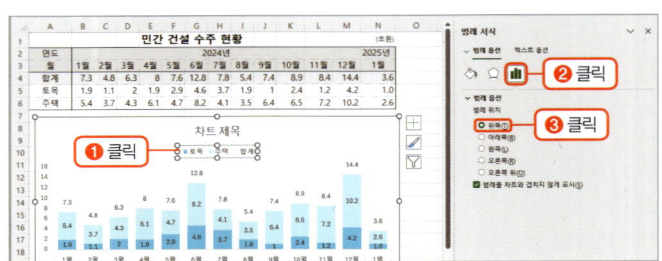

10 세로(값) 축 제거하고 차트 제목 추가하기

차트를 단순화하기 위하여 ❶ '세로(값) 축'을 선택한 후 Delete 를 눌러 제거합니다. 차트의 제목을 보기 좋게 입력하기 위하여 사각형 도형에 입력하겠습니다. 차트가 선택된 상태에서 ❷ [삽입] 탭의 [일러스트레이션] - [도형] - [사각형]을 선택합니다.

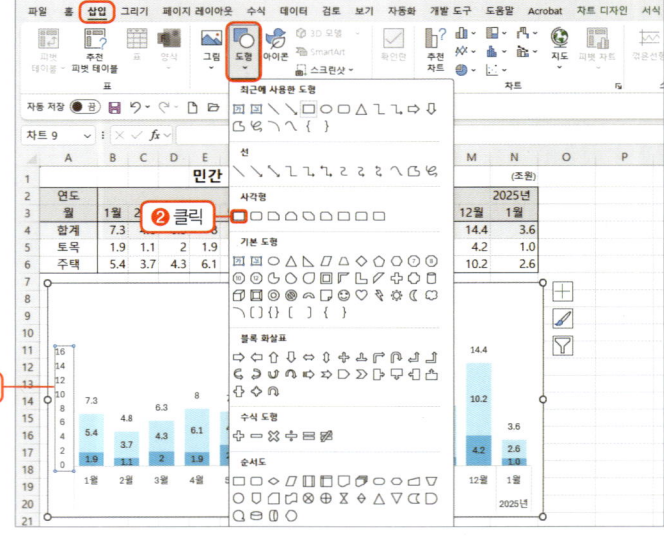

11 차트 제목 입력하고 글꼴 편집하기

❶ 사각형 도형을 차트 위쪽에 드래그하여 그린 후 차트 제목을 입력합니다. ❷ 사각형을 선택한 후 ❸ [홈] 탭의 [글꼴]에서 글꼴 크기, 굵게 속성 등을 지정합니다.

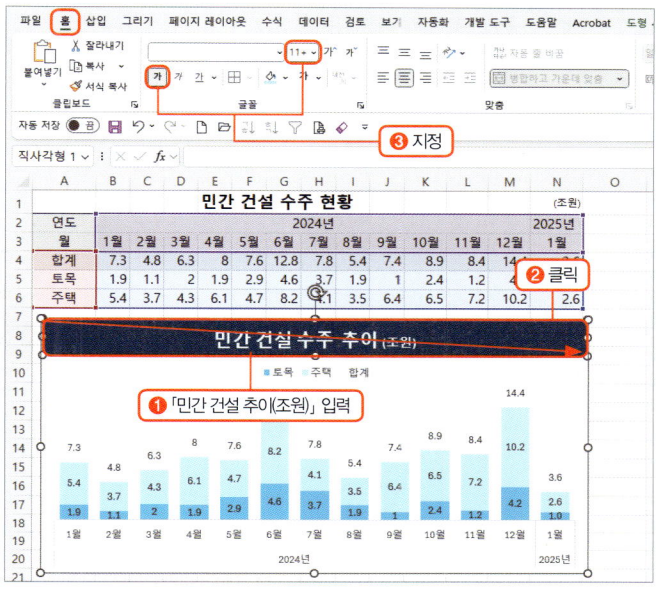

12 범례 편집하기

차트 범례에서 '합계'는 나타나지 않아야 하므로 [A4] 셀의 '합계'값을 Delete 를 눌러 지웁니다.

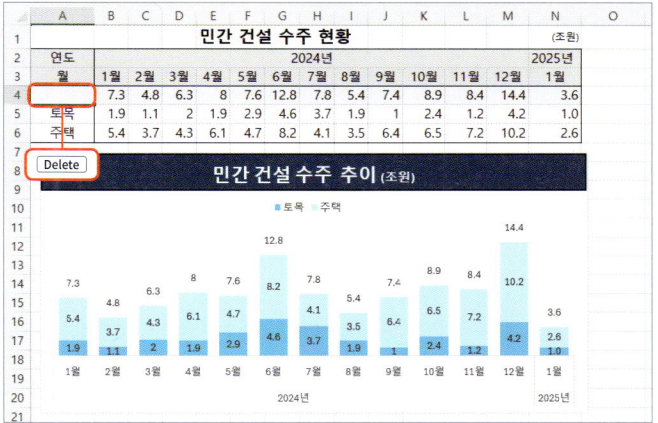

혼합 차트 – 매출과 YoY의 추세 나타내기

예제 파일 Sample\T06_차트.xlsx
완성 파일 Sample\T06_차트_완성.xlsx

> **키 워 드** 혼합 차트
> **길라잡이** [혼합] 시트를 사용하여 실습을 진행합니다.
> 혼합 차트는 값의 크기 및 종류가 다를 경우 이를 효과적으로 비교할 때 유용합니다. 이번에는 분기별 매출 현황과 전년 동기 증감률(YoY)을 막대형과 꺾은선의 혼합 차트로 표현하고 보조축을 활용하는 방법을 단계별로 알아보겠습니다.

01 혼합 차트 삽입하기

① [A3:I5] 영역을 선택한 후 ② [삽입] 탭의 [차트]에서 [추천 차트(📊)] 버튼을 클릭합니다.

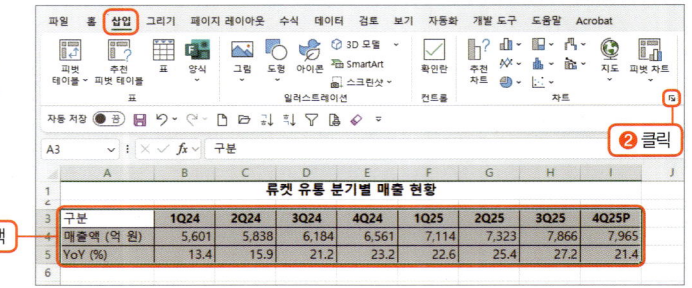

02 계열별 차트 지정하기

[차트 삽입] 대화상자가 열리면 ① [모든 차트] 탭을 클릭한 후 ② '매출액'을 묶은 세로 막대형으로, ③ 'YoY'를 표식이 있는 꺾은선형으로 지정하고 ④ [확인] 버튼을 클릭합니다.

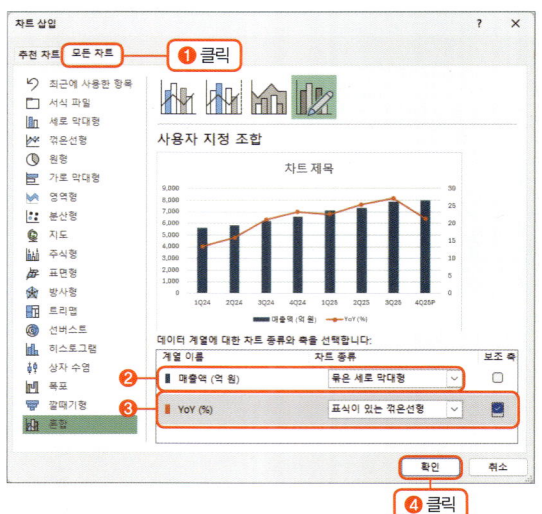

03 차트 요소 구성하기

❶ 차트를 선택한 후 ❷ [차트 요소(＋)] 버튼을 클릭하고 ❸ '데이터 레이블'에 체크를 한 다음 '눈금선'의 체크를 해제합니다.

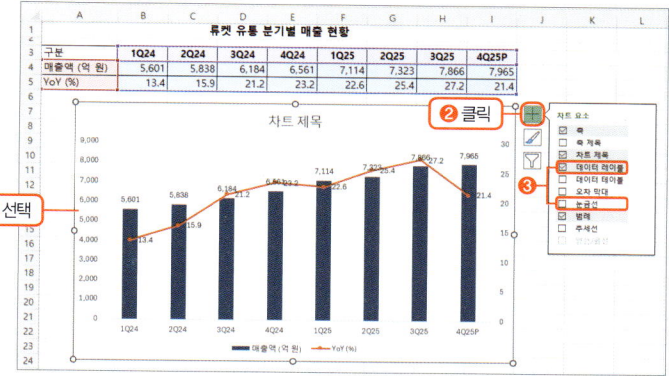

04 축 서식 지정하기

❶ 세로(값) 축을 선택한 후 단축키 Ctrl + 1을 눌러 [축 서식] 창을 나타냅니다.
❷ [축 옵션] 버튼을 클릭한 후 ❸ '최소값'은 「5000」, ❹ '레이블 위치'는 「없음」을 선택합니다.

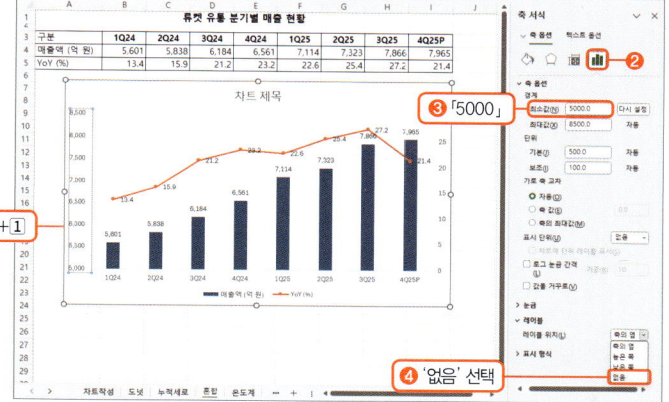

05 보조 세로(값) 축 서식 지정하기

❶ 보조 세로(값) 축을 선택한 후 [축 옵션]에서 ❷ '최소값'은 「10」, ❸ '레이블 위치'는 「없음」을 선택합니다.

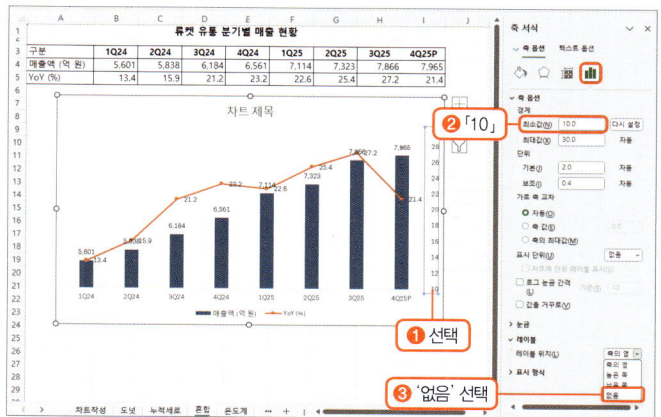

06 데이터 계열 간 간격 조정하기

❶ '매출액(억 원)' 데이터 계열을 선택한 후 [계열 옵션(📊)]에서 ❷ '간격 너비'를 「100%」로 지정합니다.

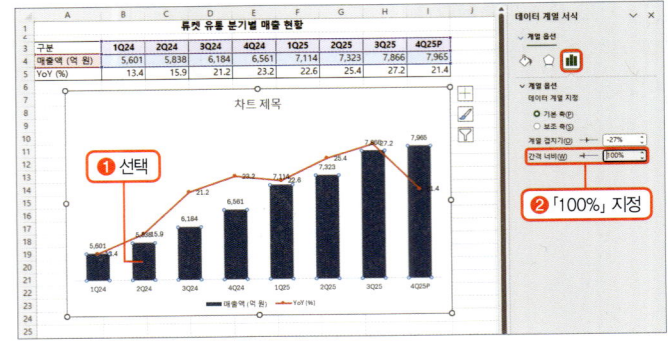

07 데이터 레이블 위치 이동하기

❶ '매출액(억 원)' 데이터 레이블을 선택한 후 [레이블 옵션(📊)]에서 ❷ 레이블 위치를 '가운데'로 선택합니다.

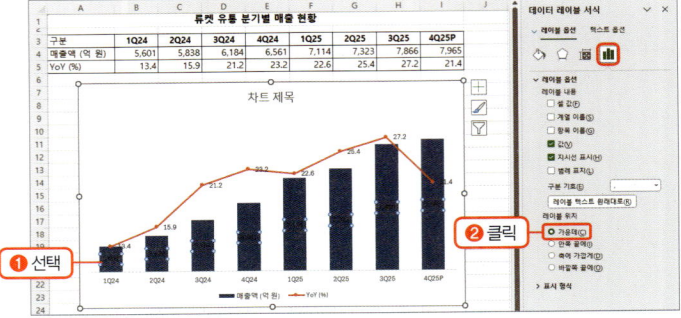

08 데이터 레이블 위치 이동하기

❶ 'YoY(%)' 데이터 레이블을 선택한 후 [레이블 옵션(📊)]에서 ❷ 레이블 위치를 '위쪽'으로 선택합니다.

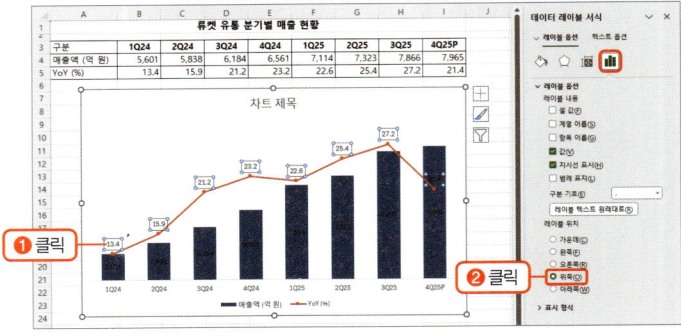

09 데이터 계열 색상 변경하기

❶ '매출액(억 원)' 데이터 계열을 선택한 후 [채우기 및 선(⬧)]에서 ❷ '회색' 계열 색상을 지정합니다.

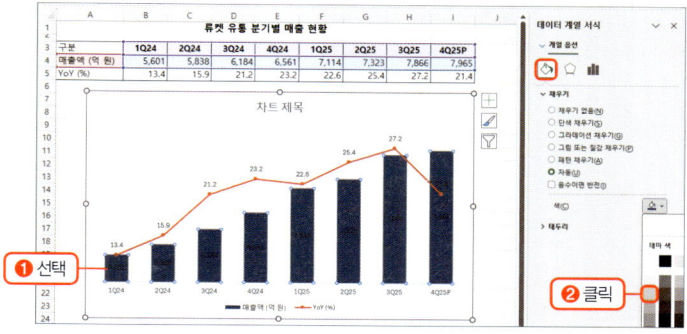

10 데이터 요소 서식 변경하기

❶ '매출액(억 원)' 데이터 계열 중 '1Q25' 요소를 한번 클릭합니다. 하나의 데이터 요소만 선택되었으면 [채우기 및 선(⬧)]에서 ❷ '하늘색' 계열 색상을 지정합니다.

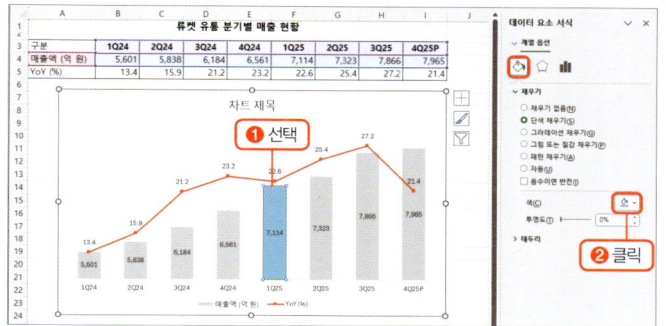

11 25년 데이터 요소 서식 모두 변경하기

❶ '2Q25' 데이터 요소를 선택한 후 F4를 누릅니다. 그러면 데이터 요소의 색상이 10에서 지정한 색상으로 변경됩니다. ❷ 나머지 데이터 요소도 같은 방법으로 '데이터 요소 선택 + F4 누름'을 각각 실행하여 2025년 막대의 색상을 모두 변경합니다.

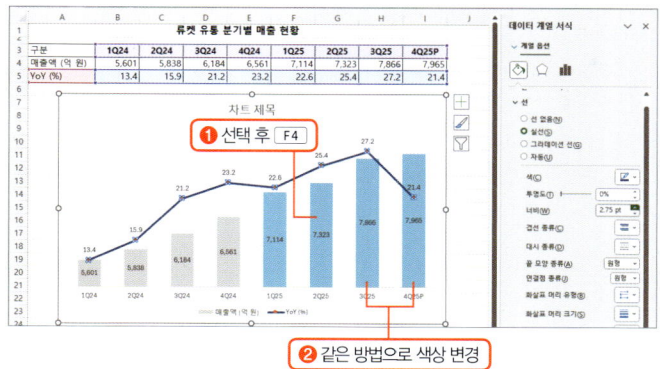

12 범례 위치 이동하기

❶ '범례'를 선택한 후 [범례 옵션(📊)]에서 ❷ 범례 위치를 '왼쪽'으로 선택합니다.

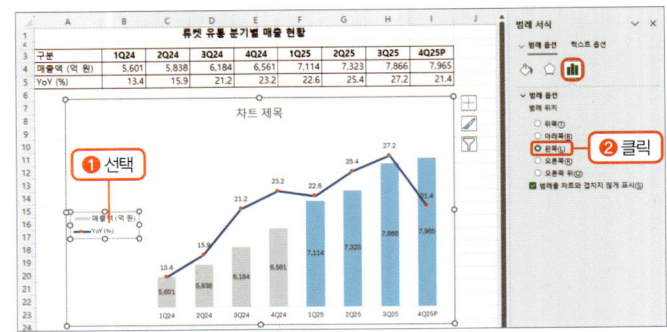

13 차트 제목 변경 및 완성하기

❶ 차트 제목을 수정한 후 ❷ 범례를 마우스로 드래그하여 제목 가까이로 이동합니다. ❸ 그런 다음 그림 영역의 조절점을 드래그하여 그림 영역의 크기를 보기 좋게 조정하여 완성합니다.

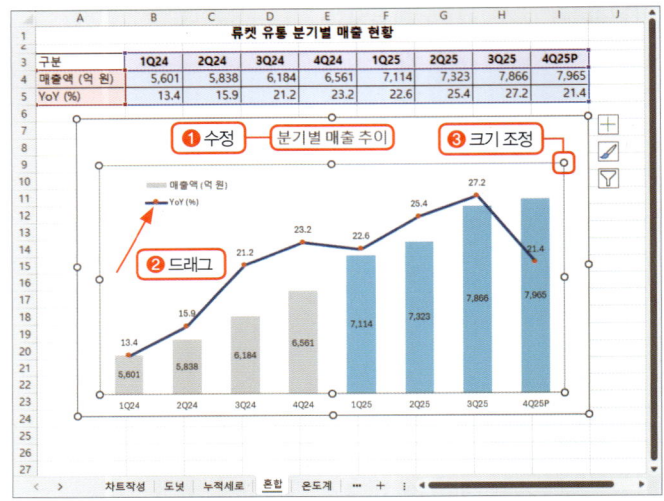

온도계 차트 – 목표 대비 달성률 드러내기

예제 파일 Sample\T06_차트.xlsx
완성 파일 Sample\T06_차트_완성.xlsx

키 워 드 묶은 세로 막대형 차트, 온도계 차트
길라잡이 [온도계] 시트를 사용하여 실습을 진행합니다.
묶은 세로 막대형 차트를 활용하여 목표 대비 달성률을 시각적으로 표현하는 '온도계 차트'를 만드는 방법을 알아보겠습니다.

01 묶은 세로 막대형 차트 삽입하기

❶ [A3:D6] 영역을 선택한 후 ❷ [삽입] 탭의 [차트] – [세로 또는 가로 막대형 차트 삽입] – [묶은 세로 막대형]을 클릭합니다.

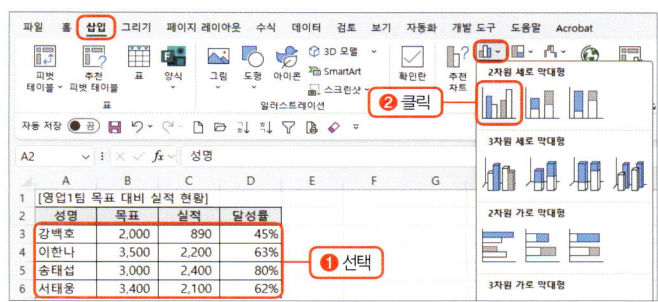

02 차트 요소 구성 및 데이터 계열 서식 지정

차트를 단순화하기 위해 ❶ '세로(값) 축', '세로(값) 축 주 눈금선', '범례'를 하나씩 선택한 후 Delete 를 눌러 삭제합니다. 그런 다음 ❷ 차트 제목을 수정하고 ❸ 데이터 계열을 선택한 다음 Ctrl + 1 을 누릅니다. [데이터 계열 서식] 창이 열리면 ❹ [계열 옵션] 버튼을 클릭한 후 ❺ '계열 겹치기'를 「100%」, '간격 너비'를 「50%」로 지정합니다.

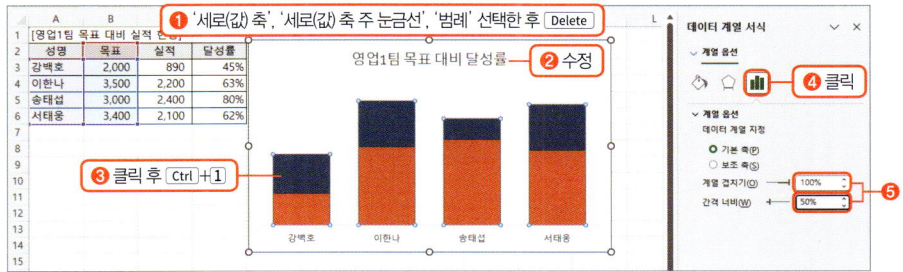

03 '실적' 데이터 계열의 [채우기] 및 [윤곽선] 색상 변경하기

❶ '실적' 데이터 계열에서 마우스 오른쪽 버튼을 클릭한 후 ❷ [채우기]와 [윤곽선]의 색상을 파란색 계열로 지정합니다.

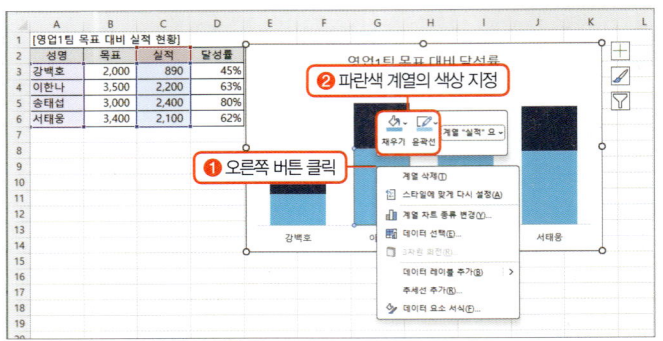

04 '목표' 데이터 계열의 [채우기] 및 [윤곽선] 색상 변경하기

❶ '목표' 데이터 계열에서 마우스 오른쪽 버튼을 클릭한 후 ❷ [채우기]의 색상을 '흰색', [윤곽선]의 색상을 '파란색' 계열로 지정합니다.

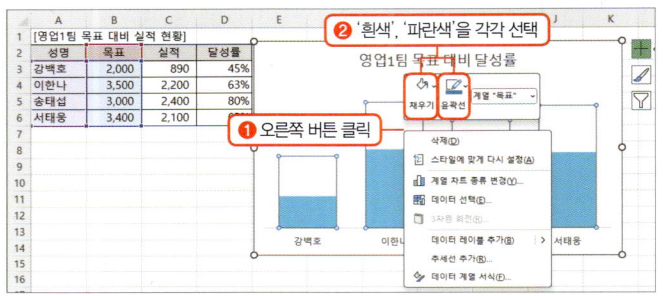

05 '실적' 데이터 계열에 데이터 레이블 추가하기

❶ '실적' 데이터 계열에서 마우스 오른쪽 버튼을 클릭한 후 ❷ [데이터 레이블 추가] - [데이터 레이블 추가]를 클릭합니다.

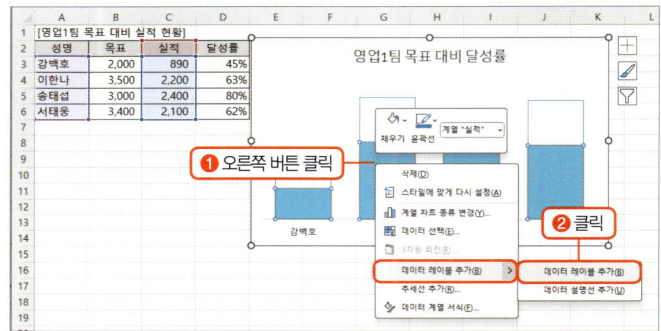

06 레이블 내용을 달성률로 변경하기

① '실적' 데이터 레이블을 선택한 후 [레이블 옵션(📊)]에서 ② 레이블 위치를 '안쪽 끝에'로 선택합니다. ③ 레이블 내용에서 '값'을 해제하고 '셀 값'에 체크하면 [데이터 레이블 범위] 대화상자가 열립니다. ④ 대화상자에서 [D3:D6] 영역을 선택한 후 ⑤ [확인] 버튼을 클릭합니다.

※ 데이터 레이블에서 셀의 값을 직접 지정하는 것은 Excel 2013 이후 버전부터 가능합니다.

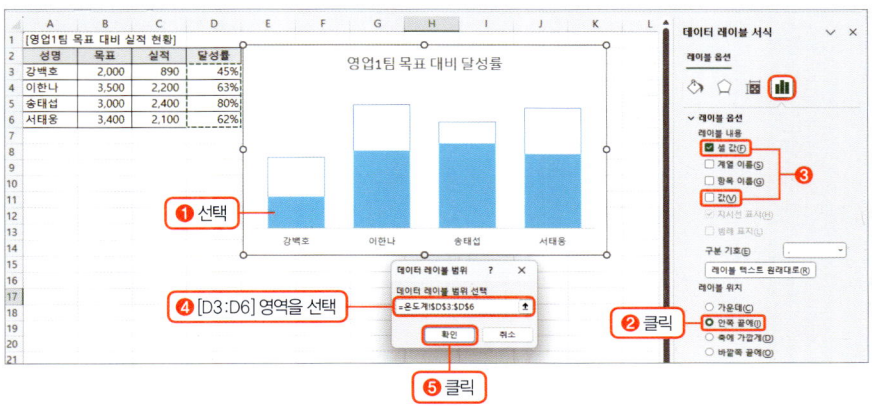

07 달성률 레이블의 글꼴 크기 변경하기

① 달성률 레이블을 선택한 후 ② [홈] 탭의 [글꼴]에서 글꼴 크기를 지정하여 차트를 완성합니다.

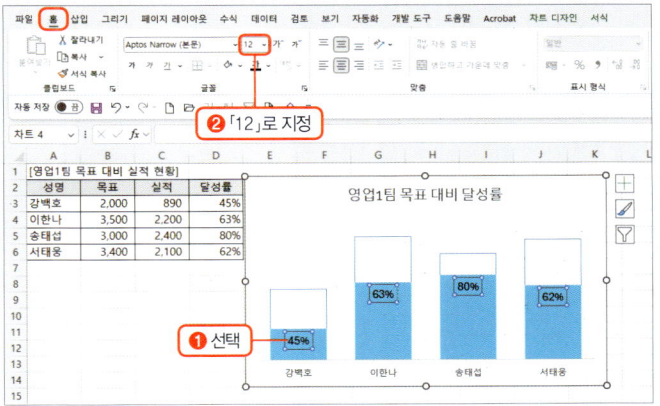

지도 차트 – 지도에 도시별 인구수를 히트맵으로 나타내기

예제 파일 Sample\T06_차트.xlsx
완성 파일 Sample\T06_차트_완성.xlsx

키 워 드 지도 차트
길라잡이 [지도 차트] 시트를 사용하여 실습을 진행합니다.
지도 차트는 지리적인 데이터를 시각화할 때 유용한 도구로 국가, 도시 등 위치 기반 데이터를 지도 위에 색상이나 패턴으로 표현하는 차트입니다. 이를 통해 지역별 값의 분포 등을 한눈에 파악할 수 있습니다. 이번 실습에는 도시별 인구수를 지도 차트에 히트맵으로 나타내는 방법을 알아보겠습니다.

01 지도 차트 삽입하기

❶ [A1:C17] 영역을 선택한 후 ❷ [삽입] 탭의 [차트] – [지도] – [등차 지역도]를 클릭합니다.

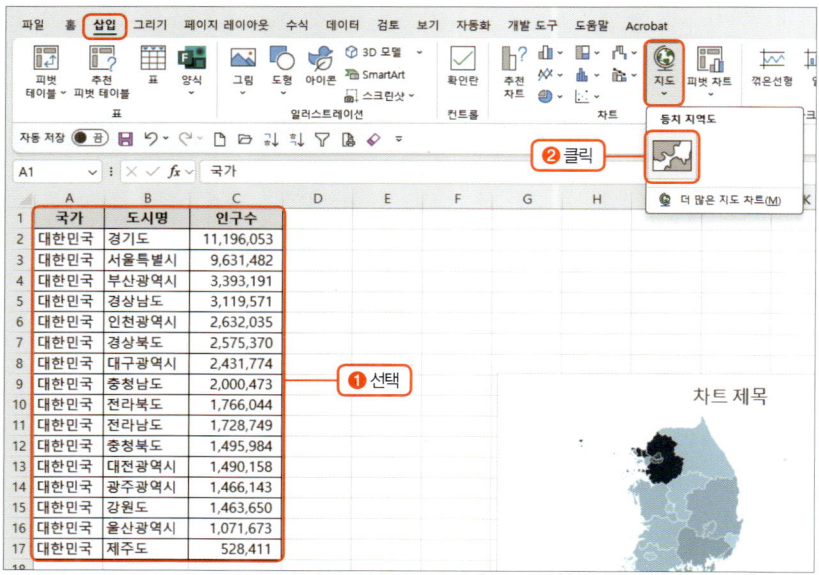

352 Theme 06 _ 데이터를 시각화하는 차트

02 계열별 데이터 색상 지정하기

❶ 데이터 계열을 선택한 후 Ctrl+1을 누릅니다. [데이터 계열 서식] 창이 열리면 ❷ '지도 레이블'은 모두 표시, '계열 색'은 '순차(2색)'로 지정합니다. 실제 인구수는 제주도가 500,000으로 가장 적고 경기도가 11,196,053으로 가장 많으므로 ❸ 최소값과 최대값을 다음과 같이 지정하여 인구수에 따른 색상의 농도가 잘 드러나도록 편집합니다.

- **최소값**: 500000
- **최대값**: 5000000

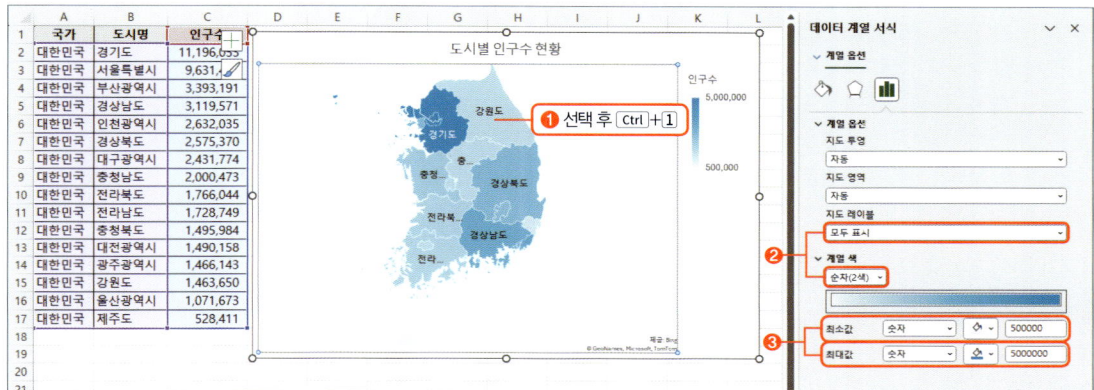

계층 구조형 차트 – 대분류/중분류/소분류/제품명의 판매량을 시각화

예제 파일 Sample\T06_차트.xlsx
완성 파일 Sample\T06_차트_완성.xlsx

키 워 드 트리맵, 선버스트
길라잡이 [계층 구조 차트] 시트를 사용하여 실습을 진행합니다.
계층 구조형 차트는 데이터가 여러 계층으로 구분되는 구조일 때 그 관계를 시각적으로 표현하는 데 유용합니다. 이번에는 대분류, 중분류, 소분류, 제품명 형식으로 계층적으로 구성된 데이터를 트리맵 차트로 작성하고 이를 선버스트 차트로 변환하는 과정을 통해 두 차트의 특징과 활용 방법을 알아보겠습니다.

01 트리맵 차트 삽입하기

[A2:E20] 영역을 선택한 후 [삽입] 탭의 [차트] – [계층 구조 차트 삽입] – [트리맵]을 클릭합니다.
트리맵 차트는 판매 수량이 큰 순서대로 자동 정렬되어 나타나므로 메이크업 → 스킨케어 → 바디케어 → 헤어케어 순으로 많이 판매되었다는 것을 알 수 있습니다. 트리맵은 주로 2단계(예 대분류-소분류)까지의 계층만 표현하며 좀 더 복잡한 계층 구조에는 적합하지 않습니다.

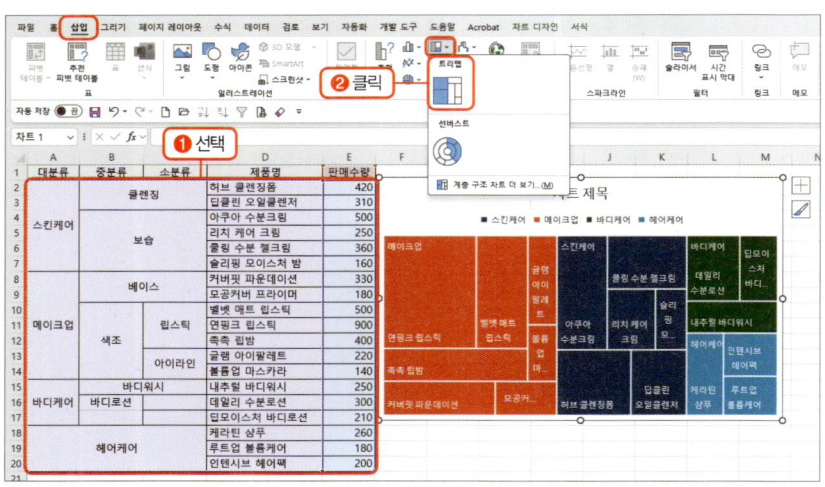

02 차트 변경하기

❶ 차트 영역 위에서 마우스 오른쪽 버튼을 클릭한 후 ❷ [차트 종류 변경]을 클릭합니다.

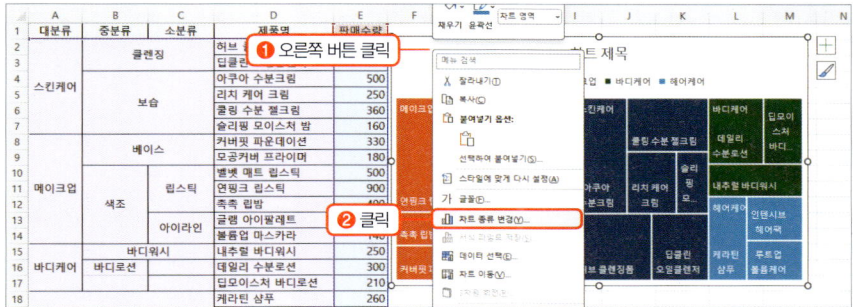

03 선버스트 차트로 변경하기

[차트 종류 변경] 대화상자가 열리면 ❶ [모든 차트] 탭을 클릭한 후 ❷ [선버스트]를 선택하고 ❸ [확인] 버튼을 클릭합니다.

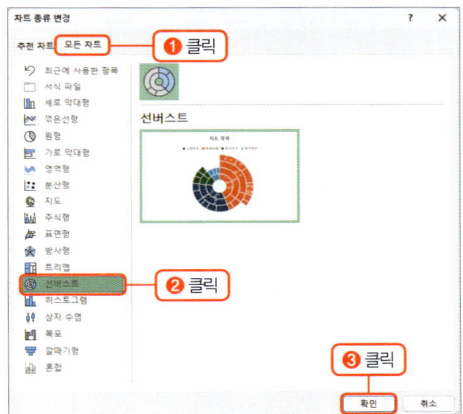

04 선버스트 차트 확인 및 완성하기

선버스트는 여러 단계(2단계 이상)의 계층 구조를 동심원 형태로 시각화합니다. 중앙이 '최상위 계층', 바깥쪽 고리가 '하위 계층'입니다. 선버스트는 대분류 → 중분류 → 소분류 등 3단계 이상의 계층 구조를 가진 데이터에서 계층별 분포와 구조를 함께 보여 주고 싶을 때 적합합니다.

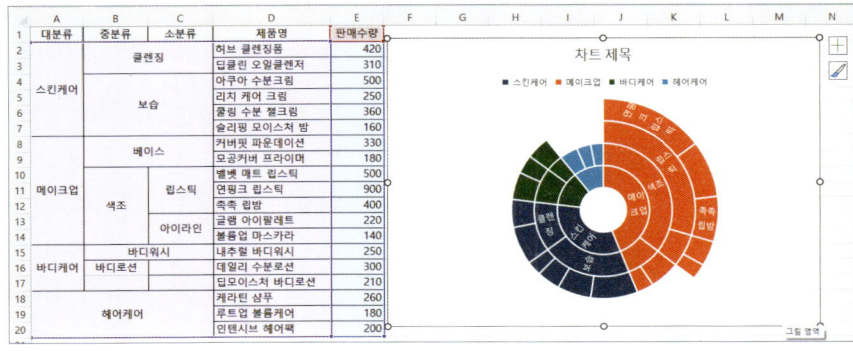

스파크라인 – 상반기 성과를 추세와 승패로 드러내기

예제 파일 Sample\T06_차트.xlsx
완성 파일 Sample\T06_차트_완성.xlsx

> **키 워 드** 스파크라인
> **길라잡이** [스파크라인] 시트를 사용하여 실습을 진행합니다.
> 스파크라인은 셀 안에 삽입되는 작은 차트로, 데이터의 변화 추세나 패턴을 간결하게 시각화할 때 적합합니다. 표 옆에 작은 그래프를 추가해 가독성을 높이고 복잡한 차트 대신 정보를 간단하게 표현할 수 있는 특징이 있습니다. 이번에는 상반기 실적표에 데이터 추세와 목표 달성 여부를 나타내는 승패를 스파크라인을 이용하여 시각화하는 방법을 단계별로 알아보겠습니다.

01 스파크라인 삽입하기

월별 추세를 드러내기 위해 ❶ [N4:N7] 영역을 선택한 후 ❷ [삽입] 탭의 [스파크라인] – [꺾은선형]을 클릭합니다.

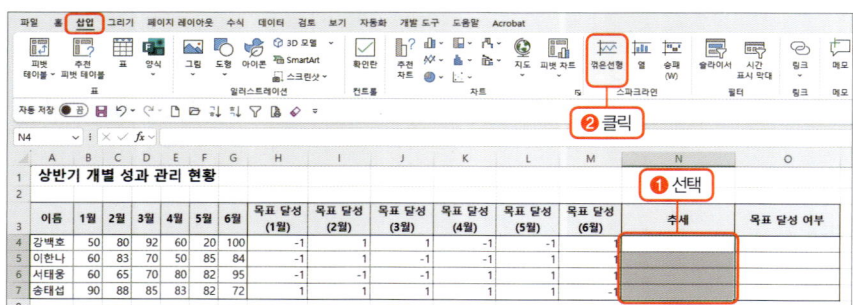

02 데이터 범위 선택하기

[스파크라인 만들기] 대화상자가 열리면 데이터의 범위에서 ❶ [B4:G7] 영역을 선택한 후 ❷ [확인] 버튼을 클릭합니다.

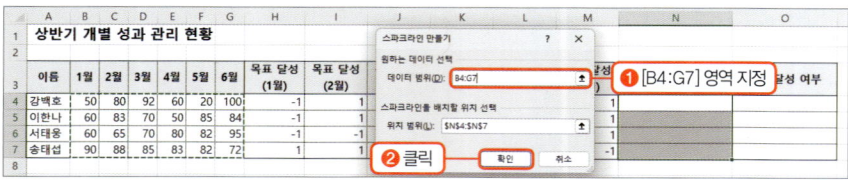

03 '표식' 표시하기

[스파크라인] 탭의 [표시] - [표식]에 체크를 하여 월별 추세에 표식이 나타나도록 합니다.

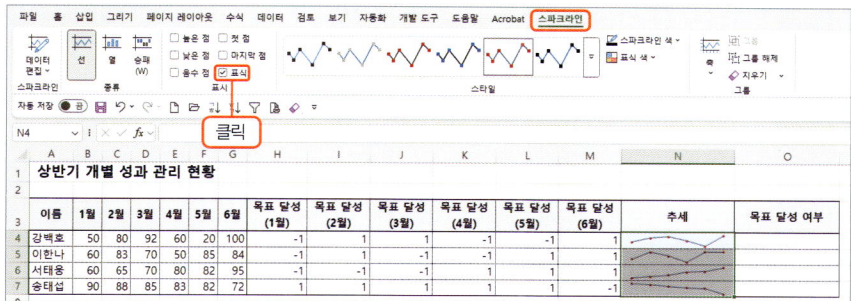

04 목표 달성 여부를 승패로 나타내기

❶ [O4:O7] 영역을 선택한 후 ❷ [삽입] 탭의 [스파크라인] - [승패]를 클릭합니다.

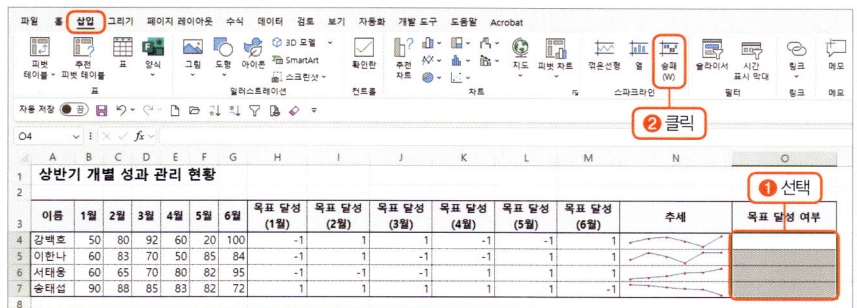

05 데이터의 범위 선택하기

[스파크라인 만들기] 대화상자가 열리면 ❶ 데이터의 범위에서 [H4:M7] 영역을 선택한 후 ❷ [확인] 버튼을 클릭합니다.

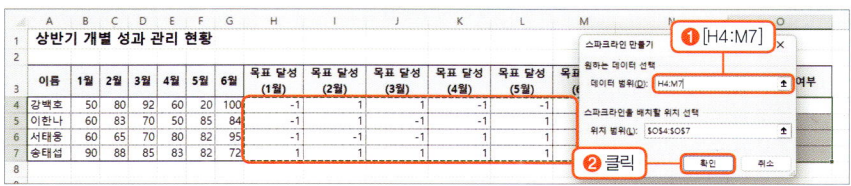

[H4:M7] 범위에는 목표 달성 여부 수식을 입력해 두었습니다. 80 이상이면 1, 그렇지 않으면 -1을 반환하는 수식입니다. 이는 승패 스파크라인은 양수와 음수에 따라 승패 그래프를 표시하기 때문입니다.

06 목표 달성 여부 열 숨기기

보고서를 깔끔하게 표시하기 위하여 [H:M] 열을 열 숨기기하겠습니다. ① [H:M] 열 머리글을 선택한 후 마우스 오른쪽 버튼을 클릭한 후 ② [숨기기]를 클릭합니다.

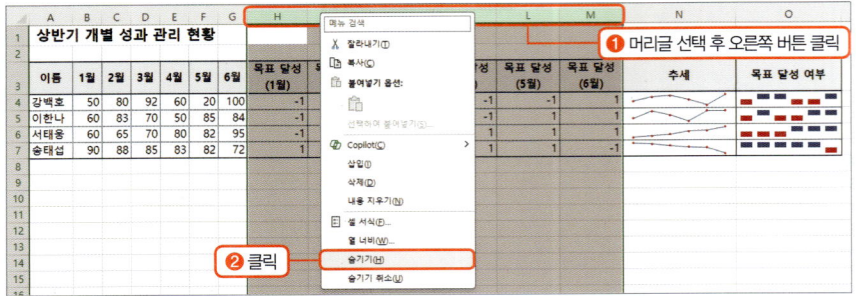

07 숨겨진 셀 표시하는 옵션 열기

기본적으로 스파크라인은 숨겨진 데이터나 필터링된 데이터를 표시하지 않습니다. 표시 여부를 선택하려면 [스파크라인] 탭의 [스파크라인] - [데이터 편집] - [숨겨진 셀/빈 셀]을 클릭합니다.

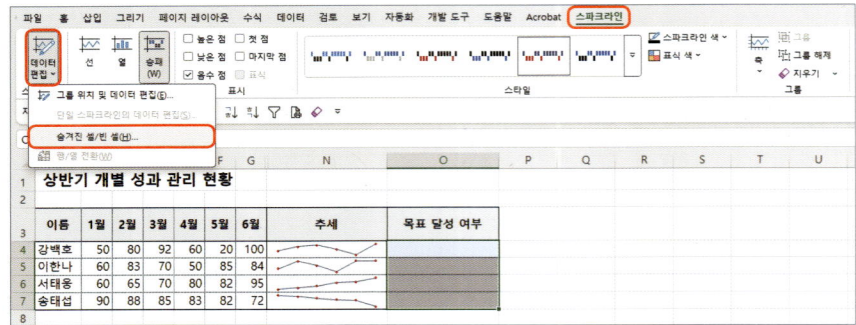

08 숨겨진 셀 표시하기

[숨겨진 셀/빈 셀 설정] 대화상자가 열리면 ① '숨겨진 행 및 열에 데이터 표시'에 체크를 한 후 ② [확인] 버튼을 클릭합니다.

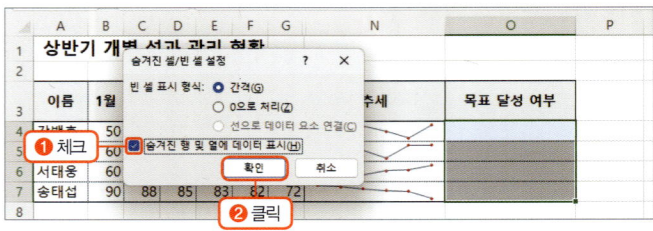

09 완성하기

추세와 승패 스파크라인이 완성됩니다.

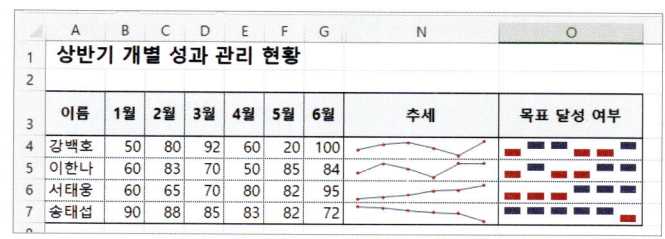

10 스파크라인 삭제하기

만약 작성한 스파크라인을 삭제하려면 ❶ 스파크라인을 선택한 후 ❷ [스파크라인] 탭의 [그룹] – [지우기] – [선택한 스파크라인 지우기]를 선택합니다.

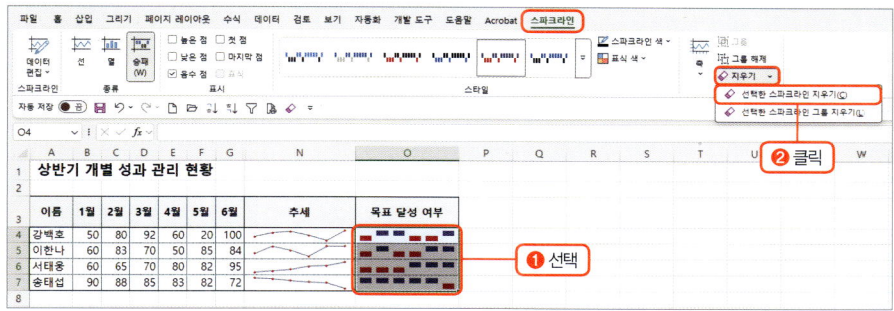

EXCEL 2024

이번 테마에서는 고급 필터로 원하는 조건의 데이터를 정확히 추출하고 부분합과 윤곽선으로 구조화된 정보를 빠르게 요약합니다. 피벗 테이블을 활용해 대량 데이터를 직관적이고 유연하게 분석합니다. 또한 시나리오 분석과 목표값 찾기 같은 가상 분석 도구로 다양한 비즈니스 상황을 예측해 볼 수 있습니다.

THEME 07

실무에 바로 쓰는
데이터 분석 도구들

LESSON 01 데이터 정리와 요약

대량의 데이터를 다룰 때 원하는 정보만 추출하거나 항목별로 요약하는 것은 분석의 첫걸음입니다. 자동 필터로는 처리하기 어려운 복잡한 조건도 고급 필터를 사용하면 한 번에 추출할 수 있습니다. 부분합은 분류별 데이터를 자동으로 집계하여 핵심 수치를 빠르게 파악할 수 있습니다. 또한 여러 시트나 파일에 흩어진 데이터는 데이터 통합 기능으로 하나로 합칠 수 있습니다. 이번 레슨에서는 실무에서 자주 마주치는 데이터 정리와 요약 작업을 효율적으로 처리하는 방법을 알아보겠습니다.

 복잡한 조건을 고급 필터로 해결하기

자동 필터는 빠르고 간단한 데이터 추출에는 유용하지만 필드 간 OR 조건이나 복잡한 다중 조건, 수식을 활용한 필터링, 결과를 별도 위치에 추출 등의 복합적인 작업에는 한계가 있습니다. 이러한 한계를 극복하기 위해 '고급 필터'를 활용합니다. Excel 2021 이후 버전에서는 FILTER 함수를 사용할 수도 있지만 매우 복잡한 조건의 경우에는 고급 필터가 더 간단하고 직관적인 해결책이 될 수 있습니다.
다만 고급 필터를 사용할 때는 조건을 별도의 셀에 직접 작성해야 하므로 규칙에 맞춘 조건 입력 방식을 미리 숙지해 두는 것이 필요합니다.

⁝⁝ 고급 필터 조건을 만드는 규칙

- ▶ 조건은 반드시 원본 데이터와 같은 열 머리글을 사용합니다.
- ▶ AND 조건은 여러 조건을 같은 행에 작성합니다.
- ▶ OR 조건은 각 조건을 다른 행에 나누어 작성합니다
- ▶ 수식을 조건으로 사용할 때는 열 머리글을 생략합니다.

[다양한 고급 필터 사례]

▶ 직급이 '과장'이면서 근속년수가 10년 이상인 레코드를 추출

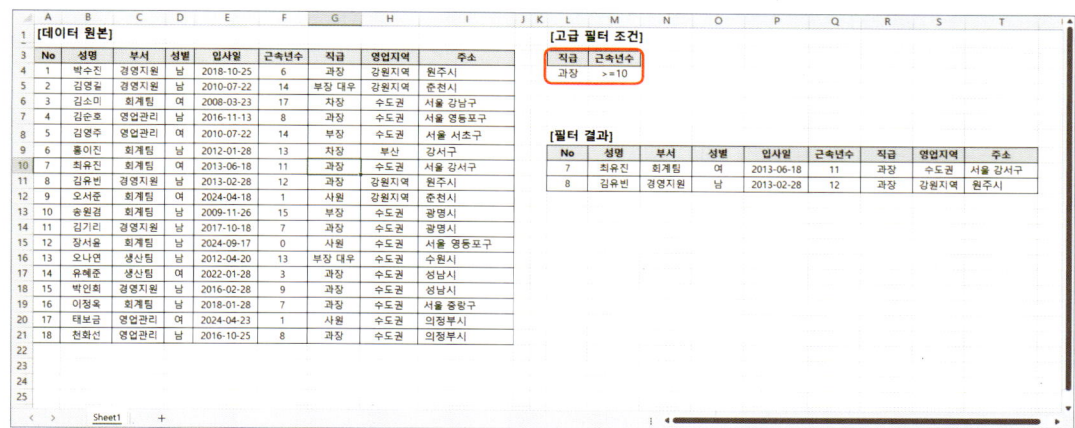

▶ 직급이 '과장'이거나 근속년수가 15년 이상인 레코드를 추출

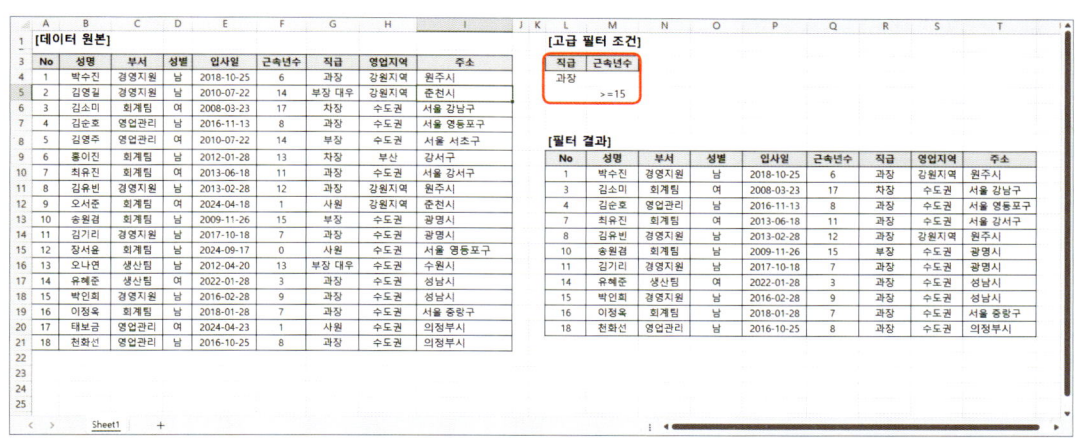

▶ 직급에 '부장' 키워드를 포함하는 레코드를 추출

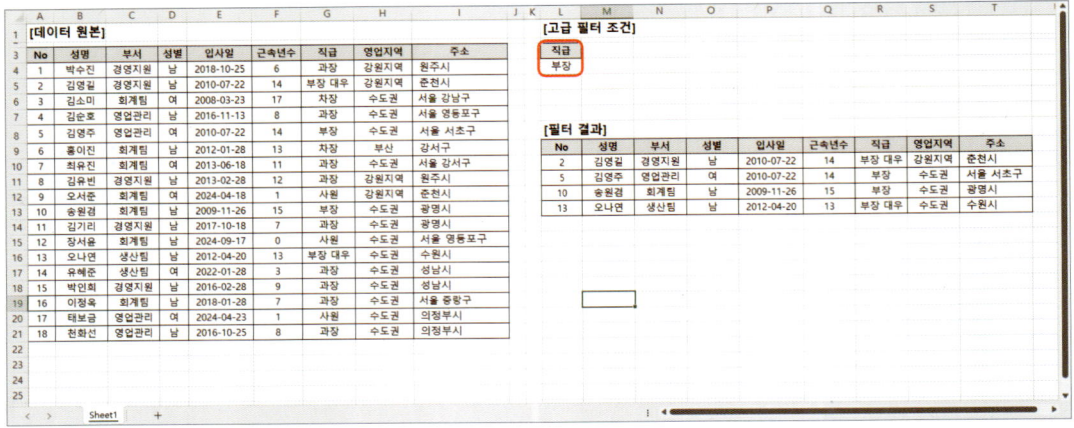

▶ 직급이 '부장'인 레코드를 추출

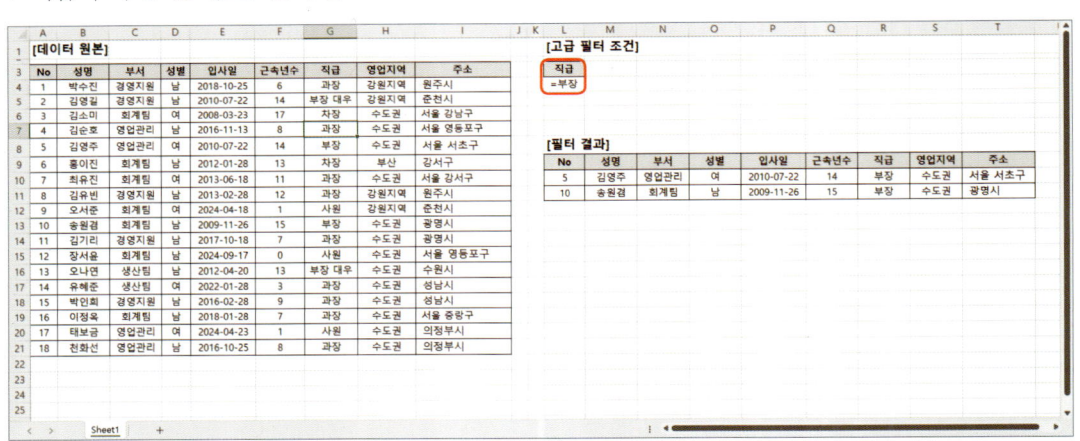

▶ 영업 지역이 '수도권' 중에서 주소에 '*서울*'을 포함하지 않은 레코드를 추출(조건에 와일드 카드(*)를 사용할 수 있음)

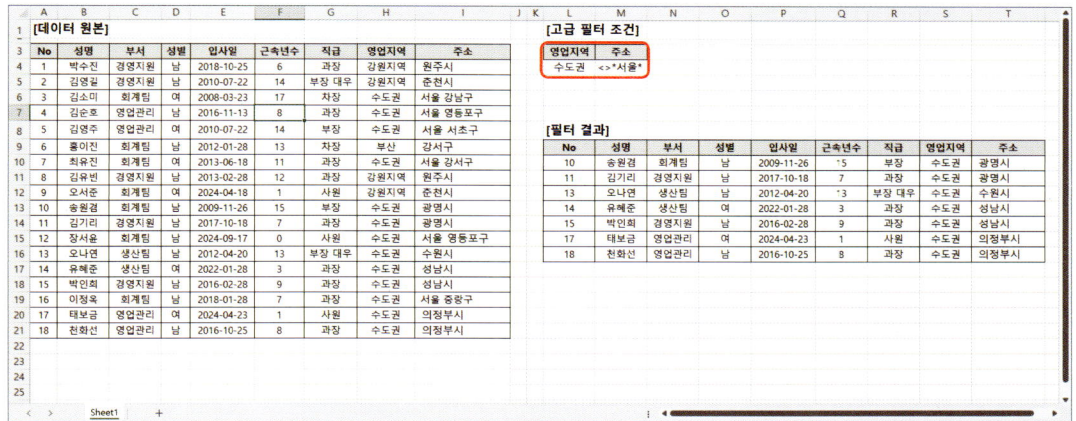

▶ 입사일이 2024년인 레코드를 추출

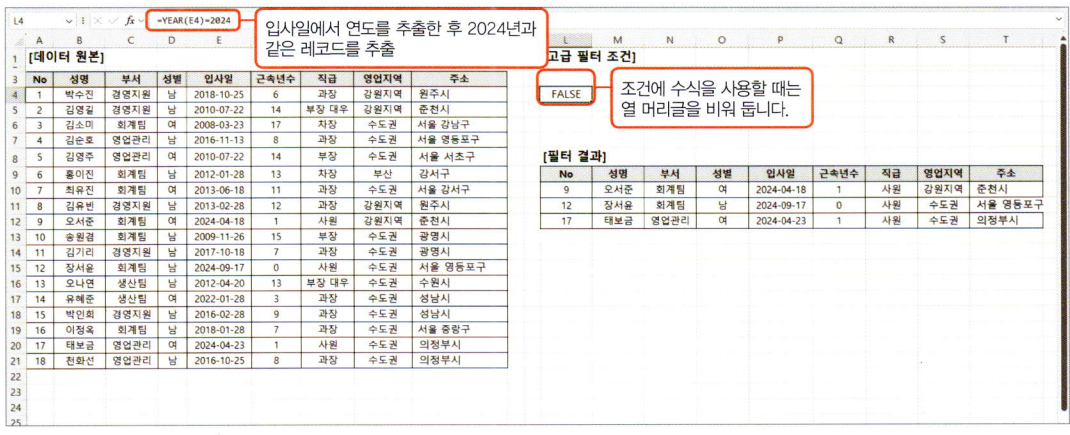

고급 필터를 실행하는 방법

고급 필터는 [데이터] 탭의 [정렬 및 필터] – [고급]을 클릭하여 실행합니다.

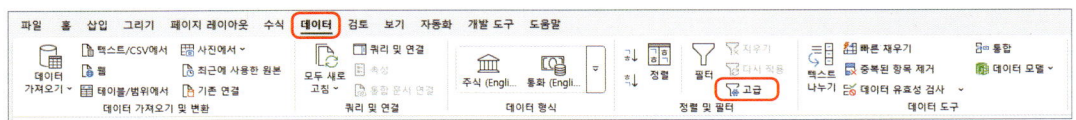

[고급 필터] 대화상자가 열렸을 때 목록 범위, 조건 범위, 복사 위치를 지정한 후 [확인] 버튼을 클릭하면 필터링이 실행됩니다.

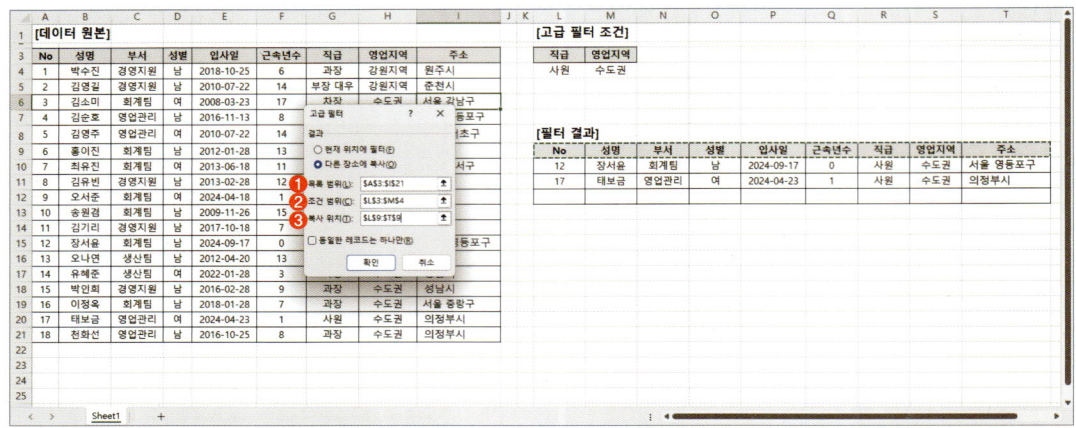

1. **목록 범위**: 데이터 원본 범위를 선택합니다.
2. **조건 범위**: 별도로 작성해 둔 조건 범위로 선택합니다.
3. **복사 위치**: 추출 결과를 필터링할 위치를 선택합니다.

 데이터를 묶고 요약하는 그룹 & 부분합 기능

그룹(Group) 기능은 계층적인 데이터의 행 또는 열을 묶어 한 번에 펼치거나 접을 수 있도록 합니다. 이를 통해 불필요한 정보를 숨기고 필요한 정보만 빠르게 확인할 수 있어 데이터의 가독성과 활용도를 높여 줍니다.

부분합(Subtotal) 기능은 대량의 데이터를 특정 기준(예: 부서, 제품, 지역 등)으로 정렬한 후 각 그룹별로 합계, 평균, 개수 등 11개의 통계 함수를 활용하여 계산해 주는 요약 도구입니다.

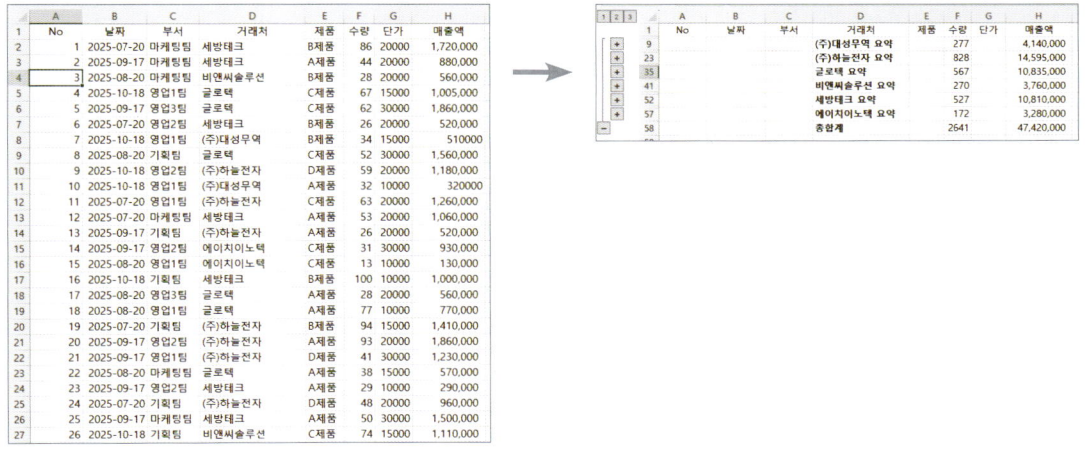

 분산된 데이터를 하나로 모으는 데이터 통합

통합은 여러 시트나 파일에 흩어져 있는 데이터를 하나의 표로 모아 합계, 평균, 개수 등 다양한 방식으로 자동 집계해 주는 도구입니다. 데이터의 항목(열 이름) 순서가 서로 다르더라도 같은 항목명이라면 자동으로 집계됩니다. 또한 통합 시 첫 행 또는 왼쪽 열을 레이블로 지정하면 구조가 달라도 항목을 기준으로 정확하게 통합할 수 있어 부서별 예산안, 지점별 실적표, 기간별 보고서 등 실무에서 유용하게 활용할 수 있습니다.

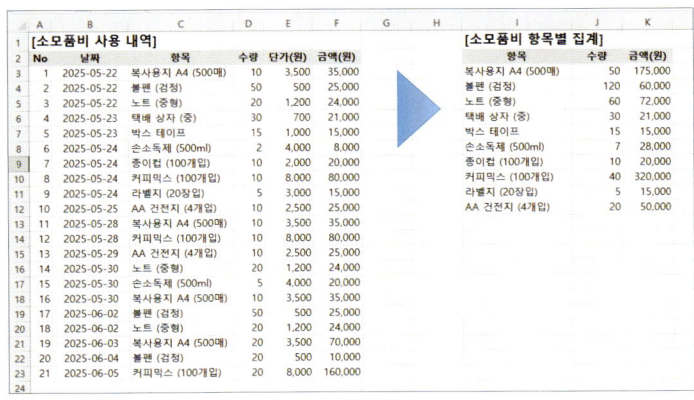

 # OR 조건으로 데이터 추출하기

예제 파일 Sample\T07_고급 필터와 부분합.xlsx
완성 파일 Sample\T07_고급 필터와 부분합_완성.xlsx

> **키 워 드** 고급 필터
> **길라잡이** [거래 현황], [OR 조건] 시트를 사용하여 실습을 진행합니다.
> 고급 필터 기능을 활용하여 여러 조건에 맞는 데이터를 추출해 보겠습니다.
> '서울' 지역이면서 거래금액이 1억 원 이상이거나 등급이 'A'인 거래 현황을 추출합니다. 이를 위해 워크시트의 빈 영역에 필터 조건을 입력한 후 추출 결과를 새로운 시트에 저장하는 방법을 알아보겠습니다.

01 조건 확인 및 고급 필터 명령 실행하기

[OR 조건] 시트에는 '서울 지역이면서 거래 금액이 1억 원 이상인 경우' 또는 '서울 지역이면서 등급이 A인 거래 현황'을 추출하는 조건이 입력되어 있습니다. [데이터] 탭의 [정렬 및 필터] - [고급]을 클릭합니다.

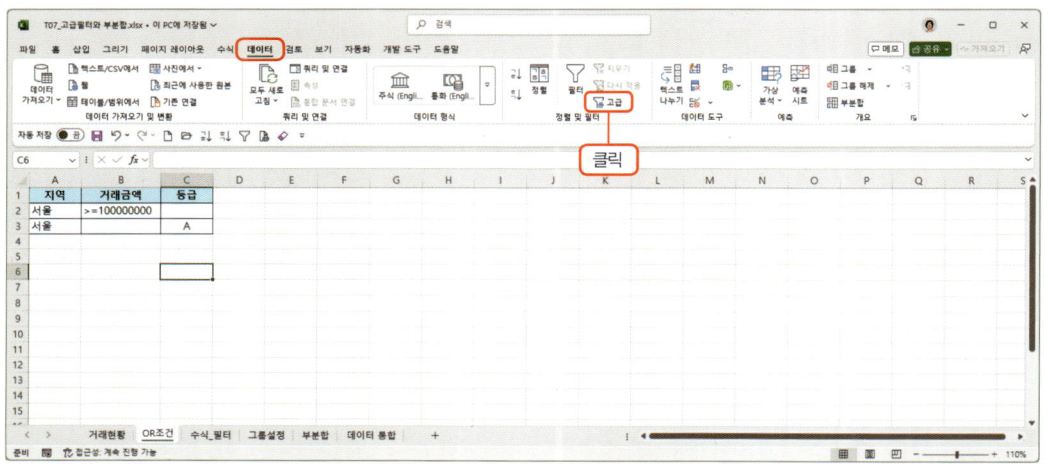

02 고급 필터 설정하기

[고급 필터] 대화상자가 열리면 ❶ 다음과 같이 지정한 후 ❷ [확인] 버튼을 클릭합니다.
- 목록 범위: 거래 현황!A1:E32
- 조건 범위: OR 조건!A1:C3
- 복사 위치: OR 조건!A6

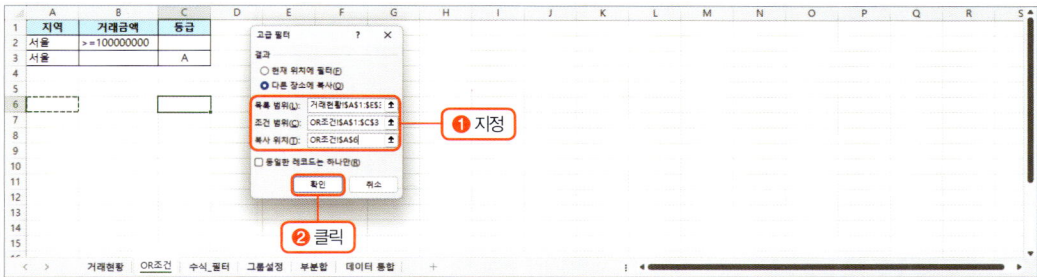

03 결과 확인하기

다음과 같이 조건을 만족하는 데이터가 추출됩니다.

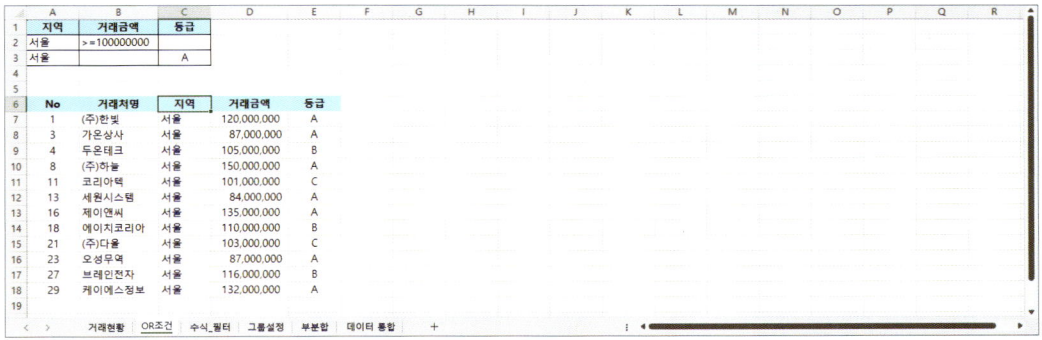

고급 필터 조건에 수식 입력하기

예제 파일 Sample\T07_고급 필터와 부분합.xlsx
완성 파일 Sample\T07_고급 필터와 부분합_완성.xlsx

키 워 드 고급 필터
길라잡이 [수식_필터] 시트를 사용하여 실습을 진행합니다.
고급 필터 조건에 수식을 입력하는 방법을 알아보겠습니다.
전년도와 금년도 거래 현황 데이터를 비교하여 올해 새롭게 거래를 시작한 거래처만 추출하는 실습을 진행합니다.
두 데이터를 비교하는 수식을 조건으로 설정하고 결과를 지정한 위치에 추출하는 과정을 실습해 보겠습니다.

01 고급 필터의 조건 작성하기

전년도 거래 현황과 금년도 거래 현황을 비교한 후 새롭게 거래한 거래처를 추출하기 위하여 COUNTIF 함수를 이용하여 조건을 작성하겠습니다. [I3] 셀에 수식 「=COUNTIF($B$4:$B$17,F4)=0」을 입력합니다.

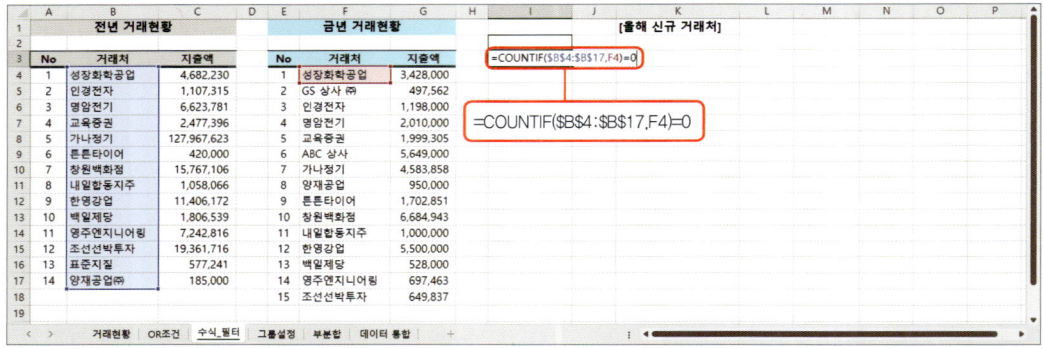

수식 설명

수식 「=COUNTIF($B$4:$B$17,F4)=0」은 전년도 거래처 목록([B4:B17])에서 현재 셀 [F4]에 있는 거래처가 몇 번 등장했는지를 확인하는 것입니다. COUNTIF의 결과가 0이라는 것은 전년도에 해당 거래처가 한 번도 등장하지 않았다는 의미이므로 올해 처음으로 거래한 신규 거래처로 판단할 수 있습니다.

02 고급 필터 명령 실행하기

[데이터] 탭의 [정렬 및 필터] – [고급]을 클릭합니다.

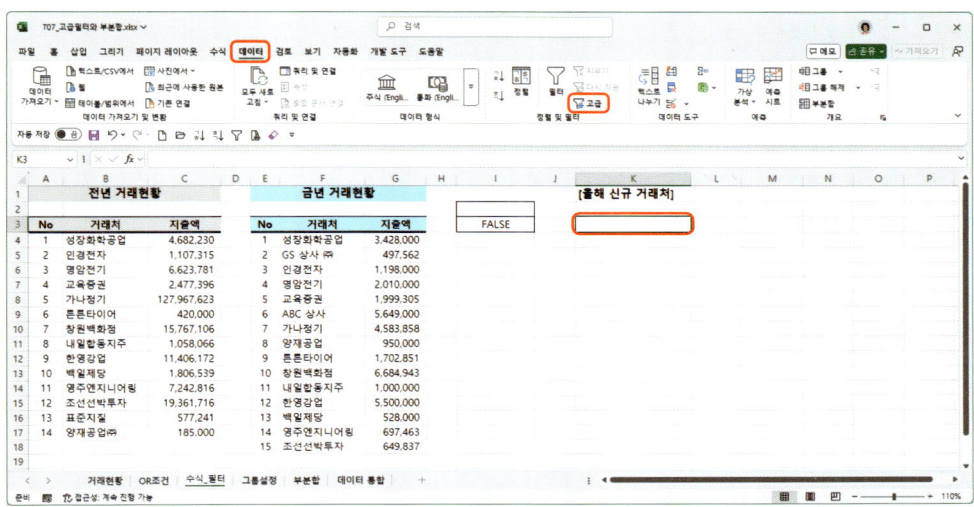

03 고급 필터 창 설정하기

[고급 필터] 대화상자가 열리면 다음과 같이 지정한 후 [확인] 버튼을 클릭합니다.

❶ 목록 범위: F3:F18

❷ 조건 범위: I2:I3

❸ 복사 위치: K3

※ 조건에 수식을 입력할 때는 머리글은 생략하지만 [고급 필터] 대화상자에서 조건 범위를 선택할 때는 머리글([I2:I3])까지 포함해야 합니다.

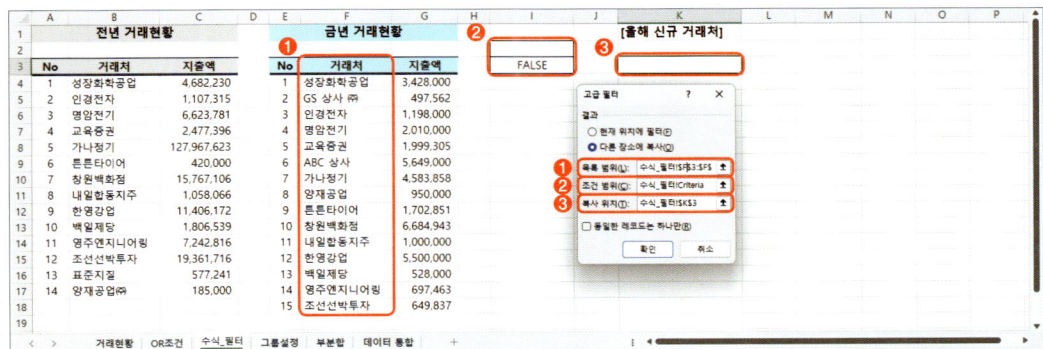

04 결과 확인하기

올해 새롭게 거래를 시작한 거래처만 추출됩니다.

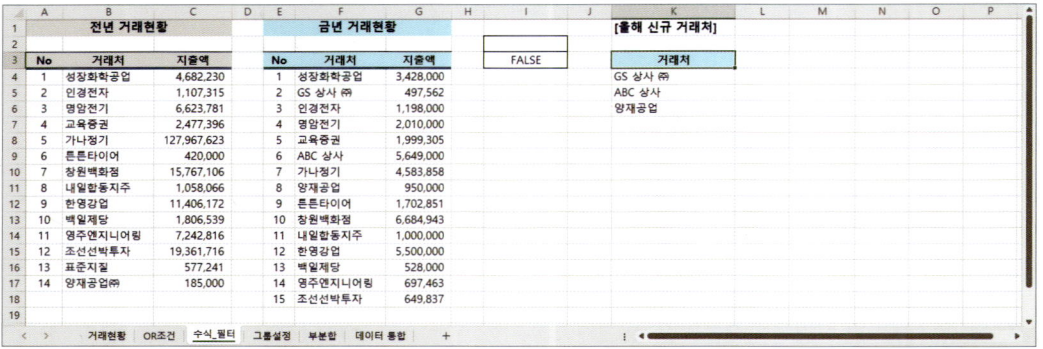

개요 설정으로 매출 데이터 효율적으로 분석하기

예제 파일 Sample\T07_고급 필터와 부분합.xlsx
완성 파일 Sample\T07_고급 필터와 부분합_완성.xlsx

키 워 드 자동 개요, 이동 옵션
길라잡이 [그룹 설정] 시트를 사용하여 실습을 진행합니다.
전년도와 금년도 거래 현황 데이터를 비교하여 올해 처음 거래를 시작한 거래처만 추출하는 방법을 알아보겠습니다. 이를 위해 두 데이터를 비교하는 수식을 고급 필터의 조건 범위로 설정한 후 해당 거래처를 추출하는 과정을 살펴봅니다.

01 이동 옵션 메뉴 실행하기

소계를 계산하기 위해 소계가 작성될 위치인 빈 셀을 선택하겠습니다. ❶ [A1:R32] 영역을 선택한 후 ❷ [홈] 탭의 [편집] - [찾기 및 선택] - [이동 옵션]을 클릭합니다.

02 빈 셀 선택하기

[이동 옵션] 대화상자가 열리면 ❶ '빈 셀'을 선택한 후 ❷ [확인] 버튼을 클릭합니다.

03 '자동 합계'로 소계 계산하기

빈 셀이 모두 지정되었으면 [홈] 탭의 [편집] - [자동 합계]를 클릭합니다.

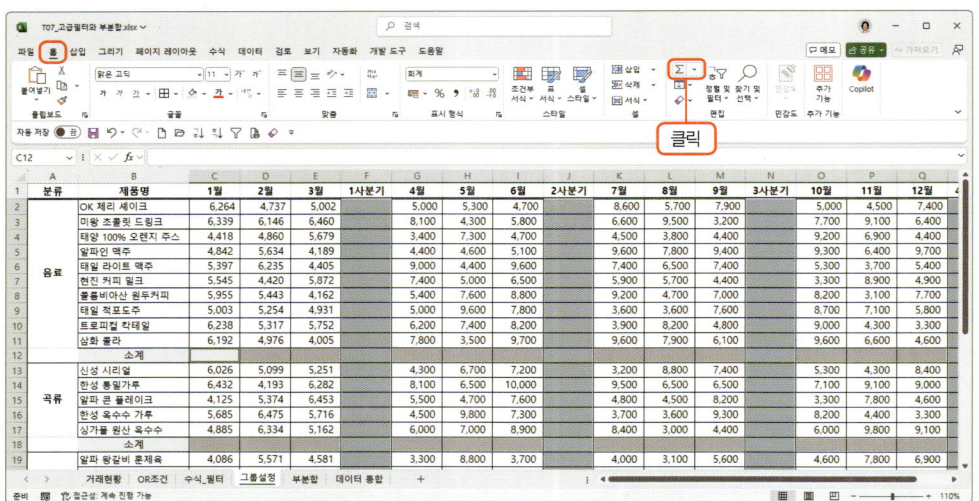

04 '자동 합계'로 합계 계산하기

❶ [C33:R33] 영역을 선택한 후 ❷ [홈] 탭의 [편집] - [자동 합계]를 클릭합니다.

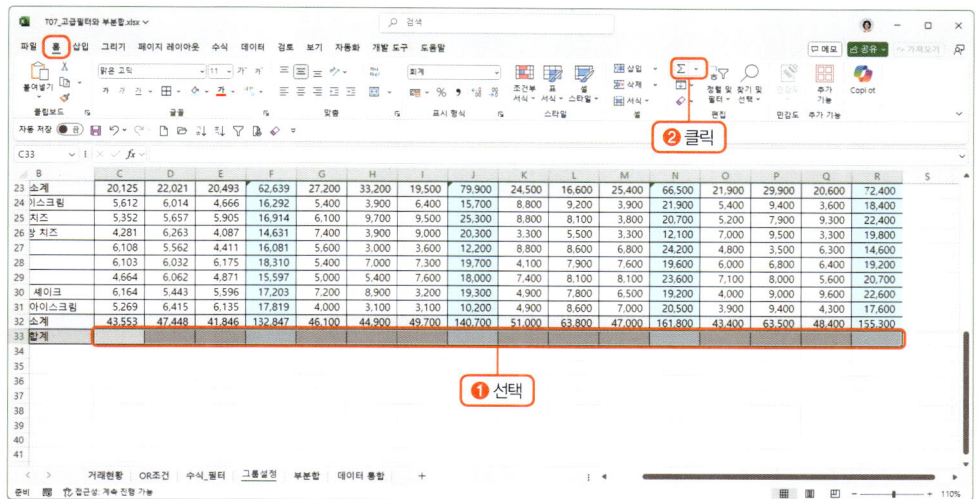

05 자동 개요 설정하기

❶ 데이터 내 임의의 셀에서 Ctrl + A 를 눌러 모든 데이터 범위를 선택합니다. ❷ [데이터] 탭의 [그룹] - [자동 개요]를 클릭합니다.

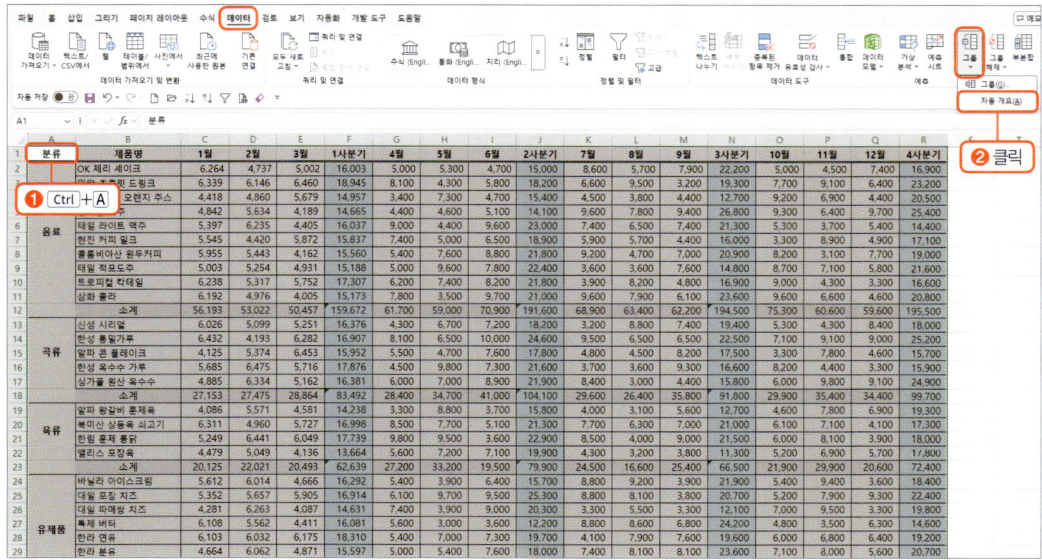

Lesson 01 _ 데이터 정리와 요약 375

06 그룹 확인하기

소계가 입력된 셀을 기준으로 자동으로 그룹이 설정됩니다.

07 그룹 설정/해제 버튼으로 데이터 확인하기

행과 열의 1 2 3 버튼을 클릭하면서 데이터를 확인합니다. 또한 + - 버튼을 클릭하면서 데이터를 숨기거나 나타냅니다.

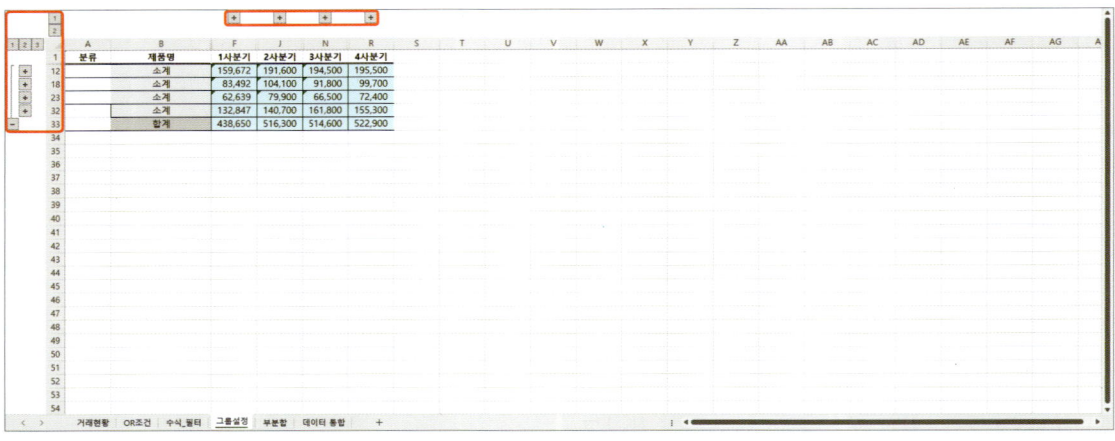

08 제품별 분기별 매출의 합계 나타내기

행의 3 버튼, 열의 1 버튼을 클릭하면 제품별 분기별 매출의 합을 확인할 수 있습니다.

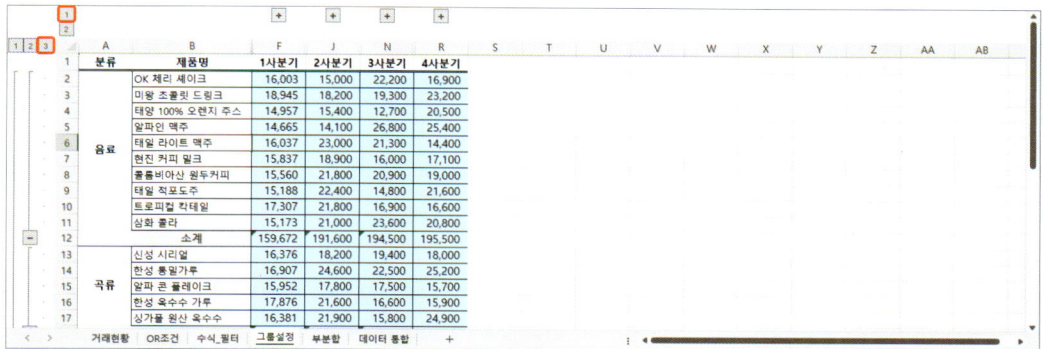

09 자동 개요 삭제하기

설정된 개요를 삭제하려면 [데이터] 탭의 [그룹 해제] - [개요 지우기]를 클릭합니다.

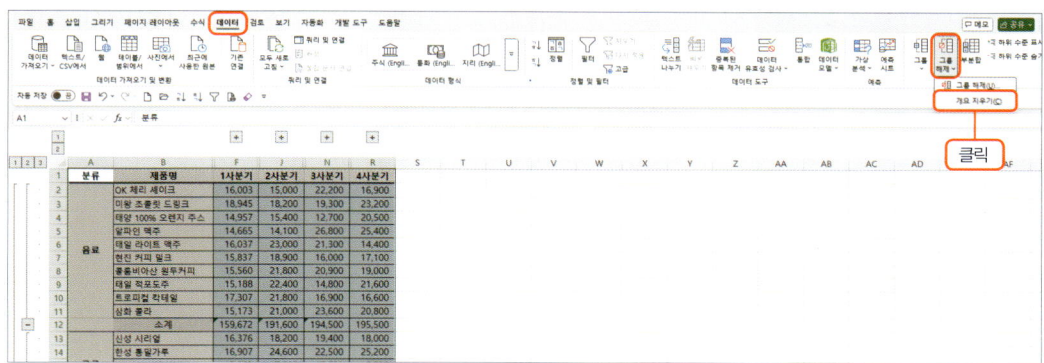

 # 부분합으로 거래처별 매출의 합계 계산하기

예제 파일 Sample\T07_고급 필터와 부분합.xlsx
완성 파일 Sample\T07_고급 필터와 부분합_완성.xlsx

키 워 드 부분합
길라잡이 [부분합] 시트를 사용하여 실습을 진행합니다.
매출 데이터를 바탕으로 거래처별 수량과 매출의 합을 계산하는 부분합 작성법을 알아보겠습니다. 거래처별로 부분합을 계산하기 위해서는 먼저 거래처별로 데이터를 정렬한 후 거래처별 수량과 매출의 합을 집계할 수 있습니다.

01 거래처별로 정렬하기

❶ '거래처' 열 임의의 셀을 선택한 후 ❷ [데이터] 탭의 [정렬 및 필터] – [텍스트 오름차순 정렬]을 클릭합니다.

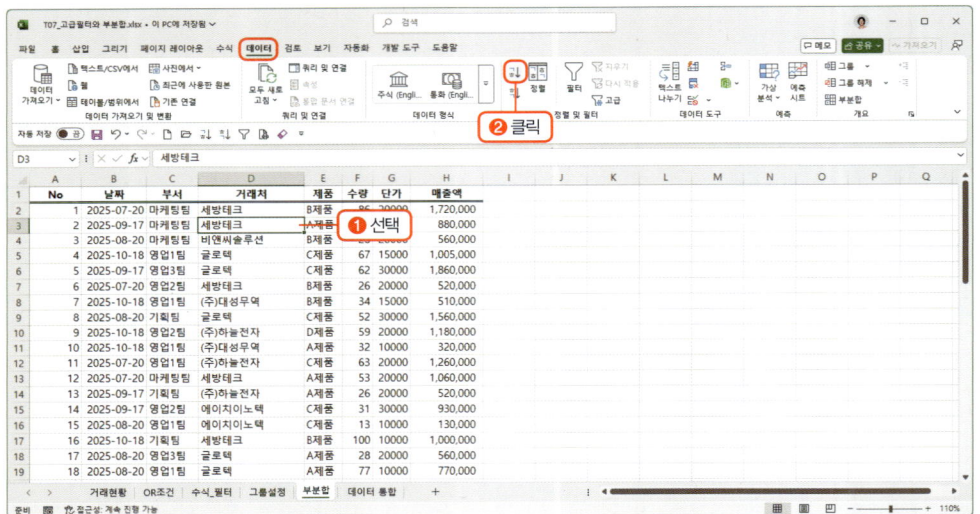

02 부분합 메뉴 실행하기

거래처별로 정렬되었으면 [데이터] 탭의 [개요] - [부분합]을 클릭합니다.

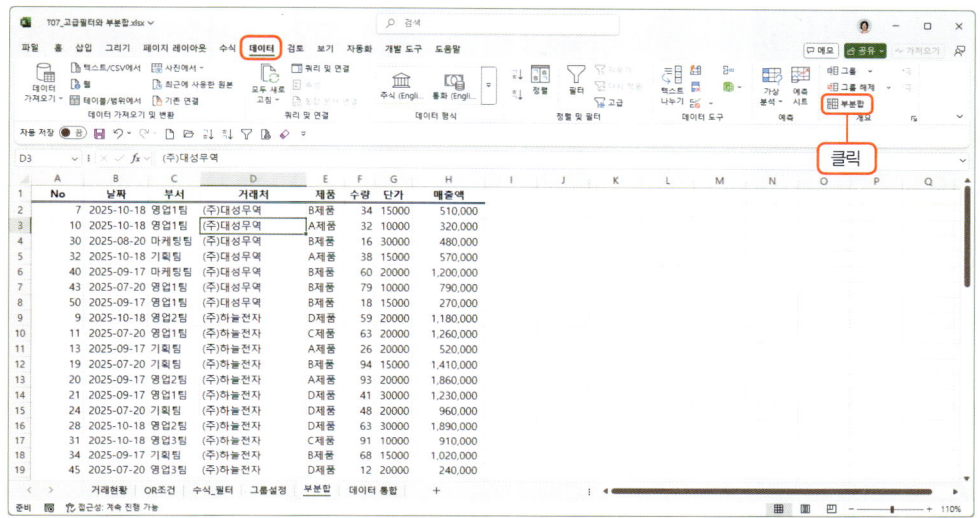

03 부분합 옵션 지정하기

[부분합] 대화상자가 열리면 다음과 같이 지정한 후 [확인] 버튼을 클릭합니다.
❶ 그룹화할 항목: 거래처
❷ 사용할 함수: 합계
❸ 부분합 계산 항목: 수량, 매출액

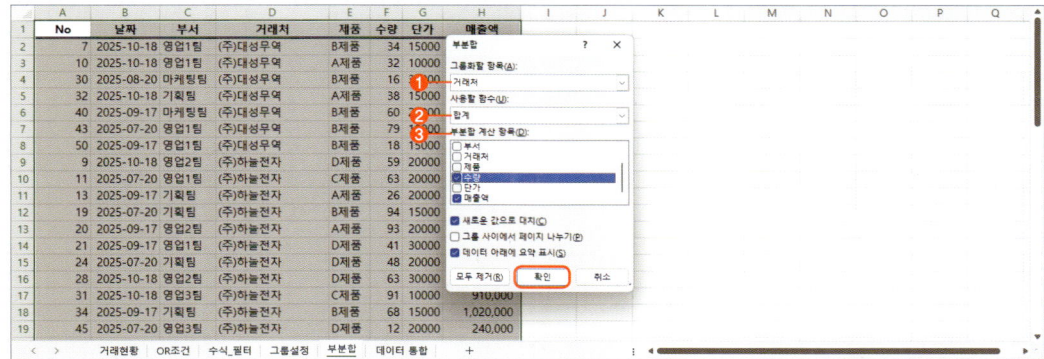

04 결과 확인하기

거래처별로 부분합이 계산됩니다.
[1] [2] [3] [+] [-] 버튼을 클릭하여 데이터를 보기 원하는 형태로 확인합니다.

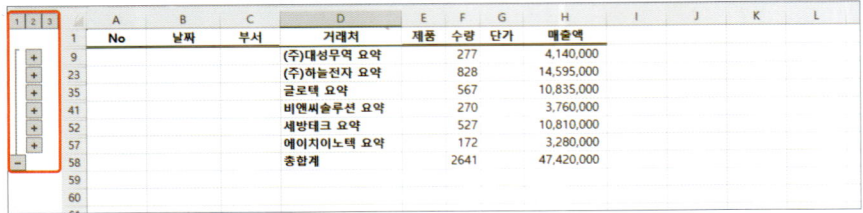

05 부분합 삭제하기

부분합을 삭제하고 싶다면 ❶ 데이터 내에 셀 포인터를 올려놓은 후 ❷ [데이터] 탭의 [개요] - [부분합]을 클릭합니다. [부분합] 대화상자가 열렸을 때 [모두 제거] 버튼을 클릭하면 부분합을 제거할 수 있습니다.

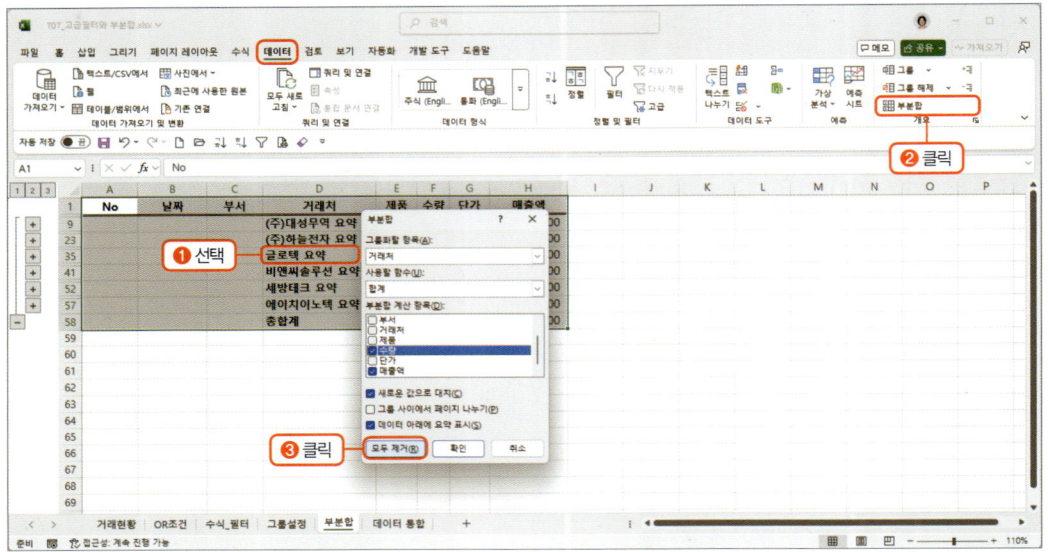

 **05 같은 항목끼리 데이터 통합하기**

예제 파일 Sample\T07_고급 필터와 부분합.xlsx
완성 파일 Sample\T07_고급 필터와 부분합_완성.xlsx

키 워 드 통합
길라잡이 [데이터 통합] 시트를 사용하여 실습을 진행합니다.
일별로 입력된 소모품 구매 내역을 바탕으로 항목별 수량과 금액의 합계를 '통합' 기능을 활용하여 구해 보겠습니다. 흩어진 데이터를 하나로 모아 집계할 수 있는 '통합' 기능은 복잡한 수식을 사용하지 않고도 빠르게 합계를 계산할 수 있다는 장점이 있습니다.

01 통합 시 필요한 항목 범위 선택하기

[데이터 통합] 시트에는 No, 날짜, 항목, 수량, 단가, 금액 순서로 데이터가 입력되어 있습니다. 이 중 '항목', '수량', '금액'만 통합하려면 먼저 빈 셀에 해당 열 머리글을 입력한 후에 입력한 열 머리글 범위를 선택하고 통합 명령을 실행합니다.

❶ [I2:K2] 범위를 선택한 후 ❷ [데이터] 탭의 [데이터 도구] - [통합]을 클릭합니다.

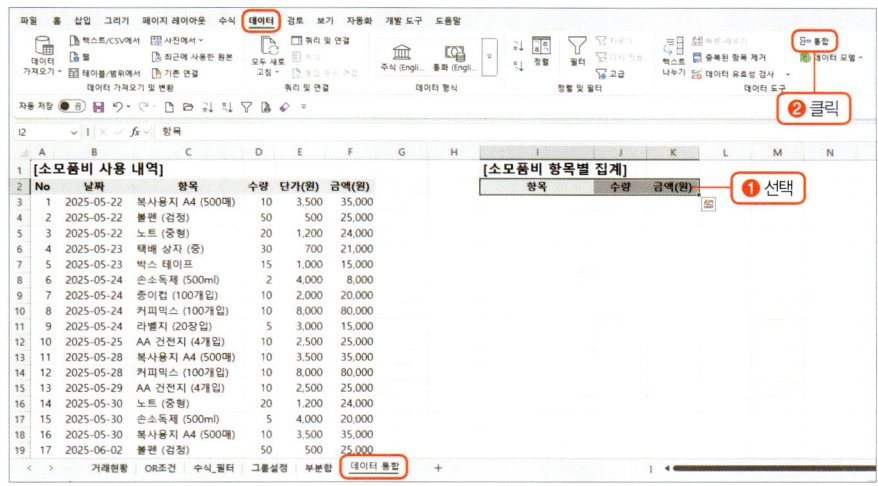

02 통합할 범위 선택하기

[통합] 대화상자가 열리면 다음과 같이 지정한 후 [확인] 버튼을 클릭합니다.

❶ 함수: '합계'
❷ 참조: [C2:F23] 영역을 선택한 후 [추가] 버튼을 클릭
❸ '첫 행', '왼쪽 열'에 체크

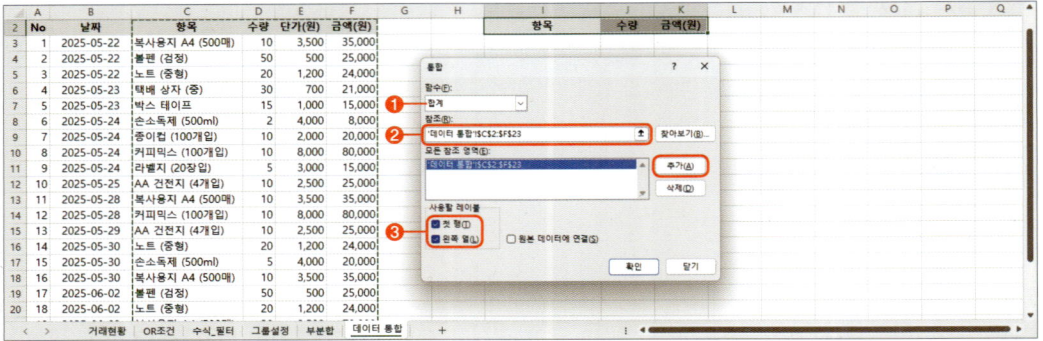

03 결과 확인하기

같은 항목끼리 수량과 금액의 합계가 통합됩니다.

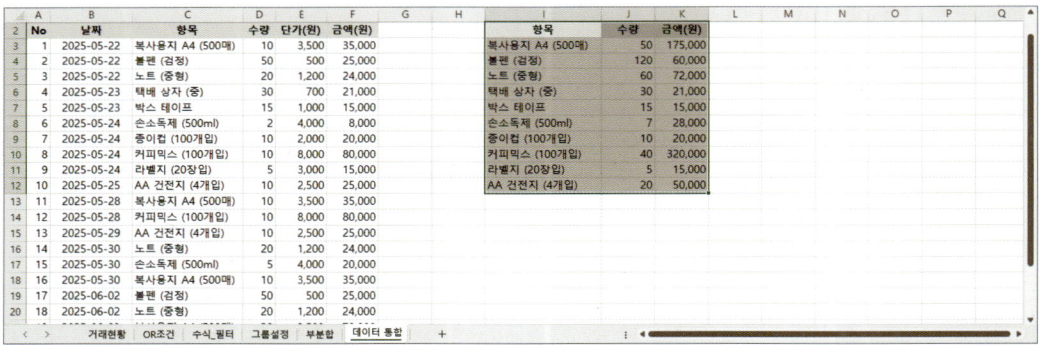

LESSON 02 피벗 테이블을 활용한 데이터 분석

대량의 데이터를 빠르고 유연하게 분석할 수 있는 강력한 도구 중 하나가 '피벗 테이블'입니다. 피벗 테이블을 사용하면 복잡한 데이터를 항목별, 조건별, 시간별로 자유롭게 분류하거나 요약할 수 있으며 필터와 슬라이서를 함께 활용하면 원하는 정보를 실시간으로 조합해 확인할 수 있습니다.

이번에는 피벗 테이블의 생성부터 필드 구성, 요약 함수 설정, 사용자 맞춤 보고서 작성까지 단계별로 실습하며 실무에서 자주 활용되는 매출 분석, 분류별 통계, 월별 추세 비교 등 다양한 분석 기법을 알아보겠습니다.

핵심기능 › 피벗 테이블의 이해

피벗(Pivot)의 사전적인 의미는 '축을 중심으로 회전하다'입니다. 피벗 테이블은 이러한 개념처럼 하나의 데이터를 중심으로 다양한 관점에서 데이터를 요약하고 집계할 수 있도록 도와주는 강력한 분석 도구입니다. 예를 들어 매출 데이터를 기준으로 담당자별 매출, 거래처별 매출, 월별 매출 추세 등을 각각 요약하거나 필요에 따라 항목 간 교차 분석을 할 수 있습니다.

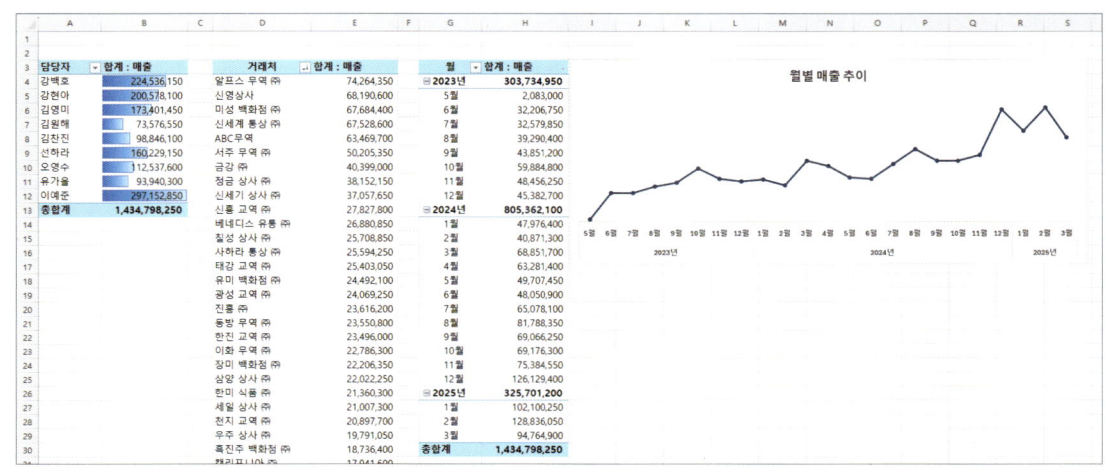

피벗 테이블을 만드는 방법

피벗 테이블을 만들기 전에 원본 데이터가 엑셀 시트에 있다면 먼저 '표(Table)' 형식으로 변환하는 것이 좋습니다. 이렇게 하면 이후에 데이터가 추가되더라도 피벗 테이블이나 피벗 차트에서 '새로 고침'만으로 추가된 데이터가 자동으로 반영되어 훨씬 효율적입니다.

피벗 테이블은 [삽입] 탭의 [표] - [피벗 테이블]을 클릭하여 만듭니다.

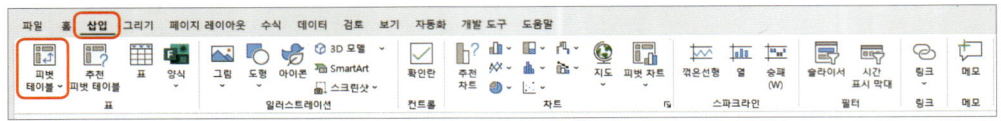

피벗 테이블 레이아웃 설정하는 방법

피벗 테이블에서 레이아웃을 설정하는 방법을 이해하면 다양한 형태의 피벗 보고서를 쉽게 만들 수 있습니다. 데이터를 요약하는 형태에 따라 필터, 열, 행, Σ 값 영역에 필드를 배치합니다.

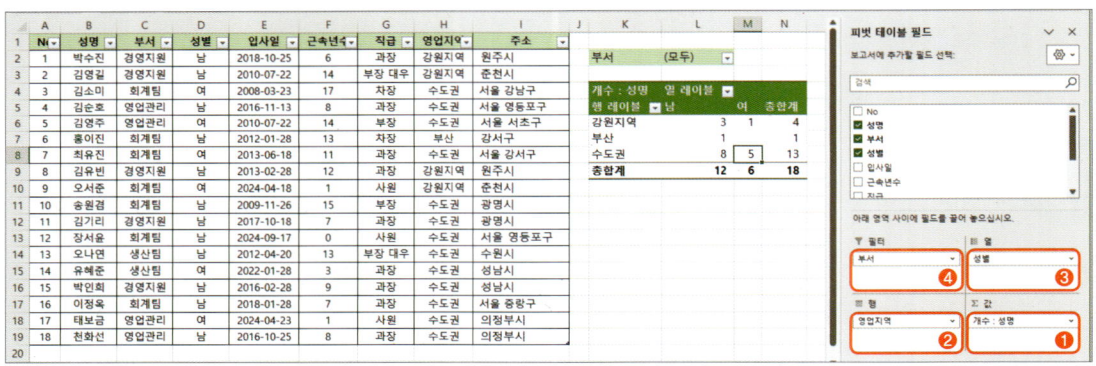

레이아웃	설명
❶ Σ 값	• 계산할 필드를 배치하는 영역입니다. • 문자 필드는 기본적으로 '개수' 함수, 숫자 필드는 '합계' 함수가 자동으로 적용됩니다. • 필요에 따라 평균, 최대값, 최소값 등 11개의 요약 함수로 변경할 수 있습니다.
❷ 행	• 보고서의 왼쪽 행에 표시될 기준 필드를 배치합니다. • 필드를 그룹화하여 행 단위로 데이터를 요약하고 비교할 수 있습니다.
❸ 열	• 보고서의 상단 열에 표시될 기준 필드를 배치합니다. • 행 레이블과 마찬가지로 필드를 그룹화하여 열 방향으로 데이터를 분류합니다.
❹ 필터	• 보고서 전체에서 데이터를 필터링할 수 있는 필드를 배치하는 영역입니다. • Excel 2010 이후 버전부터는 슬라이서(Slicer) 기능이 도입되어 필터 목적이라면 슬라이서를 활용하는 것이 보다 직관적이고 편리합니다.

원본 데이터가 변경되면 '새로 고침'하기

피벗 테이블은 데이터를 직접 참조하지 않고 먼저 피벗 캐시(Pivot Cache)에 데이터를 저장한 후 이를 바탕으로 피벗 테이블을 생성합니다. 따라서 원본 데이터가 변경(수정/추가/삭제)되어도 피벗 캐시가 자동으로 갱신되지 않아 피벗 테이블에는 즉시 반영되지 않습니다.

변경된 데이터를 반영하려면 [피벗 테이블 분석] 탭의 [데이터] - [새로 고침] 버튼을 클릭해야 합니다. 여러 피벗 테이블을 동시에 갱신할 때는 [모두 새로 고침] 버튼을 사용합니다.

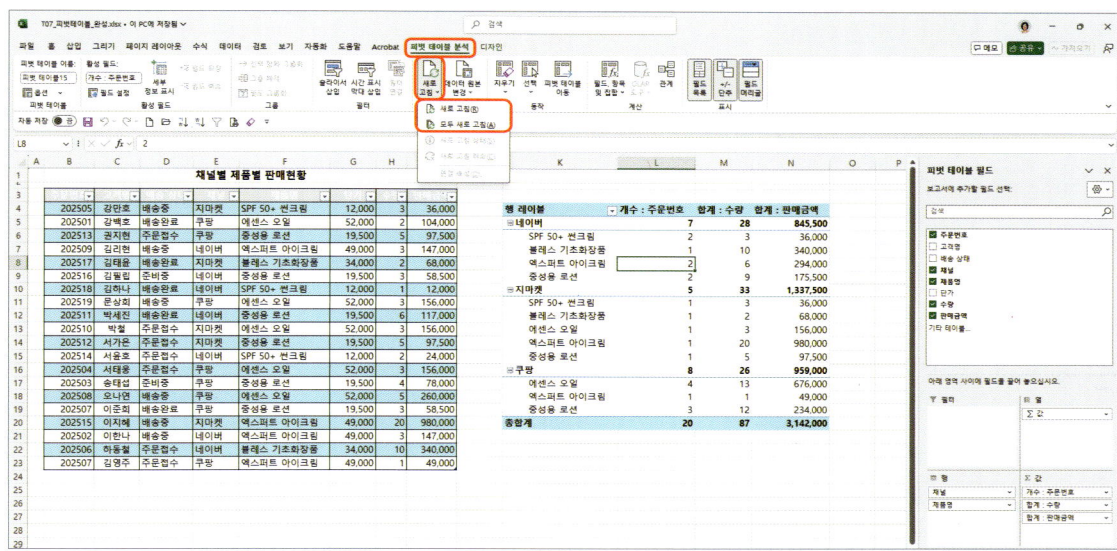

피벗 테이블 생성과 삭제
(채널별·제품별 판매액 집계)

예제 파일 Sample\T07_피벗 테이블.xlsx
완성 파일 Sample\T07_피벗 테이블_완성.xlsx

> **키 워 드** 피벗 테이블
> **길라잡이** [생성] 시트를 사용하여 실습을 진행합니다.
> 판매 데이터를 기반으로 채널별·제품별 판매 건수, 판매 수량, 판매 금액을 집계하는 피벗 테이블을 생성하겠습니다.
> 먼저 데이터를 '표(Table)' 형식으로 변환하여 데이터가 추가될 때마다 [새로 고침]으로 피벗 테이블에 자동 반영되도록 합니다.

01 데이터를 '표'로 변환하기

❶ 데이터 내 임의의 셀을 선택한 후 Ctrl + T 를 누릅니다. [표 만들기] 대화상자가 열리면 ❷ '머리글 포함'에 체크한 후 ❸ [확인] 버튼을 클릭합니다.

02 피벗 테이블 삽입하기

[삽입] 탭의 [표] - [피벗 테이블]을 클릭합니다.

03 피벗 테이블을 배치할 위치 선택하기

[표 또는 범위의 피벗 테이블] 대화상자가 열리면 ❶ [기존 워크시트]를 선택한 후 ❷ 임의의 [K4] 셀을 선택하고 ❸ [확인] 버튼을 클릭합니다.

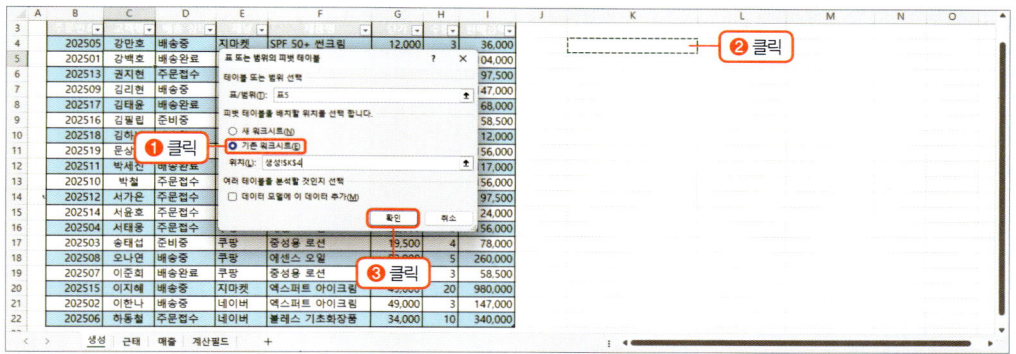

04 피벗 테이블 레이아웃 구성하기

오른쪽의 [피벗 테이블 필드] 창에서 각 필드를 드래그 앤 드롭하여 다음과 같이 구성합니다.

- [행]: '채널'
- [Σ 값]: '주문 번호', '수량', '판매 금액'

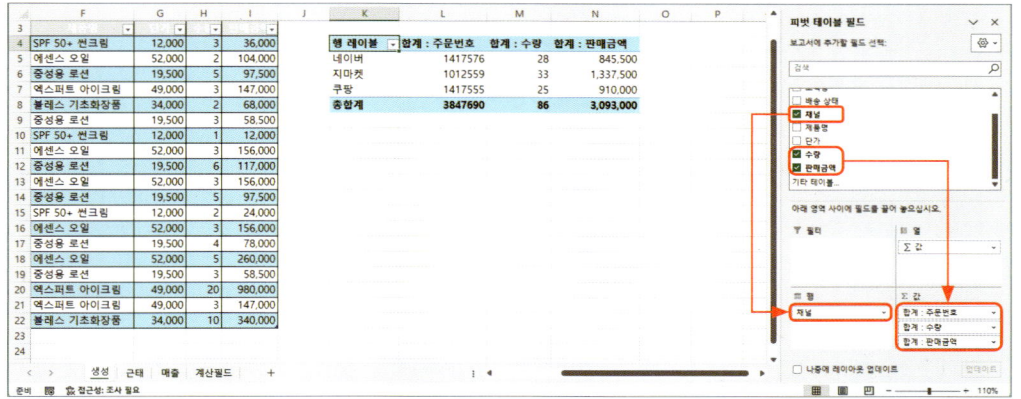

> **TIP**
> 만약, [피벗 테이블 필드] 창이 보이지 않는다면 [피벗 테이블 분석] 탭의 [표시] - [필드 목록]을 클릭합니다.

05 요약 함수 변경하기

[Σ 값] 영역에 필드를 추가하면 필드의 데이터 종류에 따라 기본 요약 함수가 자동으로 설정됩니다. 숫자 데이터는 합계, 문자 데이터는 개수로 요약되는데, 지금은 주문 번호의 개수를 집계해야 하므로 다음과 같이 변경합니다.

❶ 피벗 테이블의 '주문 번호' 열에서 마우스 오른쪽 버튼을 클릭합니다.
❷ [값 요약 기준] - [개수]를 클릭합니다.

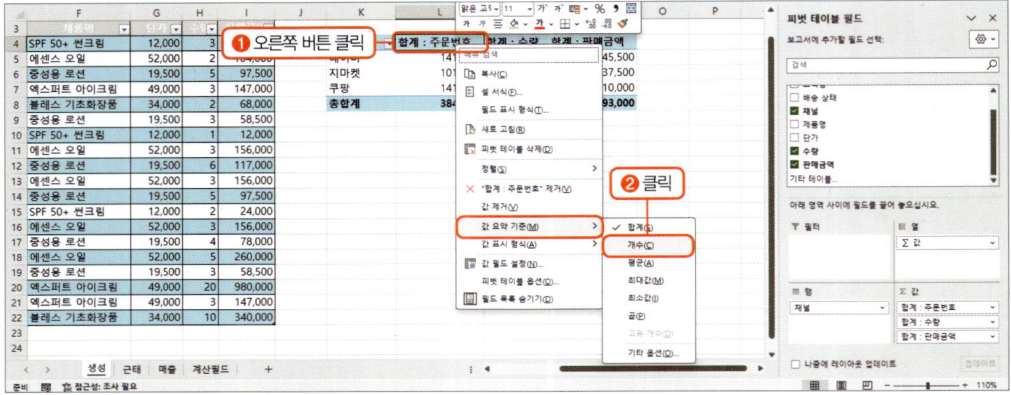

06 레이아웃 구성 변경하기

채널별 판매 건수, 수량의 합, 판매 금액의 합 피벗 테이블에서 분석 기준을 더욱 세분화하기 위해 '제품' 기준을 추가해 보겠습니다. '제품명' 필드를 [행] 영역에 추가합니다.

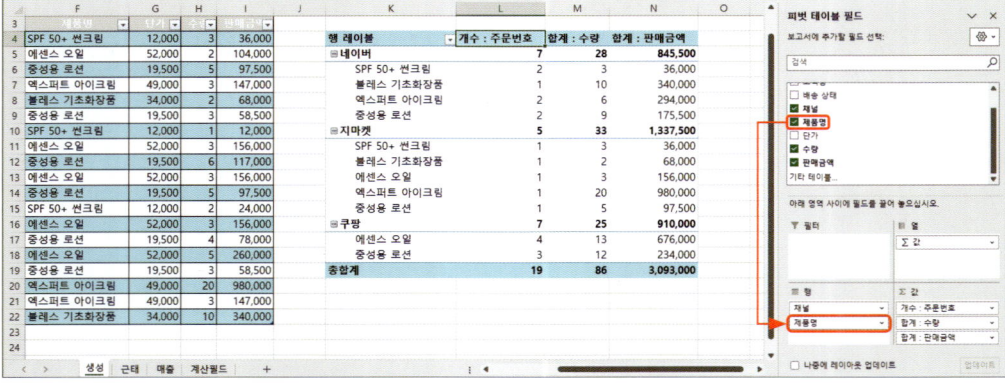

07 원본 데이터 추가 및 데이터 새로 고침하기

❶ 원본 데이터의 23행에 임의의 레코드를 추가로 입력합니다.
❷ 피벗 테이블을 선택한 후 ❸ [피벗 테이블 분석] 탭의 [데이터] - [새로 고침]을 클릭하면 추가한 레코드가 피벗 테이블에 반영됩니다.

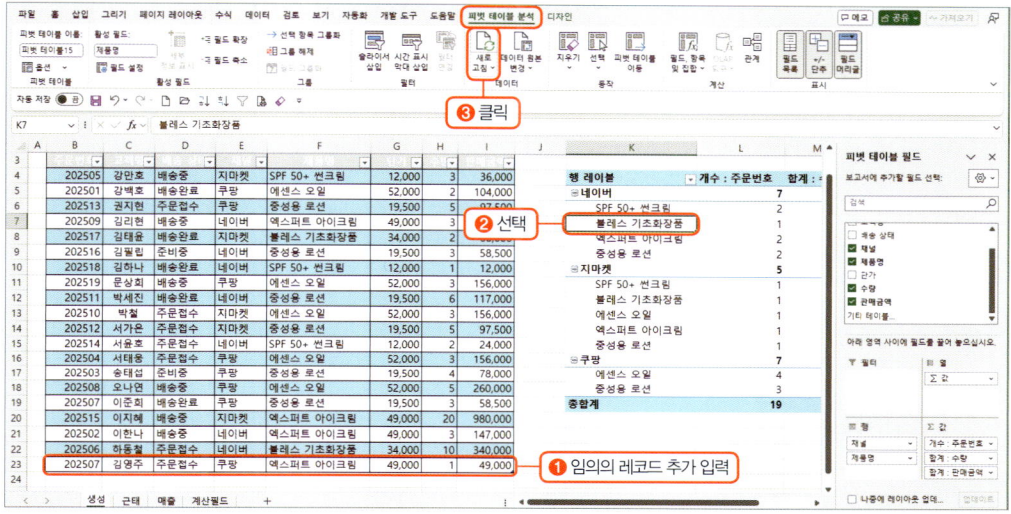

08 피벗 테이블 초기화 및 삭제하기

작성한 피벗 테이블을 초기화하려면 피벗 테이블 내 셀을 선택한 후 [피벗 테이블 분석] 탭의 [지우기] - [모두 지우기]를 클릭합니다. 만약, 피벗 테이블을 삭제하려면 피벗 테이블 전체를 선택한 후 Delete 를 누릅니다.

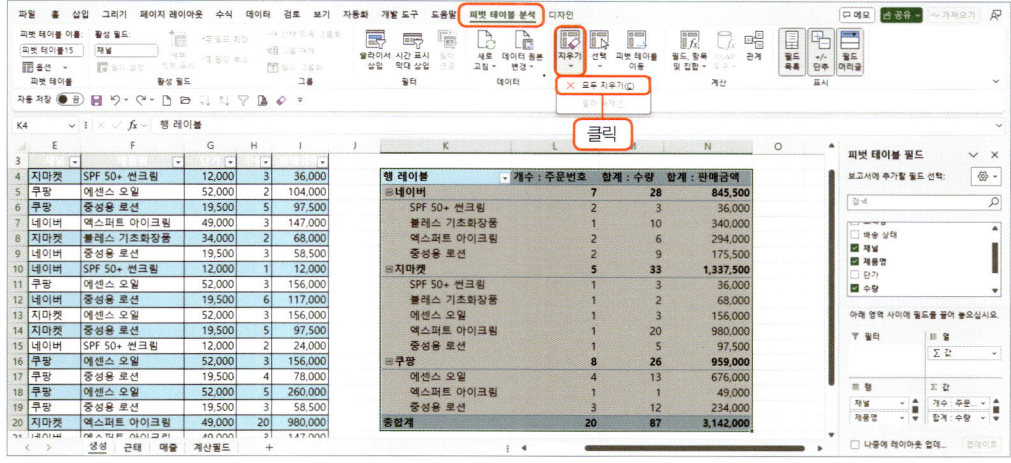

출입 로그에서 일자별 출퇴근 시간 분석하기

예제 파일 Sample\T07_피벗 테이블.xlsx
완성 파일 Sample\T07_피벗 테이블_완성.xlsx

> **키 워 드** 피벗 테이블, INT 함수
> **길라잡이** [근태] 시트를 사용하여 실습을 진행합니다.
> 출입 기록 데이터를 '입출입'이라는 이름의 표로 만들어 두었습니다. 이 표의 '출입시간' 열에서 INT 함수를 사용해 일자와 시간을 분리한 후 피벗 테이블을 이용해 일자별 출근 시간과 퇴근 시간을 정리하는 방법을 알아보겠습니다.

01 '출입시간'에서 일자와 시간을 함수로 분리하기

현재 데이터는 '입출입'이라는 표로 작성해 두었습니다.
[A2] 셀의 데이터 「2026-01-18 8:25」의 표시 형식 서식을 제거하면 실제 입력된 값은 「46040.350694..」입니다. 이 값에서 소수점 앞은 날짜이고 소수점 뒤는 시간이므로 INT 함수를 이용하여 날짜와 시간을 분리할 수 있습니다.

❶ 열 머리글 입력: 「일자」, 「시간」
❷ 일자 계산: 「=INT([@출입시간])」← INT 함수로 정수를 추출하여 날짜를 구함
❸ 시간 계산: 「=[@출입시간]-[@일자]」← 출입시간에서 일자를 빼면 시간만 남게 됨

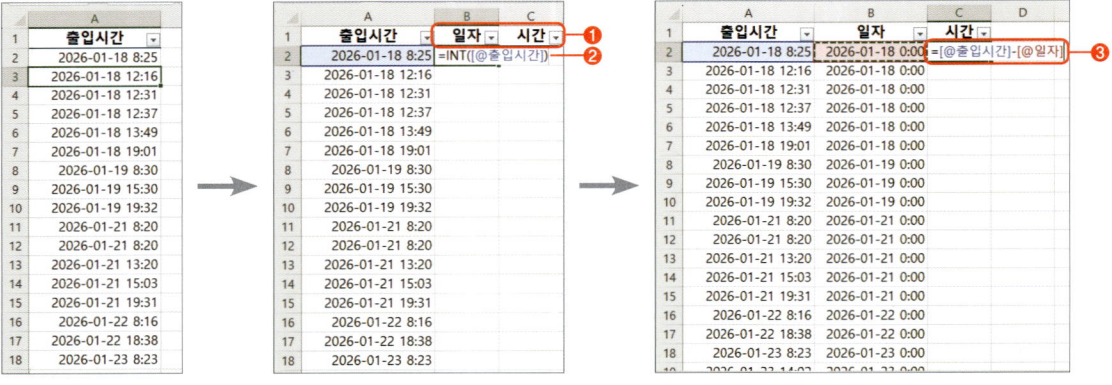

02 날짜 서식 지정하기

❶ [B2] 셀에서 Ctrl + Shift + ↓를 눌러 열의 끝까지 선택합니다.
❷ [홈] 탭의 [표시 형식] - [간단한 날짜]를 클릭합니다.

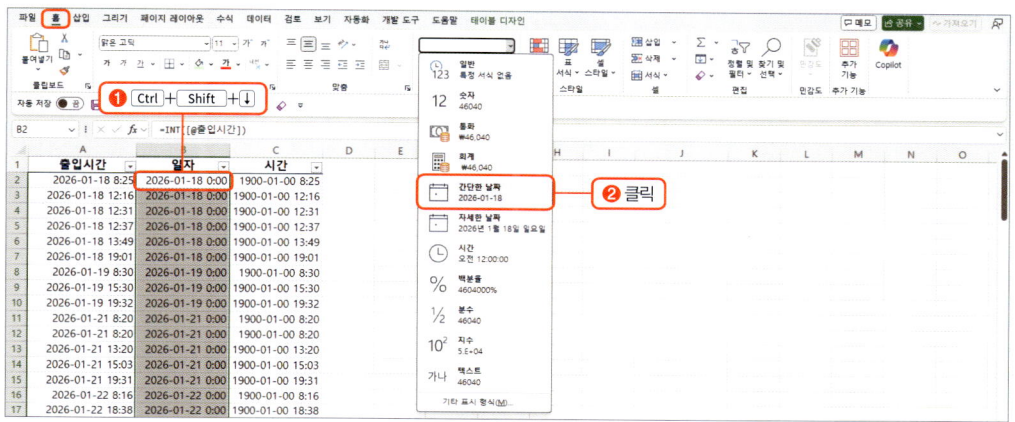

03 시간 서식 지정하기

❶ [C2] 셀에서 Ctrl + Shift + ↓를 눌러 열의 끝까지 선택합니다.
❷ Ctrl + 1 을 눌러 [셀 서식] 대화상자를 엽니다.
❸ [표시 형식] 탭의 [시간]을 선택한 후 '13:30'을 선택하고 [확인] 버튼을 클릭합니다.

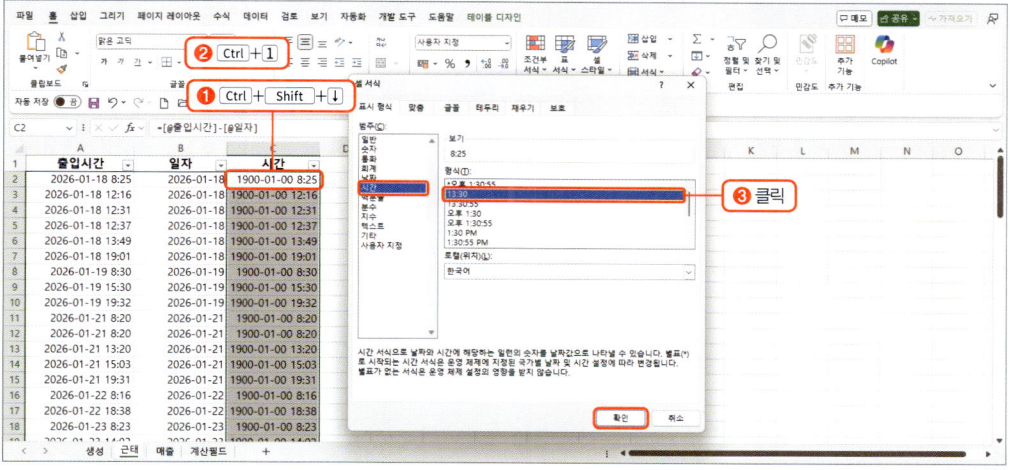

04 피벗 테이블 삽입하기

❶ 표 내의 셀을 선택한 후 ❷ [삽입] 탭의 [표] - [피벗 테이블]을 클릭합니다. [표 또는 범위의 피벗 테이블] 대화상자가 열리면 ❸ '기존 워크시트'를 선택한 후 ❹ '위치'에서 임의의 셀 [F3]을 클릭하고 ❺ [확인] 버튼을 클릭합니다.

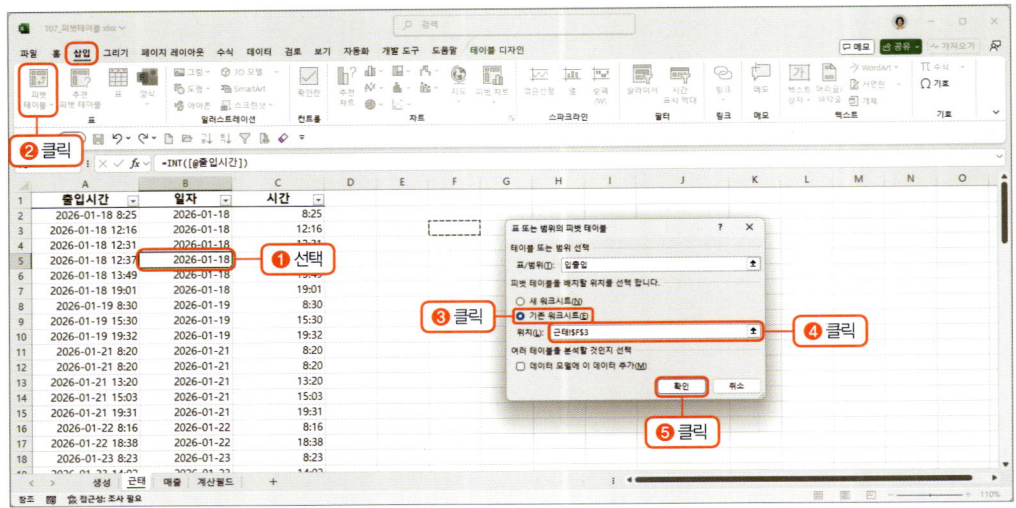

05 피벗 테이블 레이아웃 구성하기

오른쪽의 [피벗 테이블 필드] 창에서 각 필드를 드래그 앤 드롭하여 다음과 같이 구성합니다.

- [행]: '일자' ← 날짜 데이터를 '행'에 추가하면 그룹화가 자동으로 설정되면서 필드 수가 늘어납니다.
- [Σ 값]: '출입 시간' ← 출근 시간과 퇴근 시간을 계산하기 위해 '출입 시간' 필드를 2번 추가합니다.

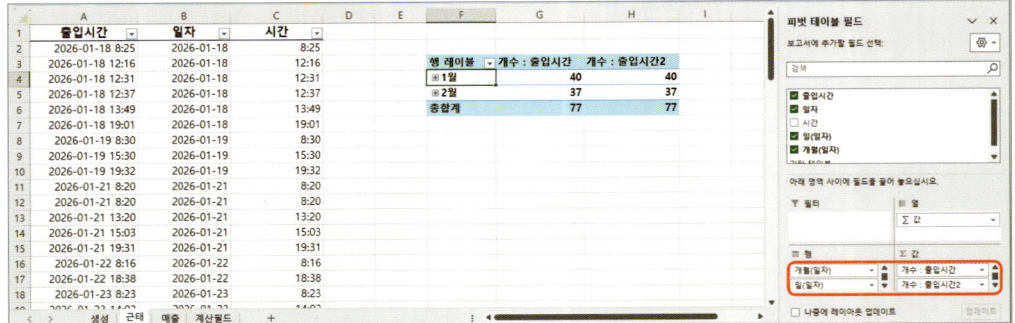

Excel 2013 이후 버전부터 날짜 데이터를 '행' 또는 '열' 영역에 추가하면 자동으로 그룹화가 설정됩니다. 자동 그룹화 설정을 해제하려면 [파일] 탭의 [옵션]을 클릭합니다. [Excel 옵션] 대화상자에서 [데이터] 탭을 클릭한 후 '피벗 테이블에서 날짜/시간 열의 자동 그룹화 사용 안 함'의 체크를 해제합니다.

06 자동으로 설정된 그룹화 해제하기

피벗 테이블의 '일자' 영역에서 ① 마우스 오른쪽 버튼을 클릭한 후 ② [그룹 해제]를 선택합니다.

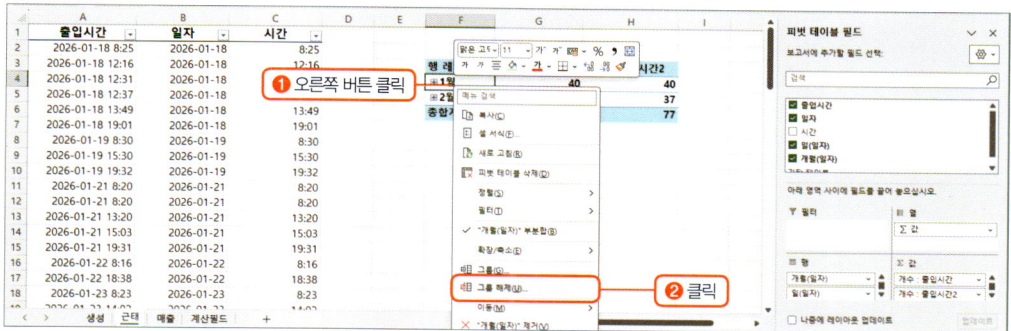

07 요약 함수 변경하기

피벗 테이블의 '개수: 출입 시간' 열에서 ① 마우스 오른쪽 버튼을 클릭한 후 ② [값 요약 기준] - [최소값]을 선택합니다.

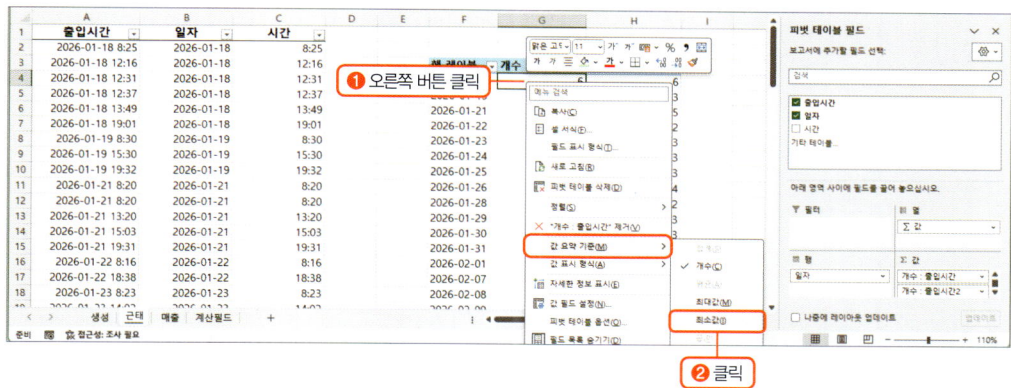

08 요약 함수 변경하기

피벗 테이블의 '개수: 출입 시간 2' 열에서 ① 마우스 오른쪽 버튼을 클릭한 후 ② [값 요약 기준] - [최대값]을 선택합니다.

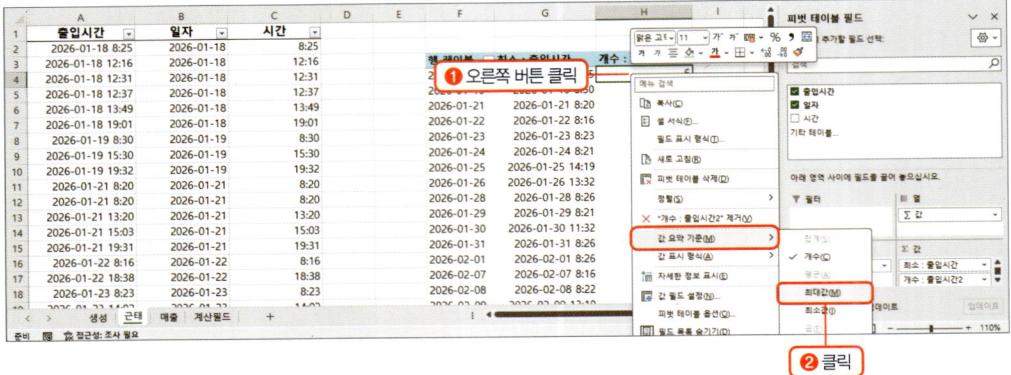

09 서식 복사하기

피벗 테이블의 '최소: 출입 시간', '최대: 출입 시간 2'의 서식을 시간 형식으로 변경하기 위해 서식 복사 기능을 사용하겠습니다. 시간 서식이 지정된 ① [C3] 셀을 선택한 후 ② [홈] 탭의 [클립보드] - [서식 복사]를 클릭합니다.

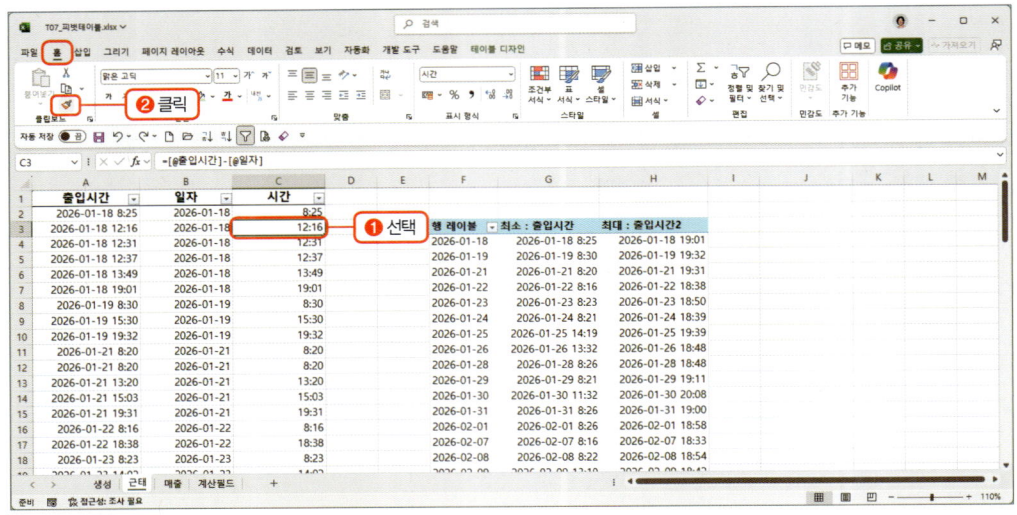

10 시간 서식 붙여넣기

피벗 테이블의 '최소: 출입 시간', '최대: 출입 시간 2' 영역의 끝까지 드래그하여 시간 서식을 붙여넣기합니다.

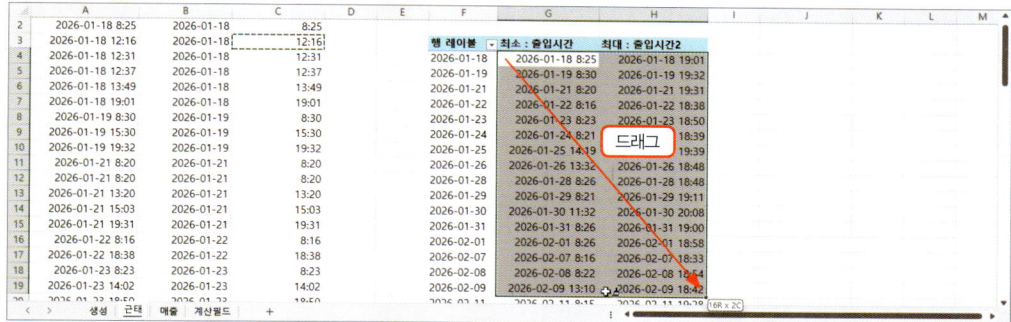

11 열 이름 변경하기

피벗 테이블의 열 이름을 '날짜', '출근', '퇴근'으로 변경하여 보고서의 가독성을 향상시킵니다.

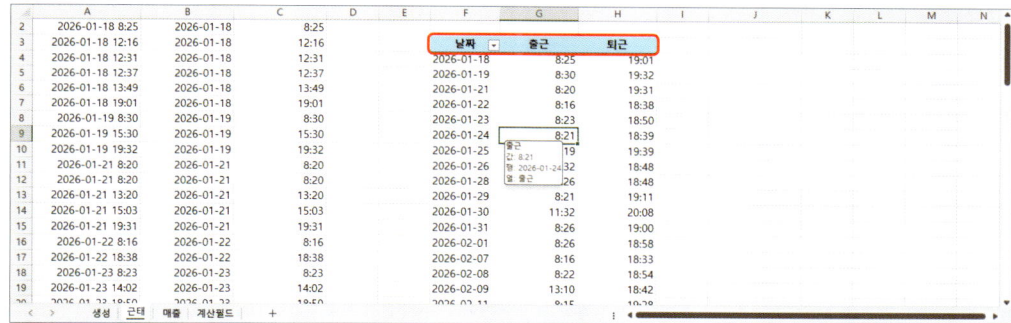

- 열 이름은 원본 데이터의 필드명과 중복되지 않게 변경하는 것이 좋습니다. 중복될 경우 엑셀이 혼동하여 오류가 발생할 수 있습니다.
- 엑셀 버전에 따라 열 이름을 변경했더라도 피벗 테이블 필드 목록에서는 원본 필드명으로 표시될 수 있습니다.

12 총합계 제거하기

날짜별로 출근 시간과 퇴근 시간을 정리한 보고서이므로 총합계가 필요 없습니다. 총합계 셀에서 ❶ 마우스 오른쪽 버튼을 클릭한 후 ❷ [합계 제거]를 클릭합니다.

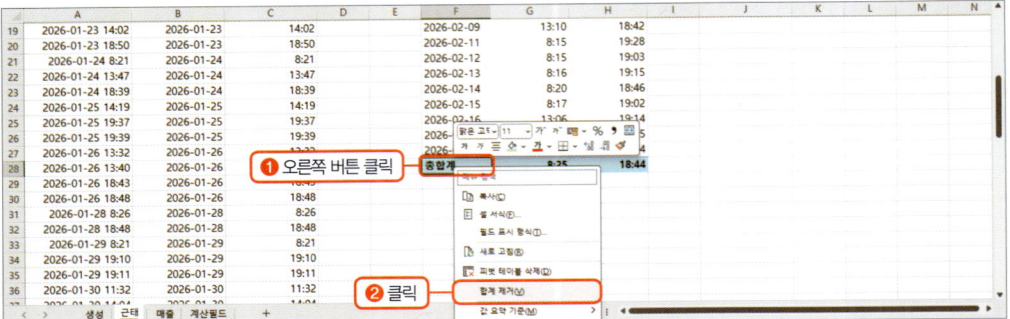

13 완성하기

다음과 같이 완성됩니다.

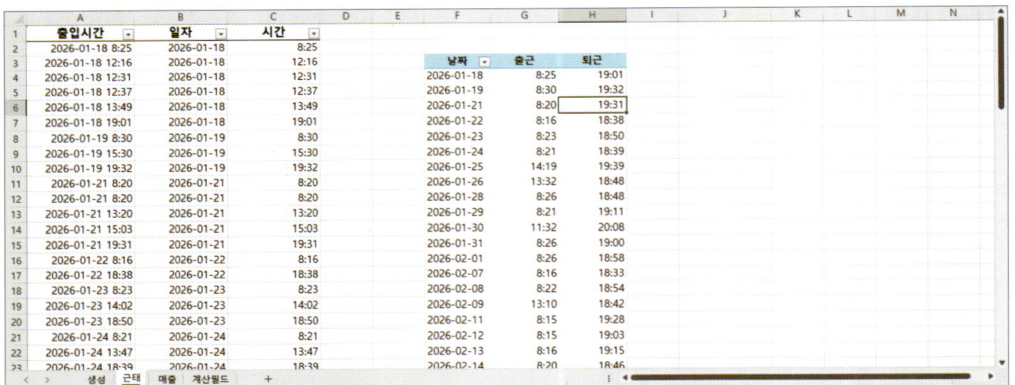

슬라이서로 매출을 다각도로 분석하기

예제 파일 Sample\T07_피벗 테이블.xlsx
완성 파일 Sample\T07_피벗 테이블_완성.xlsx

키 워 드 피벗 테이블, 슬라이서
길라잡이 [매출] 시트를 사용하여 실습을 진행합니다.
데이터를 '매출'이라는 이름의 표를 만들어 두었습니다. 이 표를 활용하여 월별 매출과 제품 분류별 매출 및 비중을 분석하는 두 개의 피벗 테이블을 작성해 보겠습니다. 또한 작성한 두 피벗 보고서에 공통 슬라이서(예: 담당자)를 연결하여 두 보고서를 동시에 필터링하는 방법도 알아보겠습니다.

01 월별 매출을 집계하는 피벗 테이블 만들기

❶ 데이터 내 임의의 셀을 선택한 후 ❷ [삽입] 탭의 [표] – [피벗 테이블]을 클릭합니다.
❸ [표 또는 범위의 피벗 테이블] 대화상자가 열리면 [새 워크시트]를 선택한 후 ❹ [확인] 버튼을 클릭합니다.

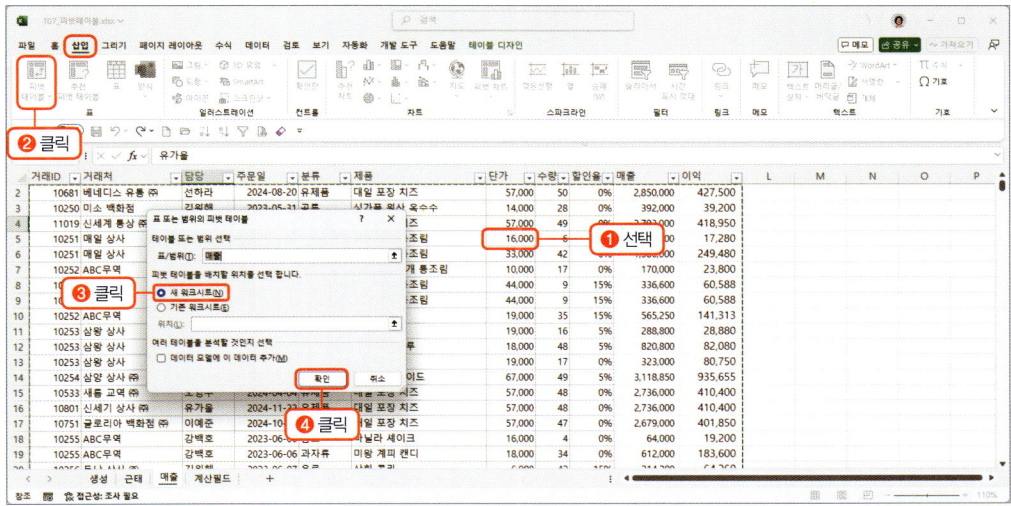

Lesson 02 _ 피벗 테이블을 활용한 데이터 분석 **397**

02 레이아웃 구성하기

오른쪽의 [피벗 테이블 필드] 창에서 각 필드를 드래그 앤 드롭하여 다음과 같이 구성합니다.
- [행]: '주문일' ← 날짜 데이터를 '행'으로 추가하면 자동으로 그룹화가 설정되면서 필드 수가 늘어납니다.
- [Σ 값]: '매출'

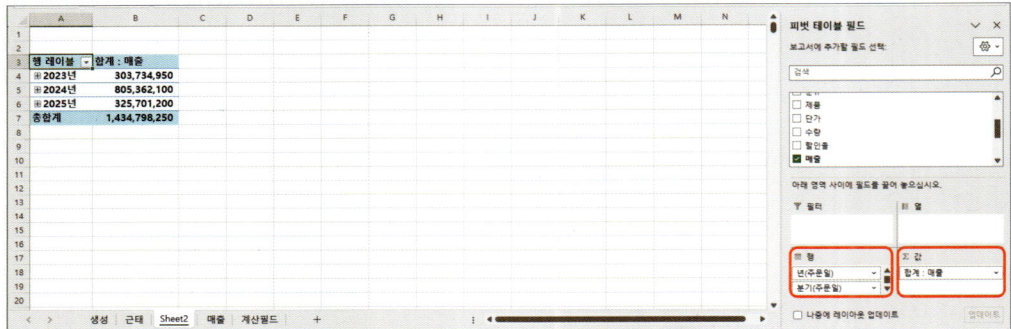

03 월별로 그룹화하기

날짜 위에서 ① 마우스 오른쪽 버튼을 클릭한 후 ② [그룹]을 클릭합니다.

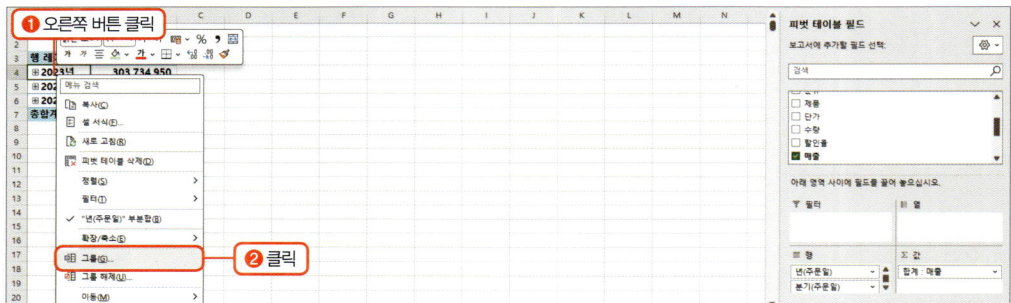

04 그룹화할 단위 선택하기

[그룹화] 대화상자가 열리면 ① 단위를 '월', '연'으로 선택한 후 ② [확인] 버튼을 클릭합니다.

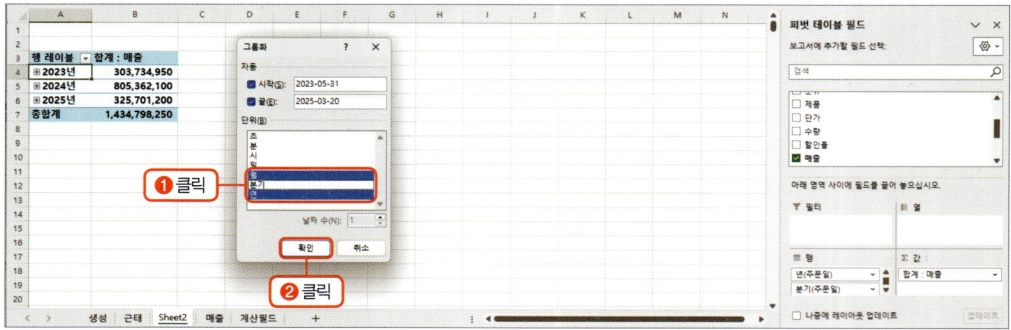

05 분류별 매출 및 비중을 확인하는 피벗 테이블 만들기

❶ 임의의 셀 [D3]을 선택한 후 ❷ [삽입] 탭의 [표] – [피벗 테이블]을 클릭합니다. [표 또는 범위의 피벗 테이블] 대화상자가 열리면 ❸ '테이블 또는 범위 선택'에 「매출」을 입력한 후 [확인] 버튼을 클릭합니다.

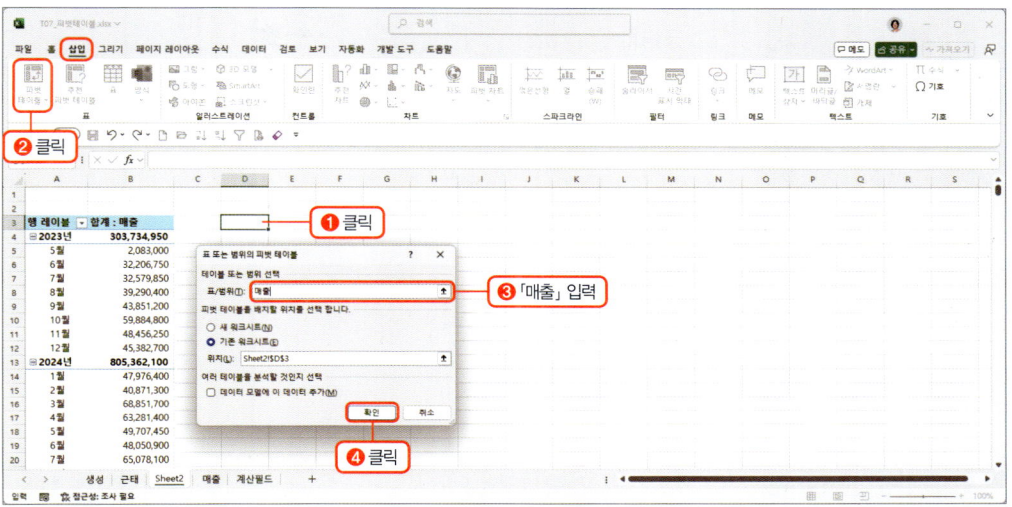

06 레이아웃 구성하기

오른쪽 [피벗 테이블 필드] 창에서 각 필드를 드래그 앤 드롭하여 다음과 같이 구성합니다.
- [행]: '분류'
- [Σ 값]: '매출' 필드를 두 번 추가

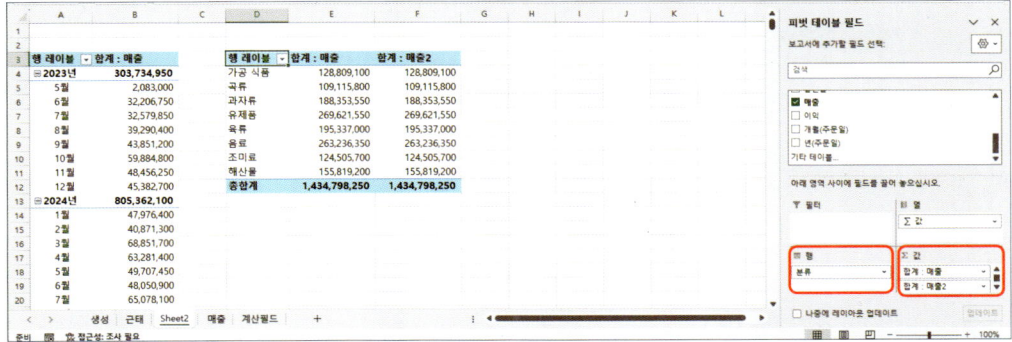

07 필드명 수정 및 값 표시 형식 변경하기

❶ 피벗 테이블의 필드명을 '제품 분류', '매출(원)', '매출(%)'으로 수정합니다.
❷ '매출(%)' 열에서 마우스 오른쪽 버튼을 클릭한 후 ❸ [값 표시 형식] - [열 합계 비율]을 선택합니다.
※ 열 이름은 원본 데이터의 필드명과 중복되지 않게 변경합니다. 중복될 경우 오류가 발생할 수 있습니다.

08 '담당' 슬라이서 삽입하기

❶ 피벗 테이블 내 셀을 선택한 후 ❷ [피벗 테이블 분석] 탭의 [필터] - [슬라이서 삽입]을 클릭합니다. [슬라이서 삽입] 대화상자가 열리면 ❸ '담당'에 체크를 한 후 ❹ [확인] 버튼을 클릭합니다.

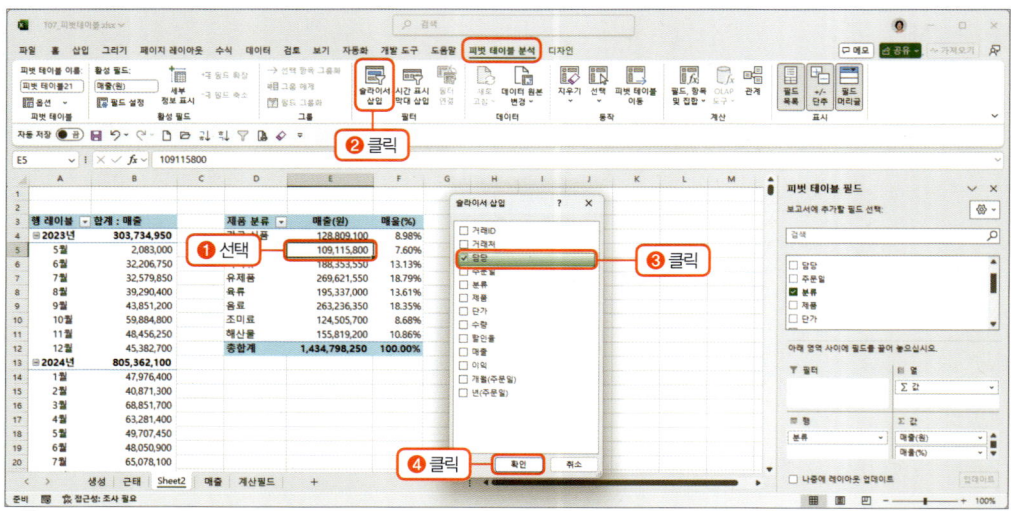

09 슬라이서 단추 열 개수 조정하기

❶ '담당' 슬라이서를 선택한 후 ❷ [슬라이서] 탭의 [단추] 그룹의 '열' 개수를 「5」를 「9」로 조정합니다.

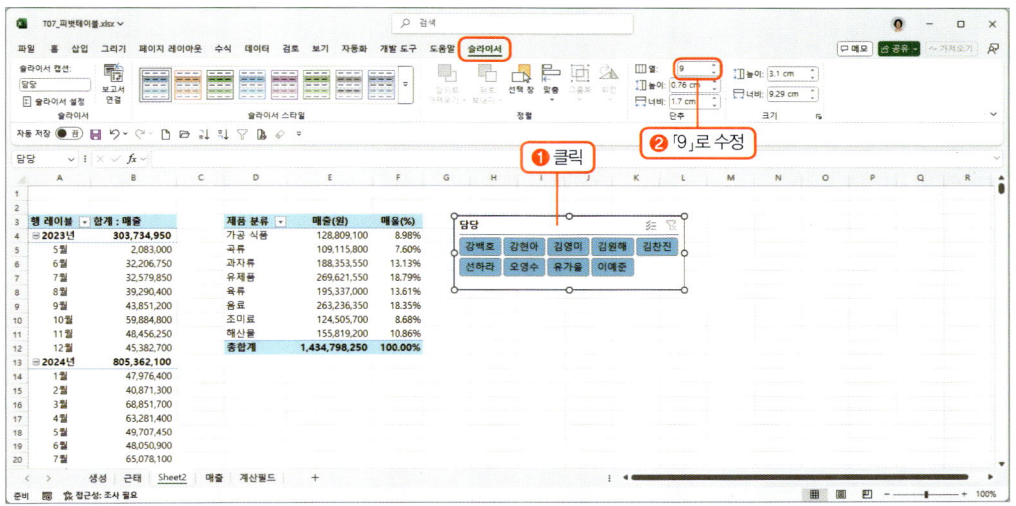

10 슬라이서 위치 이동 및 보고서 연결하기

❶ [1:3] 행 머리글을 선택한 후 Ctrl + + 를 눌러 행을 삽입합니다.
❷ '담당' 슬라이서를 드래그하여 이동합니다.
❸ [슬라이서] 탭의 [슬라이서] – [보고서 연결]을 클릭합니다.

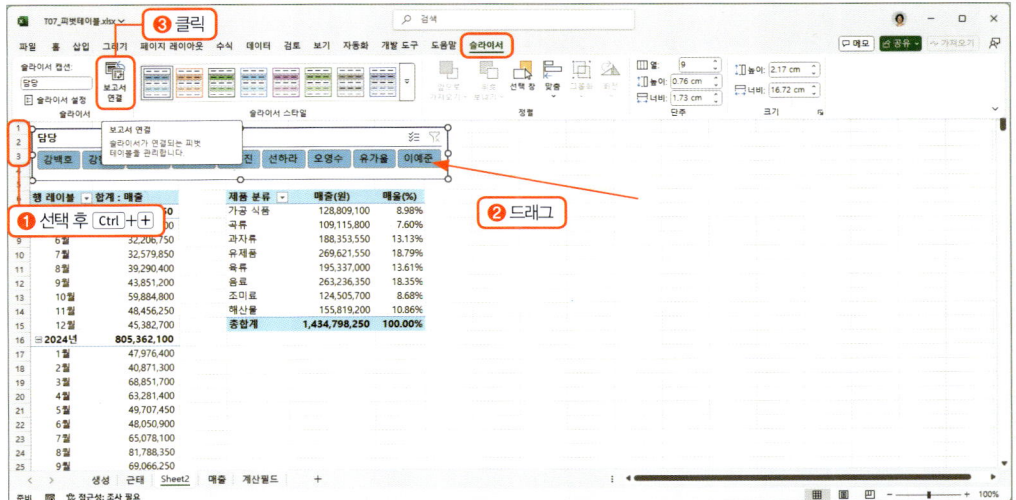

11 피벗 보고서와 슬라이서 연결하기

[보고서 연결(담당)] 대화상자가 열리면 ❶ 모든 보고서에 체크를 한 후 ❷ [확인] 버튼을 클릭합니다.

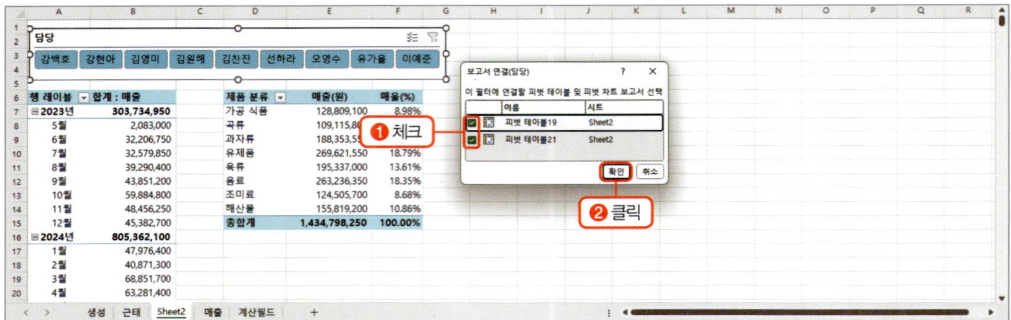

12 결과 확인하기

'담당' 슬라이서에서 임의의 담당자를 클릭하면 두 개의 보고서가 동시에 필터링됩니다.

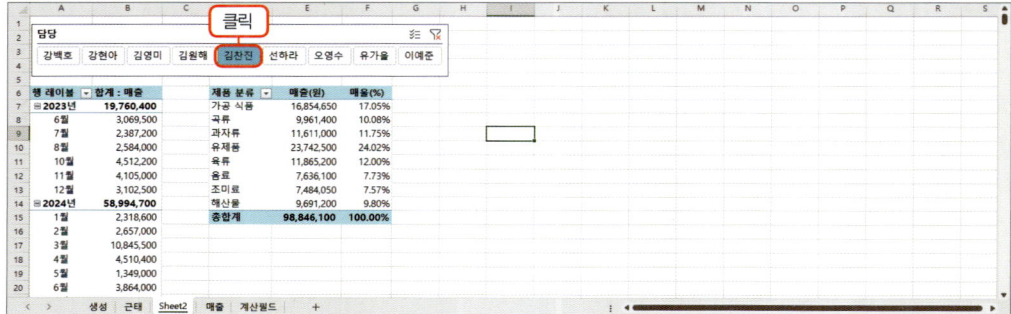

계산 필드를 활용해 부가세 계산하기

예제 파일 Sample\T07_피벗 테이블.xlsx
완성 파일 Sample\T07_피벗 테이블_완성.xlsx

키 워 드 피벗 테이블, 계산 필드
길라잡이 [계산 필드] 시트를 사용하여 실습을 진행합니다.
피벗 테이블의 계산 필드는 기존 필드를 활용하여 수식을 기반으로 새로운 필드를 추가하는 기능입니다. 이번에는 부가세를 계산하는 예제를 통해 계산 필드의 기본 사용법을 익히고 피벗 테이블을 유연하게 활용하는 방법을 알아보겠습니다.

01 거래처별 금액의 합계를 집계하는 피벗 테이블 만들기

❶ 데이터 내 임의의 셀을 선택한 후 ❷ [삽입] 탭의 [표] - [피벗 테이블]을 클릭합니다.
[표 또는 범위의 피벗 테이블] 대화상자가 열리면 ❸ [새 워크시트]를 선택한 후 ❹ [확인] 버튼을 클릭합니다.
※ 이 데이터는 '거래 현황'이라는 이름의 표로 미리 만들어 두었습니다.

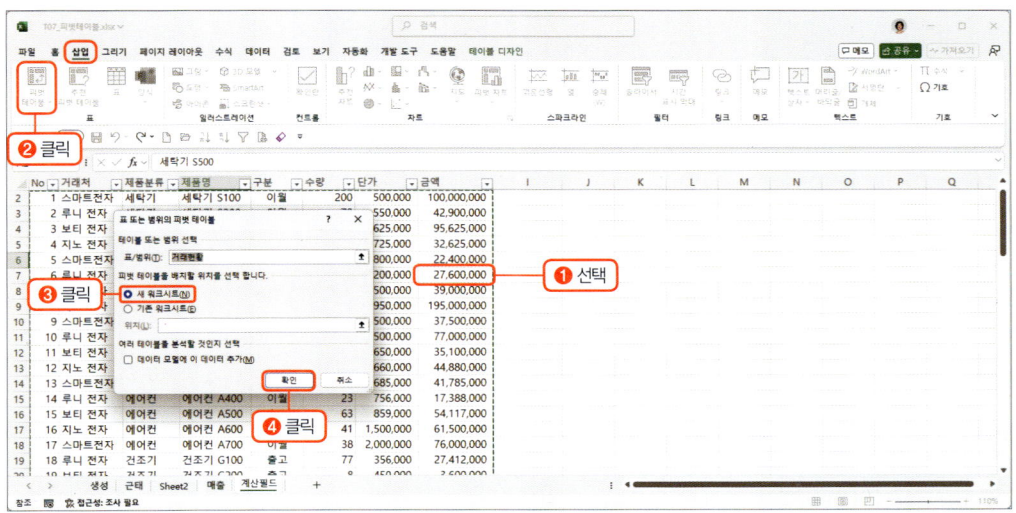

Lesson 02 _ 피벗 테이블을 활용한 데이터 분석   403

02 레이아웃 구성하기

오른쪽의 [피벗 테이블 필드] 창에서 각 필드를 드래그 앤 드롭하여 다음과 같이 구성합니다.

- [행]: '거래처'
- [Σ 값]: '합계: 금액'

03 계산 필드 실행하기

피벗 테이블을 선택한 후 [피벗 테이블 분석] 탭의 [필드 항목 및 집합] - [계산 필드]를 클릭합니다.

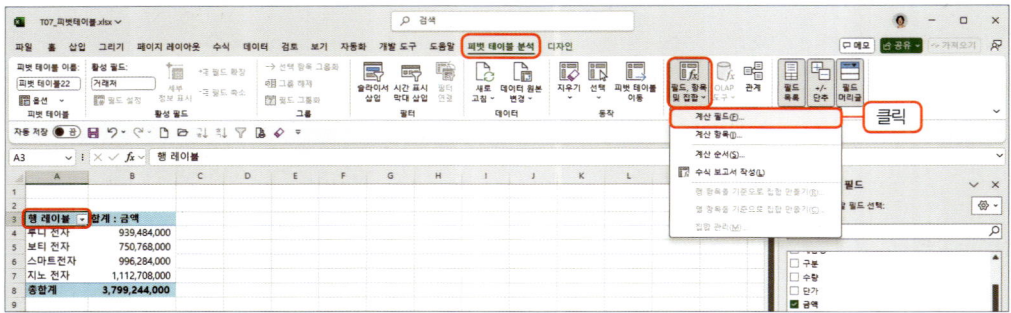

04 계산 필드 수식 작성하기

[계산 필드 삽입] 대화상자가 열리면 ❶ 다음과 같이 작성한 후 ❷ [추가] 버튼을 클릭하고 ❸ [확인] 버튼을 클릭합니다.

- **이름**: 「부가세」
- **수식**: 「=금액*0.1」

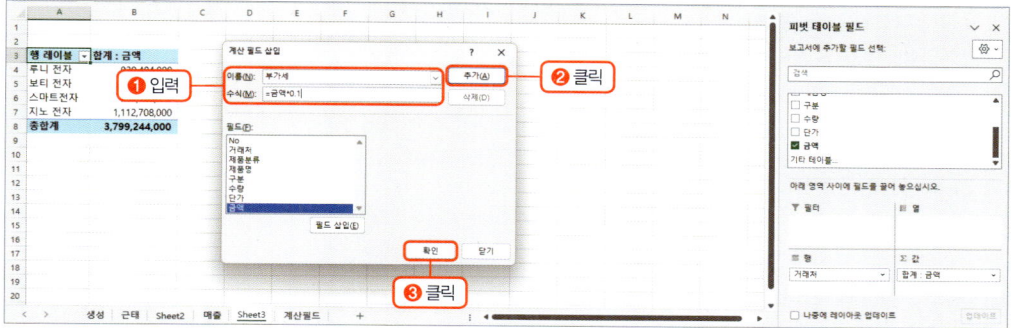

05 결과 확인하기

다음과 같이 '부가세' 필드가 계산됩니다.

 # 계산 항목을 활용해 재고 계산하기

예제 파일 Sample\T07_피벗 테이블.xlsx
완성 파일 Sample\T07_피벗 테이블_완성.xlsx

> **키 워 드** 피벗 테이블, 계산 항목
> **길라잡이** [계산 필드] 시트를 사용하여 실습을 진행합니다.
> 계산 항목은 피벗 테이블에서 기존 필드의 항목들을 수식으로 조합해 동일한 필드 내에 새로운 항목을 생성할 수 있는 기능입니다. 이번에는 '구분' 필드에 포함된 '이월', '입고', '출고' 항목을 활용해 '재고' 항목을 계산하면서 계산 항목을 설정하고 활용하는 방법을 알아보겠습니다.

01 거래처별 금액의 합계를 집계하는 피벗 테이블 만들기

❶ 데이터 내 임의의 셀을 선택한 후 ❷ [삽입] 탭의 [표] - [피벗 테이블]을 클릭합니다. [표 또는 범위의 피벗 테이블] 대화상자가 열리면 ❸ '새 워크시트'를 선택한 후 ❹ [확인] 버튼을 클릭합니다.
※ 이 데이터는 '거래 현황'이라는 이름의 표로 미리 만들어 두었습니다.

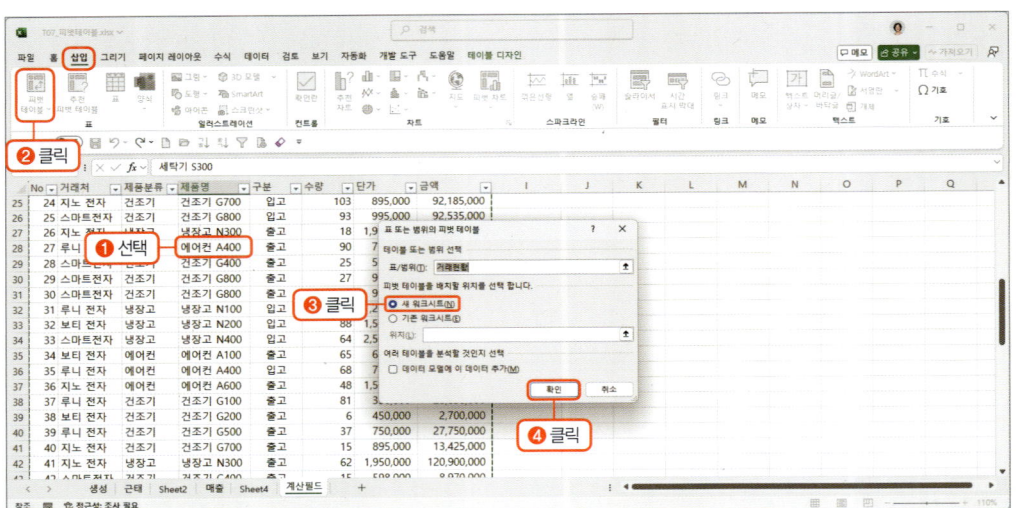

02 레이아웃 구성하기

오른쪽의 [피벗 테이블 필드] 창에서 각 필드를 드래그 앤 드롭하여 다음과 같이 구성합니다.
- [행]: '제품명'
- [열]: '구분'
- [Σ 값]: '합계: 수량'

03 계산 항목 실행하기

❶ 피벗 테이블을 선택한 후 ❷ [피벗 테이블 분석] 탭의 [필드 항목 및 집합] - [계산 항목]을 클릭합니다. 만약, [계산 항목] 탭이 비활성화되어 있다면 피벗 테이블에서 구분 항목이 입력된 '이월', '입고', '출고' 셀 중 하나를 선택한 후 메뉴를 실행합니다.

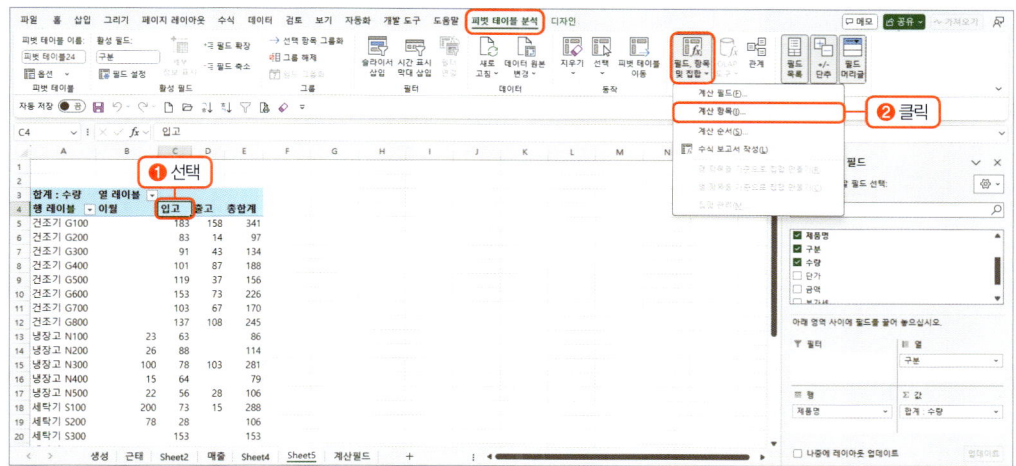

04 계산 항목 수식 작성하기

["구분"에 계산 항목 삽입] 대화상자가 열리면 다음과 같이 작성한 후 [추가] 버튼을 클릭하고 [확인] 버튼을 클릭합니다.

- **이름**: 「재고」
- **수식**: 「=이월-출고+입고」

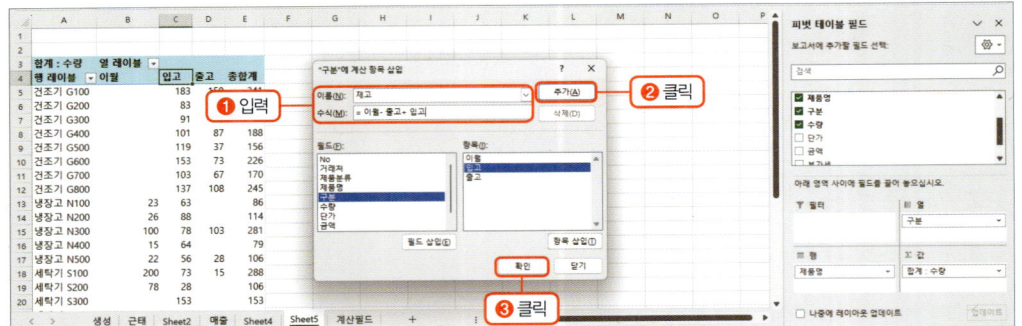

05 총합계를 제거하여 완성하기

재고를 확인하는 피벗 테이블이므로 '총합계'는 필요 없습니다. ❶ '총합계' 열에서 마우스 오른쪽 버튼을 클릭한 후 ❷ [합계 제거]를 클릭합니다.

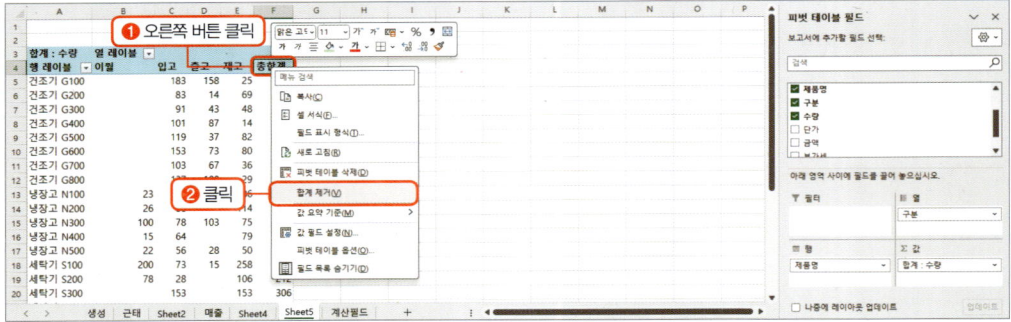

03 엑셀의 가상 분석과 예측 도구

엑셀의 가상 분석과 예측 도구는 다양한 조건과 데이터를 바탕으로 미래 상황을 시뮬레이션하거나 예측 결과를 시각적으로 표현하는 데 도움을 주는 기능입니다.

 가상 분석 도구

가상 분석은 사용자가 설정한 조건에 따라 결괏값을 분석하거나 목표로 하는 결과를 얻는 데 필요한 입력값을 계산하는 기능입니다. 엑셀에서 제공하는 대표적인 가상 분석 도구로는 목표값 찾기, 데이터 표, 시나리오 관리자가 있습니다.

목표값 찾기

목표값 찾기는 특정 셀에 원하는 결괏값(목표값)을 설정한 후 그 결과를 얻는 데 필요한 입력값을 자동으로 계산해 주는 기능입니다. 예를 들어 대출 상환액을 특정 금액으로 맞추기 위한 이자율을 찾는 데 활용할 수 있습니다.

시나리오 관리자

여러 입력값을 조합해 다양한 시나리오를 생성하고 이를 저장하여 비교, 분석할 수 있는 기능입니다. 각 시나리오별 결과를 요약 보고서로 생성하여 의사 결정에 활용할 수 있습니다.

데이터 표

하나 또는 두 개의 변수를 변경하면서 그에 따른 결괏값의 변화를 표 형태로 한눈에 보여 주는 기능입니다. 민감도 분석에 유용하며 여러 시나리오의 결과를 동시에 확인할 수 있습니다.

목표값 찾기
(목표액 달성을 위한 판매 수량 예측하기)

예제 파일 Sample\T07_가상 분석.xlsx
완성 파일 Sample\T07_가상 분석_완성.xlsx

키 워 드 목표값 찾기
길라잡이 [목표값] 시트를 사용하여 실습을 진행합니다.
상품별 매출 데이터에서 총 매출액이 5억 원에 도달하려면 노트북을 몇 대 더 판매해야 하는지의 문제는 엑셀의 '목표값 찾기(Goal Seek)' 기능을 사용하면 간단하게 해결할 수 있습니다. 엑셀의 '목표값 찾기' 기능을 사용하는 방법을 알아보겠습니다.

01 목표셀 확인 및 목표값 찾기 명령 실행하기

[E7] 셀에 총 매출액이 계산되어 있습니다. 이 셀의 값이 5억 원에 도달하기 위해 노트북의 판매 수량을 예측해 보겠습니다. ❶ [데이터] 탭의 [가상 분석] – [목표값 찾기]를 클릭합니다.

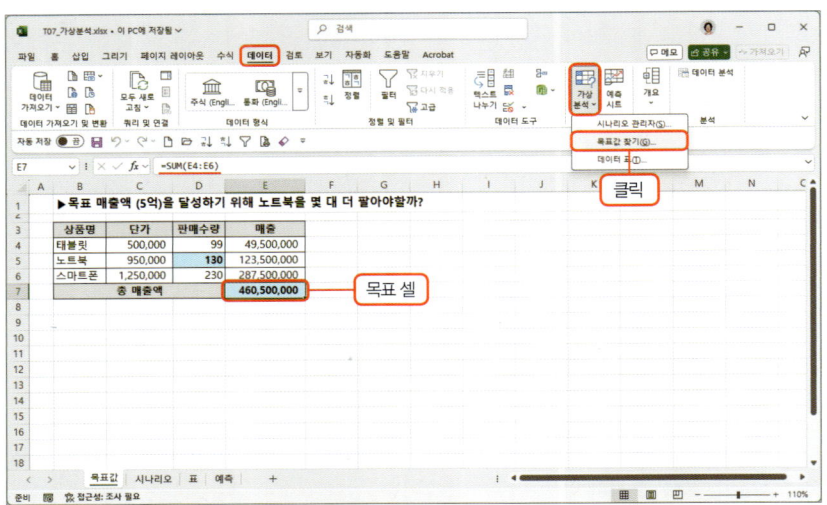

02 수식 셀 및 목표값 입력하기

[목표값 찾기] 대화상자가 열리면 ❶ 다음과 같이 지정한 후 ❷ [확인] 버튼을 클릭합니다.

- **수식 셀**: E7
- **찾는 값**: 500,000,000
- **값을 바꿀 셀**: D5

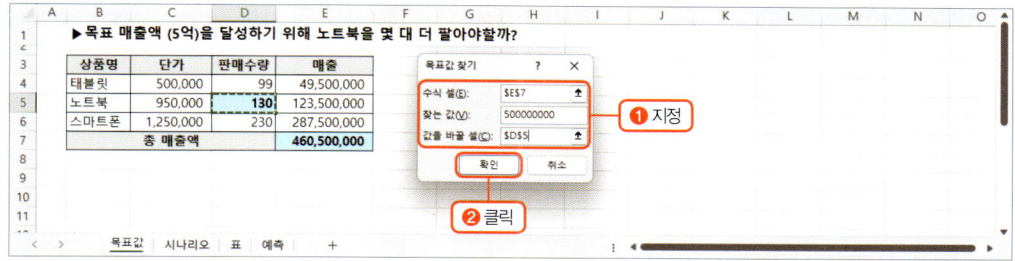

03 완성하기

목표값을 찾은 결과 노트북을 약 172대를 판매하면 총 매출액 5억 원을 달성할 수 있습니다.

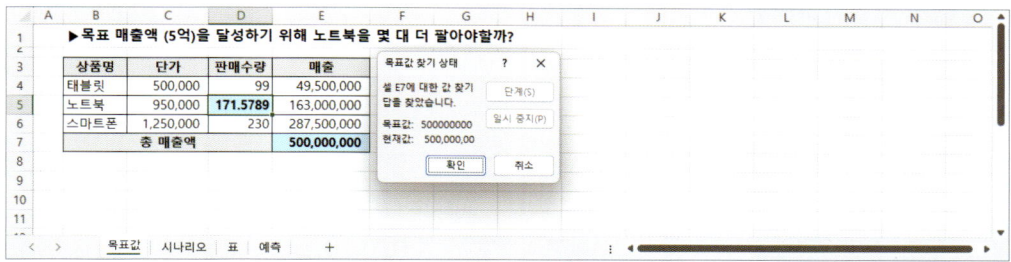

시나리오
(마진율 변화에 따른 총 수입 금액 비교)

예제 파일 Sample\T07_가상 분석.xlsx
완성 파일 Sample\T07_가상 분석_완성.xlsx

키 워 드 시나리오 관리자
길라잡이 [시나리오] 시트를 사용하여 실습을 진행합니다.
제품 판매 시 마진율 변동이 총 수익에 미치는 영향을 시뮬레이션해 보고자 합니다. 기본 마진율 30%를 기준으로 상승(38%)과 하락(24%) 상황을 가정한 비교 분석 시나리오를 작성하는 방법을 알아보겠습니다.

01 이름 정의 확인하기

시나리오 작성 시 참조하는 셀을 이름 정의해 두면 시나리오 작성 후 가독성이 향상됩니다. [E2] 셀은 '마진율', [E9] 셀은 '총수익'으로 미리 이름 정의해 두었습니다.

02 시나리오 관리자 실행하기

[데이터] 탭의 [가상 분석] – [시나리오 관리자]를 클릭합니다.

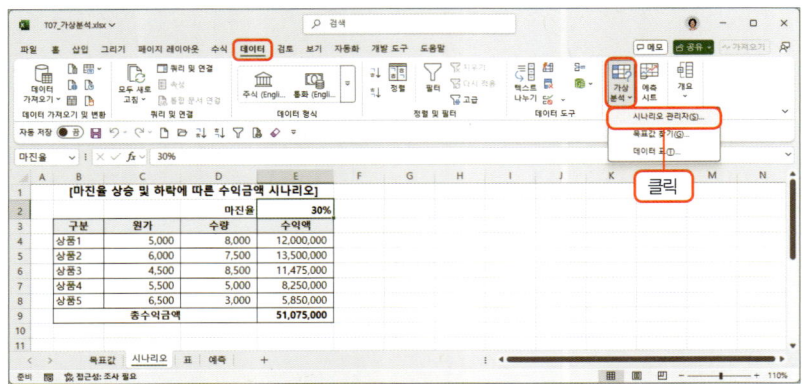

03 시나리오 추가하기

[시나리오 관리자] 대화상자가 열리면 [추가] 버튼을 클릭합니다.

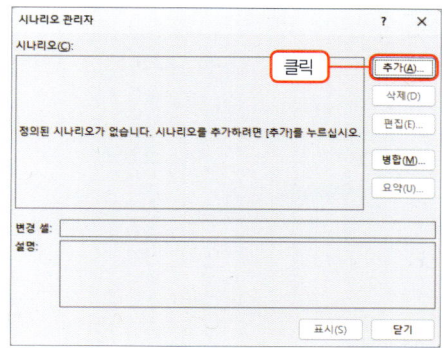

04 '상승' 시나리오 만들기

[시나리오 추가] 대화상자가 열리면 ❶ '시나리오 이름'은 「상승」, '변경 셀'은 「E2」 셀을 선택한 후 ❷ [확인] 버튼을 클릭합니다. 다시 [시나리오 값] 대화상자가 열리면 마진율에 ❸ 「0.38」을 입력한 후 ❹ [확인] 버튼을 클릭합니다.

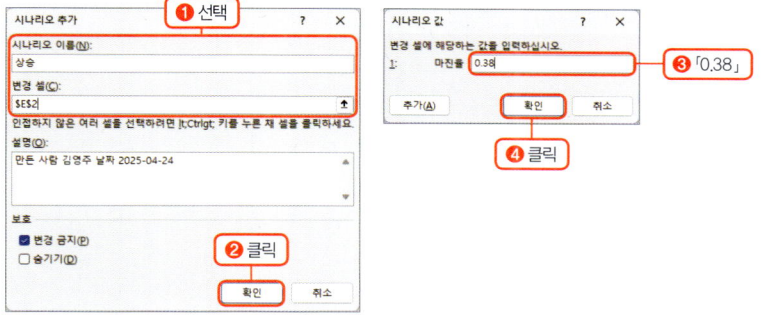

05 '하락' 시나리오 만들기

다시 [시나리오 관리자] 대화상자가 열리면 ❶ [추가] 버튼을 클릭합니다. [시나리오 추가] 대화상자가 열리면 ❷ '시나리오 이름'은 「하락」, '변경 셀'은 「E2」 셀을 선택한 후 ❸ [확인] 버튼을 클릭합니다. 다시 [시나리오 값] 대화상자가 열리면 ❹ 마진율에 「0.24」를 입력한 후 ❺ [확인] 버튼을 클릭합니다.

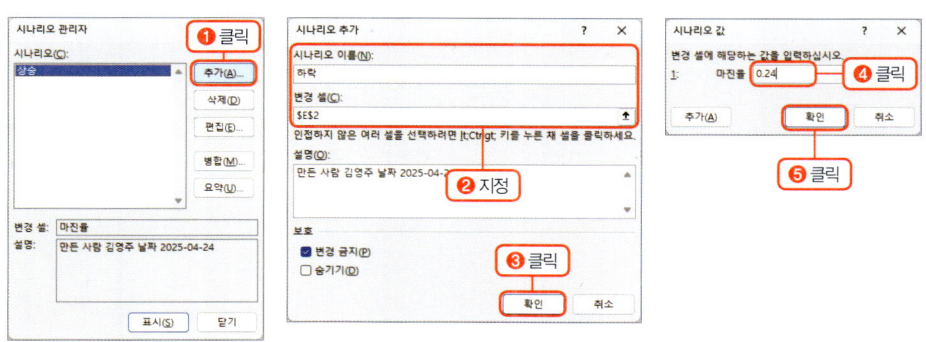

06 시나리오 요약하기

다시 [시나리오 관리자] 대화상자가 열리면 ❶ [요약] 버튼을 클릭합니다. [시나리오 요약] 대화상자가 열리면 ❷ [시나리오 요약] 버튼을 클릭한 후 ❸ [확인] 버튼을 클릭합니다.

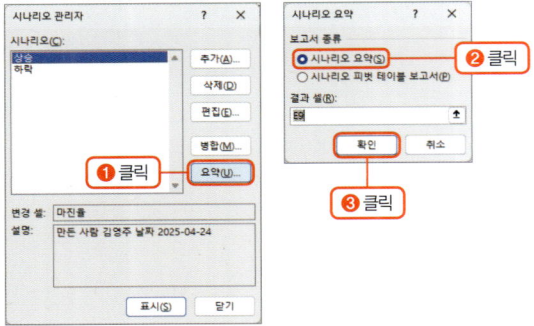

07 결과 확인하기

다음과 같이 마진율 상승(38%), 현재(30%), 하락(24%) 시기에 대한 총 수익 금액의 변화를 살펴볼 수 있습니다.

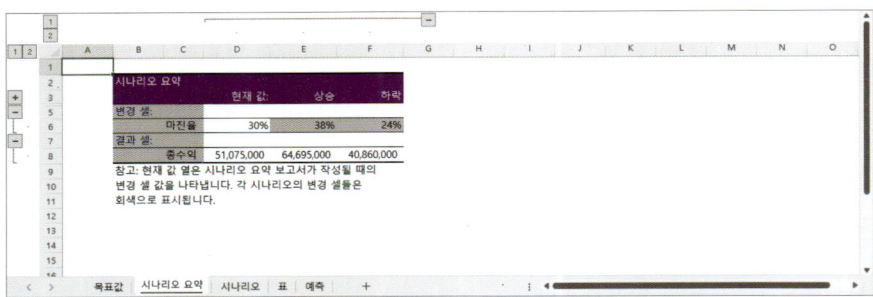

데이터 표
(근무일수와 시급에 따른 급여 변화 분석)

예제 파일 Sample\T07_가상 분석.xlsx
완성 파일 Sample\T07_가상 분석_완성.xlsx

키 워 드 데이터 표
길라잡이 [표] 시트를 사용하여 실습을 진행합니다.
직원의 시급과 근무일수가 변동될 경우 월 급여가 어떻게 달라지는지를 분석해 보겠습니다. 엑셀의 데이터 표(Data Table) 기능을 사용하면 다양한 조합에 따른 결과를 한 번에 확인할 수 있습니다.
(예제에서 1일 근무시간은 8시간으로 고정합니다.)

01 수식 연결하기

데이터 표(Data Table)는 행과 열의 교차점에 변수 셀을 참조한 수식을 작성해야 합니다. [D3] 셀에 급여액 수식이 있으므로 이 수식을 연결하겠습니다. [B5] 셀에 수식 「=D3」을 입력합니다.

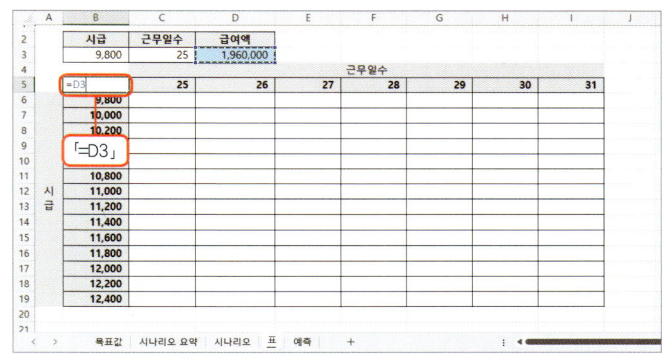

02 데이터 표 실행하기

❶ [B5:I19] 영역을 선택한 후 ❷ [데이터] 탭의 [가상 분석] – [데이터 표]를 클릭합니다.

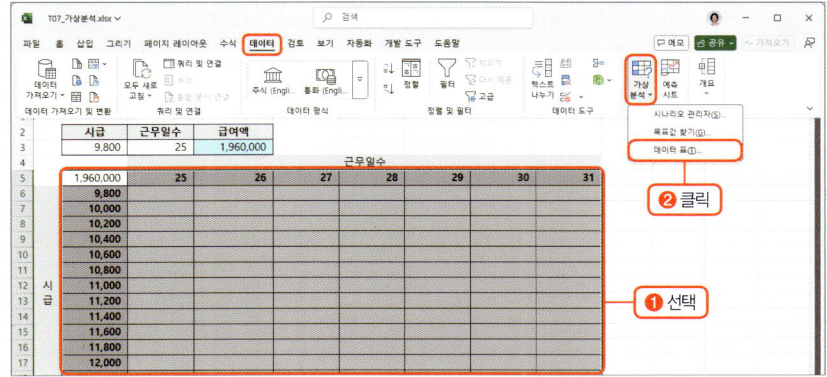

03 변수 셀 지정하기

[데이터 테이블] 대화상자가 열리면 ❶ 행과 열의 입력 셀을 지정한 후 ❷ [확인] 버튼을 클릭합니다.

- **행 입력 셀**: C3
- **열 입력 셀**: B3

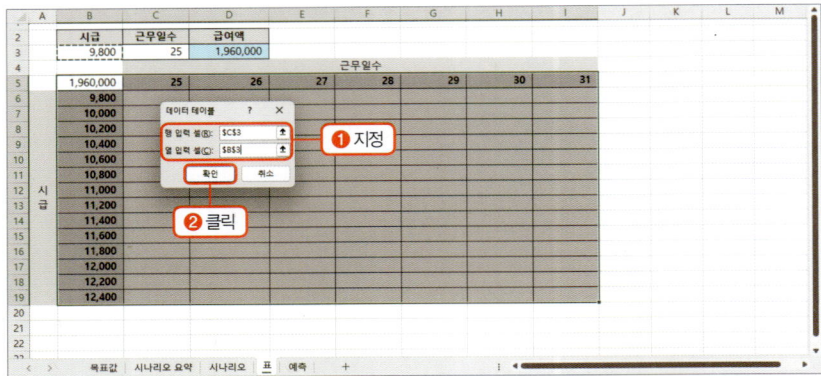

04 결과 확인하기

근무일수와 시급에 따른 월 급여액의 변화를 분석할 수 있습니다.

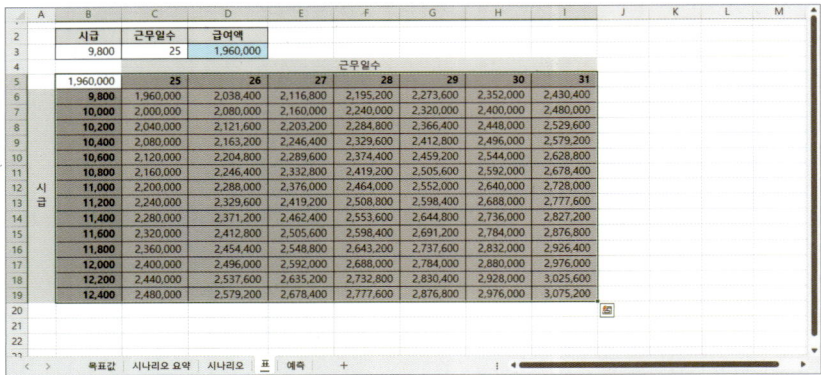

예측 시트(향후 6개월 매출 예측하기)

예제 파일 Sample\T07_가상 분석.xlsx
완성 파일 Sample\T07_가상 분석_완성.xlsx

키 워 드 예측 시트
길라잡이 [예측] 시트를 사용하여 실습을 진행합니다.
2023~2025년까지의 월별 매출 데이터가 있습니다. 이 데이터를 기반으로 향후 6개월간의 매출을 자동으로 예측하고 결과를 시각화하는 예측 시트(Forecast Sheet)를 사용하는 방법을 알아보겠습니다.

01 데이터 확인 및 예측 시트 실행하기

3년간의 월별 매출이 입력되어 있습니다. ❶ [A1:B37] 영역을 선택한 후 ❷ [데이터] 탭의 [예측] - [예측 시트]를 클릭합니다. [예측 워크시트 만들기] 대화상자가 열리면 ❸ 예측 종료 시점에 「2026-6-1」을 입력한 후 ❹ [만들기] 버튼을 클릭합니다.

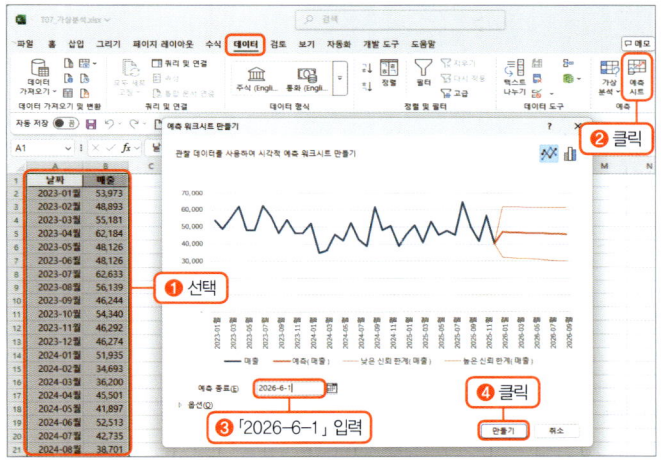

02 결과 확인하기

새로운 시트가 추가되면서 예측 표와 차트가 삽입됩니다.

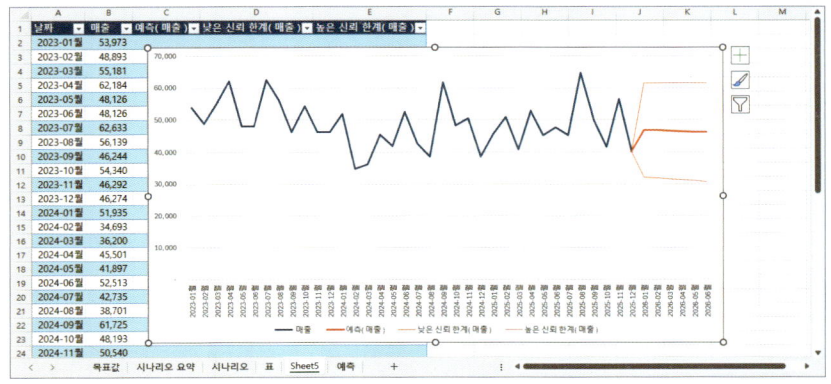

EXCEL 2024

챗GPT(ChatGPT), 클로드(Claude), 코파일럿(Copilot) 등과 같은 생성형 AI를 활용하면 엑셀에서 복잡한 수식 작성, 서식 적용, 데이터 분석 등의 작업을 손쉽게 수행할 수 있습니다. 반복적인 작업을 자동화하는 매크로를 작성할 때도 VBA(Visual Basic for Applications) 코드를 자연어로 요청하여 손쉽게 생성할 수 있습니다. 이번 테마에서는 엑셀 업무에 생성형 AI를 어떻게 활용할 수 있는지 살펴보겠습니다.

THEME 08

생성형 AI 활용

LESSON 01 생성형 AI 활용하기

엑셀에서 생성형 AI를 활용하는 데는 M365를 구독하고 엑셀 내에서 Excel Copilot을 사용하거나 챗GPT, 클로드, 제미나이(Gemini), 코파일럿 챗(Copilot Chat) 등과 같은 일반적인 생성형 AI 서비스에 프롬프트를 입력하여 엑셀 작업을 지원받는 방법이 있습니다.

엑셀 내에서 엑셀 코파일럿 활용하기

Microsoft 365 Personal 또는 Family 구독자는 매월 60개의 AI 크레딧을 제공받습니다. 이 크레딧이 소진될 때까지 엑셀, 워드, 파워포인트 등과 같은 오피스(Office) 앱 내에서 코파일럿(Copilot)을 사용할 수 있습니다. 크레딧이 부족할 경우 Copilot Pro 구독을 통해 추가 사용량을 확보할 수 있습니다.
한편, Microsoft 365 Business(Standard, Premium 등) 구독자는 Microsoft 365 Copilot 라이선스를 별도로 구독한 후 코파일럿을 사용할 수 있습니다.
※ 라이선스 정책은 변경될 수 있으며 이 내용은 2025년 7월 기준입니다.

엑셀에서 코파일럿을 사용하는 방법
1. 작업할 파일을 원드라이브 또는 셰어포인트(SharePoint)에 저장합니다.
2. 데이터를 '표'로 변환합니다(반드시 변환해야 하는 것은 아니지만 데이터를 '표(Table)'로 변환하면 코파일럿이 데이터 구조를 더 잘 이해하고 처리할 수 있습니다).
3. 코파일럿에 프롬프트를 입력하여 원하는 작업을 요청합니다.

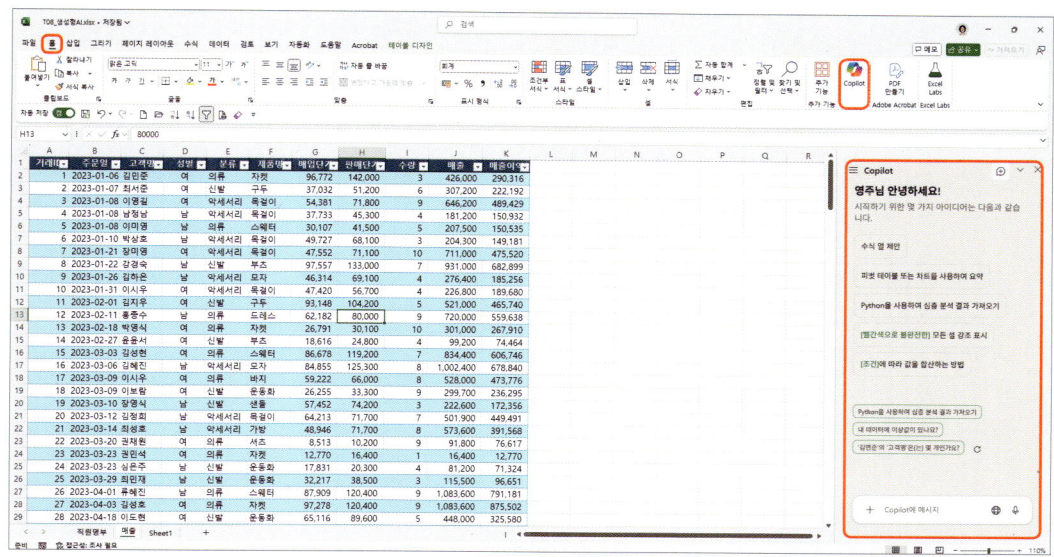

Lesson 01 _ 생성형 AI 활용하기

엑셀에서 코파일럿으로 작업하기

예제 파일 Sample\T08_생성형 AI.xlsx, 프롬프트.txt
완성 파일 Sample\T08_생성형 AI_완성.xlsx

> **키 워 드** Copilot
> **길라잡이** [직원 명부], [매출] 시트를 사용하여 실습을 진행합니다.
> Copilot을 활용하여 [직원 명부] 시트에서는 수식 생성과 조건부 서식 설정을 요청하고 [매출] 시트에서는 피벗 테이블 작성을 요청하는 방법을 알아보겠습니다.
> ※ 해당 실습은 Microsoft 365 Personal 또는 Family 구독자, Copilot Pro 구독자, Microsoft 365 Copilot 구독자만 가능합니다.

01 데이터를 '표'로 변환하기

❶ 데이터 범위 내 셀을 선택한 후 ❷ [삽입] 탭의 [표] - [표]를 클릭합니다. [표 만들기] 대화상자가 열리면 ❸ [확인] 버튼을 클릭합니다.

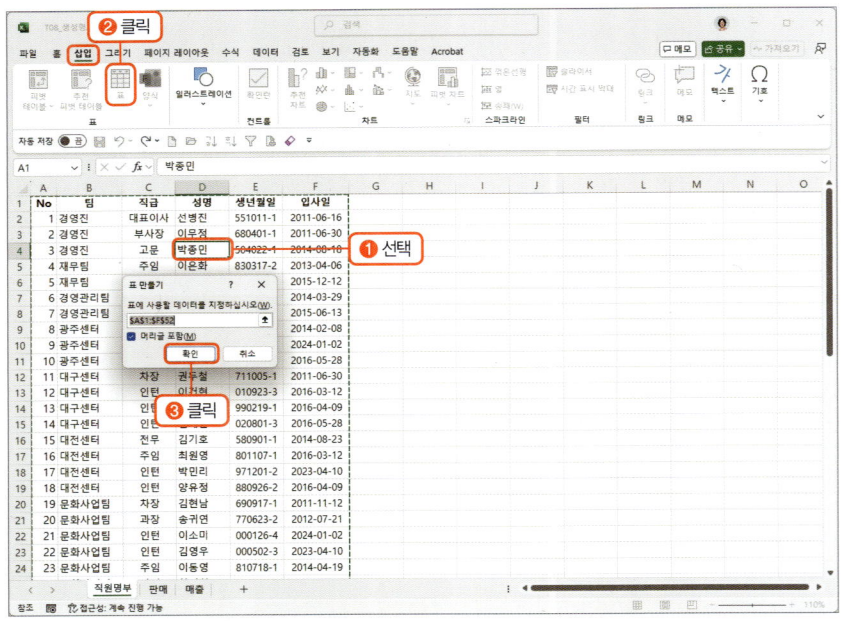

02 표 이름 정의하기

[테이블 디자인] 탭의 [속성]에서 표의 이름을 「직원 명부」로 입력한 후 Enter 를 누릅니다.

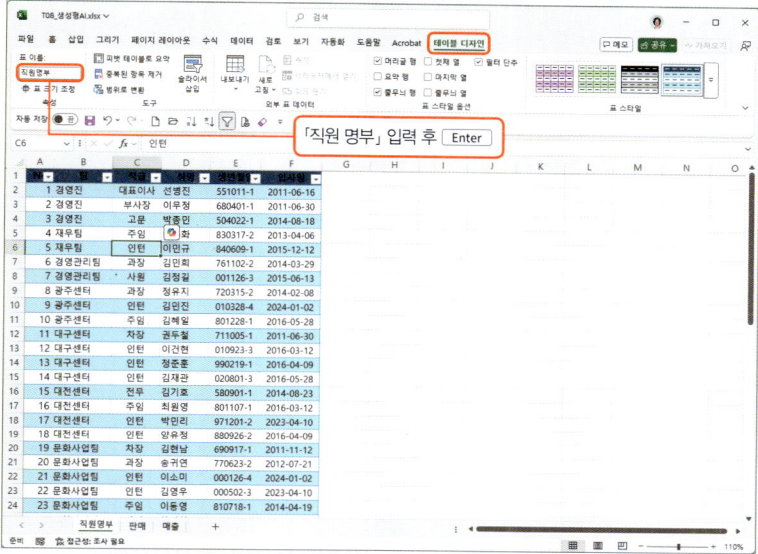

03 코파일럿 실행하기

❶ [홈] 탭의 [Copilot]을 클릭합니다.
❷ 화면 오른쪽에 [Copilot] 패널 창이 나타나면 [자동 저장 켜기] 버튼을 클릭합니다.
※ Copilot 기능은 파일을 원드라이브에 저장해야 사용할 수 있으므로 자동 저장을 켜서 원드라이브에 업로드합니다.

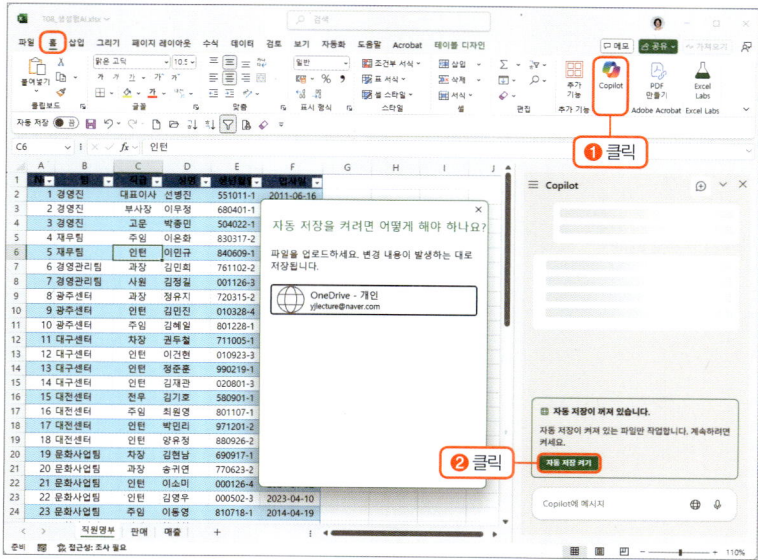

04 프롬프트 입력하기

'입사일' 열을 기준으로 재직년수를 계산해 줘.

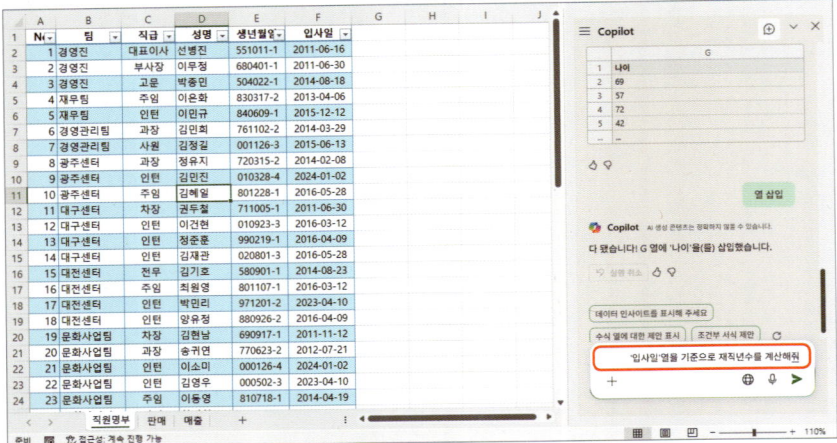

05 수식 검토 후 열 삽입하기

코파일럿이 제안한 수식을 검토한 후 [열 삽입] 버튼을 클릭합니다.

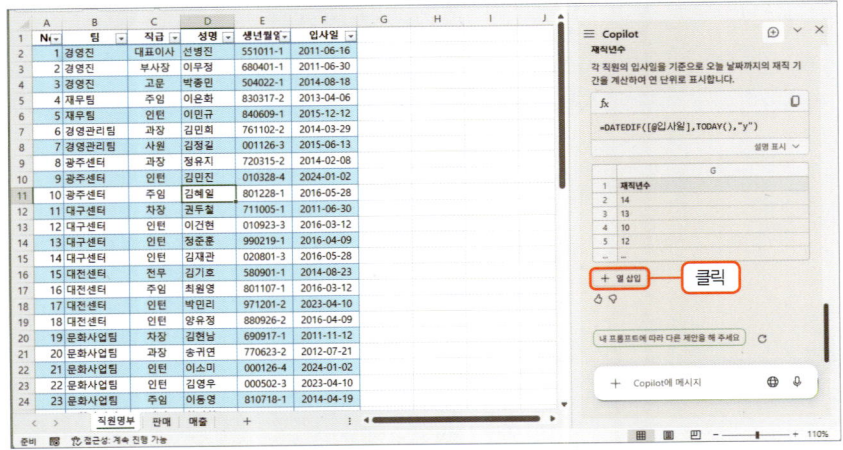

06 프롬프트 입력하기

'재직년수'가 10년인 사람을 찾아 행 강조해 줘.

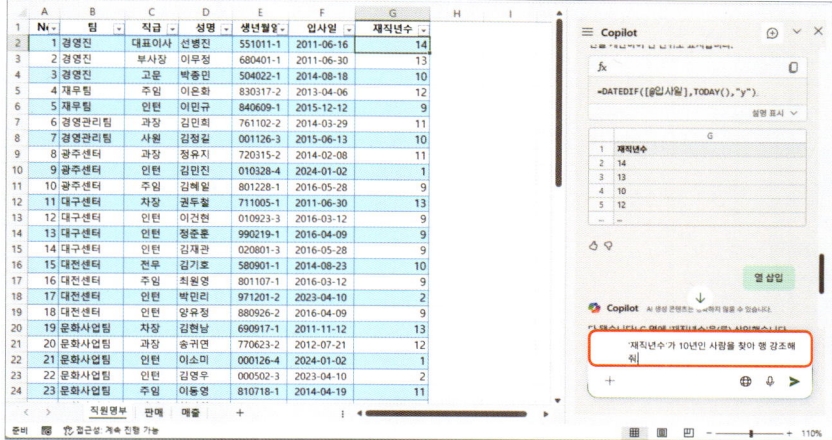

07 조건부 서식 적용하기

코파일럿이 제안한 수식과 서식을 검토한 후 [적용] 버튼을 클릭합니다.

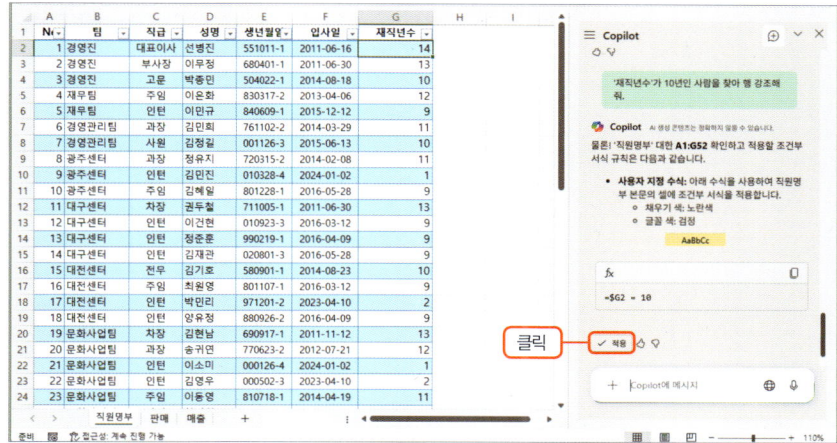

08 적용 결과 확인하기

다음과 같이 재직년수가 10년인 사람을 찾아 행 강조합니다.

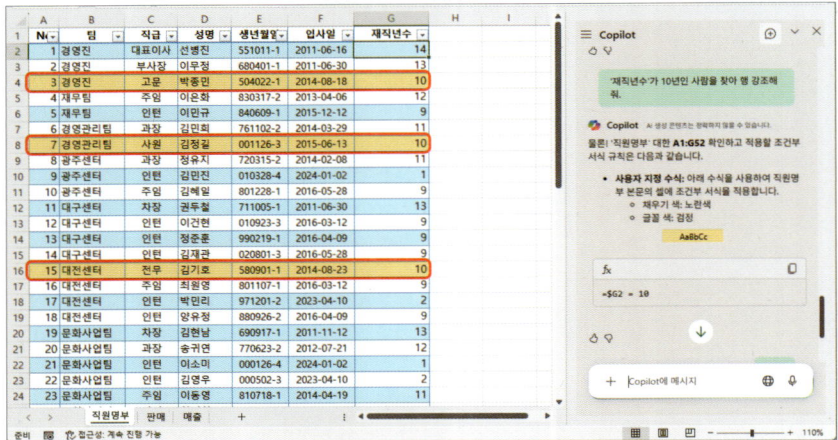

09 데이터를 '표'로 변환하기

❶ [매출] 시트를 선택합니다. ❷ 데이터 범위 내 셀을 선택한 후 ❸ [삽입] 탭의 [표] - [표]를 클릭합니다. [표 만들기] 대화상자가 열리면 ❹ [확인] 버튼을 클릭합니다.

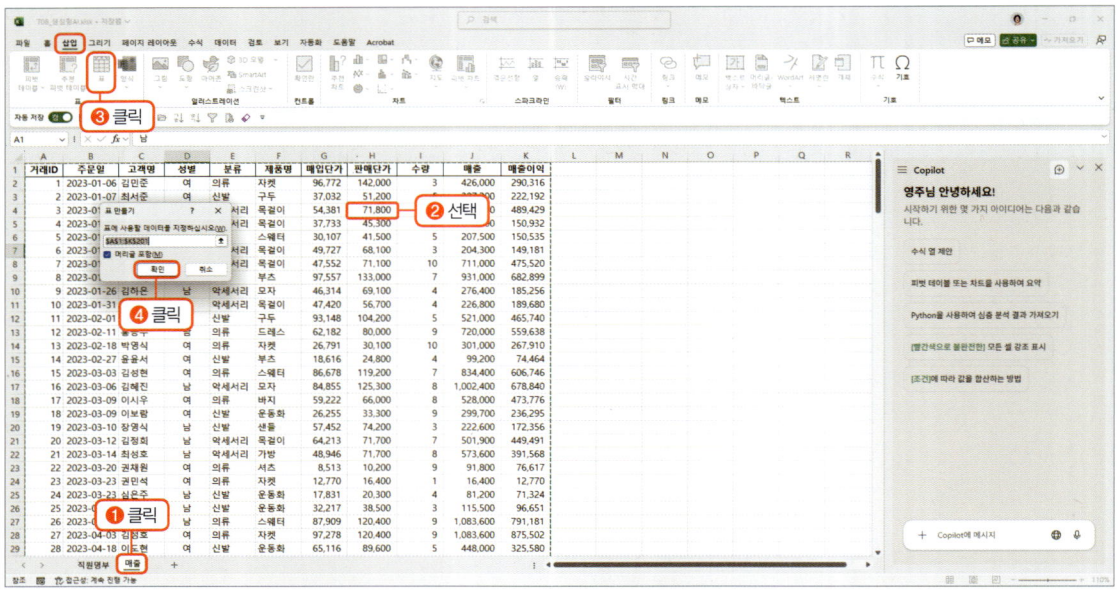

10 프롬프트 입력하기

'분류'에 따른 수량, 매출, 매출이익의 합을 피벗 테이블로 작성해 줘.

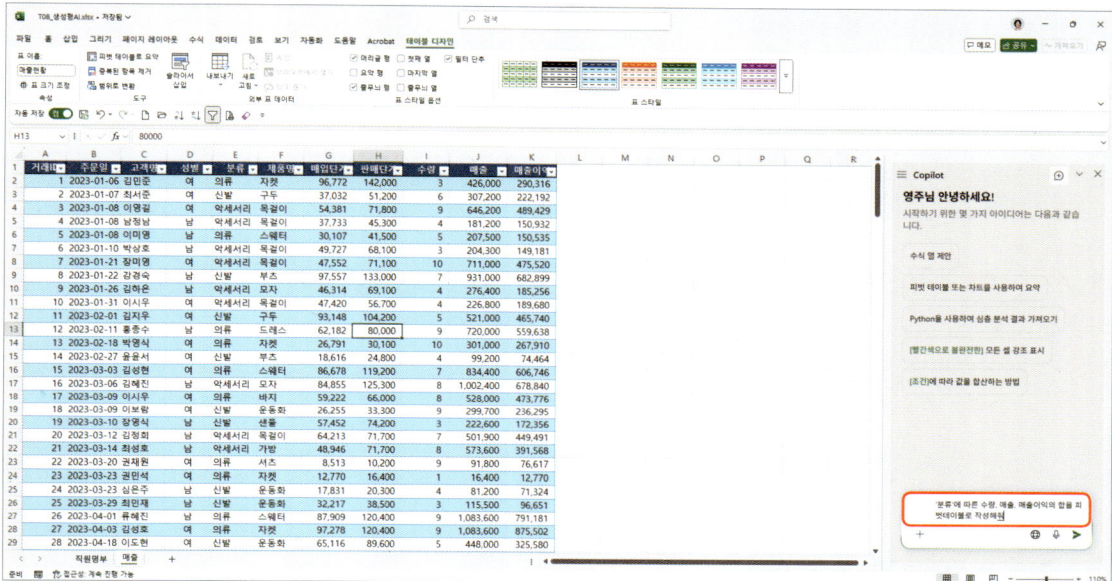

11 피벗 테이블 추가하기

코파일럿이 제안한 피벗 테이블을 검토한 후 [새 시트에 추가] 버튼을 클릭합니다.

12 결과 확인하기

다음과 같이 새로운 시트가 추가된 피벗 테이블이 삽입됩니다.

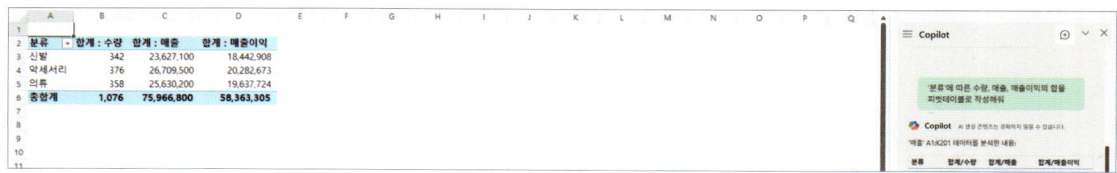

Lesson 01 _ 생성형 AI 활용하기   427

 ## 생성형 AI로 엑셀 작업 지원받기

대표적인 생성형 AI로는 챗GPT, 클로드, 제미나이, 코파일럿 챗 등이 있습니다. 이러한 생성형 AI를 활용하면 엑셀 작업 중 복잡하거나 번거로운 부분을 쉽게 해결할 수 있습니다.

챗GPT(chatgpt.com)

오픈 AI(OpenAI)에서 개발한 생성형 AI로, 전 세계적으로 가장 널리 사용되고 있습니다.

무료로 사용할 수 있는 기본 버전과 추가 기능을 제공하는 유료 버전이 있습니다.

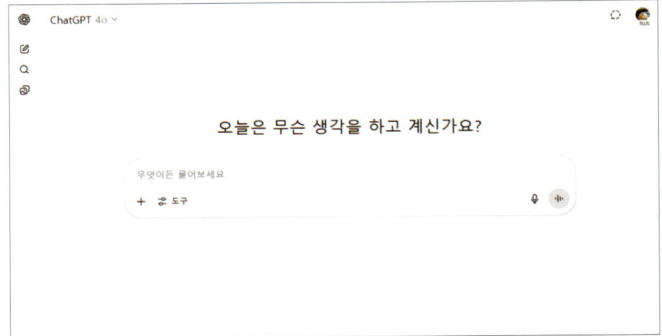

클로드(claude.ai)

앤트로픽(Anthropic)에서 개발한 AI로, 윤리성과 안정성을 강조합니다.

무료로 사용할 수 있는 기본 버전과 추가 기능을 제공하는 유료 버전이 제공됩니다. 무료 버전에는 일부 사용 제한이 있을 수 있습니다.

제미나이(gemini.google.com)

구글(Google)에서 개발한 생성형 AI입니다.
무료로 사용할 수 있는 기본 버전과 더 강력한 AI 기능과 구글 서비스 통합을 제공하는 유료 버전(Gemini Advanced)이 제공됩니다.

Microsoft 365 Copilot Chat

마이크로소프트(Microsoft)에서 제공하는 AI 챗봇 서비스로, 기본적인 AI 채팅 기능을 무료로 이용할 수 있습니다. 일부 고급 기능(예 AI 에이전트 생성)은 사용량에 따라 추가 요금이 발생할 수 있습니다. 코파일럿 챗은 M365 구독 여부에 따라 접속 URL이 다릅니다.

- ▶ M365를 구독하지 않는 일반 사용자: copilot.microsoft.com
- ▶ M365 구독하는 개인 사용자: www.microsoft365.com/chat
- ▶ M365를 구독하는 기업 사용자: 조직 계정(Entra ID)으로 Microsoft 365 Copilot Chat에 접속 가능

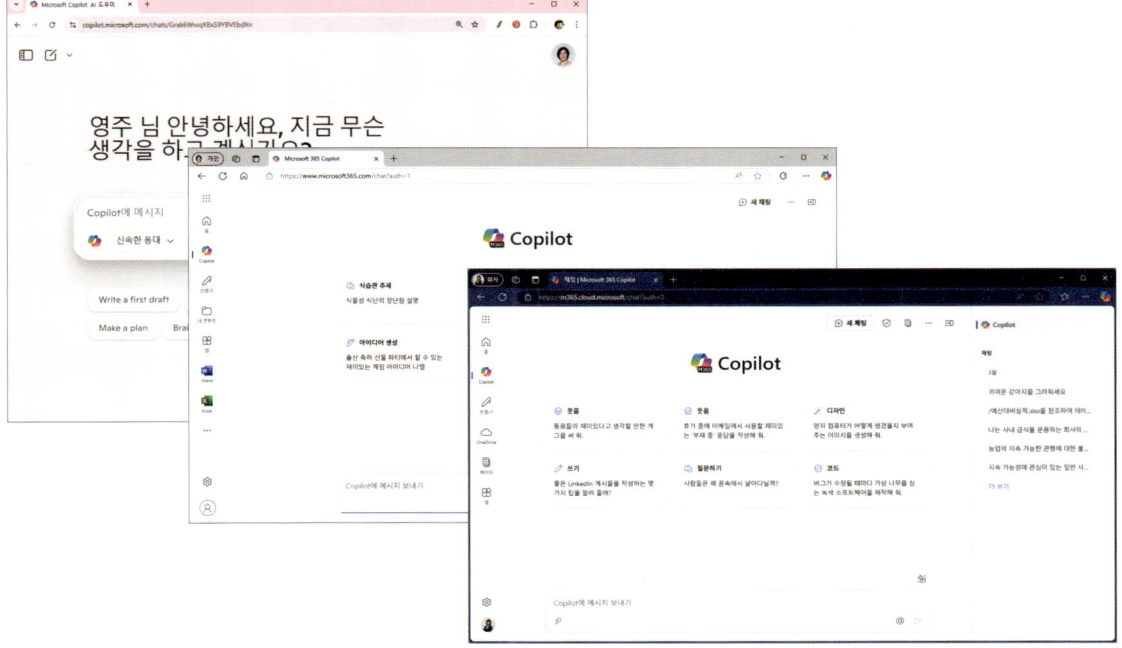

 # 생성형 AI로 전화번호 형식 통일하기

예제 파일 Sample\T08_생성형 AI.xlsx, 프롬프트.txt
완성 파일 Sample\T08_생성형 AI_완성.xlsx

> **키 워 드** Copilot
> **길라잡이** [가공] 시트를 사용하여 실습을 진행합니다.
> 다양한 형식으로 입력된 전화번호를 010-1234-1234 형식으로 통일하려면 복잡한 수식을 작성해야 합니다. 이때 챗GPT 같은 AI 도구를 활용하여 수식 작성을 요청할 수 있습니다.
> 이 책에서는 제한 없이 무료로 사용할 수 있는 코파일럿 챗을 사용하겠습니다. 상황에 따라 챗GPT, 클로드, 제미나이 등과 같은 생성형 AI를 사용해도 좋습니다.

01 데이터 확인하기

[B] 열에 다양한 형식으로 입력된 전화 형식을 [C] 열에 010-1234-1234 형식으로 통일하고자 합니다.

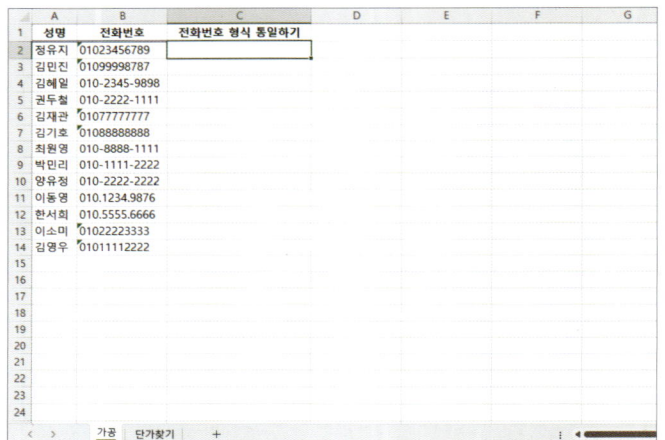

02 프롬프트 작성하기

웹 브라우저의 주소 창에 「copilot.microsoft.com/chats」를 입력하여 코파일럿 챗에 접속합니다. 마이크로소프트 계정으로 로그인한 후 프롬프트를 입력합니다.

프롬프트:

> 엑셀에 전화번호가 010.1234.1234, 010-1234-1234, 01012341234 세 가지 형식으로 입력되어 있어. [B2] 셀부터 입력된 전화번호를 010-1234-1234 형식으로 변환하는 수식을 알려 줘.

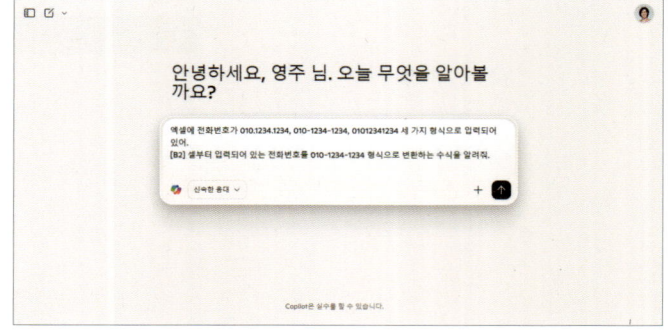

03 수식 복사하기

코파일럿이 제안한 수식과 설명을 확인한 후 [복사] 버튼을 클릭합니다.

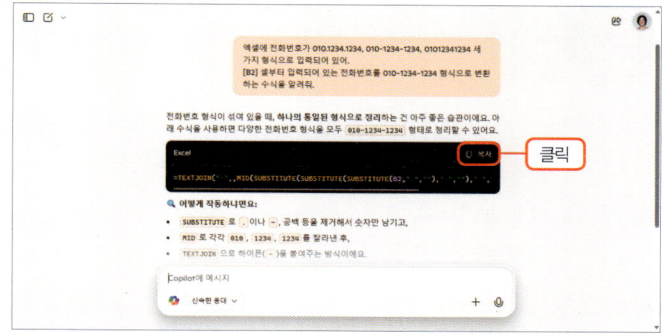

04 엑셀에 수식 붙여넣기

[C2] 셀에서 복사한 수식을 Ctrl + V 를 눌러 붙여넣습니다.

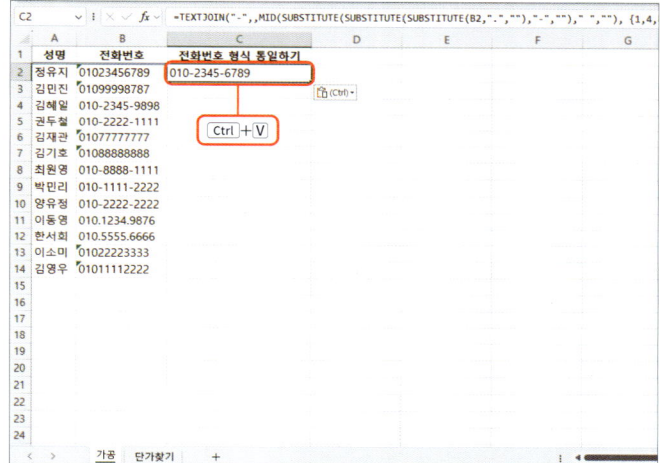

05 수식 복사하기

[C2] 셀의 채우기 핸들을 더블클릭하여 수식을 복사합니다.

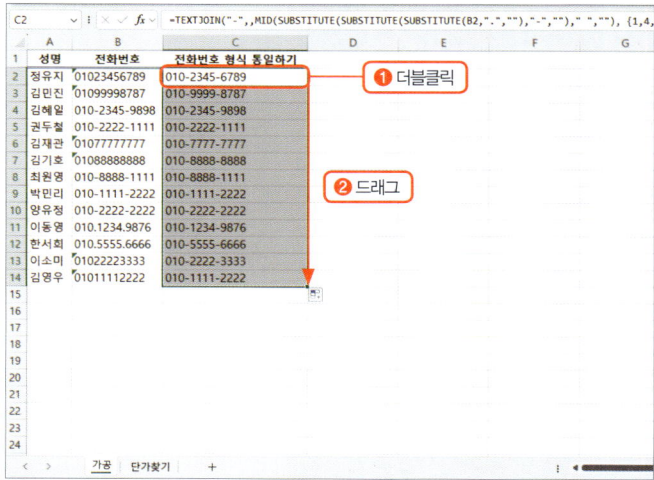

생성형 AI로 세 가지 조건을 만족하는 단가 찾기

예제 파일 Sample\T08_생성형 AI.xlsx, 프롬프트.txt
완성 파일 Sample\T08_생성형 AI_완성.xlsx

> **키 워 드** Copilot
>
> **길라잡이** [단가찾기] 시트를 사용하여 실습을 진행합니다.
> 업체명, 품명, 규격의 세 가지 조건이 모두 일치하는 단가를 찾으려면 복잡한 수식이 필요합니다. 챗GPT 같은 AI 도구를 활용하여 수식 작성을 요청해 보겠습니다.
> 이 책에서는 제한 없이 무료로 사용할 수 있는 코파일럿 챗을 사용하겠습니다. 상황에 따라 챗GPT, 클로드, 제미나이 등과 같은 생성형 AI를 사용해도 좋습니다.

01 데이터 확인하기

[단가찾기] 시트에 있는 '일일 판매현황'에서 '업체명', '품명', '규격'을 만족하는 '단가'를 찾고자 합니다.

No	날짜	업체명	품명	규격	판매수량	단가		업체명	품명	규격	단가
								\[단가표\]			
3	2025-11-18	밀양사과	얼음골사과	20kg	320			밀양사과	얼음골사과	5kg	10,000
4	2025-11-18	밀양사과	명품사과	15kg	150			밀양사과	얼음골사과	10kg	19,000
5	2025-11-18	밀양사과	명품사과	10kg	200			밀양사과	얼음골사과	15kg	23,000
6	2025-11-18	양재우유	유기농 우유	500㎖	160			밀양사과	얼음골사과	20kg	35,000
7	2025-11-18	양재우유	일반우유	900㎖	170			밀양사과	명품사과	5kg	12,000
8	2025-11-18	양재우유	일반우유	500㎖	200			밀양사과	명품사과	10kg	22,800
9	2025-11-18	밀양사과	명품사과	5kg	250			밀양사과	명품사과	15kg	27,600
10	2025-11-19	밀양사과	명품사과	15kg	300			밀양사과	명품사과	20kg	42,000
11	2025-11-19	밀양사과	얼음골사과	20kg	100			양재우유	유기농 우유	250㎖	1,000
12	2025-11-19	밀양사과	얼음골사과	10kg	120			양재우유	유기농 우유	500㎖	2,000
13	2025-11-19	양재우유	일반우유	500㎖	150			양재우유	유기농 우유	900㎖	2,500
14	2025-11-19	양재우유	유기농 우유	500㎖	220			양재우유	일반우유	500㎖	5,000
15	2025-11-19	양재우유	유기농 우유	900㎖	230			양재우유	일반우유	900㎖	7,000
16	2025-11-19	양재우유	일반우유	900㎖	250						

02 새 대화창을 열어 프롬프트 입력하기

❶ [새로운 채팅 시작] 버튼을 클릭하여 새 채팅창을 연 후 ❷ 프롬프트를 입력합니다.

※ 주제가 다르거나 새로운 맥락의 질문을 할 때는 새 대화창을 열어 대화합니다.

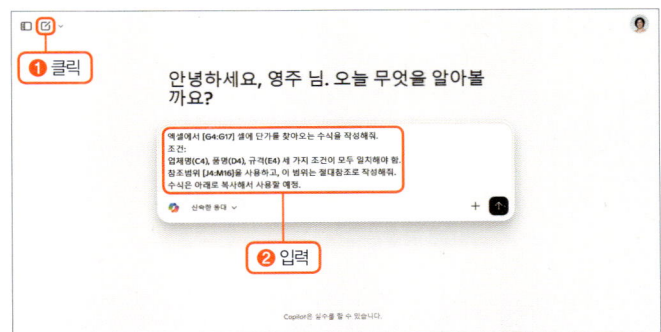

> 엑셀에서 [G4:G17] 셀에 단가를 찾는 수식을 작성해 줘.
> 조건:
> - 업체명(C4), 품명(D4), 규격(E4) 세 가지 조건이 모두 일치해야 함.
> - 참조 범위 [J4:M16]을 사용하고, 이 범위는 절대참조로 작성해 줘.
> - 수식은 아래로 복사해서 사용할 예정.

03 수식 복사하기

코파일럿이 제안한 수식과 설명을 확인한 후 [복사] 버튼을 클릭하여 수식을 복사합니다.

AI가 배열 수식을 제안한 경우, 사용하는 엑셀 버전에 따라 입력 방법이 다르므로 답변 내용을 참조합니다.

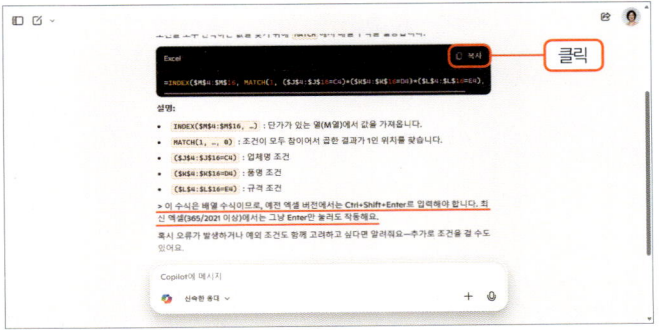

04 엑셀에 수식 붙여넣기

복사한 수식을 [G4] 셀에서 Ctrl+V를 눌러 붙여넣습니다.

※ AI가 배열 수식으로 답변을 제공했다면 사용하는 엑셀 버전에 따라 입력 방법이 다릅니다. Excel 2021 미만 버전에서는 수식을 붙여넣은 후 Ctrl+Shift+Enter를 눌러야 배열 수식으로 적용됩니다.

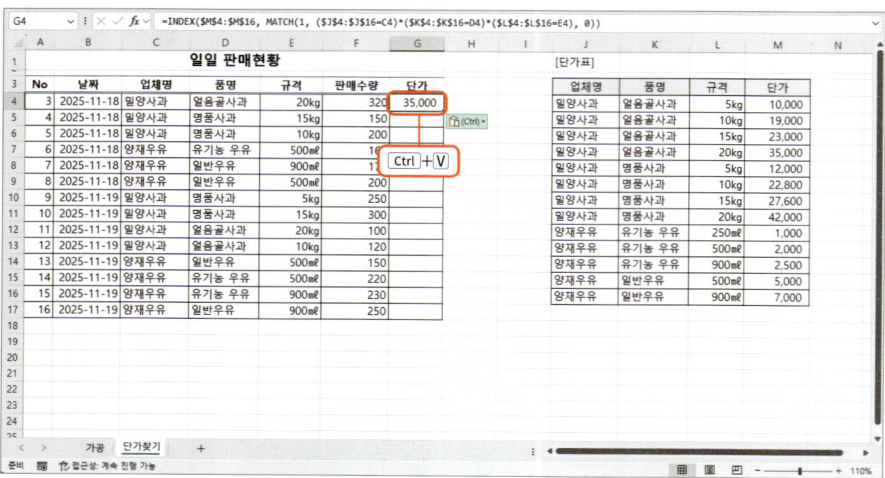

05 수식 복사하기

[G4] 셀의 채우기 핸들을 더블클릭하여 수식을 복사합니다.

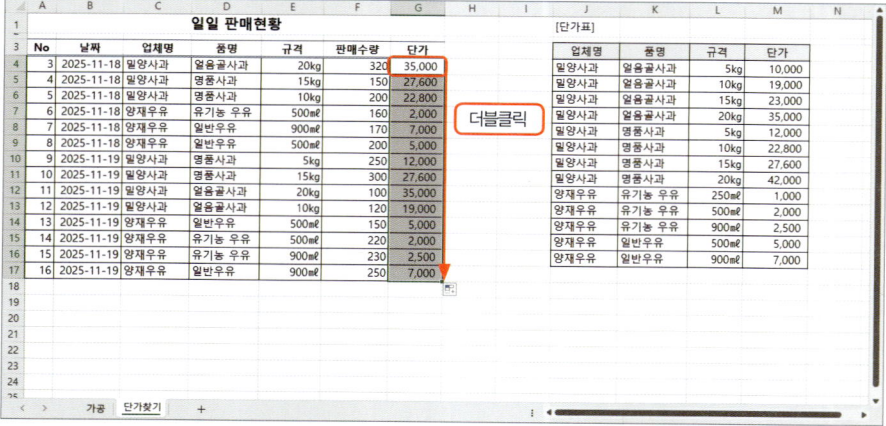

LESSON 02 생성형 AI를 활용하여 반복되는 업무 자동화하기

매크로 기능은 엑셀에서 반복적인 작업을 자동으로 처리할 수 있게 해 줍니다. 기존에는 매크로를 구현하려면 VBA(Visual Basic for Applications)라는 프로그래밍 언어를 배워야 했기 때문에 많은 사용자에게 진입 장벽이 있었습니다. 하지만 이제는 생성형 AI를 활용하여 필요한 매크로 코드를 자연어 프롬프트로 간편하게 요청할 수 있으므로 프로그래밍에 익숙하지 않은 사람도 매크로를 쉽게 활용할 수 있습니다.

 ## 매크로를 사용하기 위한 환경 설정

:: 개발 도구 활성화하기

엑셀에서 매크로를 사용하기 위해서는 리본 메뉴에 [개발 도구] 탭을 추가하는 것이 좋습니다.

01 리본 메뉴 위에서 ① 마우스 오른쪽 버튼을 클릭한 후 ② [리본 메뉴 사용자 지정]을 클릭합니다.

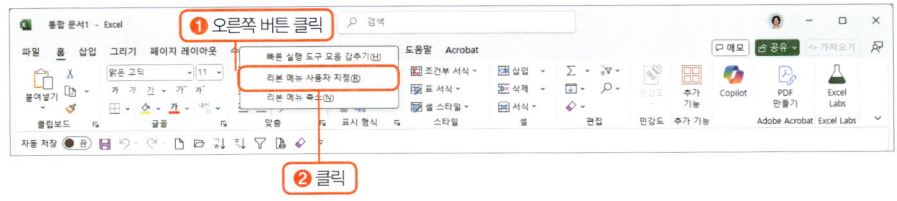

02 [Excel 옵션] 대화상자가 열리면 오른쪽 목록에서 '개발 도구'에 체크를 하고 [확인] 버튼을 클릭합니다.

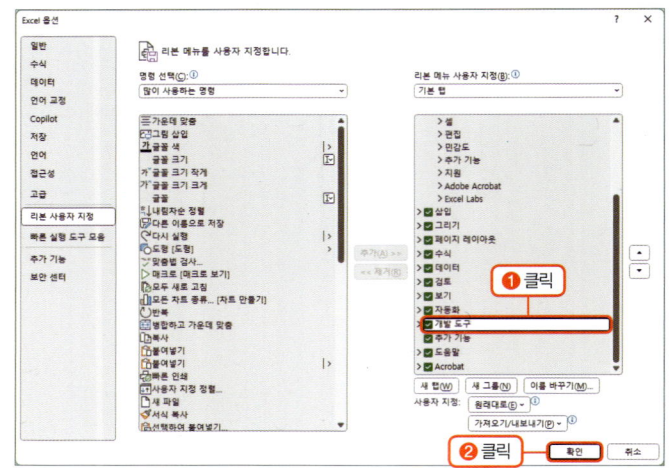

03 리본 메뉴에 [개발 도구] 탭이 나타납니다.

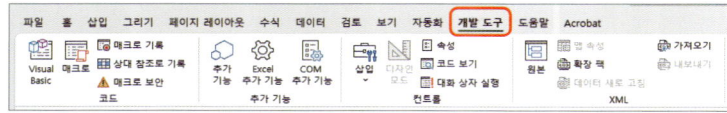

:: 보안 설정하기

01 [개발 도구] 탭의 [매크로 보안]을 클릭합니다.

02 [보안 센터] 대화상자에서 보안 수준을 설정할 수 있습니다. 기본 선택된 '알림이 포함된 VBA 매크로 사용 안 함'을 선택하면, 매크로가 포함된 파일을 열 때 [보안 경고] 창이 나타나는데 VBA 코드를 포함하여 열려면 [컨텐츠 사용] 버튼을 클릭합니다.
※ Excel 버전에 따라 [매크로 설정] 옵션이 조금씩 차이가 있을 수 있습니다.

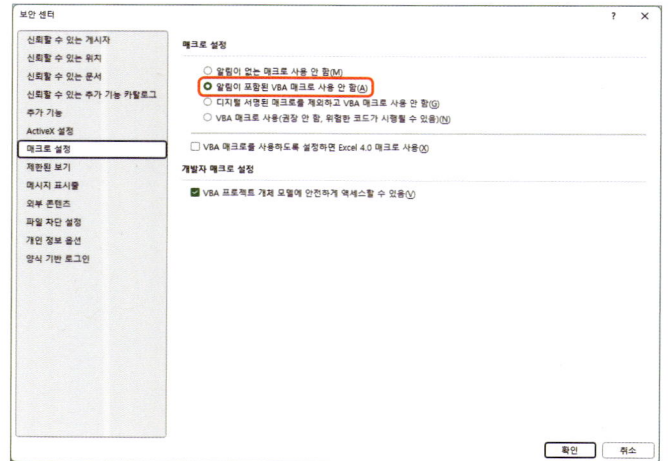

∷ 생성형 AI 엑셀 VBA 코드 요청문(프롬프트) 작성법

1. 원하는 작업을 구체적(작업 대상, 조건, 기대 결과)으로 설명합니다.

   "엑셀에서 정리하는 매크로 만들어 줘." (X)

   "엑셀에서 [A] 열에 중복된 값을 찾아 삭제하고 결과를 새로운 시트에 복사하는 매크로 코드를 만들어 줘." (O)

2. 기본 작업 외에 필요한 추가 조건이 있다면 처음부터 함께 요청합니다.

   "엑셀에서 [B] 열에 있는 숫자 중 50 이상인 값만 골라 다른 시트로 복사하는 매크로 코드를 만들어 줘. 복사할 때는 서식은 제외하고 값만 붙여넣고 싶어."

3. 사용할 엑셀 버전이나 특별한 환경이 있다면 알려 줍니다.

   "엑셀 2021 한글 버전 기준으로, 선택한 영역을 '맑은 고딕' 11포인트로 바꾸고 가운데 정렬하는 VBA 매크로를 작성해 줘."

4. 결과물의 형태를 지정합니다.

   "VBA 코드를 작성해 주고 주요 부분은 주석으로 설명을 달아 줘."

[매크로] 같은 항목끼리 셀 병합 자동화하기

예제 파일 Sample\T08_같은 항목 셀병합.xlsx, 프롬프트.txt
완성 파일 Sample\T08_같은 항목_셀병합_완성.xlsx

키 워 드 매크로, VBA, 생성형 AI
길라잡이 [Sheet1] 시트를 사용하여 실습을 진행합니다.
엑셀에서 가독성 향상을 위해 셀 병합 명령을 자주 사용하지만 한 번에 같은 항목끼리 병합하는 명령이 없으므로 일일이 병합해야 하는 번거로움이 있습니다. 같은 항목끼리 셀 병합하는 매크로를 작성해 보겠습니다. 이를 위해 생성형 AI에게 VBA 코드를 요청하고 실행하는 과정을 알아보겠습니다. 또한 매크로 코드가 포함된 파일을 저장하는 방법과 여는 방법을 알아보겠습니다.
이 책에서는 제한 없이 무료로 사용할 수 있는 코파일럿 챗을 사용하겠습니다. 상황에 따라 챗GPT, 클로드, 제미나이 등과 같은 생성형 AI를 사용해도 좋습니다.

[완성 예제 미리 보기]

01 프롬프트 작성하기

copilot.microsoft.com에 접속하여 VBA 코드를 요청하는 프롬프트를 입력합니다.

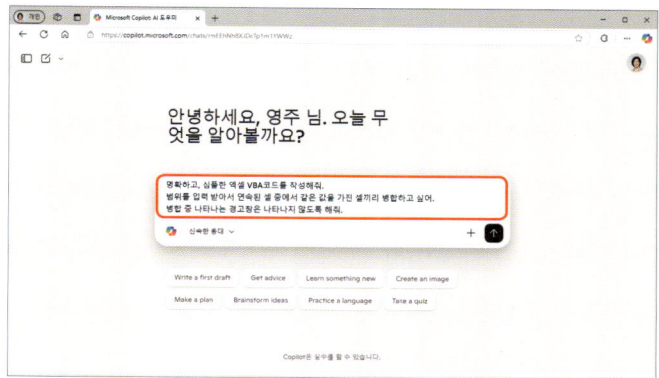

프롬프트: 명확하고 심플한 엑셀 VBA 코드를 작성해 줘.
범위를 입력받아 연속된 셀 중에서 같은 값을 가진 셀끼리 병합하고 싶어.
병합 중 나타나는 경고 창은 나타나지 않도록 해 줘.

02 제공한 VBA 코드 복사하기

코드 블록에서 [복사] 아이콘을 클릭합니다.

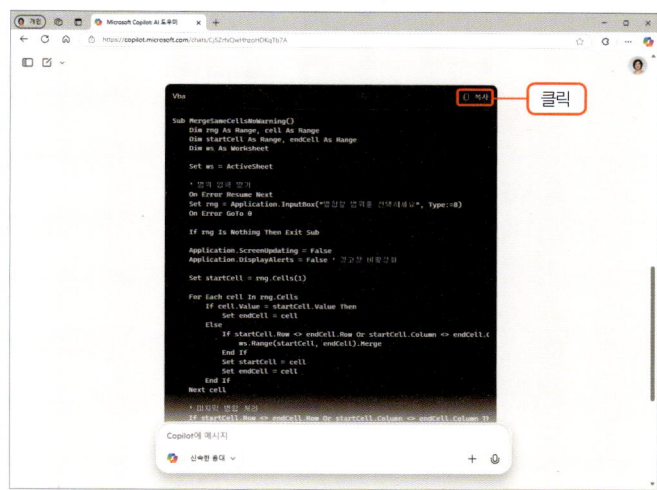

03 Visual Basic Editor 창으로 전환하기

엑셀에서 [개발 도구] 탭의 [Visual Basic] 버튼을 클릭합니다. 또는 Alt + F11 을 누릅니다.

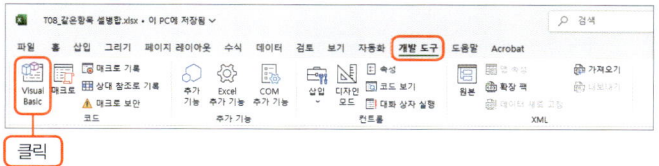

04 모듈 삽입하기

[Visual Basic for Applications] 창이 열리면 [삽입] 탭의 [모듈]을 클릭합니다.

※ 이벤트 코드가 아닌 일반적인 매크로는 모두 모듈에 작성합니다.

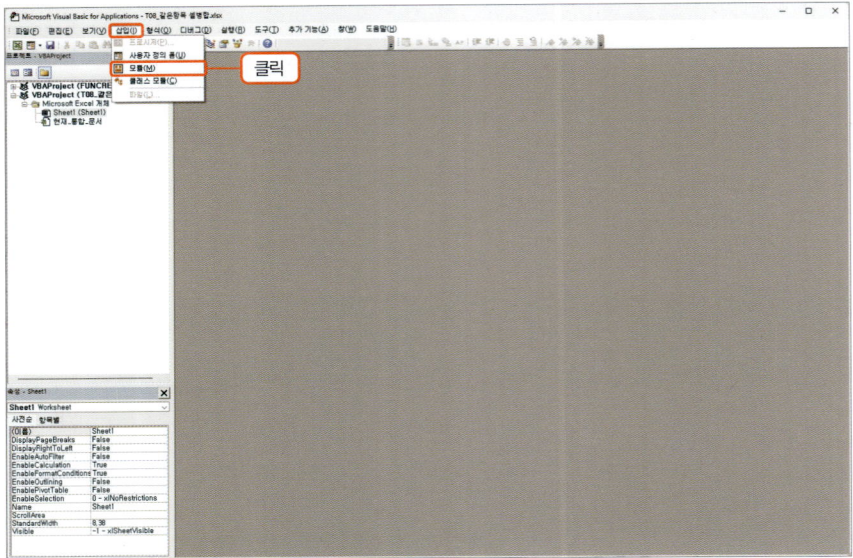

05 코드 붙여넣기

모듈이 삽입되면 ❶ Ctrl + V 를 눌러 복사한 코드를 붙여넣습니다.

❷ 엑셀로 전환하기 위해 [보기] 탭의 [Microsoft Excel]을 클릭하거나 Alt + F11 을 누릅니다.

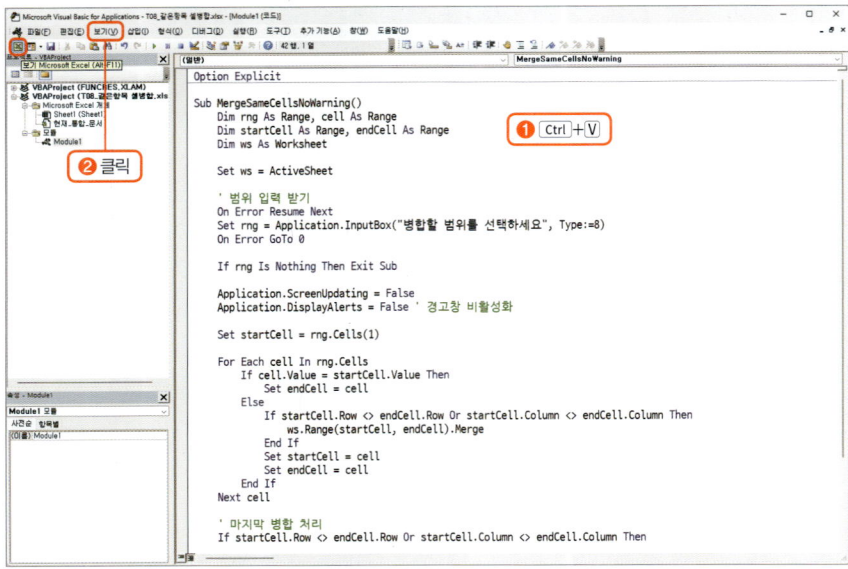

06 매크로 실행하기

❶ [개발 도구] 탭의 [매크로] 버튼을 클릭합니다. [매크로] 대화상자가 열리면 해당 매크로를 선택한 후 ❷ [실행] 버튼을 클릭합니다.

> **주의**
> 실행한 매크로는 실행 취소(Ctrl+Z)를 할 수 없으므로 중요한 파일은 저장한 후에 매크로를 실행하세요.

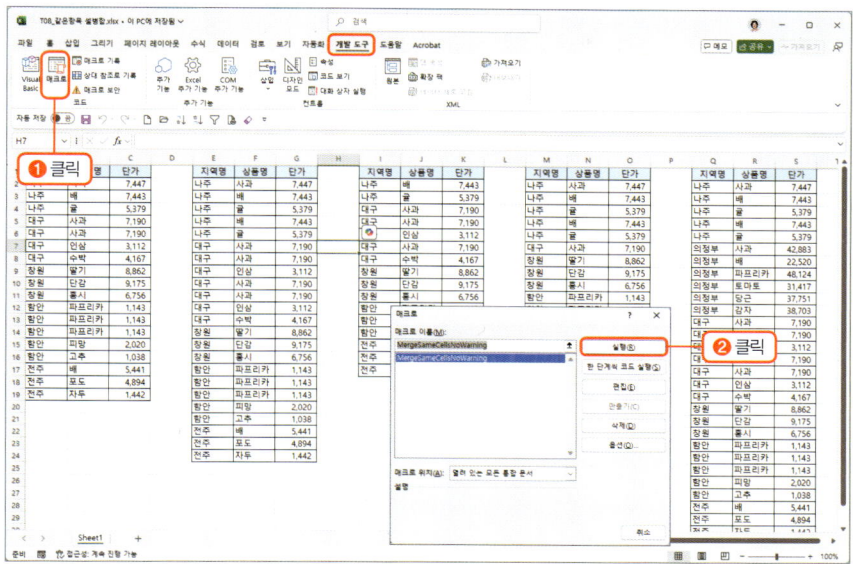

07 범위 지정하기

범위 입력 대화상자가 나타나면 ❶ [A2:A19] 범위를 선택한 후 ❷ [확인] 버튼을 클릭합니다.

※ 제공받은 VBA 코드에 따라 대화상자가 나타나지 않을 수도 있고 대화상자의 모양이 다를 수도 있습니다.

08 결과 확인하기

지정한 범위 [A2:A19]에서 지역명이 같은 곳이 셀 병합됩니다. 다시, 매크로를 실행하여 다른 곳도 셀 병합을 진행합니다.

09 매크로 포함 저장하기

만약, 매크로 코드를 포함하여 저장하고 싶다면 [파일] 탭의 ❶ [다른 이름으로 저장] 버튼을 클릭합니다. ❷ 저장 위치를 지정하고 ❸ 'Excel 매크로 사용 통합 문서(*.xlsm)' 형식을 선택한 후 ❹ [저장]버튼을 클릭합니다.

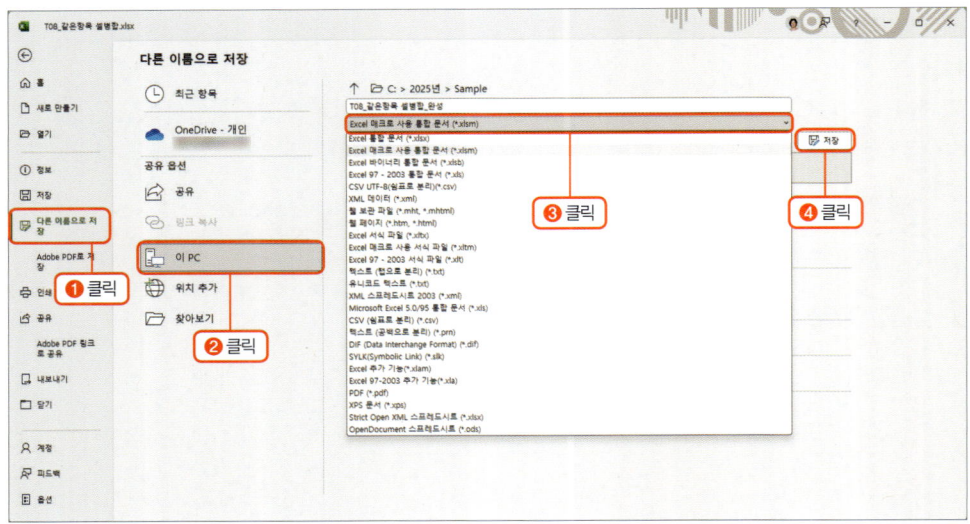

10 매크로 포함 문서 열기

매크로가 포함된 파일 열기를 실습해 보기 위해 파일을 닫았다가 다시 엽니다.

매크로를 포함한 파일을 열면 [보안 경고] 창이 나타나는데, VBA 코드를 포함하여 열려면 [컨텐츠 사용] 버튼을 클릭합니다.

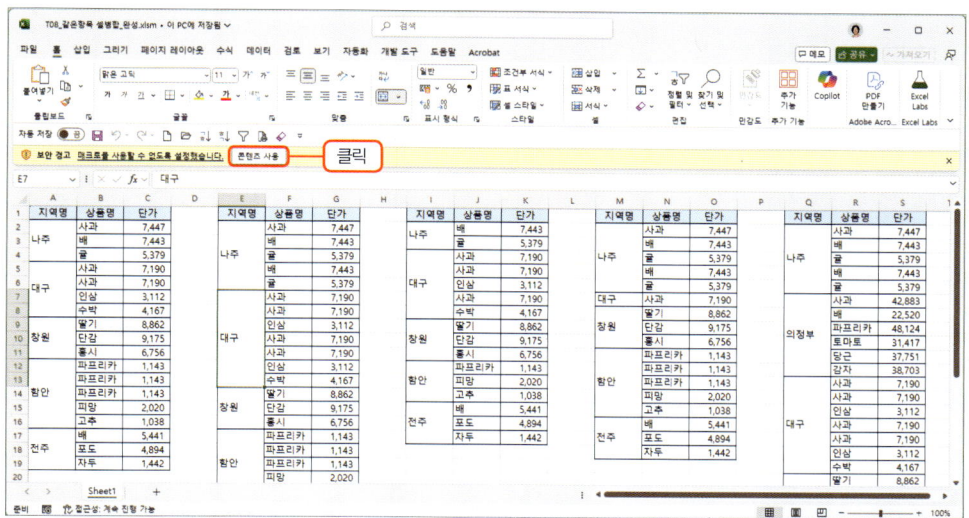

[매크로] 괄호 안의 텍스트만 글꼴 색을 변경하기

예제 파일 Sample\T08_글꼴 색 변경.xlsx, 프롬프트.txt
완성 파일 Sample\T08_글꼴 색 변경_완성.xlsx

키 워 드 매크로, VBA, 생성형 AI
길라잡이 [Sheet1] 시트를 사용하여 실습을 진행합니다.
생성형 AI를 활용하여 선택한 범위에서 괄호 안에 있는 글자만 찾아 글꼴 색을 자동으로 변경하는 VBA 코드를 작성하고 이를 엑셀에 적용해 실행하는 과정을 살펴보겠습니다.
이 책에서는 제한 없이 무료로 사용할 수 있는 코파일럿 챗을 사용하겠습니다. 상황에 따라 챗GPT, 클로드, 제미나이 등과 같은 생성형 AI를 사용해도 좋습니다.

[완성 예제 미리 보기]

 →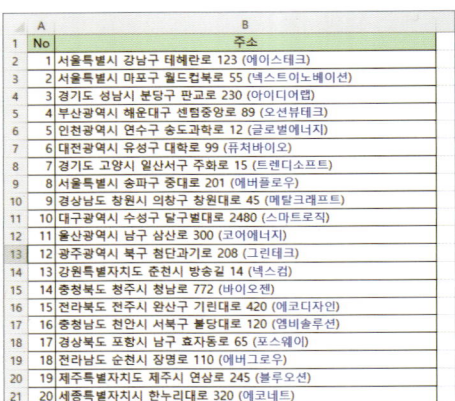

01 프롬프트 작성 및 코드 복사하기

copilot.microsoft.com에 접속하여 VBA 코드를 요청하는 프롬프트를 작성하고 답변이 생성되면 코드 블록의 [복사]를 클릭합니다.

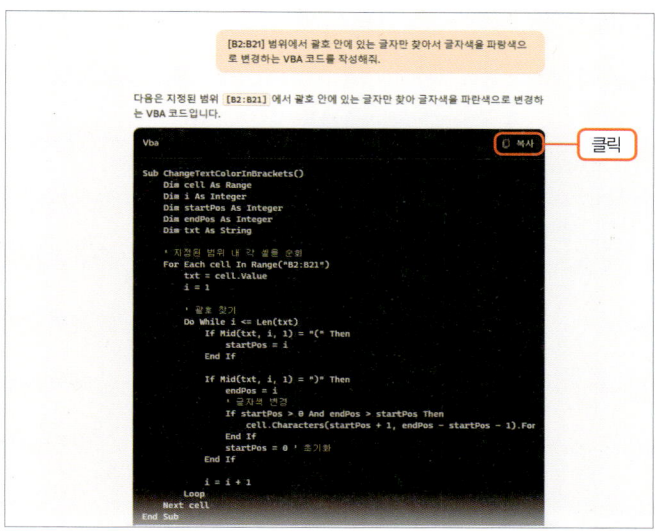

프롬프트:
[B2:B21] 범위에서 괄호 안에 있는 글자만 찾아서 글자 색을 파란색으로 변경하는 VBA 코드를 작성해 줘.

02 Visual Basic Editor 창으로 전환하기

엑셀에서 [개발 도구] 탭의 [Visual Basic] 버튼을 클릭합니다. 또는 Alt + F11 을 누릅니다.

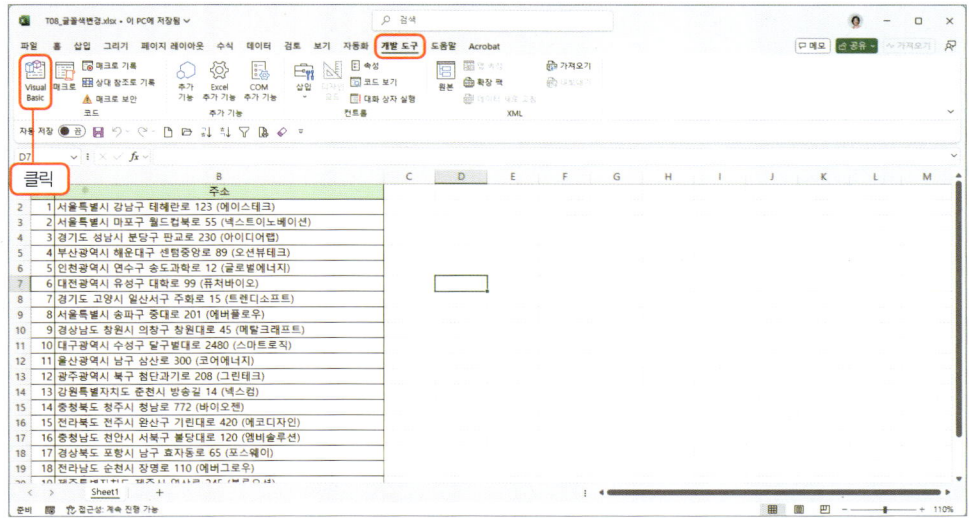

Lesson 02 _ 생성형 AI를 활용하여 반복되는 업무 자동화하기 **445**

03 모듈 삽입하기

[Visual Basic for Applications] 창에서 [삽입] 탭의 [모듈]을 클릭합니다.

※ 이벤트 코드가 아닌 일반적인 매크로는 모두 모듈에 작성합니다.

04 코드 붙여넣기

모듈이 삽입되면 ❶ Ctrl + V 를 눌러 복사한 코드를 붙여넣습니다.

❷ 엑셀로 전환하기 위해 [보기] 탭의 [Microsoft Excel]을 클릭하거나 Alt + F11 을 누릅니다.

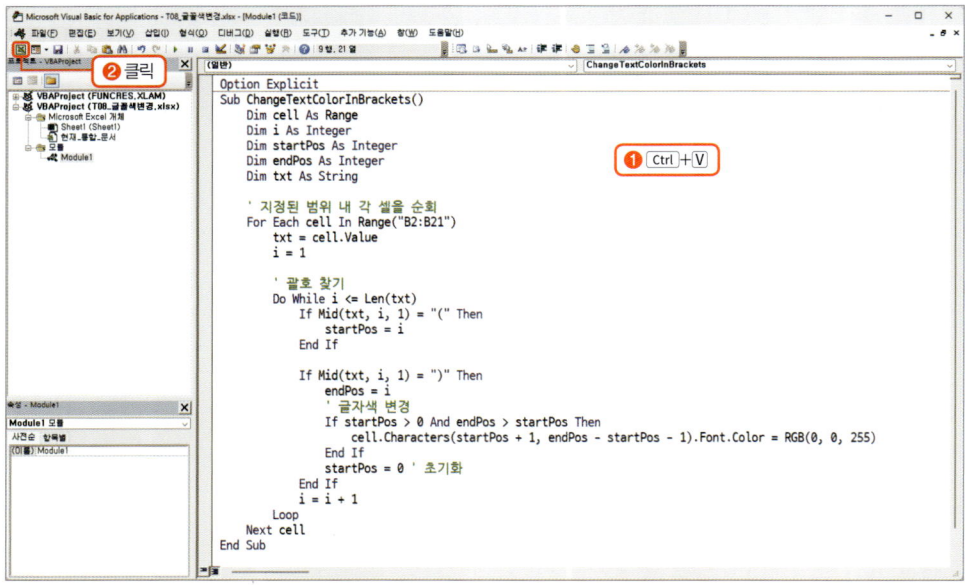

05 매크로 실행하기

❶ [개발 도구] 탭의 [매크로] 버튼을 클릭합니다. [매크로] 대화상자가 열리면 해당 매크로를 선택한 후
❷ [실행] 버튼을 클릭합니다.

> **주의**
> 실행한 매크로는 실행 취소(Ctrl+Z)를 할 수 없으므로 중요한 파일은 저장한 후에 매크로를 실행하세요.

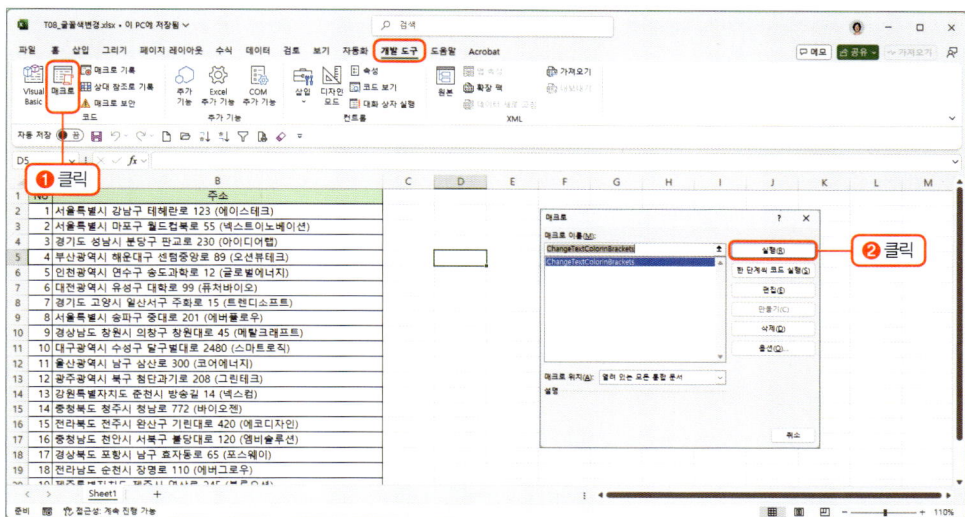

06 결과 확인하기

다음과 같이 텍스트 중에서 괄호 안의 텍스트만 글꼴 색이 변경됩니다.

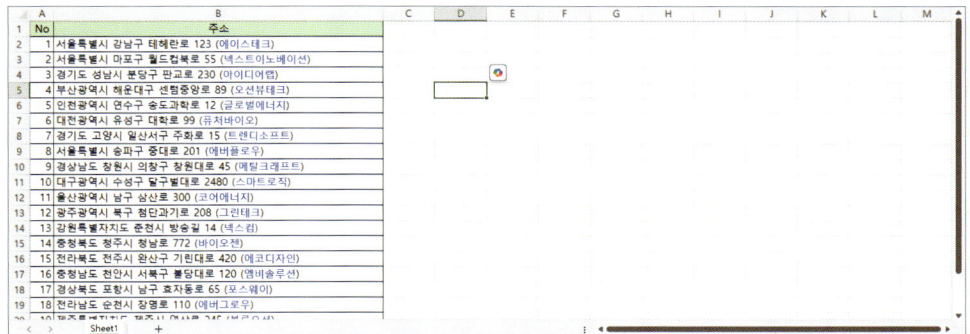

[매크로] 행 단위 데이터를 열 단위로 정리하기

예제 파일 Sample\T08_데이터정리.xlsx, 프롬프트.txt
완성 파일 Sample\T08_데이터정리_완성.xlsx

> **키 워 드** 매크로, VBA, 생성형 AI
> **길라잡이** [Sheet1] 시트를 사용하여 실습을 진행합니다.
> 생성형 AI를 활용하여 행 단위로 누적된 데이터를 열 단위로 정리하는 매크로를 작성한 후 엑셀에 적용해 실행하는 과정을 살펴보겠습니다.
> 이 책에서는 제한 없이 무료로 사용할 수 있는 코파일럿 챗을 사용하겠습니다. 상황에 따라 챗GPT, 클로드, 제미나이 등과 같은 생성형 AI를 사용해도 좋습니다.

[완성 예제 미리 보기]

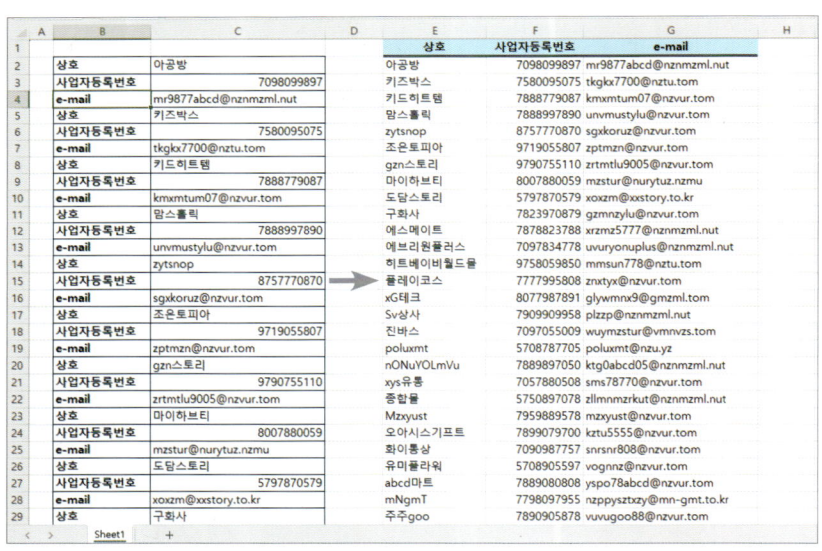

448 Theme 08 _ 생성형 AI 활용

01 프롬프트 작성 및 코드 복사하기

copilot.microsoft.com에 접속하여 VBA 코드를 요청하는 프롬프트를 작성한 후 답변이 생성되면 코드 블록의 [복사]를 클릭합니다.

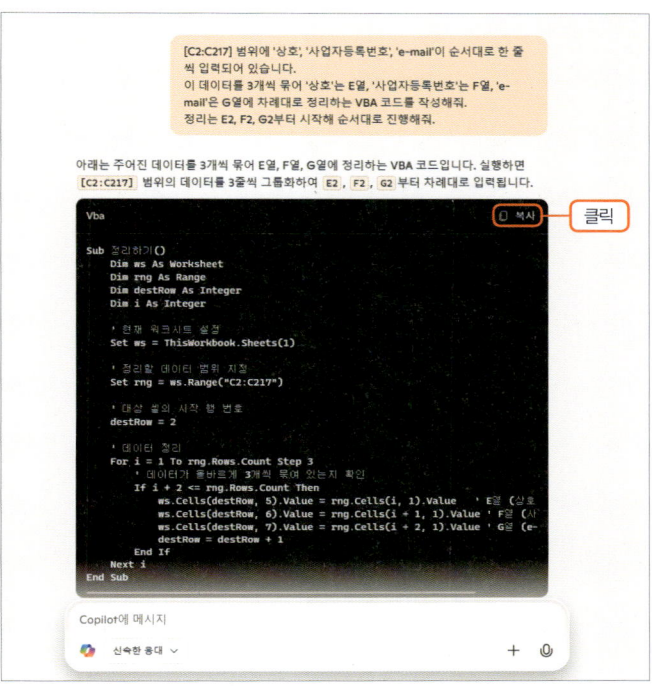

프롬프트:
[C2:C217] 범위에 '상호', '사업자등록번호', 'e-mail'이 순서대로 한 줄씩 입력되어 있습니다.
이 데이터를 3개씩 묶어 '상호'는 [E] 열, '사업자등록번호'는 [F] 열, 'e-mail'은 [G] 열에 차례대로 정리하는 VBA 코드를 작성해 줘.
정리는 E2, F2, G2부터 시작해 순서대로 진행해 줘.

02 Visual Basic Editor 창으로 전환하기

엑셀에서 [개발 도구] 탭의 [Visual Basic] 버튼을 클릭합니다. 또는 Alt + F11 을 누릅니다.

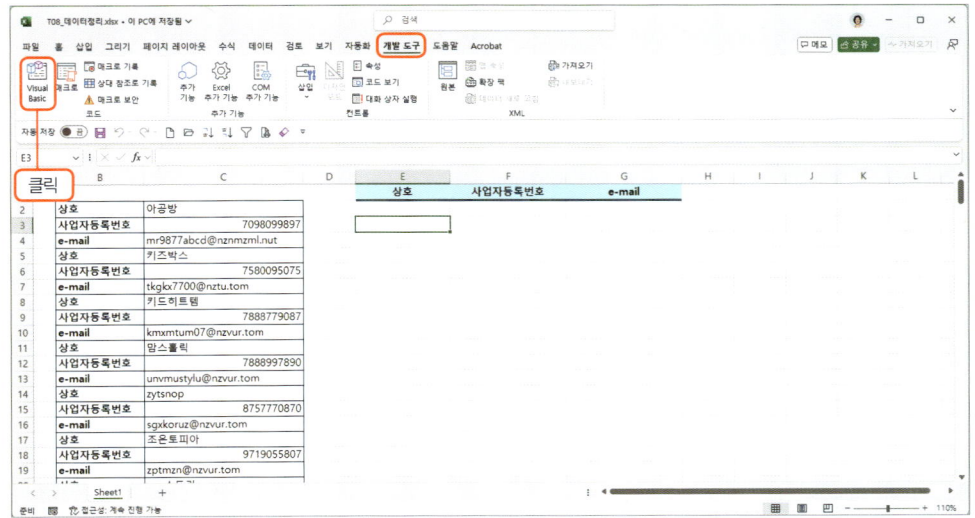

Lesson 02 _ 생성형 AI를 활용하여 반복되는 업무 자동화하기   449

03 모듈 삽입하기

[Visual Basic for Applications] 창에서 [삽입] 탭의 [모듈]을 클릭합니다.

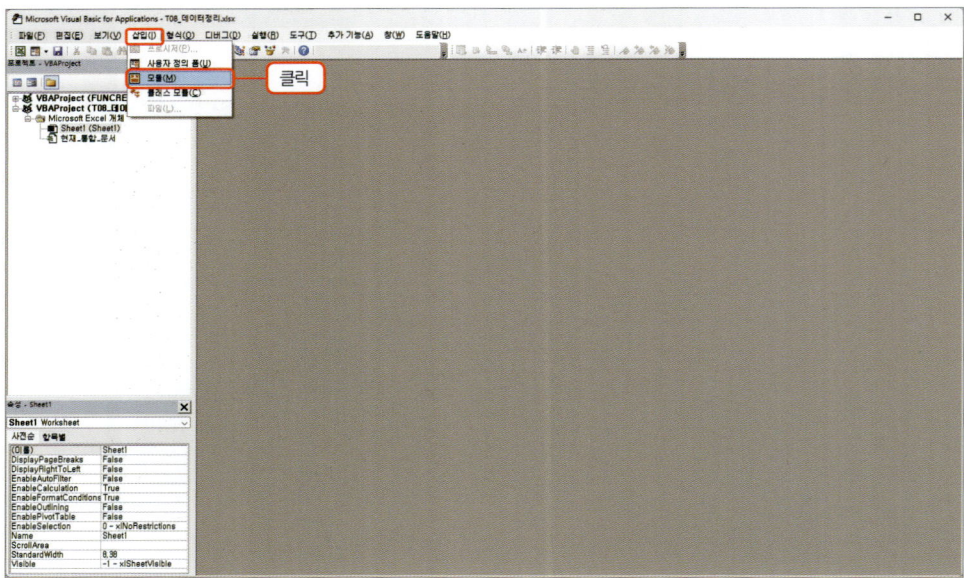

04 코드 붙여넣기

모듈이 삽입되면 ❶ Ctrl + V 를 눌러 복사한 코드를 붙여넣습니다.
❷ 엑셀로 전환하기 위해 [보기] 탭의 [Microsoft Excel]을 클릭하거나 Alt + F11 을 누릅니다.

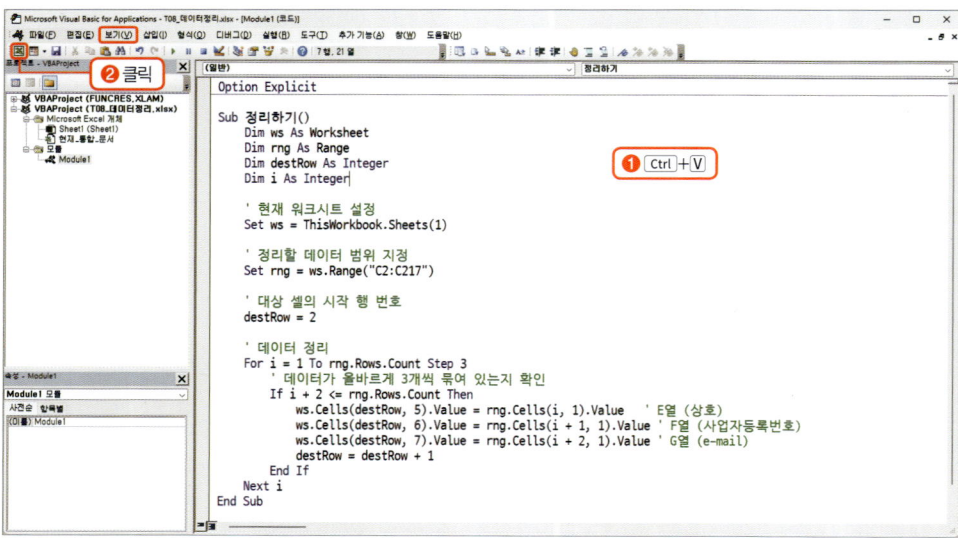

05 매크로 실행하기

❶ [개발 도구] 탭의 [매크로] 버튼을 클릭합니다. [매크로] 대화상자가 열리면 해당 매크로를 선택한 후
❷ [실행] 버튼을 클릭합니다.

> **주의**
> 실행한 매크로는 실행 취소(Ctrl+Z)를 할 수 없으므로 중요한 파일은 저장한 후에 매크로를 실행하세요.

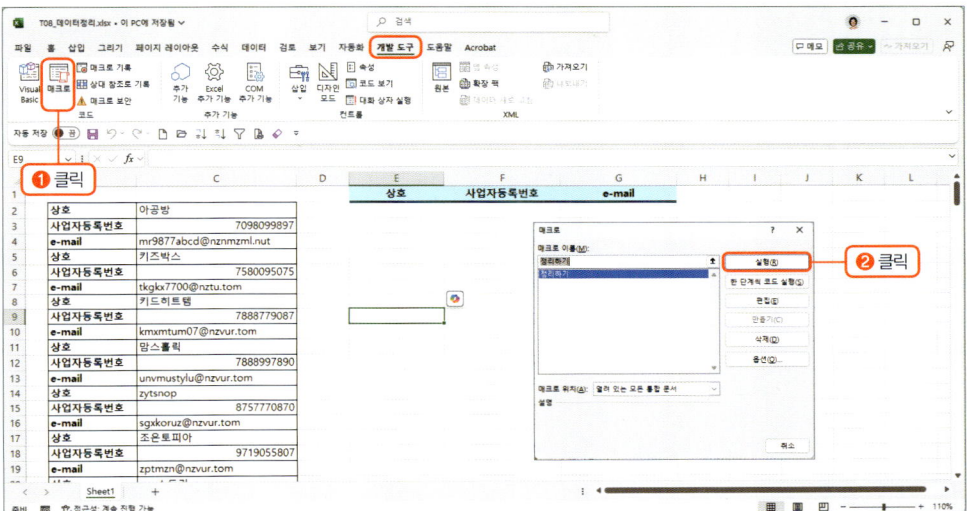

06 결과 확인하기

행 단위로 누적된 거래처 정보가 열 단위로 변경됩니다.

찾아보기

기호

#CALC! ··· 309
#SPILL! ·· 308
#분산! ··· 308

A

AND ··· 239
AVERAGEIFS ························ 223, 234

C

CHOOSE ······································ 289
COLUMN ····························· 292, 300
concat ·· 287
CONCAT ······································ 264
CONCATENATE ···························· 287
Copilot ································· 420, 423
Copilot Chat ································· 429
COUNT ·· 220
COUNTA ······························ 220, 224
COUNTBLANK ····························· 221
COUNTIF ······························ 221, 225
COUNTIFS ····························· 221, 229

D

DATE ····································· 260, 284
DATEDIF ························ 261, 286, 287
DAY ··· 259

E

EDATE ·································· 261, 274
EOMONTH ······················ 261, 274, 277

F

FILTER ································· 306, 313
FIND ·· 257
FORMULATEXT ···························· 292

G

GEOMEAN ··························· 223, 236

H

HLOOKUP ···································· 290

I

IF ···························· 238, 242, 250, 267
IFERROR ······························ 239, 254
IFS ······································· 238, 249
INDEX ·································· 290, 301
indirect ·· 297
INDIRECT ···························· 292, 296
INT ·· 390
ISBLANK ····································· 240
ISERROR ····································· 240
ISNONTEXT ································· 240
ISNUMBER ·································· 240
ISODD ··· 282

452 찾아보기

ISTEXT ·· 240, 245

L

LEFT ·· 251, 255, 283
LEN ·· 258, 269

M

MATCH ·· 291, 302
MAX ·· 234
MAXIFS ··· 222
MID ··· 256, 283
MIN ··· 234
MINIFS ·· 222, 234
MONTH ··· 259, 276

N

NETWORKDAYS ······························ 262, 277
NETWORKDAYS.INTL ····················· 262
NOT ··· 245
NOW ·· 259

O

OFFSET ··· 291, 304
OR ··· 239, 241

R

RANK.AVG ····································· 222
RANK.EQ ······································· 221, 231
REPLACE ······································ 256, 269
RIGHT ··· 255, 282
ROUND ·· 210
Rounddown ···································· 216

ROUNDDOWN ································ 210
ROW ·· 292

S

SEARCH ·· 257
SEQUENCE ···································· 306
SHEET ··· 240
SORT ··· 307, 316
SUBSTITUTE ·································· 256, 267, 270
Subtotal ·· 218
SUBTOTAL ····································· 211
SUM ·· 304
sumif ·· 212
SUMIF ··· 208
sumifs ··· 212
SUMIFS ··· 208
SUMPRODUCT ······························· 209, 215, 227
SWITCH ·· 239, 251

T

TEXT ··· 258, 265, 271
TEXTAFTER ··································· 004, 308, 322
TEXTBEFORE ································· 004, 307, 321
TEXTJOIN ······································ 257, 266, 320, 324
TEXTSPLIT ···································· 004, 307, 319
TIME ··· 260, 272
TODAY ·· 258, 286
TRIM ··· 258

U

UNIQUE ·· 307, 315, 316, 323

V

VALUE ·· 284
VBA ······································ 438, 444, 448
Visual Basic Editor ······················· 439, 445
VLOOKUP ······························ 289, 293, 295

W

WEEKDAY ·· 260
WORKDAY ································· 263, 280
WORKDAY.INTL ·································· 263

X

XLOOKUP ·· 310
XMATCH ·· 306

Y

YEAR ·· 259

ㄱ

가로 막대형 ··· 329
가상 분석 ·· 409
간트 차트 ·· 111
값으로 붙여넣기 ·································· 062
개발 도구 ·· 435
거품형 ··· 329
계산 필드 ································· 403, 404
계산 항목 ································· 407, 408
계층 구조형 차트 ······················· 336, 354
고급 필터 ······················· 362, 368, 370
공백 제거 ·· 173
구조적 참조 ·· 155

균등 분할 ································· 074, 076
그룹 설정/해제 ··································· 376
그룹화 ··· 393
그림으로 붙여넣기 ······························ 065
깔대기 ··· 331
꺾은선형 ··· 328

ㄴ

날짜 데이터 ·· 023
날짜 필터 ·· 140
내림차순 정렬 ···································· 136
내어쓰기 ··· 073
누적 막대형 ·· 340
누적 세로 막대형 차트 ······················ 335

ㄷ

다른 열 피벗 해제 ····························· 183
닫기 및 다음으로 로드 ······················ 192
닫기 및 로드 ······································ 192
데이터 가공 ·· 163
데이터 계열 ·· 341
데이터 계열 서식 ······························· 338
데이터 레이블 옵션 ···························· 339
데이터 막대 ·· 100
데이터 범위 변경 ······························· 333
데이터 변환 ·· 179
데이터 삭제 ·· 022
데이터셋 ··· 134
데이터 수정 ·· 021
데이터 요소 ·· 347
데이터 유효성 검사 ············ 034, 040, 041

데이터 입력	020
데이터 통합	367
데이터 표	409, 415
데이터 행/열 변경	334
데이터 형식 변경	183
도넛 구멍 크기	338
도넛 차트	337
도넛형	329
도넛형 차트	335
동적 배열 함수	308
들여쓰기	073, 080

ㄹ

로드	179
리본 메뉴	012

ㅁ

만 단위로 표시	084
맞춤 서식	073
매크로	435, 438, 444, 448
매크로 보안	436
매크로 실행	441
매크로 포함 문서 열기	443
매크로 포함 저장	442
머리글과 바닥글	118
머리글/바닥글	127
메모 삽입	026, 038
모두 지우기	022
모듈 삽입	440
목표값	409
목표값 찾기	410

묶은 세로 막대형 차트	349

ㅂ

반올림	216
방사형	330
배열 연산	209
배열 함수	004
백만 원 단위로 표시	084
범례 위치 이동	342
범위 선택	055, 056
보고서 연결	401
보안 설정	436
보조 세로(값) 축	345
부분합	367, 378, 379
분산형	329
빠른 실행 도구 모음	013
빠른 자동 채우기	164
빠른 채우기	167

ㅅ

사용자 지정 목록	031, 138
사용자 지정 표시 형식	071, 072
상대 참조	045, 050
상위 10	150
상자 수염	331
새로 고침	186, 385
색조	100
생성형 AI	420, 428, 438, 444, 448
서식 복사	089
서식 복사하기	394
서식 없이 채우기	254

서식 지우기	022	열 피벗 해제	180
선버스트	330	영역형	329
선버스트 차트	355	예측 시트	417
선택 영역에서 만들기	205	오름차순 정렬	136
선택 영역의 가운데로	074, 080	온도계 차트	349
선택하여 붙여넣기	058, 059	온도계형 차트	336
선택한 셀 값으로 필터링	149	와일드카드	148, 165
세로 막대형	328	요약 함수	388
셀	006	요약 행	160
셀 서식	070	요일 표시	085
셀 아이콘으로 필터	151	워크시트	009
셀 오류	047	원형	328
셀 참조	045	유령 문자	169
수식	043	이동 옵션	057, 060, 373
수식 구조	043	이름 관리자	206
수식 오류	046	이름 상자	057
숫자 데이터	022	이름 정의	205
스파크라인	356, 359	이미지 워터마크	130
슬라이서	155, 158, 400	이상치	234
시간 데이터	023, 024	인쇄 미리 보기	115
시나리오	409, 412	인쇄 영역 설정	120
시트	006	인쇄 옵션	117

ㅇ

ㅈ

아이콘 집합	102	자동 개요	375
엑셀 버전 확인	002	자동 고침	015
여백 조정	124	자동 완성	032
연결하여 붙여넣기	059	자동 줄 바꿈	073
연산으로 붙여넣기	064	자동 채우기	029, 030
연산자	043	자동 필터	138, 148
열 분할	190	자동 합계	374

전체 병합 ···································· 073
절대 참조 ······························ 045, 052
절사 ·· 216
정렬 ······································ 136, 142
정렬 기준 ···································· 145
정렬 기준 추가 ···························· 143
정렬 방향 ···································· 145
제목 행 반복 출력하기 ················ 125
제미나이 ······································ 429
조건부 서식 ································ 092
좌우 정렬 ···································· 144
주식형 ··· 329
중복 값 ·· 095
중복된 항목 제거 ················ 135, 141
지도 차트 ······························ 331, 352
지도형 차트 ································ 336

ㅊ

차트 스타일 변경 ························ 337
차트 요소 구성 ····················· 341, 349
차트 이동 ···································· 334
차트 제목 변경 ···························· 338
차트 제목 추가 ···························· 342
차트 종류 변경 ···························· 334
참조 유형 변경 ···························· 046
창 나누기 ···································· 114
창 정렬 ·· 114
찾기 및 바꾸기 ···························· 170
찾기/바꾸기 ································· 164
챗GPT ··· 428
최솟값 ·· 234

축 서식 ·· 345

ㅋ

코파일럿 ································ 420, 423
쿼리 업데이트 ····························· 199

ㅌ

텍스트 나누기 ······················ 166, 171
통합 ··· 381
통합 문서 ···································· 006
트리맵 ·· 330
트리맵 차트 ································ 354
특수 문자 입력 ···························· 025
틀 고정 ·· 113

ㅍ

파레토 ·· 331
파워 쿼리 ························· 177, 178, 195
파일 열기 ···································· 008
파일 취합 ···································· 195
페이지 가운데 맞춤 설정 ············· 121
페이지 나누기 미리 보기 ············· 122
페이지 번호 삽입 ························ 126
폭포 ··· 331
표 ··· 152, 157
표 기능 제거 ································ 162
'표'를 해제 ·································· 153
표면형 ·· 329
표 서식 지우기 ···························· 161
표 스타일 변경 ···························· 158
표시 형식 ···································· 303

'표'의 주요 특징	153
표 이름 변경	158
프롬프트	424, 427, 430
피벗 테이블	383, 392, 397, 406
피벗 테이블 레이아웃	384

ㅎ

하이퍼링크	015, 016
하이퍼링크 제거	022
한/영 자동 고침	016
한자 입력	024
한 페이지에 모든 열 맞추기	124
행 분할	191
행/열 바꿈	059
형식	255
호환성 함수	232
혼합 차트	330, 340, 344
혼합 참조	046, 054
혼합형 차트	336
화면에 보이는 행	218
히스토그램	330